UM CLÁSSICO DA LITERATURA CRISTÃ

O livro de ouro de
OSWALD CHAMBERS

Editado por JAMES REIMANN
Autorizado por "The Oswald Chambers Publications Association, Ltd."

My Utmost for His Highest*
© 1992 by Oswald Chambers Publications Assn., Ltd. Original edition copyright
© 1935 by Dodd, Mead & Company, Inc.; renewed © 1963 by Oswald Chambers Publications
Association, Ltd. Published by special arrangement with Our Daily Bread Publishing,
3000 Kraft Avenue SE, Grand Rapids, Michigan 49512 USA. All rights reserved.

Tradução e impressão em português com permissão.
Copyright © 2016 Publicações Pão Diário. Todos os direitos reservados.

Tradução: Oswaldo Paião, Elisa Tisserant de Castro, Gisele R. C. Santiago
Revisão: Rita Rosário, Lozane Winter, Dayse Fontoura
Coordenação editorial: Dayse Fontoura
Projeto gráfico: Audrey Novac Ribeiro
Diagramação: Priscila Santos
Capa: Audrey Novac Ribeiro

Dados internacionais de Catalogação na Publicação (CIP)

Chambers, Oswald
Tudo para Ele – o livro de ouro de Oswald Chambers
Editado por James Reimann; tradução: Oswaldo Paião, Elisa Tisserant de Castro, Gisele R. C.
Santiago – Curitiba/PR, Publicações Pão Diário.
Título original: *My Utmost for His Highest – an updated edition in today's language: the golden
book of Oswald Chambers / edited by James Reimann* – "Authorized by the Oswald Chambers
Publications Association, Ltd."

1. Devocional   2. Fé   3. Vida cristã

Proibida a reprodução total ou parcial, sem prévia autorização, por escrito, da editora. Todos os
direitos reservados e protegidos pela Lei 9.610 de 19/02/1998.

Exceto se indicado o contrário, as citações bíblicas são extraídas da Edição Revista e Atualizada
de João Ferreira de Almeida © 1993, Sociedade Bíblica do Brasil.

Publicações Pão Diário
Caixa Postal 9740
82620-981 Curitiba/PR, Brasil
publicacoes@paodiario.org
www.paodiariopaodiario.com.br
Telefone: (41) 3257-4028

Capa couro (bordô): TZ457 • ISBN: 978-1-68043-254-1
Capa couro (verde): DV690 • ISBN: 978-1-68043-486-6
Capa dura: YB716 • ISBN: 978-1-68043-666-2
ST195 • ISBN: 978-1-68043-482-8
SK823 • ISBN: 978-1-68043-483-5

Impresso na China

2.ª edição: 2016 • 3.ª impressão: 2025

Este livro é dedicado ao leitor,
especialmente aos meus pais, Gil e Violet,
minha esposa, Pam, meus filhos, Jeremy, Aaron e Bethany,
e a cada geração de leitores que eles representam.

Que você possa conhecer melhor a Deus
e caminhar junto a Ele como resultado
da aplicação prática das verdades da Palavra de Deus
comunicadas neste livro.

Agradecimentos

UM AGRADECIMENTO ESPECIAL a todos quantos diariamente elevam esse projeto a Deus em suas orações, e contemplam-me continuamente com palavras de encorajamento. Suas orações e apoio foram essenciais para trazer esse projeto da visão à realidade. Sou especialmente grato a: Maurice Garton, Presidente do Conselho Administrativo da Associação Oswald Chambers de Publicações em Londres, Inglaterra, por seu acolhimento a esse projeto.

Bob DeVries, diretor editorial da *Discovery House Publishers*, por sua inabalável fé e suporte a esse projeto.

Carol Holquist, diretora editorial associada à *Discovery House Publishers,* por sua amizade e orientações.

Tim Beals, editor da *Discovery House Publishers*, e Arthur Neol, editor da Associação Oswald Chambers de Publicações, por seu cuidadoso e diligente trabalho.

Bill Anderson, Presidente da Associação Cristã de Livreiros (CBA), e a cada membro da diretoria da CBA.

Charles F. Stanley, pastor da Primeira Igreja Batista de Atlanta, Geórgia, por muitos anos ministrando a sã doutrina.

Ben e Donna Reed, Cheryl Gainey, Robert Brenner, Winston e Delores Maddox, Bob e C. Kay Steight, Bob Allums, Check Graham, Tim Skinner, Jane Baternan, Carol Williams, Bobby and Kathy Respess, e Bill Price. Obrigado por suas orações, seus conselhos e seu amor.

Ao corpo de secretários e assistentes da Christian Armory, Inc., Tucker, Georgia, particularmente a Greg Holland, Gerente-Geral. Estou muito agradecido por cuidarem do crescimento do nosso ministério enquanto me dedicava a escrever este livro.

Teresa Holland, a mais doce "processadora de texto" do mundo.

Ao meus pais, Gil e Violet Reimann, por criarem-me num lar cristão.

Minha esposa Pam e meus filhos Jeremy, Aaron e Bethany. Muito obrigado por concederem a esse autor dois anos e meio de "relativa" paz e tranquilidade enquanto trabalhava em casa. Amo vocês de todo o meu coração.

E ao Senhor Jesus Cristo, que é a minha vida.

James Reimann
Colossenses 3:4

Prefácio

COM EXCEÇÃO DA BÍBLIA, nenhum outro livro teve efeito tão profundo em minha vida do que *Tudo para Ele*.

Minha esposa apresentou-me esse livro ainda antes do nosso casamento, e, desde então, ele faz parte da minha dieta de leituras, logo nas primeiras horas da manhã.

Foi por meio dessa obra que Deus imprimiu em meu coração Suas preciosas verdades, tão essenciais ao viver de todo cristão que deseja sinceramente seguir a Cristo: o aspecto mais importante da vida cristã é o nosso relacionamento pessoal com Cristo.

Poucos indivíduos tiveram a iluminação interior sobre a pessoa de Cristo como Oswald Chambers, e um número ainda menor tem sido capaz de fazer esta aplicação prática de modo tão inevitável. Essa obra não é um tesouro para ser admirado, mas uma mensagem para ser vivida.

Estou muito animado de ver estas poderosas meditações diárias atualizadas com expressões mais contemporâneas. O propósito desta edição é tornar esta obra ainda mais saborosa de ler e fácil de entender. Nem uma única verdade foi alterada do texto original, nem mesmo no mínimo grau. E tudo foi feito com a esperança de que esse livro obtenha uma distribuição ainda mais ampla, nesta geração e nas gerações futuras.

James Reimann aceitou esse desafio com o maior zelo em proteger a mensagem de Oswaldo Chambers. E ele está de parabéns! Como parte de nosso ministério por mais de 20 anos, tenho percebido em sua pessoa o amigo, o diligente estudante da Palavra, e um fiel discípulo de Cristo em seu caminhar e em seu trabalho. A minha fervorosa oração é no sentido de que esta obra seja recebida com grande prazer e compartilhada generosamente com toda a liberdade.

Charles F. Stanley
1 de fevereiro de 1992

Introdução

TUDO PARA ELE tem sido um companheiro muito chegado durante a maior parte da minha vida cristã. Ele me foi recomendado, pela primeira vez, por meu pastor, Charles Stanley, que expressa frequentemente o seu amor por seu poderoso conteúdo. Essa é uma obra que resiste ao tempo muito depois da morte do seu autor em 1917. Oswald Chambers, morto aos 43 anos de idade, compartilhou originalmente esses pensamentos como parte de suas palestras na Faculdade de Ensino Bíblico em Clapham, Inglaterra, de 1911–15, e como artigos devocionais enquanto servia como missionário na Associação Cristã de Moços (ACM), de 1915–17.

A ACM o designou para servir no Egito junto às tropas da Austrália e Nova Zelândia, responsáveis pela guarda do Canal de Suez durante a Primeira Guerra Mundial. Estas palestras e discussões devocionais foram mais tarde compiladas pela esposa de Chambers e publicadas em forma de livro em 1927 na Inglaterra, e em 1935 nos Estados Unidos. Desde então, tornou-se o livro devocional mais vendido de todos os tempos.

A ideia de uma nova edição foi motivada por significativas alterações na língua inglesa ocorridas no último século. Como proprietário de uma livraria cristã, tenho vendido milhares de exemplares de *Tudo para Ele* ao longo dos anos. Contudo, devido às mudanças linguísticas, senti a preocupação crescente em saber se os leitores estavam extraindo tudo quanto o livro pode oferecer de conteúdo. Certa manhã, depois de ter lido o texto devocional indicado para aquele dia, pedi ao Senhor que colocasse essa responsabilidade sobre alguém para escrever uma nova edição. Qual não foi minha surpresa ao sentir, naquele mesmo momento, a direção de Deus para que eu realizasse esse trabalho. E comecei a obra naquele mesmo dia.

Em suas mãos está o resultado de aproximadamente 1800 horas de pesquisa e editoração. Este livro não é uma paráfrase do trabalho original e pode ser considerado uma tradução dos originais. Milhares de estudos de palavras foram feitos a fim de se chegar a uma edição acurada e legível. Esta edição ainda inclui a referência de cada citação das Escrituras que permite ao leitor um futuro aprofundamento no estudo das passagens bíblicas (Nota: as citações das Escrituras sem a indicação das referências são passagens que já foram mencionadas anteriormente na respectiva seleção). Se você fizer suas leituras com esse livro em uma das mãos e a Bíblia na outra o seu ganho será imensurável.

Este livro não é a Bíblia — a sua intenção é levá-lo à Bíblia. O desejo do meu coração é de que essa obra o desbloqueie para os tesouros da verdade da Palavra de Deus e toda a percepção e entendimento que estão nessa verdade e que foram explorados por Chambers. Que você possa usar esse livro como auxílio em suas meditações sobre a Palavra de Deus, e como uma ajuda na aplicação prática desse discernimento em seu dia a dia.

James Reimann
Josué 1:8

Um pouco sobre o casal:
Oswald e Biddy Chambers

OSWALD CHAMBERS não foi famoso durante sua vida. Até o ano da sua morte, em 1917, aos 43 anos de idade, apenas três livros que estampavam o seu nome tinham sido publicados. Chambers foi muito estimado como um mestre de raro discernimento e expressão entre um círculo relativamente pequeno de cristãos britânicos e nos Estados Unidos, mas era reconhecido mundialmente.

O grande alcance da sua influência aconteceu durante as décadas que se seguiram à sua morte, após a viúva dele compilar as palestras, em 30 livros publicados, muitos dos quais se tornaram grandes clássicos cristãos: *Baffled to Fight Better* (Confundido para Lutar Melhor, Estudos em Jó), *Se Pedirem em Meu Nome* (Ed. Vida, 2011), *Studies in the Sermon on the Mount* (Estudos Sobre o Sermão da Montanha), e, este, ora em suas mãos.

Oswaldo Chambers nasceu em Aberdeen, Escócia, no dia 24 de julho de 1874; o oitavo de nove filhos do Rev. Clarence Chambers, ministro batista devotado, e sua graciosa esposa, Hannah. Durante seus anos de infância em Perth, Chambers demonstrou todo seu apurado e precoce talento para a arte. Ao completar 15 anos, sua família mudou-se para Londres, onde Oswald fez sua profissão pública de fé em Cristo, tornando-se membro da Igreja Batista de Rye Lane. Isto contribuiu para um período de rápido crescimento espiritual, seguido de intensa luta para descobrir a vontade de Deus e sua missão de vida.

Como talentoso musicista e artista, Chambers estudou no *London's National Art Training School* (Escola Nacional das Artes em Londres), mais tarde chamada de *Royal Academy of Art* (Academia Real de Artes). Sentiu o chamado de Deus para ser embaixador de Cristo no mundo da arte, música e estética. Entretanto, quando estudava na Universidade de Edimburgo (1895–96), experimentou o maior dos redirecionamentos de sua vida. Enfrentou uma batalha interior agonizante e decidiu preparar-se para o ministério cristão, uma profissão que afirmara jamais entrar "a menos que Deus me agarre pelo pescoço e me atire nessa obra". Em seguida, ele abandonou a Universidade de Edimburgo e ingressou no *Dunoon College* (Faculdade Dunoon), próximo à cidade de Glasgow, onde passou nove anos dedicando-se ao estudo; primeiro como estudante de teologia, depois como tutor em filosofia. Sob a sábia liderança do Rev. Duncan MacGregor, seu mentor e amigo, Oswald amadureceu grandemente e "aquelas trevas da alma" se tornaram na mais profunda e feliz experiência que é conhecer a Cristo.

Em 1906 e 1907 Oswald passou seis meses ensinando no *God's Bible School* (Escola Bíblica de Deus) em Cincinnati, Ohio, EUA. De lá partiu para visitar a Escola Bíblica de Tóquio, fundada por Charles e Lettie Cowman. Esta jornada ao redor do mundo marcou sua transição da Faculdade Dunoon para um trabalho de tempo integral com a Liga Pentecostal de Oração baseada em Londres.

Enquanto servia como palestrante e representante da *Liga Pentecostal de Oração* na Grã-Bretanha, Oswald conheceu Gertrude Hobbs. O relacionamento deles floresceu e desabrochou durante uma viagem aos Estados Unidos no verão de 1908, e dois anos mais tarde, eles se casaram. Oswald passou a chamá-la de "Discípula Amada", abreviando para as inicias "B.D", que em inglês se fala com o som de "Biddy". Assim, pelo resto de sua vida, Gertrude foi conhecida por esse carinhoso apelido.

Um antigo sonho de Oswald tornou-se realidade em janeiro de 1911 com a inauguração do *Bible Training College* (BTC) (Faculdade de Ensino Bíblico), próximo a Clapham Common em Londres. Patrocinado pela Liga de Oração, abrigou 25 estudantes internos e alcançou centenas de outros por meio das aulas vespertinas e cursos bíblicos por correspondência. Oswald serviu como diretor e professor titular, enquanto Biddy cumpria o papel de superintendente, supervisionando uma miríade de detalhes logísticos; da preparação das refeições às acomodações temporárias para as famílias dos missionários em trânsito na cidade de Londres.

Durante as palestras e aulas de Oswald, Biddy sentava-se no fundo da sala registrando cada palavra do seu discurso, na íntegra, com o eficiente *Método Pittman* de taquigrafia. Experiente como estenógrafa do tribunal, ela conseguia escrever rapidamente tudo o que era ditado, enquanto mantinha-se atenta aos objetivos daquilo que seu marido ensinava. Biddy armazenou todos os apontamentos de Oswald à medida que ele lecionava Psicologia Bíblica, Estudos em Gênesis, Ética Bíblica e muitas outras aulas. Os registros dos sermões que Oswald pregava em sala de aula e nas horas devocionais, todas as semanas, que ensinavam aos estudantes residentes com toda a flama de seu coração foram de especial significância.

A única filha do casal, Kathleen, nasceu em maio de 1913, e imediatamente começou seu reinado como a rainha do "BTC". Oswald foi tomado de total encantamento por esse novo e feliz acontecimento.

Ele sempre amara as crianças, mas os sentimentos despertados pela chegada da sua própria filha foram alguma coisa absolutamente nova e linda. Quando ela chorava a plenos pulmões durante as refeições na faculdade, Oswald anunciava: "E agora, minha filha cantará para nós." Mas esses dias felizes, de uma vida estável e confortável em Londres, logo chegariam ao fim.

O estouro da Primeira Guerra Mundial, em agosto de 1914, transformou dramaticamente toda a Grã-Bretanha e levou, em um ano, o BTC ao fechamento. Oswald voluntariou-se como secretário na Associação Cristã de Moços no Egito, onde Biddy, Kathleen e diversos ex-alunos da BTC se juntaram a ele para cooperarem nos trabalhos. No Campo de Zeitoun, perto da cidade do Cairo, Oswald rapidamente se estabeleceu como parceiro das tropas militares e como um orientador espiritual de extraordinário entendimento. Um soldado o descreveu como "a personalização de Sherlock Holmes das histórias de ficção: altivo, viril, cara limpa que emoldurava um brilhante e penetrante par de olhos... como um detetive da alma".

Biddy continuou preenchendo cadernos taquigrafados com as preleções de Oswald para as tropas, incluindo *The Shadow of an Agony*, (A Sombra da Agonia), *Shade of His Hand* (Sombras de Sua Mão) (Estudos em Eclesiastes) e *Baffled to Fight Better* (Estudos em Jó). Contra os terríveis inimigos — o calor, os insetos e as tempestades de areia — Biddy continuava com seu ministério de hospitalidade que trazia um ambiente familiar especial para as tropas tão distantes de suas casas e familiares.

Em uma carta endereçada à mãe de Biddy, Oswald elogiou sua esposa com liberalidade: "Quanto a Biddy eu a amo, e como seu marido não creio ser possível exagerar ao dizer que ela tem vivido o sacramento do Deus Conosco ao compartilhar a Sua presença através de elementos comuns da vida diária. As cartas que ela recebe de mães e esposas, irmãs, pais e irmãos, representam em si mesmas, o profundo testemunho de um dos mais inconscientes ministérios que uma esposa, mãe e mulher podem realizar."

No acampamento no deserto, Oswald supervisionou a construção de uma passarela de pedras e uma miríade de canteiros de flores. Alguns críticos protestaram dizendo tratar-se de perda de tempo, mas Chambers acreditava que se esses melhoramentos físicos não fossem feitos e, ocasionalmente, novos reparos feitos nas tendas, tudo isso poderia refletir desleixo e descuido, desagradáveis a Deus. "Um defeito grave em grande parte da obra de hoje," afirmou ele: "é que os homens não seguem a admoestação de Salomão, 'Tudo quanto te vier à mão para fazer, faze-o conforme as tuas forças.' A tendência é argumentar: 'É só por um curto período, por que se preocupar tanto?' Ora, se for somente por cinco minutos, façamos bem feito."

No final de outubro de 1917, Oswald submeteu-se a uma cirurgia urgente de apêndice e pareceu recuperar-se. Todavia, duas semanas mais tarde, enquanto ainda estava no hospital da Cruz Vermelha em Gizé, sofreu uma recaída e morreu nas primeiras horas da manhã do dia 15 de novembro. Todos quantos o conheceram e o amavam ficaram atônitos.

Atordoada, ainda sem acreditar no ocorrido, e sob o forte impacto do luto, Biddy começou a tratar das paralisantes tarefas de uma jovem viúva com uma filha de quatro anos de idade. Seu telegrama para a família e amigos na Grã-Bretanha dizia simplesmente: "Oswald está em Sua presença." E, na tarde seguinte, Chambers foi sepultado com todas as honras militares, no Cemitério Militar Britânico na parte antiga da cidade do Cairo.

Nos dois anos que se seguiram, Biddy e Kathleen continuaram trabalhando entre as tropas em Zeitoun. Segundo a providência de Deus, a qual Oswald frequentemente referia-se como "o acaso", Biddy tinha enviado, pessoalmente, um dos sermões do seu marido, como presente de Natal para as tropas no Egito, que rapidamente se multiplicaram e 10 mil cópias passaram a ser impressas e enviadas mensalmente pela Associação Cristã de Moços. À medida que os dias se passavam tornou-se evidente para Biddy que o seu chamado missionário era dar as palavras expressas pelo seu marido ao mundo. E fazendo essa obra, ela continuou o sonho que tiveram: compartilhar o mesmo ministério para ajudar outros.

Após seu regresso à Inglaterra em 1919, Biddy continuou transcrevendo suas anotações taquigráficas e preparando todo o material para publicação. Ela trabalhou para sustentar a si e sua filha Kathleen, e usou os recursos advindos das vendas dos livros para ajudar na publicação da obra seguinte.

Enquanto mantinha uma pensão para estudantes em Oxford, Biddy compilava um livro de leituras diárias o qual ela denominou *Tudo para Ele*. Desde a sua primeira publicação em 1927, o livro devocional *Tudo para Ele*, tem sido reimpresso continuamente e já vendeu milhões de exemplares. Hoje, está traduzido em mais de 40 idiomas diferentes, e todos os dias, multiplicam-se aos milhares, ao redor do mundo, o número das pessoas que abrem suas páginas em busca de uma palavra do Senhor que nos foi legada por seu servo Oswald Chambers.

Desde suas primeiras publicações, logo depois da Primeira Guerra Mundial, a senhora Chambers passou a ser aconselhada e assessorada por um grupo de amigos. Nos últimos anos, esse grupo tornou-se conhecido como Associação Oswald Chambers Publicações. Foi incorporada em 1942, e existe na Inglaterra hoje como uma instituição benemérita oficial, responsável por supervisionar a publicação e distribuição de todo o material de Oswald Chambers ao redor do mundo. Os *royalties* recebidos são usados como recursos financeiros para traduzir os livros de Chambers em nações em desenvolvimento e para prover exemplares gratuitos dos livros de OC (Oswaldo Chambers) aos estudantes e pastores mais necessitados.

O livro *Tudo para Ele*, com todos os demais livros de Oswald Chambers, é o resultado desprendido da visão e da vida de duas pessoas extraordinárias — Oswald e Biddy Chambers. Os livros que escreveram relatam o seu amor por Deus, de um para com o outro, e por todas as pessoas em todos os lugares. Juntos, Oswald e Biddy tocaram profundamente a vida de indivíduos dos mais variados contextos culturais e muitas nações, por intermédio da hospitalidade, do rico ensino bíblico, ou ainda pelo encorajamento, pela alegria de viver e pelo bom humor. As páginas do *Tudo para Ele* estão embebidas com o que acreditavam: levar o evangelho para toda a terra significa seguir o exemplo de Deus de "abrir as portas de casa para o universo".

Kathleen descreve sua mãe como alguém que sempre tinha tempo para as pessoas. Um simples bater à porta poderia tirar-lhe do dedicado trabalho junto à máquina de escrever para a preparação de um bule de chá. Ela considerava uma conversa com uma criança da vizinhança tão importante quanto preparar um próximo livro para publicação. Biddy respondia pessoalmente as centenas de cartas que recebia, e muitas vezes incluía um exemplar de um dos livros de Oswald para complementar sua carta-resposta.

Quando Biddy Chambers morreu, em 1966, já tinha compilado e publicado cerca de 50 livros que estampavam o nome de Oswald Chambers, contudo nunca mencionou a sua participação. As únicas evidências de todo o seu trabalho eram raramente vistas em algumas palavras de saudação no início de um ou outro volume, seguidas das suas iniciais "B. C."

Nas semanas que se seguiram à morte de Oswald no Egito, Biddy escreveu para sua mãe sobre um amigo cuja vida havia sido radicalmente transformada pela leitura de alguns sermões de Oswald. "Isso confirma, com toda a segurança, que devo seguir em frente e fazer todo o possível para publicar tudo o que tenho," comentou Biddy. "Será como lançar pedaços de pão às águas e um dia saberemos o que tudo isso significou às vidas das pessoas."

Para sua irmã ela escreveu: "Vivendo com Oswald e observando sua fé em Deus, e sabendo que 'por sua fidelidade Ele continua falando conosco', esse é o segredo da minha vida nestes dias e sinto que essa força avassaladora um dia nos revelará o que Deus tem feito, e haverá quem se arrependerá de não ter confiado ainda mais inteiramente. Assim, portanto, sigamos orando e crendo, e certamente, descobriremos que Deus está realizando Seus poderosos feitos em todo o momento."

Pela fidelidade deste casal nas circunstâncias mais comuns do decorrer de cada dia, Oswaldo e Biddy Chambers demonstram a importância e o poder de oferecer nosso tudo ao Deus Altíssimo.

David McCasland

TUDO *para* ELE

1.º DE JANEIRO

Vamos manter o foco

Tudo para Ele — "...segundo minha ardente expectativa e esperança de que em nada serei envergonhado...". Todos nós nos sentiremos imensamente envergonhados se não nos rendermos a Jesus justamente nas áreas da nossa vida que Ele pediu que entregássemos aos Seus cuidados. É como se o apóstolo Paulo estivesse dizendo: "Meu maior e mais determinado propósito na vida é que seja tudo para o Altíssimo — dar o meu melhor para a Sua glória." Alcançar esse nível de determinação é uma questão de vontade e não de debate ou racionalização. É uma absoluta e irrevogável rendição da vontade num determinado momento da vida. A excessiva racionalização e consideração por nós mesmos é o que nos impede de tomarmos essa decisão, embora as encubramos com o pretexto de que estamos considerando os outros. Quando pensamos seriamente sobre o custo que a decisão de obedecermos ao chamado de Jesus acarretará aos outros, dizemos para Deus que Ele não sabe o que a nossa obediência significará. Contudo, mantenha o foco — Ele sabe. Exclua qualquer outro pensamento e permaneça diante de Deus com um único objetivo — dedicar tudo para Ele. Estou determinado a viver completa e absolutamente para o Senhor e somente para Ele.

> *...segundo a minha ardente expectativa e esperança de que em nada serei envergonhado; antes com toda a ousadia, como sempre, também agora, será Cristo engrandecido no seu corpo, quer na vida, quer na morte.* (FILIPENSES 1:20)

Minha incessante obstinação por Sua santidade. "Quer essa decisão signifique vida ou morte — isso não faz diferença!" (Filipenses 1:21). Paulo estava convencido de que nada poderia detê-lo em seu propósito de fazer exatamente o que Deus queria. Entretanto, antes de escolhermos seguir a vontade de Deus, uma crise deve se desenvolver em nosso coração. E isto acontece porque tendemos a nos esquivar e não sermos responsivos aos toques sutis de Deus em nossa vida. Ele nos conduz a uma situação diante da qual nos pede que sejamos o nosso melhor para Ele, e começamos a argumentar. Deus, providencialmente, permite acontecer uma crise em que temos que tomar uma decisão: a favor ou contra. E esse momento torna-se uma grande encruzilhada em nossa vida. Se uma crise ameaçar qualquer área de sua vida, tão somente sujeite a sua vontade a Jesus, absoluta e irrevogavelmente.

TUDO PARA ELE

2 DE JANEIRO

Você partiria sem saber para onde?

Você alguma vez já "partiu" sem saber para onde iria? Nesse caso, não existe qualquer resposta lógica possível quando alguém indaga sobre o que você está fazendo. Uma das perguntas mais difíceis para se responder no ministério cristão é a seguinte: "O que você espera fazer?". Você não sabe o que vai fazer. A única certeza que você tem é a de que Deus sabe o que Ele está fazendo. Examine continuamente a sua atitude em relação a Deus para verificar se você está disposto a "entregar-lhe" cada área da sua vida, confiando inteiramente nele. Esta é a atitude que o mantém em constante expectativa, porque você não sabe o que Deus fará a seguir. Cada manhã, ao despertar, há uma nova oportunidade para "entregar-se", edificando sua confiança em Deus. A Bíblia alerta: "...não andeis ansiosos pela vossa vida [...] nem pelo vosso corpo..." (Lucas 12:22). Em outras palavras, não se preocupe com os assuntos que o inquietaram antes de haver decidido "entregar-se".

> *...e partiu sem saber aonde ia.*
> (HEBREUS 11:8)

Você já perguntou a Deus o que Ele vai fazer? Ele nunca lhe dirá. O Senhor não lhe diz o que fará — Ele revela a você quem Ele é. Você crê num Deus que realiza milagres? Você se "entregará" em completa submissão a Ele até não se surpreender mais com nenhum ponto ou vírgula de nada do que Ele faz?

Acredite que o Senhor é sempre o mesmo Deus que você conhece bem quando está caminhando ao Seu lado em íntima comunhão. Agora reflita sobre o quanto a preocupação é desnecessária e irreverente! Que a atitude da sua vida seja de completa disposição de "entregar-se" à dependência da soberania de Deus, e sua vida terá um inefável e sagrado toque de graça divina, o que é grande motivo de satisfação para Jesus. Você deve aprender a "entregar-se", abrindo mão das suas convicções, crenças, ou experiências até atingir um ponto em sua fé, em que não haja mais obstáculos entre você e Deus.

3 DE JANEIRO

"Nuvens e escuridão"

Uma pessoa que ainda não nasceu pelo Espírito de Deus dirá que os ensinamentos de Jesus são simples. Entretanto, quando alguém é batizado pelo Espírito Santo descobre que "nuvens e escuridão o rodeiam...". Percebemos isso quando começamos a conhecer os ensinos de Jesus Cristo de modo mais íntimo. A única maneira de ter uma completa compreensão dos ensinamentos de Jesus é por meio da luz do Santo Espírito de Deus iluminando o nosso interior. No entanto, se nunca tivemos a experiência de tirar os descompromissados sapatos religiosos dos nossos descompromissados pés religiosos — para ficarmos livres da excessiva informalidade com a qual nos relacionamos com Deus — é questionável se em algum momento anterior já estivemos mesmo em Sua presença. As pessoas que são petulantes e irreverentes em sua maneira de aproximar-se de Deus são, exatamente, aquelas que jamais foram apresentadas a Jesus Cristo. Somente depois do imenso prazer e liberdade de perceber o que Jesus Cristo *faz*, é que surge a impenetrável "escuridão" da percepção de quem Ele *é*.

Jesus afirmou: "...as palavras que eu vos tenho dito são espírito e são vida" (João 6:63). Antes, a Bíblia era para muitos de nós, apenas um monte de palavras — "nuvens e escuridão" — porém, de repente, as palavras tornam-se espírito e vida porque Jesus as repete para nós naqueles momentos em que as nossas circunstâncias renovam o significado delas. Esse é o modo de Deus falar conosco; não por intermédio de visões e sonhos, mas pelas palavras. Quando uma pessoa chega à presença de Deus, ela o faz pelo caminho mais simples — por palavras.

> *Nuvens e escuridão o rodeiam...*
>
> (SALMO 97:2)

TUDO PARA ELE

4 DE JANEIRO

"Por que não posso segui-lo agora?"

Há dias em que você não consegue entender por que não pode fazer o que deseja. Quando Deus nos permitir um tempo de espera, e parecer indiferente, não preencha esse período com ocupações, apenas aguarde. O tempo de espera pode ser uma oportunidade para ensinar-lhe sobre o significado da santificação — ser separado do pecado e feito santo — ou, ele poderá ocorrer depois que um processo de santificação tiver iniciado, a fim de ensinar-lhe o que significa servir. Nunca fuja da situação antes de Deus lhe dar a Sua direção. Se você tiver a mais leve dúvida, isso significa que Ele não está lhe apontando a direção certa para seguir. Enquanto houver dúvida — espere.

No início, talvez você veja claramente a vontade de Deus — o rompimento de uma amizade, o término de uma relação profissional ou de negócios, ou qualquer outra ação que você sinta nitidamente ser esta a vontade de Deus. Contudo, jamais tome uma atitude movida por esse sentimento. Se agir assim, causará dificuldades que poderão levar anos para serem corrigidas. Espere pelo tempo do Senhor e Ele o fará sem gerar qualquer mágoa ou decepção. Quando se tratar da vontade providencial de Deus, espere Ele agir.

Pedro não esperou por Deus. Ele previu, em sua própria mente, de onde a provação viria, e ela veio de fonte inesperada. "...Por ti darei a própria vida" (13:37). A declaração de Pedro foi honesta, mas ignorante. "Respondeu Jesus: [...] jamais cantará o galo antes que me negues três vezes" (13:38). Jesus afirmou isso com um conhecimento mais profundo sobre Pedro do que o próprio Pedro tinha de si mesmo. Ele não poderia seguir Jesus, pois nem ao menos conhecia a si próprio, tampouco conhecia suficientemente as suas próprias capacidades. A devoção inata poderá ser suficiente para nos atrair a Jesus, impressionar-nos por Seu irresistível carisma, mas isso, simplesmente, nunca nos transformará em discípulos. A devoção inata negará Jesus, sempre estará aquém do que verdadeiramente significa seguir a Cristo.

> *Replicou Pedro:*
> *Senhor, por que*
> *não posso seguir-te*
> *agora?...*
> (João 13:37)

22   *Oswald Chambers*

5 DE JANEIRO

Uma vida de poder para seguir

"Depois de assim falar, acrescentou-lhe: Segue-me" (João 21:19). Três anos antes, Jesus tinha dito: "…Vinde após mim…" (Mateus 4:19), e Pedro o seguiu sem qualquer hesitação. O irresistível poder de atração de Jesus estava sobre ele, e, por isso, não foi necessário que o Espírito Santo o ajudasse a caminhar com Jesus. Todavia, mais tarde, Pedro chegou ao momento e lugar em que negou Cristo, e seu coração se quebrantou. Em seguida, Pedro recebeu o Espírito Santo e Jesus lhe disse de novo: "…Segue-me" (João 21:19). Agora, porém, ninguém está diante de Pedro, exceto o Senhor Jesus Cristo. O primeiro "Segue-me" não foi nada misterioso; era um "seguir" exterior. Jesus está agora pedindo por uma rendição e sacrifício interior (21:18).

Entre esses dois momentos, Pedro negou Jesus com juramentos e maldições (Mateus 26:69-75). Mas em seguida, ele esvaziou-se de si mesmo e toda a sua autossuficiência entrou em colapso. Não havia mais qualquer parte do seu ser em que pudesse voltar a confiar. Em seu estado de destituição, ele estava finalmente pronto para receber tudo o que o Senhor ressurreto tinha a lhe proporcionar. A Bíblia diz: "…soprou sobre eles e disse-lhes: 'Recebei o Espírito Santo'" (João 20:22). Não importam quais sejam as mudanças que Deus tenha realizado em você, nunca deposite sua fé nelas. Creia somente numa pessoa, o Senhor Jesus Cristo, e no Espírito que Ele concede.

> *…Respondeu Jesus: Para onde vou, não me podes seguir agora; mais tarde, porém, me seguirás.*
>
> (João 13:36)

Todas as nossas promessas e resoluções acabam em negação porque não temos qualquer poder para cumprir todos os nossos propósitos. Quando chegamos ao fim de nós mesmos, não apenas mentalmente, mas completamente, estamos prontos para "receber o Espírito Santo". "…*Recebei o Espírito Santo*" — a ideia aqui é de plena invasão. De agora em diante existe apenas Aquele que é único e dirige todo o curso da sua vida: o Senhor Jesus Cristo.

Adoração

Adorar é devolver a Deus o melhor que Ele lhe concedeu. Portanto, tenha cuidado com o que você faz com o melhor que possui. Sempre que você receber uma bênção do Senhor, devolva-lhe como oferta de amor. Dedique um tempo de meditação diante de Deus e lhe ofereça essa mesma oferta de amor como um ato de adoração voluntária. Se você agir de modo mesquinho, a oferta apodrecerá, como aconteceu com o maná retido no deserto (Êxodo 16:20). Deus jamais permitirá que você acumule uma bênção espiritual exclusivamente para o seu uso e benefício. Ela deve ser devolvida a Ele, e deste modo Ele poderá abençoar a muitos outros também.

Betel é o símbolo da comunhão com Deus; a cidade de Ai simboliza a atitude mundana. Abraão "armou a sua tenda" entre as duas cidades. O valor duradouro do nosso culto público diante de Deus é medido pela profundidade da intimidade de nossos momentos particulares de comunhão e unidade com Ele. Apressar-se desesperadamente apenas para cumprir um ritual de louvor é uma atitude sempre errada — há sempre muito tempo à disposição para a verdadeira adoração a Deus. Separar dias para meditação e louvor pode ser uma armadilha, a qual nos desvia da verdadeira necessidade de termos um tempo diário de reflexão e silêncio perante Deus. Essa é a razão pela qual devemos "armar nossas tendas" onde sempre poderemos ter o nosso tempo silencioso com Ele, não importa quão barulhento for o mundo ao nosso redor. Não existem, de fato, três níveis de vida espiritual — adoração, espera e trabalho. Ainda que alguns dentre nós saltem como sapos espirituais — da adoração para a espera, e da espera para o trabalho. A ideia de Deus é de que esses três funcionem simultaneamente, como se fossem um. Eles sempre caminharam juntos na vida do nosso Senhor e em perfeita harmonia. Esse é um hábito que deve ser desenvolvido; pois não acontecerá da noite para o dia.

> *Passando dali para o monte ao oriente de Betel, armou sua tenda, ficando Betel ao ocidente e Ai ao oriente; ali edificou um altar ao* Senhor *e invocou o nome do* Senhor.
>
> (Gênesis 12:8)

7 DE JANEIRO

Intimidade com Jesus

Estas palavras não foram proferidas como uma repreensão, nem mesmo com surpresa; Jesus estava encorajando Filipe a aproximar-se. No entanto, Jesus é a última pessoa com a qual cultivamos a intimidade. Antes do Pentecostes, os discípulos conheciam Jesus como aquele que lhes concedera o poder para vencer demônios e trazer renovação espiritual (Lucas 10:18-20). Sem dúvida, uma maravilhosa intimidade, contudo, havia muito mais intimidade ainda por vir: "...mas tenho-vos chamado amigos..." (João 15:15). Na Terra a verdadeira amizade é rara. Quer dizer, com alguém que tenhamos plena identificação de pensamento, coração e espírito. Toda a experiência da vida é concebida para nos capacitar a estabelecer um relacionamento íntimo e espiritual com Jesus Cristo. Nós recebemos as Suas bênçãos e conhecemos a Sua Palavra, mas será que realmente o conhecemos?

> *Disse-lhe Jesus: Filipe, há tanto tempo estou convosco, e não me tens conhecido?...*
>
> (JOÃO 14:9)

Jesus declarou: "...convém-vos que eu vá..." (João 16:7). Ele deixou aquele relacionamento em benefício de uma proximidade ainda mais íntima e perfeita. É uma alegria para Jesus quando um discípulo dedica seu tempo para andar com Ele em maior comunhão. A produção de frutos espirituais é sempre apresentada nas Escrituras como um resultado visível do relacionamento de intimidade com Jesus Cristo (João 15:1-4).

Uma vez que tenhamos comunhão íntima com o Mestre, nunca estaremos sós e jamais nos faltará compreensão ou compaixão. Podemos derramar continuamente o nosso coração diante de Cristo sem que isso seja considerado algo excessivamente emocional ou patético. O cristão que é verdadeiramente íntimo de Jesus jamais chamará atenção para si mesmo, mas apenas demonstrará as evidências de uma vida que confia no controle absoluto do Senhor. É este o resultado obtido ao permitirmos que Jesus satisfaça todas as áreas da vida em sua profundidade. O resultado de uma vida assim é demonstrado por meio do equilíbrio consistente e calmo que o nosso Senhor proporciona a todos quantos caminham em comunhão íntima com Ele.

TUDO PARA ELE   25

8 DE JANEIRO

Sou um sacrifício vivo?

Este acontecimento é uma ilustração do erro que cometemos em pensar que a extrema entrega que Deus deseja de nós é o sacrifício da morte. O que Deus quer de cada um de nós é o sacrifício *por meio* da morte, que nos capacita a fazer o que Jesus fez; isso é "sacrificar" nossa vida. Não é — "…Senhor, estou pronto a ir contigo […] para a morte" (Lucas 22:33). Mas sim: "Estou disposto a identificar-me com a Sua morte, para que eu possa sacrificar a minha vida para Deus."

Parece que cremos que o Senhor requer que desistamos dos nossos desejos! Entretanto, Deus purificou Abraão desse equívoco, e prossegue corrigindo esse engano em cada um de nós ainda hoje. Deus nunca nos diz para abandonarmos as coisas apenas pelo prazer da renúncia, mas Ele nos pede para desistir de tudo pela única razão que vale a pena: viver com Ele. Isso significa soltar as amarras que teimam em imobilizar nossa vida. Tais amarras se afrouxam imediatamente pela identificação com a morte de Jesus. Assim, entramos num relacionamento com Deus, mediante o qual podemos sacrificar nossa vida para Ele.

> *…ali edificou Abraão um altar […] amarrou Isaque, seu filho, e o deitou no altar…*
>
> (Gênesis 22:9)

Não tem o menor valor para Deus você lhe entregar a sua vida para morrer. Ele deseja que você seja um "sacrifício *vivo*" — permitindo que Ele tenha acesso a todas as suas forças e capacidades que foram salvas e santificadas por intermédio de Jesus (Romanos 12:1). Para Deus, este é o sacrifício aceitável.

9 DE JANEIRO

Oração do autoconhecimento

O grande e misterioso trabalho do Espírito Santo acontece nas áreas mais profundas do nosso ser, "...o vosso espírito, alma e corpo..." onde não conseguimos alcançar. Leia o Salmo 139, no qual o salmista deixa implícito: — "Ó Senhor, tu és Deus do romper da aurora, o Deus do final das noites, o Deus dos mais altos montes, e o Deus sobre os oceanos. Mas, meu Deus, minha alma tem horizontes que vão muito além das madrugadas ou da escuridão profunda das noites sobre a terra; além das mais altas montanhas e dos profundos abismos ou dos reinos abissais dos mares. Tu que és Deus sobre todos eles, sejas também meu Deus. Não posso alcançar as alturas nem as profundidades; há razões que eu não consigo descobrir, sonhos que não posso compreender. Meu Deus, sonda-me."

Cremos que Deus é capaz de fortalecer e proteger nossos processos de pensamentos muito além de onde podemos ir? A Bíblia reafirma que "...o sangue de Jesus, seu Filho, nos purifica de todo pecado" (1 João 1:7). Se este versículo significa uma limpeza apenas do que nos é consciente, possa Deus ter misericórdia de nós. O homem cuja mente foi entorpecida pelo pecado afirmará que não tem a menor consciência sobre os erros que comete. Mas a limpeza do pecado que experimentamos alcançará as mais elevadas alturas e as profundidades do nosso espírito se "...andarmos na luz, como Ele está na luz" (1:7). O mesmo Espírito que alimentou a vida de Jesus Cristo alimentará a vida do nosso espírito. Somente quando estamos protegidos por Deus mediante a miraculosa sacralidade do Espírito Santo o nosso espírito, alma e corpo podem ser preservados puros, justos e íntegros até a volta de Jesus — não estando mais sob qualquer condenação aos olhos de Deus.

O mesmo Deus da paz vos santifique em tudo; e o vosso espírito, alma e corpo sejam conservados íntegros e irrepreensíveis...

(1 Tessalonicenses 5:23)

Deveríamos, com maior frequência, disponibilizar a nossa mente para meditar nessas grandiosas, poderosas verdades divinas.

A visão aberta

Esse versículo é o maior exemplo da verdadeira essência da mensagem do discípulo de Cristo em todo o Novo Testamento.

O primeiro aspecto soberano da graça de Deus encontra-se resumido nas palavras: "…a fim de que recebam eles remissão de pecados…". Quando uma pessoa não consegue completar sua carreira pessoal na fé cristã, é geralmente porque ela nunca recebeu nada. O único sinal expresso de que uma pessoa é salva é a demonstração de que ela recebeu algo de Jesus Cristo. Nosso ministério como servos de Deus é fazermos tudo o que pudermos para abrir os olhos das pessoas que não creem para que se voltem das trevas à luz.

> *…para os quais eu te envio, para lhes abrires os olhos [...] a fim de que recebam eles remissão de pecados...*
> (Atos 26:17,18)

Contudo, isso não é a salvação; é a conversão — somente o esforço de um ser humano atento. Não acho que seja exagero afirmar que a maioria dos cristãos nominais esteja nessa condição. Os seus olhos estão abertos, mas nada receberam. Conversão não é regeneração. E este é um aspecto muito negligenciado em nossas pregações hoje em dia. Quando uma pessoa nasce de novo, ela sabe que recebeu uma dádiva do Todo-Poderoso Deus, e não devido à sua própria decisão. As pessoas podem fazer votos e promessas, e estar determinadas a seguir em frente, mas nada disso significa salvação. A salvação significa que fomos trazidos a um determinado lugar, no qual somos capacitados para algo especial de Deus mediante a autoridade de Jesus Cristo; a saber: perdão dos pecados.

A isto se segue a segunda obra magnífica da graça de Deus: "[Uma] e herança entre os que são santificados…". Em santificação, a pessoa que nasceu de novo, deliberada e espontaneamente entrega todos os seus direitos a Jesus Cristo, e identifica-se completamente com o serviço de Deus para os outros.

11 DE JANEIRO

Qual o custo de minha obediência a Deus?

Se obedecermos a Deus, isso terá um custo maior para outras pessoas do que para nós, e é nesse momento que as dores têm início. Se amarmos profundamente nosso Senhor, a obediência não nos custará nada — na verdade, será um prazer. Todavia, na opinião de todos os demais que não o amam, nossa obediência representará um custo alto. Se obedecermos a Deus, isso significa que alguns dos planos de outras pessoas serão frustrados. Alguns vão nos ridicularizar como quem diz: "É isso que você chama de cristianismo?" Poderíamos evitar o sofrimento, mas não se formos obedientes a Deus. Devemos permitir que o preço seja pago.

Quando a nossa obediência começa a representar um custo real para os outros, o nosso orgulho humano entrincheira-se e dizemos: "Jamais aceitarei nada de alguém." Mas devemos aceitar, ou desobedecemos a Deus. Não temos o menor direito de pensar que o tipo de relacionamento que temos com todas as pessoas deveria ser algo diferente do que o próprio Senhor Jesus teve (Lucas 8:1-3).

Não há progresso em nossa vida espiritual quando tentamos assumir todos os custos por nós mesmos. E, na realidade, não podemos. Estamos tão envolvidos nos propósitos universais de Deus, que as pessoas ao nosso redor são, imediatamente, afetadas pela nossa obediência a Ele. Permaneceremos firmes e fiéis em nossa obediência ao Senhor e prontos para sofrer humilhações por nossa recusa em sermos independentes? Ou vamos ceder, fazer exatamente o contrário e justificar: "Não causarei sofrimento a outras pessoas"? Podemos desobedecer a Deus se assim escolhermos, e essa atitude trará alívio imediato à situação, mas isso trará tristeza ao nosso Senhor. Contudo, se obedecermos a Deus, Ele mesmo cuidará de todos os que sofrem as consequências da nossa obediência. Nosso dever é, simplesmente, obedecer e entregar todas as consequências dessa obediência a Ele.

> *E, como o conduzissem, constrangendo um cireneu, chamado Simão [...], puseram-lhe a cruz sobre os ombros, para que a levasse após Jesus.*
>
> (Lucas 23:26)

Atenção! Cuidado com a propensão natural em ditarmos para Deus quais consequências vamos permitir e suportar como condição para obedecê-lo.

12 DE JANEIRO

Você já esteve a sós com Deus?

Nosso momento a sós com Ele. Jesus não nos chama à parte para explicar todos os detalhes o tempo todo; Ele nos esclarece sobre assuntos que estamos preparados para compreender. A vida de muitas pessoas são exemplos para nós, mas Deus pede que examinemos as nossas próprias almas. Esse é um trabalho demorado — tão lento e cuidadoso que Deus leva uma eternidade para fazer um homem ou uma mulher estar de acordo com o Seu propósito. Somente podemos ser usados por Deus depois que permitirmos a Ele nos revelar as áreas profundas e escondidas do nosso próprio caráter. É assustador como somos ignorantes sobre nós mesmos! Nem mesmo conseguimos perceber o quanto de inveja, preguiça ou orgulho está dentro de nós, quando expressamos esses sentimentos. Mas Jesus nos revelará tudo o que temos mantido oculto em nossa alma antes da Sua graça começar a agir. Quantos de nós já aprendemos a olhar para o nosso interior com coragem?

…tudo, porém, explicava em particular aos seus próprios discípulos.

(MARCOS 4:34)

Temos que nos libertar da ideia de que já nos compreendemos. Esse é sempre o mais renitente aspecto do nosso orgulho a ser desfeito. O único que verdadeiramente nos entende é Deus. A maior das maldições que acomete nossa vida espiritual é o orgulho. Se em algum momento já tivemos um vislumbre sobre o que somos diante dos olhos de Deus, jamais diremos: "Ó, sou tão indigno." Compreenderemos que nem é necessário dizer isso. Contudo, enquanto houver qualquer dúvida de que somos indignos, Deus continuará aproximando-se de nós até estarmos a sós com Ele. Se houver qualquer elemento de orgulho ou vaidade remanescente, Jesus não pode nos ensinar. Ele permitirá que experimentemos o quebrantamento de nossos corações ou a decepção que sentimos quando o nosso orgulho intelectual é ferido. Ele revelará inúmeras afeições por pessoas ou desejos equivocados — alguns sobre os quais jamais pensaríamos se Ele não nos tivesse chamado à parte. Muitas coisas nos são mostradas, com frequência, sem nenhum resultado. Contudo, quando Deus nos chamar à parte, tudo ficará claro.

Oswald Chambers

13 DE JANEIRO

Você já esteve a sós com Deus?

Sua solitude conosco. Quando Deus nos chama à parte mediante o sofrimento, quebrantamento, tentação, decepção, enfermidade, desejos frustrados, amizades desfeitas, ou mesmo, uma nova amizade — quando Ele fala conosco à parte, completamente em particular, e ficamos absolutamente sem palavras, incapazes de levantar uma só pergunta, é nesse momento que Ele começa a nos ensinar. Observe o treinamento que Jesus Cristo fez com os doze. Os Seus discípulos estavam confusos, não a multidão. Seus discípulos seguidamente questionavam Jesus, e Ele constantemente lhes oferecia explicações, mesmo assim eles não compreenderam as respostas, até terem recebido o Espírito Santo (João 14:26).

> *Quando Jesus ficou só [...] os doze o interrogaram a respeito das parábolas.*
> (MARCOS 4:10)

À medida que você caminha com Deus, a única coisa que Ele deixa bem claro é o modo como Ele age com a sua alma. As tristezas e dificuldades na vida dos outros serão absolutamente confusas para você. Sempre imaginamos que compreendemos as lutas de outras pessoas até que Deus revela as mesmas falhas e fraquezas em nossa vida. Há diversas áreas de resistência, teimosia e ignorância que o Espírito Santo deve revelar em cada um de nós, mas isso só pode ser feito quando Jesus nos chama à parte, para um diálogo particular. Estamos a sós com Ele nesse momento? Ou estamos mais preocupados com as nossas próprias ideias, amizades ou mesmo com cuidados com os nossos corpos? Jesus não pode nos ensinar nada até que calemos toda a nossa inquietude intelectual e fiquemos a sós com Ele.

14 DE JANEIRO

Chamados por Deus

Deus não direcionou Seu chamado a Isaías — O profeta ouviu Deus indagando: "…quem há de ir por nós?" O chamado de Deus não é exclusivo para um pequeno e seleto grupo de pessoas, mas para todos. Ouvir ou não o chamado de Deus depende da condição dos meus ouvidos, e, o que ouço depende exatamente da minha atitude espiritual. A Bíblia diz: "…muitos são chamados, mas poucos, escolhidos" (Mateus 22:14). Ou seja, são poucos os que provam que foram escolhidos. Estes, os escolhidos, são todos aqueles que moveram-se em direção a um relacionamento pessoal com Deus por meio de Jesus Cristo, e eles tiveram sua situação espiritual transformada e, portanto, seus ouvidos abertos. Assim essas pessoas podem ouvir "a voz do Senhor" continuamente perguntando: "…quem há de ir por nós?" Contudo, Deus não nomeia alguém particularmente e ordena: "Agora, vá *você*!" Ele não forçou Sua vontade sobre Isaías. O profeta estava na presença de Deus, e ouvira claramente o apelo proclamado. A resposta de Isaías é pronunciada em completa liberdade, e só poderia ser: "Eis-me aqui! Envia-me a mim."

> *…ouvi a voz do Senhor, que dizia: 'A quem enviarei, e quem há de ir por nós?' Disse eu: 'Eis-me aqui, envia-me a mim.*
>
> (ISAÍAS 6:8)

Remova do seu pensamento a ideia de que Deus vem para forçar ou lhe implorar. Quando nosso Senhor chamou os Seus discípulos, Ele o fez sem qualquer pressão exterior irresistível. O apelo tranquilo, ainda que veemente do Seu "Siga-me!" foi transmitido aos homens que já estavam receptivos a esse chamado em todos os sentidos (Mateus 4:19). Se permitirmos que o Espírito Santo nos conduza face a face perante Deus, também ouviremos o que Isaías ouviu — "a voz do Senhor". E, em perfeita liberdade também responderemos: "Eis-me aqui! Envia-me a mim."

15 DE JANEIRO

Você já nasceu de novo?

Ninguém experimenta a completa santificação sem passar pelo *sepultamento espiritual* — o sepultamento da velha vida. Se nunca houve este momento crucial de mudança por meio da morte, a santificação será apenas um mero anseio, uma ilusão. Portanto, deve ocorrer um *sepultamento espiritual*, uma morte com uma única ressurreição — uma ressureição para a vida em Jesus Cristo. Nada pode derrotar uma vida como esta. Estabeleceu-se uma unidade perfeita com Deus, e há um único grande propósito — ser testemunha de Cristo.

Os seus dias finais realmente chegaram? Certamente, eles têm passado por sua mente várias vezes, mas será que você, de *fato*, já os experienciou? Você não pode morrer ou participar do próprio funeral em clima de festa. Morte significa deixar de existir. Você deve concordar com Deus e parar de ser o tipo de cristão esforçado e cumpridor de tarefas que tem sido. Nós evitamos o cemitério e, continuamente, recusamos ser os protagonistas da própria morte. Isso não acontecerá pelo esforço, mas pela submissão à morte. Morrer espiritualmente é ser "batizado na Sua morte" (Romanos 6:3).

Você já passou pelo seu *sepultamento espiritual* ou ainda está enganando sua alma de forma hipócrita? Há um momento em sua vida que você agora chama como o seu último dia? Há um local em sua alma no qual a sua memória pode voltar em humildade e transbordante gratidão que lhe permite honestamente proclamar: "Sim, foi naquele dia, ali no meu *sepultamento espiritual*, que eu estabeleci um acordo solene com Deus."

"Pois esta é a vontade de Deus: a vossa santificação..." (1 Tessalonicenses 4:3). Uma vez que compreenda que essa é a vontade expressa do Senhor, você participará do processo de santificação como uma reação natural. Está pronto para vivenciar o seu *sepultamento espiritual* nesse momento? Concordará com Deus de que esse é o seu último dia no mundo? Definir o momento desse acordo só depende de você.

> *Fomos, pois, sepultados com Ele [...] para que, como Cristo foi ressuscitado dentre os mortos [...] assim também andemos nós em novidade de vida.*
>
> (Romanos 6:4)

TUDO PARA ELE 33

16 DE JANEIRO

A voz da natureza de Deus

Quando falamos sobre o chamado de Deus, é comum nos esquecermos do aspecto mais importante desse chamado, isto é, a natureza de quem nos chama. Há muitos atrativos nos chamando todos os dias. Alguns desses merecerão nossa atenção e respostas, outros, nem serão ouvidos. O chamado é uma expressão da natureza daquele que chama, e somente aqueles que têm a mesma natureza estão habilitados a reconhecer esse chamado. O chamado de Deus é a expressão da Sua natureza, não da nossa. Deus providencialmente tece os fios do Seu chamado por meio da nossa vida, e somente nós podemos distingui-los. É o encadeamento da voz do Senhor diretamente sobre nós em relação a certa preocupação, e é absolutamente inútil buscar tais respostas na opinião de outra pessoa. Os nossos acordos quanto ao chamado de Deus devem ser mantidos exclusivamente entre nós mesmos e Ele.

O chamado de Deus não é um reflexo da minha natureza; meus desejos pessoais e personalidade não estão em questão nesse momento. Enquanto eu me debruçar sobre minhas próprias qualidades e características e pensar em minhas aptidões, jamais ouvirei o chamado do Senhor. Entretanto, quando Deus me traz para um verdadeiro relacionamento pessoal com Ele, estarei na mesma condição em que Isaías estava. O profeta Isaías estava tão sintonizado com Deus, devido à grande crise que tinha acabado de suportar, que o chamado de Deus penetrou profundamente em sua alma. A maioria de nós não consegue ouvir nada além de nós mesmos. E também não podemos ouvir nada do que Deus está dizendo. Todavia, ser conduzido ao lugar onde podemos ouvir o chamado de Deus é algo profundamente transformador.

> *...ouvi a voz do Senhor, que dizia: 'A quem enviarei, e quem há de ir por nós...* (Isaías 6:8)

Oswald Chambers

17 DE JANEIRO

O chamado da vocação

O chamado de Deus não é um convite para servi-lo de uma maneira em particular. Minha relação com a natureza de Deus moldará o meu entendimento do Seu chamado e me ajudará a perceber o que verdadeiramente desejo fazer para Ele. O chamado de Deus é uma expressão da Sua natureza; o ato de servir-lhe com a minha vida me é compatível, pois é uma expressão da minha natureza. O chamado da vocação foi explicado pelo apóstolo Paulo do seguinte modo: "Quando, porém, ao que me separou [...] aprouve revelar seu Filho em mim, para que eu o pregasse [que significa, expressar a Deus de forma *pura e solene*] entre os gentios...".

> *...ao que me separou antes de eu nascer e me chamou pela sua graça, aprouve revelar seu Filho em mim...*
>
> (GÁLATAS 1:15,16)

O fruto da minha vocação, o meu serviço a Deus — é o transbordamento que jorra de uma vida repleta de amor e devoção. Contudo, no estrito sentido, não há um *chamado* para isso. O serviço é tudo que trago para o relacionamento e é o reflexo da minha identificação com a natureza de Deus. Assim, servir torna-se parte natural da minha vida. Deus me conduz para um relacionamento apropriado com Ele, a fim de que eu possa entender o Seu chamado, e em seguida servi-lo voluntariamente em decorrência da motivação do amor absoluto. Servir ao Senhor é a oferta de amor voluntária e natural daquele que já ouviu o Seu chamado. Servir é uma expressão da minha natureza, e o chamado de Deus é uma expressão da natureza divina. Por esse motivo, quando recebo a natureza de Deus e atendo ao Seu chamado, Sua voz divina ressoa por toda a Sua natureza e a minha, e as duas naturezas tornam-se uma em ação. O Filho de Deus revela-se a si mesmo em mim, e como uma expressão de devoção a Ele, servi-lo torna-se o meu estilo de vida diário.

18 DE JANEIRO

Esse é o Senhor!

Jesus disse a ela: "…Dá-me de beber" (João 4:7). Quantos de nós esperamos que Jesus Cristo sacie a nossa sede quando nós é que deveríamos procurar satisfazê-lo! Deveríamos estar derramando nossa vida, investindo totalmente o nosso ser, não recorrendo a Ele apenas para nos satisfazer. "[E] sereis minhas testemunhas…" (Atos 1:8). Isso significa uma vida de devoção pura, sincera, incondicional e irrestrita ao Senhor Jesus, a qual lhe trará satisfação onde quer que Ele nos enviar.

> *Respondeu-lhe Tomé: Senhor meu e meu Deus!*
> (João 20:28)

Cuidado com qualquer coisa que possa competir com a sua fidelidade a Jesus Cristo. O principal concorrente da nossa verdadeira dedicação a Jesus é o serviço que realizamos para Ele. É mais fácil servir do que derramar nossa vida completamente aos pés de Cristo. O objetivo do chamado de Deus é o Seu contentamento, não apenas que façamos algo *para* Ele. Não somos enviados para batalhar por Deus, mas para sermos usados por Ele em Suas batalhas. Estamos mais comprometidos em servir do que estamos com o próprio Cristo?

Oswald Chambers

19 DE JANEIRO

Visão e trevas

Sempre que Deus concede uma visão ao cristão, é como se Ele o colocasse à "sombra da sua mão" (Isaías 49:2). O dever do santo é permanecer atento e ouvir. Existe uma *escuridão* que provém da alta intensidade da luz — esse é o tempo de ouvir. A história de Abrão e Agar em Gênesis 16 é um excelente exemplo do que acontece quando se ouve *bons conselhos* durante um momento de trevas, em vez de esperar que Deus envie a luz. Quando Deus lhe dá uma visão e as trevas surgem, espere! Deus transformará a visão que Ele lhe concedeu em realidade, se você esperar pelo Seu tempo. Nunca tente ajudar Deus a cumprir Sua Palavra. Abrão enfrentou 13 anos de silêncio, porém durante aqueles anos, toda a sua autossuficiência foi destruída a ponto de não mais confiar em seu senso comum. Aqueles anos de silêncio foram um tempo de disciplina, não um período de insatisfação divina. Nunca há, de fato, a necessidade de fingir que a sua vida está cheia de alegria e confiança; tão somente confie no Senhor e se firme nele (Isaías 50:10,11).

Ao pôr do sol, caiu profundo sono sobre Abrão, e grande pavor e cerradas trevas o acometeram.

(GÊNESIS 15:12)

Será que confio absolutamente na carne? Ou já aprendi a ir além da total confiança em mim mesmo e em outros filhos de Deus? Confio em livros, orações de pessoas importantes ou outros prazeres dessa vida? Ou depositei minha confiança no *próprio* Deus, e não em Suas bênçãos? "Eu sou o Deus Todo-Poderoso..." — *El Shaddai* — Deus de todo o poder (Gênesis 17:1). Todos nós somos disciplinados para reconhecermos que Deus é real. Assim que Deus torna-se verdadeiro para nós, as pessoas empalidecem pela comparação, tornando-se sombras da realidade. Nada do que os outros santos façam ou digam pode perturbar aquele que está firme em Deus.

TUDO PARA ELE

20 DE JANEIRO

Você se sente renovado e disposto?

Algumas vezes nos sentimos estimulados e até ansiosos para participar de uma reunião de oração, mas será que sentimos a mesma expectativa por cumprir algumas tarefas do dia a dia como engraxar os sapatos?

> *A isto, respondeu Jesus: Em verdade, em verdade te digo que, se alguém não nascer de novo, não pode ver o reino de Deus.* (João 3:3)

Ser nascido de novo pelo Espírito Santo é uma obra inequívoca de Deus, tão misteriosa quanto o soprar dos ventos, e tão surpreendente como o próprio Deus. Não sabemos onde tudo isso tem início — está escondido nas profundezas da nossa alma. Nascer de novo do alto é um reinício contínuo, perpétuo e eterno. Traz uma renovação constante, na maneira como pensamos, falamos e vivemos — a contínua novidade de vida em Deus. O obsoleto, rançoso e insípido indicam que algo em nossa vida está fora de sintonia com Deus.

Dizemos a nós mesmos: "Tenho que fazer isso, do contrário, nunca será feito." Esse é o primeiro sinal de ranço. Neste exato momento, sentimo-nos renovados ou obsoletos, ou ainda, freneticamente buscando em nossa mente algo para fazer? O sentir-se renovado não é o resultado da obediência; é concessão do Espírito Santo. A obediência nos mantém "… na luz como Ele está na luz…" (1 João 1:7).

Preserve com zelo o seu relacionamento com Deus. Jesus orou: "…para que sejam um como nós o somos" — sem qualquer obstáculo — (João 17:22). Mantenha sua vida continuamente aberta para Jesus Cristo. Não finja estar disposto a fazer a vontade do Senhor. Você está se alimentando de outra fonte a não ser a de Deus? Se você estiver dependendo de algo mais como sua fonte de vigor e força, não perceberá quando o poder de Deus cessar.

Nascer do Espírito significa muito mais do que normalmente pensamos. O novo nascimento nos concede uma nova visão e nos mantém totalmente dispostos para realizar todas as coisas por intermédio do inesgotável suprimento da vida de Deus.

38   *Oswald Chambers*

21 DE JANEIRO

Recorde-se do que Deus se lembra

Tenho demonstrado o meu amor a Deus com espontaneidade como eu costumava, ou apenas estou esperando que Ele demonstre o Seu amor por mim? Tudo em minha vida alegra a Deus, ou reclamo constantemente porque as coisas não parecem acontecer do jeito que eu gostaria? Uma pessoa que se esqueceu daquilo que Deus valoriza não se sentirá plenamente contente. É maravilhoso lembrar-se de que Jesus Cristo tem necessidades que nós podemos atender — "…Dá-me de beber" (João 4:7). Quanto de bondade e amor demonstrei a Ele na semana passada? Será que a minha vida é um bom reflexo da Sua respeitabilidade?

Deus está dizendo ao Seu povo: "Você não está mais afeiçoado a mim, mas me lembro do tempo em que você estava." E Ele completa: "…Lembro-me […] do teu amor quando noiva…" (Jeremias 2:2). Estou inundado por amor transbordante a Jesus Cristo como eu vivia no início, quando fazia o meu melhor para provar-lhe a minha devoção? Será que Ele me encontra recordando os tempos em que me importava apenas com Ele? É nesse ponto que estou agora, ou escolhi a sabedoria humana em vez do verdadeiro amor por Ele? Será que o meu amor por Jesus ainda é tão profundo que nem me preocupo sobre o lugar para onde Ele poderá me conduzir? Ou estou observando para descobrir quanto respeito recebo à medida que calculo o quanto deveria servir-lhe?

> *…Assim diz o SENHOR: 'Lembro-me de ti, da tua afeição quando eras jovem…*
> (JEREMIAS 2:2)

Ao recordar o que Deus lembra sobre mim, posso também começar a perceber que Ele não é aquele que costumava ser para mim. Quando percebo isto, devo permitir a vergonha e a humilhação que isso gera em minha vida, porque me trará a tristeza segundo Deus, e esta "…produz arrependimento…" (2 Coríntios 7:10).

TUDO PARA ELE

22 DE JANEIRO

Estou olhando para Deus?

Esperamos que Deus venha até nós com Suas bênçãos e nos salve? Ele afirma: *"Olhai para mim e sede* salvos…". Espiritualmente, é muito difícil concentrar-se em Deus, e as Sua bênçãos são a origem dessa dificuldade. Afinal, são os problemas que, quase sempre, nos fazem olhar para o Senhor, mas as Suas bênçãos tendem a desviar a nossa atenção para outros lugares. O ensino primordial do Sermão do Monte é concentrar todos os seus empenhos até que sua mente, coração e corpo estejam plenamente focados em Jesus Cristo. "Olhai para mim…"

> *Olhai para mim e sede salvos…*
>
> (Isaías 45:22)

A maioria de nós tem uma concepção mental de como o cristão deveria ser, mas viver à procura dessa idealização nas atitudes de outros cristãos torna-se um obstáculo para concentrarmos a nossa atenção em Deus. Isto não é salvação — afinal, ela é mais simples. Na verdade, Ele afirmou: "Olhai para mim e sede salvos", não "Sereis salvos um dia." Encontraremos o que estamos buscando se nos concentrarmos nele. Desviamos o nosso olhar de Deus e nos irritamos, enquanto Ele continua nos alertando: "Olhai para mim e sede salvos…". As nossas dificuldades, provações e preocupações quanto ao dia de amanhã desaparecerão quando olharmos para o Senhor.

Acorde seu próprio ser e olhe fixamente para Deus. Edifique a sua esperança nele. Não importa quantas coisas pareçam pressioná-lo, determine-se a afastá-las para o lado e olhe para Ele. "Olhai para mim…". A salvação é sua no momento em que você olhar para Ele.

23 DE JANEIRO

Transformados pela contemplação

A maior característica que um cristão pode exibir é sua mais completa transparência revelada diante de Deus, que permite que a vida dessa pessoa torne-se um espelho para os outros. Quando o Espírito nos enche, somos transformados, e mediante a contemplação de Deus nos tornamos espelhos. É sempre possível identificar quando uma pessoa esteve contemplando a glória do Senhor, porque no íntimo do nosso ser, sentimos que ela reflete o caráter do próprio Senhor. Cuidado com qualquer coisa que possa manchar ou macular esse efeito-espelho em você. Quase sempre é algo bom que vai embaçar essa imagem — algo bom, mas não o melhor.

Para nós, a regra mais importante é concentrarmo-nos em manter nossa vida aberta para Deus. Coloque de lado todas as outras coisas, incluindo o trabalho, as vestimentas e alimentação. As agitações diárias tendem a obscurecer a nossa concentração em Cristo.

Devemos manter nosso foco nele, conservando a nossa vida completamente espiritual em todos os aspectos. Permita que as coisas aconteçam como devem; deixe que os outros critiquem como quiserem; mas jamais permita que qualquer coisa obscureça a vida que "… está oculta juntamente com Cristo, em Deus" (Colossenses 3:3).

Jamais consinta que esse estilo de vida corrida perturbe o seu relacionamento de dependência nele. É fácil deixar que isso aconteça, mas devemos nos precaver. A lição mais difícil da vida cristã é aprender como prosseguir "…contemplando, como por espelho, a glória do Senhor…".

> *E todos nós, com o rosto desvendado, contemplando, como por espelho, a glória do Senhor, somos transformados, de glória em glória, na sua própria imagem…*
>
> (2 CORÍNTIOS 3:18)

O superpoderoso propósito de Deus

A visão que Paulo teve na estrada para Damasco não foi uma experiência emocional passageira, mas uma visão que lhe comunicou enfaticamente a direção que deveria seguir. E Paulo declarou: "…não fui desobediente à visão celestial" (Atos 26:19). Na verdade, o nosso Senhor estava dizendo a Paulo algo assim: "A tua vida estará sob o meu controle ou comando; você deverá abrir mão dos seus desejos pessoais, seus sonhos e vontades, e não concentrar-se em nenhum propósito a não ser o meu!" E o Senhor diz também a cada um de nós: "Não fostes vós que me escolhestes a mim; pelo contrário, eu vos escolhi a vós outros e vos designei para que vades…" (João 15:16).

Quando nascemos de novo, se, de fato, somos espirituais, temos visões claras sobre o que Jesus deseja que sejamos. É fundamental que eu aprenda a não ser "desobediente à visão celestial" — isto é, não duvidar que esse objetivo possa ser atingido. Isso não significa apenas um assentimento mental ao fato de que Deus redimiu o mundo, nem mesmo o conhecimento de que o Espírito Santo possa tornar realidade tudo o que Jesus fez também em minha vida. Devo ter os alicerces de um relacionamento pessoal com Ele. Paulo não recebeu uma mensagem ou doutrina para proclamar. Ele foi atraído para um relacionamento vívido, pessoal, e poderoso com Jesus Cristo. O texto de Atos 26:16 é extremamente convincente: "…para te constituir ministro e testemunha…". A partir desse momento nada existiria ali sem que houvesse um relacionamento pessoal. Paulo era leal a uma Pessoa, não a uma causa. Ele pertencia absolutamente a Jesus Cristo, não via mais nada e vivia somente para Cristo. "Porque decidi nada saber entre vós, senão a Jesus Cristo e este crucificado" (1 Coríntios 2:2).

> *…porque por isso te apareci…*
> (ATOS 26:16)

25 DE JANEIRO

Reserve espaço para Deus

Como servos de Deus, precisamos aprender a abrir espaço para Ele — dar-lhe a liberdade para agir como quiser ou precisar. Planejamos, imaginamos e prevemos que isto ou aquilo acontecerá, mas esquecemos de ceder espaço para o Senhor agir como Ele desejar. Surpreenderíamo-nos se um dia Deus se manifestasse numa de nossas reuniões ou durante uma pregação de maneira tal que jamais havíamos esperado que Ele pudesse revelar-se? Não espere que Deus venha falar com você de uma maneira em particular, *mas procure-o você* mesmo. A maneira de abrir-lhe espaço é aguardar que Ele venha, não necessariamente de uma maneira específica. Não importa o quanto conheçamos bem a Deus; a grande lição a ser aprendida é a de que Ele pode surgir em qualquer momento. Tendemos a negligenciar esse elemento-surpresa da ação divina, ainda que o Senhor nunca trabalhe de outro modo. Repentinamente — Deus nos encontra quando — "...pela sua graça, aprouve...".

...pela sua graça, aprouve...

(GÁLATAS 1:15)

Mantenha a sua vida constantemente em contato com Deus para que o Seu poder surpreendente possa ocorrer em qualquer momento. Viva em constante expectativa e reserve espaço para o Senhor agir como lhe aprouver.

TUDO PARA ELE   43

Olhe novamente e consagre-se

Uma declaração simples de Jesus é sempre difícil para entendermos, porque nem sempre nós agimos com simplicidade. Como podemos manter a simplicidade de Jesus de modo que possamos compreendê-lo? Ao receber o Seu Espírito, reconhecê-lo, depender dele e obedecê-lo, à medida que Ele nos traz a verdade da Sua Palavra, a vida se tornará impressionantemente simples. Jesus pede que consideremos: "…se Deus veste a erva do campo…" quanto "muito mais" Ele o vestirá, se você mantiver um relacionamento correto com Ele? Todas as vezes em que ficamos para trás no caminhar diário com Deus, é porque pensamos, desrespeitosamente, que sabíamos mais do que Jesus Cristo. E assim, permitimos que os "cuidados do mundo" tomassem conta de nós (Mateus 13:22), enquanto esquecemos esse "muito mais" prometido por nosso Pai celestial.

"Observai as aves do céu…" (Mateus 6:26). Tudo o que elas devem fazer, e fazem, é obedecer aos instintos que Deus colocou em seu interior, e Deus cuida delas. Jesus garantiu que se você tiver um relacionamento correto com Ele e obedecer ao Seu Espírito que habita em você, então Deus cuidará da sua "plumagem" também.

"…Considerai como crescem os lírios do campo…" (6:28). Eles crescem onde são plantados. Muitos de nós nos recusamos a desenvolver-nos onde Deus nos coloca. E, deste modo, não criamos raízes em lugar algum. Jesus nos assegurou de que, se obedecêssemos à vida de Deus em nós, Ele mesmo cuidaria de todas as demais coisas. Por acaso Jesus mentiu para nós? Estamos experimentando diariamente esse "muito mais" que Ele nos prometeu? Se não estivermos, é porque não estamos obedecendo à vida que Deus nos concedeu e porque temos entulhado nossa mente com pensamentos e preocupações confusas. Quanto tempo temos desperdiçado fazendo perguntas sem sentido a Deus, enquanto deveríamos nos sentir absolutamente livres para nos dedicar em nosso serviço a Ele? A consagração é o ato de continuamente separar-me de tudo, exceto das coisas que Deus determinou que eu fizesse. Isso não é apenas uma experiência única, mas um processo contínuo. Estou disposto a, continuamente, separar a mim mesmo e concentrar-me na vontade de Deus todos os dias da minha vida?

> *Ora, se Deus veste assim a erva do campo […], quanto mais a vós…*
>
> (MATEUS 6:30)

27 DE JANEIRO

Observe novamente e pense

O aviso que necessita ser repetido é esse: "os cuidados do mundo e a fascinação das riquezas" e a ansiedade por obter as coisas desse mundo sufocarão a vida de Deus em nós (Mateus 13:22). Nunca estamos completamente livres das ondas recorrentes desta invasão. Se a linha de frente da batalha não for quanto à necessidade de alimento e roupas, pode ser pelo dinheiro ou pela falta dele; por amigos ou pela falta deles; ou a linha pode refletir as circunstâncias difíceis.

É uma invasão constante, e estas coisas virão como uma inundação, a não ser que permitamos que o Espírito Santo levante Sua bandeira contra isso.

> *...não andeis ansiosos pela vossa vida...*
> (MATEUS 6:25)

"Por isso, vos digo: não andeis ansiosos pela vossa vida...". O nosso Senhor nos alertou para termos cuidado apenas com uma coisa — nosso relacionamento com Ele. Mas o nosso senso comum grita alto e diz: "Isso é um absurdo! *Devo* considerar como viver; *devo* considerar o que vou comer e beber." E Jesus nos adverte que não devemos pensar desse jeito. Não pense que Ele o diz sem compreender as circunstâncias em que você vive. Jesus Cristo conhece as nossas circunstâncias melhor do que nós, e Ele afirma que não devemos pensar sobre esses assuntos a ponto de eles se tornarem nosso alvo de maior preocupação. Sempre que houver uma competição de preocupações em sua vida, certifique-se de que está dando prioridade ao seu relacionamento com Deus.

A Bíblia declara: "...basta ao dia o seu próprio mal" (6:34). Quantos problemas começaram a ameaçá-lo hoje? Quantos pequenos demônios tentaram sua vida dizendo: "Quais os seus planos para o próximo mês ou próximo verão?" Jesus nos adverte para não nos preocuparmos com qualquer destas coisas. Observe novamente e pense. Mantenha seu foco no "quanto mais" do seu Pai celestial (6:30).

TUDO PARA ELE   45

28 DE JANEIRO

Como alguém perseguiria Jesus assim?

Você está determinado a viver para Deus do modo como entende que deve? Nunca estaremos livres desta armadilha até passarmos pela experiência do batismo "…com o Espírito Santo e com fogo" (Mateus 3:11).

…Saulo, Saulo, por que me persegues?…

(ATOS 26:14)

A teimosia e a vontade própria sempre apunhalarão Jesus Cristo. Elas poderão não machucar outras pessoas, mas ferirão o Seu Espírito. Sempre que agirmos de maneira obstinada e teimosa a fim de conquistar nossas ambições pessoais, estamos ferindo Jesus. Todas as vezes que nos erguemos na defesa intransigente de nossos direitos e insistimos nesse objetivo a qualquer custo, estamos perseguindo-o. Sempre que depositarmos toda a nossa confiança no autorrespeito, sistematicamente, estaremos perturbando e entristecendo Seu Espírito. E quando, finalmente, entendermos que é exatamente a Jesus quem temos perseguido todo o tempo, essa será a mais aterradora revelação de todos os tempos.

A Palavra de Deus penetra de maneira marcante em mim e me amolda no momento em que a transmito a você, ou a minha vida desmente aquilo que me proponho a ensinar? Posso ensinar sobre a santificação e, ao mesmo tempo, exibir o espírito de Satanás, o mesmo que persegue Jesus Cristo. O Espírito de Jesus é consciente de uma única grande missão — a perfeita identidade com o Pai. E é Ele quem nos encoraja: "Tomai sobre vós o meu jugo e aprendei de mim, porque sou manso e humilde de coração; e achareis descanso para a vossa alma" (Mateus 11:29). Tudo o que faço deveria se basear numa perfeita unicidade com Ele, nunca em minha autodeterminação em ser santificado. Isto significará que os outros podem me usar, lograr ou me ignorar completamente, mas se me submeter a isso por amor a Cristo, evitarei que Jesus seja perseguido.

29 DE JANEIRO

Como alguém pode ser tão ignorante!

"Porque assim o *Senhor* me disse, tendo forte a mão sobre mim…" (Isaías 8:11). Não há como escapar quando o nosso Senhor fala. Ele sempre surge diante de nós usando Sua autoridade e arrebata o nosso entendimento. A voz de Deus tem falado diretamente com você? Se isso já ocorreu, não há como duvidar quanto à voz insistente que soa em seu íntimo. Deus fala na língua que você mais conhece — não exatamente aos ouvidos, mas por meio das suas circunstâncias.

Deus tem que destruir nossa arrogante confiança em nossas próprias convicções. Nós dizemos: "Sei que isso é o que deveria fazer" — e, de repente, a voz de Deus fala de uma determinada maneira que nos constrange, revelando as profundezas da nossa ignorância. Demonstramos a nossa ignorância sobre Deus na maneira como decidimos servi-lo. Servimos a Jesus, no espírito que não é o Seu, e nós o ferimos quando queremos defender o Senhor. Nós nos apropriamos de Suas afirmações no espírito do diabo; as nossas palavras soam todas corretas, mas o espírito que as permeia é do inimigo. "Jesus, porém, voltando-se os repreendeu [e disse: Vós não sabeis de que espírito sois]" (Lucas 9:55). O Espírito do nosso Senhor em Seus seguidores está descrito em 1 Coríntios 13.

> *Quem és Tu, Senhor?*
>
> (ATOS 26:15)

Tenho perseguido Jesus pela ávida determinação em servi-lo do meu próprio jeito? Se sinto que já cumpri meu dever, no entanto o feri no processo, posso ter certeza de que este não era o meu dever. Quando ajo à minha maneira não desenvolvo um espírito manso e tranquilo, mas apenas o espírito da autossatisfação. Presumimos que tudo o que é desagradável seja nosso dever! Nada parecido com o Espírito do nosso Senhor: "…agrada-me fazer a tua vontade, ó Deus meu…" (Salmo 40:8).

30 DE JANEIRO

O dilema da obediência

Deus nunca fala conosco de modo dramático, mas o faz de maneiras que são fáceis de serem mal interpretadas. Então dizemos: "Será que é mesmo a voz de Deus?" Isaías disse que o Senhor lhe falou "...tendo forte a mão...", o que significa: mediante a pressão das suas circunstâncias (Isaías 8:11). Sem a mão soberana do próprio Deus, nada afeta a nossa vida. Discernimos a ação da Sua mão ou vemos tudo como mera coincidência?

Desenvolva o hábito de dizer: "Fala, Senhor", e a vida se tornará uma história de amor (1 Samuel 3:9). Todas as vezes que as circunstâncias pressionarem sua vida, diga: "Fala, Senhor" e prepare-se para ouvi-lo. A correção é mais do que um meio de disciplina — ela existe para levar-me ao ponto de dizer: "Fala, Senhor". Relembre um momento em que Deus lhe falou. Você se lembra do que Ele disse? Foi pelas palavras de Lucas 11:13, ou com o texto de 1 Tessalonicenses 5:23? À medida que o ouvimos, nossos ouvidos se tornam mais sensíveis e como Jesus, ouviremos Deus em todo o tempo.

Devo dizer ao meu "Eli" o que Deus me revelou? É neste ponto que o dilema da obediência nos atinge. Desobedecemos ao Senhor nos tornando ajudantes amadores e pensando: "Tenho que proteger, "Eli", que representa as pessoas mais queridas que conhecemos. Deus não mandou Samuel dizer algo a Eli — ele precisava decidir-se por si mesmo. A mensagem de Deus para você poderá ferir o seu "Eli", mas tentar evitar esse sofrimento na vida de outra pessoa demonstrará ser uma obstrução entre a sua alma e Deus. É por sua conta e risco que você prevenirá que a mão direita de alguém seja cortada ou que o olho direito seja arrancado (Mateus 5:29,30).

> *...Samuel [...] temia relatar a visão a Eli.*
>
> (1 SAMUEL 3:15)

Nunca peça o conselho de alguém sobre qualquer assunto ou atitude que Deus lhe tenha ordenado cumprir diante dele. Se você ouvir um conselho nessas circunstâncias, estará quase sempre do lado de Satanás. A Bíblia alerta: "...sem detença, não consultei carne e sangue" (Gálatas 1:16).

31 DE JANEIRO

Você reconhece o seu chamado?

Nosso chamado não é primeiramente para sermos homens e mulheres santos, mas para sermos proclamadores do evangelho de Deus. O mais importante é que o evangelho de Deus deve ser reconhecido como a realidade duradoura.

A realidade não é bondade humana, ou santidade, ou céu ou inferno — é redenção. A necessidade de perceber isso é a necessidade mais vital do obreiro cristão em nossos dias. Como servos, temos que nos habituar com o fato de que a redenção é a única realidade.

> *...separado para o evangelho de Deus...*
>
> (ROMANOS 1:1)

A santidade pessoal é uma consequência da redenção, não a sua causa. Se depositarmos nossa fé na bondade humana, não teremos onde nos abrigar quando as provações chegarem.

Paulo não afirmou que separou a si mesmo, mas sim: "...ao que me separou antes de eu nascer [...] aprouve..." (Gálatas 1:15). Paulo não estava excessivamente interessado em seu próprio caráter. Enquanto nossos olhos estiverem fixos em nossa própria santidade, nunca nos aproximaremos da plena realidade da redenção. Muitos trabalhadores cristãos fracassam porque colocam o anseio pessoal por sua própria santidade acima do desejo de conhecer Deus. "Não me peçam para ser confrontando com a forte realidade da redenção em favor da podridão da vida humana que me rodeia hoje; desejo o que Deus pode fazer por mim para tornar-me mais desejável a meus próprios olhos." Falar dessa maneira é um sinal evidente de que a realidade do evangelho de Cristo não começou a afetar-me. Não há uma entrega total a Deus nisso. E o Senhor não poderá me libertar enquanto meu interesse for simplesmente em meu próprio caráter. Paulo não considerava o seu próprio eu. Ele estava completamente entregue, totalmente submisso e separado por Deus para um propósito — proclamar o evangelho de Deus (Romanos 9:3).

1.º DE FEVEREIRO

O chamado de Deus

Paulo declara aqui que o chamado de Deus é para pregar o evangelho. Porém, lembre-se do que Paulo quer dizer mediante a expressão "o evangelho": a redenção que recebemos no Senhor Jesus Cristo. Tendemos a fazer da "santificação" o tema central da nossa pregação. Paulo se refere às nossas experiências pessoais somente como uma maneira de ilustrar esse aspecto, nunca como o fim da questão. Não somos comissionados apenas a pregar a salvação ou santificação — somos chamados para enaltecer Jesus Cristo (João 12:32). É uma injustiça dizer que Jesus efetuou a redenção para tornar-*me* um santo. Jesus Cristo agiu na redenção para redimir o mundo inteiro e estabelecê-lo integralmente perfeito e restaurado diante do trono de Deus. O fato de podermos vivenciar a redenção ilustra o poder de sua realidade, mas essa experiência é um subproduto e não o alvo da redenção.

> *Porque não me enviou Cristo para batizar, mas para pregar o evangelho...*
>
> (1 Coríntios 1:17)

Se Deus fosse humano, Ele estaria desgastado e cansado diante dos constantes pedidos que lhe fazemos por nossa salvação e santificação. Consumiríamos Suas energias desde as primeiras horas da manhã até à noite clamando por coisas que desejamos ou por algo que *queremos* nos ver livres! Contudo, quando, finalmente, tocarmos os princípios fundamentais da veracidade do evangelho de Deus, nunca mais o incomodaremos com pequenas queixas pessoais.

A única paixão da vida de Paulo era proclamar o evangelho de Deus. Ele aceitou de boa vontade as amarguras, desilusões e tribulações por uma só razão: essas provações mantinham-no firme em sua devoção ao evangelho de Cristo.

2 DE FEVEREIRO

A força irresistível do chamado

Cuidado ao recusar-se a dar ouvidos ao chamado de Deus. Todos os salvos são igualmente chamados para testemunhar do fato de sua salvação. O que, entretanto, não é o mesmo que ser chamado para pregar, mas apenas uma ilustração que pode ser usada como exemplo numa pregação. Nesse versículo, Paulo referia-se às dores produzidas em seu corpo pela força irresistível da convocação para pregar o evangelho. Jamais tente aplicar o que Paulo disse em relação ao apelo para pregar àquelas almas que estão sendo chamadas por Deus para a salvação. Não há coisa mais fácil do que ser salvo, e isso por se

...ai de mim se não pregar o evangelho!

(1 Coríntios 9:16)

tratar de uma obra exclusiva e soberana de Deus — "Olhai para mim e sede salvos…" (Isaías 45:22). O nosso Senhor não requer as mesmas condições para o discipulado que Ele exige para a salvação. Estamos constrangidos à salvação por intermédio da Cruz de Cristo. Mas o discipulado é opcional: "*Se* alguém…" (Lucas 14:26).

As palavras de Paulo têm a ver com a nossa transformação em servos de Jesus Cristo, e, nesse sentido, nossa permissão jamais é solicitada quanto ao que faremos nem para onde iremos. Deus nos trata como o "pão partido" e o "vinho derramado" para o Seu agrado. Ser "separado para o evangelho" significa ser capacitado para ouvir o chamado de Deus (Romanos 1:1). Uma vez que alguém começa a ouvir esse chamado, produz-se um sofrimento digno do nome de Cristo. De repente, toda a ambição, todos os desejos humanos e cada perspectiva são completamente apagadas e extintas. Permanece apenas: "…separado para o evangelho…". Ai da alma que tenta ir a qualquer outra direção uma vez tendo recebido esse chamado. O Instituto Bíblico existe para que cada um de vocês possa saber com mais segurança se, de fato, Deus tem aqui um homem ou uma mulher que verdadeiramente tem amor pela proclamação do Seu evangelho e se consegue perceber as sinalizações de Deus nesse propósito. Cuidado com os demais apelos que tentarão competir com o chamado que Deus lhe deu!

TUDO PARA ELE

3 DE FEVEREIRO

Tornando-se o "lixo do mundo"

Essas palavras não são um exagero. A única razão pela qual elas não se aplicam a nós, que nos identificamos como ministros do evangelho, não é que Paulo tenha se esquecido ou compreendido mal a sua exatidão. Somos muito cuidadosos e preocupados quanto aos nossos próprios desejos para permitir que nos tornemos a escória ou "lixo do mundo". A Bíblia diz em Colossenses 1:24: "...e preencho o que resta das aflições de Cristo..." não é o resultado da pureza da santificação, mas a evidência da consagração — ser "...separado *para* o evangelho de Deus..." (Romanos 1:1).

"Amados, não estranheis o fogo ardente que surge no meio de vós, destinado a provar-vos..." (1 Pedro 4:12). Se pensamos que as coisas que nos ocorrem são estranhas é porque somos medrosos e covardes. Na verdade, dedicamos tanta atenção aos nossos próprios interesses e desejos que nos afastamos do atoleiro, alegando: "Não vou me submeter; não vou me rebaixar ou curvar". E, claro, você não precisa se submeter a isso, poderá sim escapar por um triz, se assim o desejar. Você pode se recusar a permitir que Deus conte com você como um daqueles "separados para o evangelho...". Ou você pode retrucar: "Não me importo se sou tratado como 'lixo do mundo' desde que o evangelho seja proclamado." Um verdadeiro servo de Jesus Cristo é alguém que espera pela experiência do martírio em prol da veracidade do evangelho de Deus. Quando um moralista se confronta com o desprezo, a imoralidade, a deslealdade ou desonestidade, sente tamanha repulsa por essas ofensas que foge em desespero e bloqueia seu coração contra o ofensor. Mas o milagre da existência do Deus redentor é o fato de que o pior e o mais vil ofensor jamais podem esgotar as profundezas do Seu amor. Paulo não disse que Deus o separou para revelar ao mundo o quão maravilhoso Ele poderia torná-lo, mas sim, para "...revelar seu Filho em mim..." (Gálatas 1:16).

> *...temos chegado a ser considerados lixo do mundo...*
>
> (1 Coríntios 4:13)

Oswald Chambers

4 DE FEVEREIRO

A constrangedora majestade do Seu poder

Paulo afirma que foi conquistado, subjugado e preso pelo "amor de Cristo", como num tornilho. Poucos entre nós realmente sabem o que significa estar dominado pelo amor de Deus. Com muita frequência, tendemos a ser controlados simplesmente por nossas próprias experiências. Contudo, a única coisa capaz de segurar e controlar Paulo, excluindo qualquer outra força, era o amor de Deus. "O amor de Cristo nos constrange…". Quando você ouve isso por intermédio da vida de um homem ou de uma mulher, é inconfundível. Você saberá que o Espírito de Deus age sem qualquer impedimento na vida dessa pessoa.

> *Pois o amor de Cristo nos constrange…*
>
> (2 Coríntios 5:14)

Quando nascemos de novo pelo Espírito de Deus, nosso testemunho é baseado absolutamente no que Ele tem realizado por nós, e não é sem motivo. Mas essa ênfase muda e será transformada para sempre, uma vez que você receber "o poder do Espírito Santo" (Atos 1:8). É somente a partir desse momento que você começará a perceber o que Jesus quis ensinar quando afirmou: "…e sereis minhas testemunhas…". Não, apenas, testemunhas daquilo que Jesus pode fazer — isso é básico e já compreendido — mas "minhas testemunhas". Passamos a aceitar todas as coisas que nos sobrevêm como se estivessem ocorrendo com Ele, seja o que for: louvores ou censuras, perseguições ou recompensas. Ninguém é capaz de chegar a esse padrão de comportamento por Jesus Cristo se não tiver sido totalmente constrangido pela majestade do Seu poder. Essa é a única coisa que realmente importa, e, estranhamente, continua sendo o último aspecto da fé que nós, como obreiros cristãos, percebemos. Paulo disse que fora tomado pelo amor de Deus e isso explica porque agiu como agiu. As pessoas podiam persegui-lo como maluco ou lúcido — ele não se importava. E isso porque uma única coisa o fazia viver: convencer as pessoas sobre o iminente julgamento de Deus e anunciar-lhes "o amor de Cristo". Esta rendição total ao "amor de Cristo" é a única atitude que produzirá frutos em sua vida. E isto sempre deixará a marca da santidade de Deus e Seu poder, nunca chamando a atenção à sua própria santidade.

Tudo para Ele

Você está pronto para ofertar sua vida a Deus?

Você está disposto a sacrificar-se pelo serviço a outro cristão — de oferecer a sua vida sacrificialmente para o ministério e a fé dos outros? Ou você diz: "Não estou pronto a ser sacrificado neste momento, e não quero que Deus me diga como devo servi-lo. Eu quero escolher o local do meu próprio sacrifício. E desejo que certas pessoas me observem e digam: 'Muito bem!'"

Uma coisa é seguir o caminho do serviço divino como um herói; contudo, outra coisa muito diferente e mais grave é quando o caminho destinado a você inclui ser pisado pelas pessoas como um capacho. O propósito de Deus pode ser ensinar-lhe a dizer: "...sei estar humilhado..." (Filipenses 4:12). Você está pronto para se sacrificar deste modo? Está preparado para sentir-se um mero pingo d'água no balde — ser totalmente insignificante de maneira que ninguém se lembre de você, ainda que pensem sobre as pessoas a quem você serviu? Está disposto a entregar e derramar todo o seu ser até que seja usado à exaustão — sem buscar ser servido, mas apenas servir? Alguns santos não podem fazer trabalhos servis ou modestos mantendo a mesma atitude de santidade, porque sentem que tais serviços estão abaixo de sua dignidade.

> *...mesmo que seja eu oferecido por libação sobre o sacrifício e serviço da vossa fé, alegro-me e, com todos vós, me congratulo.*
>
> (FILIPENSES 2:17)

6 DE FEVEREIRO

Você está pronto para ofertar sua vida a Deus?

Agora você acredita que está pronto para ser derramado como uma oferta no altar? Esse é um ato da sua vontade não das suas emoções. *Diga* a Deus que você está pronto para ser oferecido em sacrifício a Ele. Em seguida, aceite as consequências à medida que surgem, sem quaisquer reclamações, seja o que for que Deus coloque em seu caminho. O Senhor pode conduzi-lo através de uma crise íntima, onde nenhuma outra pessoa poderá ajudá-lo. Para quem vê de fora, sua vida poderá parecer a mesma, mas a diferença está ocorrendo em sua vontade. Uma vez que você tenha experimentado a crise nessa área, você nem pensará no custo quando isto começar a afetá-lo exteriormente. Se você não cooperar com Deus no nível da sua vontade, em primeiro lugar, o resultado será autocomiseração.

> *...estou sendo já oferecido por libação...*
>
> (2 Timóteo 4:6)

O Salmo 118:27 declara: "...adornai a festa com ramos até às pontas do altar". Você deve estar disposto a ser colocado no altar e suportar o fogo; desejando experimentar o que o altar representa — a queima total, purificação e separação para um único propósito — a eliminação de todo desejo e afeição que não esteja fundamentado ou dirigido a Deus. Contudo, não é você que elimina essas coisas, é Deus quem o faz. Você apenas amarra seu sacrifício às pontas do altar, mas cuidado para não mergulhar em autocomiseração assim que o fogo começar. Depois que tiver atravessado o fogo, não existirá mais nada que seja capaz de o desesperar ou deprimir. Quando novas crises vierem, você perceberá que as coisas não mais lhe afetam ou ameaçam como costumavam fazer. Qual é o fogo que o aguarda à frente em sua vida?

Diga a Deus que você está pronto a ser derramado como oferta. O Senhor provará que Ele é tudo o que você sempre sonhou que Ele seria!

7 DE FEVEREIRO

Abatimento espiritual

Todos os fatos apresentados pelos discípulos estavam corretos, mas as conclusões a que chegaram observando os fatos estavam erradas. Qualquer coisa que sugira um abatimento espiritual está sempre errado. Se me deprimir ou sentir-me extenuado, devo responsabilizar a mim mesmo, não a Deus ou a qualquer outra pessoa. O abatimento espiritual surge de uma dessas duas fontes — ou satisfiz uma concupiscência ou não a satisfiz. Em ambos os casos, o resultado é o abatimento. *Concupiscência* significa: "tenho que obtê-lo agora!" A concupiscência espiritual me faz exigir do Senhor uma resposta, em vez de buscar o próprio Deus que provê a resposta. O que estou esperando e crendo que Deus fará? É hoje o "terceiro dia" e Ele ainda não fez o que eu esperava? Por esse motivo, tenho justificativa em estar abatido e culpando Deus? Sempre que insistimos que Ele responda à nossa oração, nos desviamos do caminho. O propósito da oração é firmar-se em Deus, não obter uma resposta. É impossível estar bem fisicamente e sentir-se esgotado, porque o esgotamento é um sinal de enfermidade. E essa é uma verdade também do ponto de vista espiritual. O abatimento é espiritualmente errado, e somos sempre os principais responsáveis por ele.

> *Ora, nós esperávamos que fosse ele quem havia de redimir a Israel; mas, depois de tudo isto, é já este o terceiro dia desde que tais coisas sucederam.*
>
> (LUCAS 24:21)

Procuramos as visões celestiais e os acontecimentos terrenos extraordinários para ver o poder de Deus. Até mesmo o fato de nos abatermos, prova que agimos assim. Ainda assim, nunca percebemos que em todo o tempo Deus está agindo nos acontecimentos diários e nas pessoas ao nosso redor. Se tão somente obedecermos, e fizermos o que Ele mesmo coloca bem diante de nós, certamente o veremos. Uma das mais extraordinárias revelações de Deus ocorre quando aprendemos que é nas pequenas tarefas do dia a dia que a magnífica divindade de Jesus Cristo se apresenta.

8 DE FEVEREIRO

O custo da santificação

Quando oramos pedindo a Deus para nos santificar, estamos preparados para compreender o que isso verdadeiramente significa? Normalmente tomamos a expressão *santificação* de modo leviano. Estamos preparados para pagar o preço da *santificação*? O custo será uma profunda restrição de todas as nossas preocupações terrenas, e um extenso cultivo de todas as nossas preocupações espirituais. A santificação significa manter-se intensamente focado no ponto de vista de Deus. Isso quer dizer: assegurar e manter toda a força do nosso corpo, alma e espírito somente para o propósito do Senhor. Estamos verdadeiramente preparados para Deus realizar em nós todas as coisas para as quais Ele nos separou? E depois de Ele ter feito a Sua obra, estamos preparados para nos separarmos para o Pai do mesmo modo como Jesus o fez? "A favor deles eu me santifico a mim mesmo…" (João 17:19). O motivo de alguns de nós não termos experimentado a santificação é por não termos compreendido o significado da santificação da perspectiva de Deus. A santificação significa tornar-se um com Jesus, para que a natureza que o controlou também nos controle. Estamos realmente preparados para esse custo? Vai nos custar tudo em nós que não pertencer a Deus.

Estamos prontos para mergulhar no pleno sentido da oração de Paulo nesse versículo? Estamos preparados para dizer: "Senhor, transforma esse pecador salvo pela graça em alguém tão santo quanto for possível." Jesus orou para que pudéssemos ser um com Ele, assim como Ele é um com o Pai (João 17:21-23). A inequívoca evidência do Espírito Santo na vida de uma

> *O mesmo Deus da paz vos santifique em tudo…*
>
> (1 TESSALONICENSES 5:23)

pessoa é a inquestionável semelhança familiar com Jesus Cristo e o total desapego a tudo quanto não se assemelha a Ele. Estamos prontos para nos colocarmos à disposição para o agir do Espírito Santo em nossa vida?

9 DE FEVEREIRO

Você está espiritualmente exausto?

Exaustão significa que nossas energias vitais estão completamente esgotadas e exauridas. A exaustão espiritual nunca é resultado do pecado, mas do serviço. De um modo ou de outro seu sentimento de exaustão dependerá de onde você tem retirado seus suprimentos. Jesus disse a Pedro: "Apascenta as minhas ovelhas", contudo Ele não deu a Pedro nada que pudesse utilizar para alimentá-las (João 21:17). O processo de tornar-se em "pão partido" e "vinho derramado" significa que *você* deve ser a nutrição à alma das outras pessoas até que elas aprendam suprir-se em Deus. Elas devem esvaziá-lo completamente — até a última gota. Seja cuidadoso em reabastecer o seu suprimento, ou rapidamente você se encontrará profundamente exausto. Até que os outros aprendam a alimentar-se diretamente da vida do Senhor Jesus, eles terão que absorver a vida de Cristo por seu intermédio. Você deve ser, literalmente, a fonte de provisão dessas pessoas, até que elas aprendam a obter a nutrição de que necessitam para viver diretamente em Deus. Devemos isso ao Senhor — dar o nosso melhor por Suas ovelhas e cordeiros, e também para Ele.

*...o eterno Deus,
o SENHOR [...]
nem se cansa,
nem se fatiga...*

(ISAÍAS 40:28)

Você se entregou à exaustão pela maneira como serve a Deus? Se for assim, renove e reacenda seu desejo e afeições. Examine suas razões para servir. O motivo maior para servir está alicerçado em seu entendimento pessoal ou na redenção de Jesus Cristo. Periodicamente, avalie o fundamento do seu ao amor e afeição e lembre-se de onde a sua Fonte de poder repousa. Você não tem o direito de reclamar: "Ó, Senhor, me sinto tão esgotado!" Ele o salvou e santificou para exauri-lo. Permita-se estar esgotado por Deus. E não se esqueça: Ele é o seu suprimento! "...Todas as minhas fontes são em ti" (Salmo 87:7).

10 DE FEVEREIRO

Sua capacidade de ver a Deus está obscurecida?

O povo de Deus, na época de Isaías, esvaziou sua imaginação contemplando a face dos ídolos. Entretanto, esse profeta os fez olhar para os céus; isto é, os fez começar a usar corretamente suas faculdades mentais. Se nós somos filhos de Deus, temos um tremendo tesouro na própria natureza e perceberemos que isso é santo e sagrado. Se, tão somente, começarmos a usar nossa imaginação que tem fome de Deus, nós o veremos se manifestando a nós em cada nascer e pôr do sol, em todas as nuvens no céu, em cada flor que se abre, em cada folha que cai.

Levantai ao alto os olhos e vede. Quem criou estas coisas?...

(Isaías 40:26)

O verdadeiro teste do enfoque espiritual é ser capaz de controlar os seus pensamentos e imaginação. Será que sua mente não está focada na face de algum ídolo? Será que esse ídolo não é você mesmo? Seu trabalho? Talvez sua maneira de compreender como o servo deveria ser, ou talvez a sua experiência de salvação e santificação? Se assim for, sua capacidade de ver Deus está obscurecida. Você se sentirá impotente quando tiver que enfrentar dificuldades e for forçado a suportá-las na obscuridade. Se sua capacidade de enxergar foi cegada, não olhe para trás em busca de suas próprias experiências, mas fixe seu olhar em Deus. É dele que você precisa. Não se fixe em si mesmo e afaste-se de seus ídolos e de tudo que tem obscurecido o seu pensamento, sua imaginação. Acorde e aceite o conselho óbvio de Isaías ao seu povo, ao dizer: "Levantai ao alto os olhos e vede. Quem criou estas coisas?..." (Isaías 40:26), e espontaneamente, volte os seus pensamentos e o seu olhar para Deus.

Uma das razões de nosso sentimento de futilidade na oração é por termos perdido nossa capacidade de visualizar. Não imaginamos mais o que é, espontaneamente, depositar todo o nosso ser no altar de Deus. Na verdade, é mais importante sermos "pão partido" e "vinho derramado" na área da intercessão do que em nossos contatos pessoais com os outros. Deus concede o poder da imaginação ao santo a fim de que este possa ir além de si mesmo e estabelecer relacionamentos bons e seguros, como nunca antes vividos.

TUDO PARA ELE   59

11 DE FEVEREIRO

Seus pensamentos permanecem em Deus?

Sua mente continua se alimentando em Deus ou está esfomeada? A desnutrição da mente, causada por negligência, é uma das principais fontes de exaustão e enfraquecimento na vida de um servo. Se você nunca utilizou a sua mente para colocar-se na presença de Deus, comece a fazer isso hoje. Não existe qualquer razão para esperar que o Senhor venha até você. É necessário afastar os seus pensamentos e deixar de contemplar seus ídolos, fixar-se no Senhor e ser salvo (Isaías 45:22).

> *Tu, SENHOR, conservarás em perfeita paz aquele cujo propósito é firme: porque ele confia em ti.*
>
> (ISAÍAS 26:3)

Sua mente criativa é o maior dos dons que Deus lhe deu e isso deveria ser integralmente dedicado a Ele. Você deve procurar agir "...levando cativo todo pensamento à obediência de Cristo" (2 Coríntios 10:5). Este será um dos mais importantes patrimônios da sua fé quando o tempo das tribulações começar; porque nessa altura, a sua fé e o Espírito de Deus trabalharão juntos. Quando você tiver pensamentos e ideias dignos diante de Deus, precisa aprender a os comparar e associar com tudo o que acontece na natureza — o nascer e o pôr do sol, o brilho da lua e das estrelas e as mudanças das estações do ano — e você começará a compreender que seus pensamentos vêm de Deus também, e sua mente não viverá à mercê de suas ideias impulsivas; pelo contrário, estará sempre a serviço do Senhor.

"Pecamos, como nossos pais [...] que não se lembraram..." (Salmo 106:6,7). Assim, estimule sua memória e acorde imediatamente. Não diga a si mesmo: "Mas Deus não está falando comigo neste momento." Contudo, Ele deveria estar! Lembre-se: a quem você pertence e a quem serve. Encoraje-se a recordar disto, e sua devoção por Deus crescerá dez vezes mais. Sua mente não mais estará desnutrida, mas será ágil e entusiástica, e sua esperança será inexprimivelmente brilhante.

12 DE FEVEREIRO

Você está ouvindo Deus?

Nós não desobedecemos ao Senhor de modo consciente e deliberado — simplesmente não o ouvimos. Deus nos deu Seus mandamentos, mas não prestamos atenção a eles — não porque queiramos intencionalmente desobedecê-lo, mas porque não o amamos e respeitamos quanto deveríamos. "Se me amais, guardareis os meus mandamentos" (João 14:15). Uma vez que compreendamos que temos constantemente desrespeitado a Deus, sentiremos profunda vergonha e humilhação por ignorá-lo.

"Fala-nos tu [...]; porém não fale Deus conosco...". Demonstramos quão pouco amor temos por Deus à medida que preferimos ouvir Seus servos em vez de ouvi-lo diretamente. Gostamos de ouvir testemunhos pessoais, mas não queremos que o próprio Pai nos fale individualmente. Por que nos atemorizamos tanto por Deus falar conosco? É porque sabemos que quando o Senhor fala conosco devemos, sem demora, fazer o que Ele pede ou dizer-lhe que não o obedeceremos. Mas se é apenas um dos servos de Deus falando conosco, sentimos que a obediência é opcional; não é imperativa e, respondemos, dizendo: "Bem, entendo que é isso que você pensa; ainda que eu não negue que o que você disse, provavelmente, seja uma verdade divina."

Estou constantemente desprezando o Senhor, ignorando-o, ainda que Ele continue amavelmente tratando-me como Seu filho? Assim que eu finalmente me disponha a ouvi-lo, a humilhação que amontoei sobre Ele retorna a mim. E minha resposta passa a ser: "Senhor, porque fui tão insensível e obstinado?" Este é invariavelmente o resultado, uma vez que ouçamos Deus. Mas o nosso verdadeiro prazer em ouvi-lo é temperado com uma pitada de vergonha que sentimos por termos levado tanto tempo para chegar a essa conclusão.

> *Disseram a Moisés: Fala-nos tu, e te ouviremos; porém não fale Deus conosco, para que não morramos.*
>
> (ÊXODO 20:19)

TUDO PARA ELE   61

13 DE FEVEREIRO

Pronto para ouvir

Simplesmente porque ouvi cuidadosa e atentamente algo que Deus falou, não significa que ouvirei tudo o que Ele diz. Demonstro meu desamor e desrespeito pelo Senhor por meio da insensibilidade do meu coração e mente diante do que Ele diz. Se amo meu amigo, instintivamente compreenderei o que ele deseja. Jesus disse: "Vós sois meus amigos…" (João 15:14). Desobedeci alguma orientação do meu Senhor nesta semana? Se eu tivesse percebido que era uma ordenança de Jesus, não teria desobedecido deliberadamente. Mas a maioria de nós demonstra um incrível desrespeito por Deus porque nem sequer o ouvimos. De fato, é possível que Ele jamais tenha falado conosco.

O alvo da minha vida espiritual é manter uma identificação íntima com Jesus Cristo, de forma que sempre ouvirei Deus e saberei que Ele sempre me ouve (João 11:41). Se estiver unido a Jesus Cristo, ouvirei Deus o tempo todo pela dedicação em ouvi-lo. Uma flor, uma árvore, ou um servo do Senhor podem trazer-me Sua mensagem. O que me impede de ouvir o que Deus está dizendo é o desvio da minha atenção para outras coisas. Não é que eu não queira ouvi-lo, mas não sou piedoso em certas áreas da minha vida. Em vez disso, dedico-me a algumas coisas e até mesmo ao ministério e minhas próprias convicções. Deus pode falar aquilo que Ele quer, mas eu apenas não ouço o que Ele diz. A atitude de um filho de Deus deveria ser sempre: "Fala, porque o teu servo ouve." Se não desenvolvi nem fortaleci esta dedicação de ouvir, posso ouvir a voz do Senhor apenas em certas ocasiões. Em outras vezes, me faço de surdo para Ele, e isso, porque minha atenção está centrada em outros interesses — coisas às quais penso que devo dar atenção e fazer. Isso não é viver como um filho de Deus. Você já ouviu a voz do Pai hoje?

> *…Samuel […] respondeu: 'Fala, porque o teu servo ouve.*
>
> (1 SAMUEL 3:10)

Oswald Chambers

14 DE FEVEREIRO

A disciplina do ouvir

Algumas vezes Deus nos permite passar pela experiência e disciplina das trevas para nos ensinar a ouvir e obedecê-lo. Alguns pássaros canoros são treinados a cantar no escuro, e Deus da mesma maneira nos coloca à "...sombra da Sua mão..." até que aprendamos a ouvi-lo (Isaías 49:2). "O que vos digo às escuras..." — preste atenção quando Deus o colocar em momentos de escuridão, e conserve sua boca fechada enquanto estiver lá. Você está passando pelas trevas, agora mesmo, em algumas circunstâncias ou em sua vida com Deus? Se for assim, então permaneça em silêncio. Se você abrir a sua boca nas trevas, você correrá o risco de se expressar mal — o momento de escuridão é o tempo de ouvir. Nem fale sobre isso com outras pessoas; não leia livros para descobrir a razão dessa escuridão; apenas ouça e obedeça. Se você falar com outras pessoas, não poderá ouvir o que Deus está falando. Quando estiver na escuridão, ouça, e o Senhor lhe dará uma mensagem muito preciosa para que você comunique a outras pessoas assim que tiver retornado à luz.

> *O que vos digo às escuras, dizei-o a plena luz; e o que se vos diz ao ouvido, proclamai-o dos eirados.*
>
> (MATEUS 10:27)

Depois de cada fase de escuridão, deveríamos experimentar uma mistura de contentamento e humilhação. Se houver apenas alegria é de se questionar se, afinal, ouvimos mesmo o Senhor. Deveríamos experimentar a satisfação de termos ouvido a voz de Deus, mas ainda mais humilhação por havermos levado tanto tempo para escutá-lo! Então exclamaremos: "Como tenho sido lento para ouvir e compreender o que Deus está me falando!". No entanto, o Senhor tem falado sobre isto há dias e até semanas. Mas uma vez que você o ouve, Ele lhe concede o dom da humilhação, o que capacita seu coração a ser brando e humilde — um dom que sempre o ajudará a ouvir Deus *no momento em que Ele falar.*

15 DE FEVEREIRO

Acaso, sou eu tutor de meu irmão?

Já lhe ocorreu que você é espiritualmente responsável diante de Deus por outras pessoas? Por exemplo, se me permito qualquer afastamento de Deus em minha vida particular, todas as pessoas ao meu redor sofrem. O Pai "...nos fez *assentar* nos lugares celestiais..." (Efésios 2:6). "[Se] um membro sofre, todos sofrem com ele..." (1 Coríntios 12:26). Se você abrir espaços para interesses carnais, carências mentais, insensibilidade moral, ou fraquezas espirituais, todas as pessoas que estão em contato com você sofrerão. Mas você indaga: Quem é suficientemente capaz para viver nesse padrão elevado? "[A] nossa suficiência vem de Deus" e de Deus somente (2 Coríntios 3:5).

> *Porque nenhum de nós vive para si mesmo...*
>
> (ROMANOS 14:7)

No livro de Atos 1:8, Jesus declara: "...e sereis minhas testemunhas...". Quantos de nós desejamos despender cada partícula dos nossos nervos e da nossa energia mental, moral e espiritual por Jesus Cristo? É isso o que o Senhor quer dizer quando Ele usa a expressão *testemunho*. Mas esse é um processo que leva tempo; tenha paciência com você mesmo. Por que Deus nos deixou na Terra? Simplesmente para sermos salvos e santificados? Não! É para trabalharmos a serviço dele. Estou disposto a me tornar "pão partido" e "vinho derramado" por Ele? Estou pronto a ser considerado sem valor para esta época ou nessa vida exceto para um propósito exclusivo — ser usado no discipulado de homens e mulheres para o Senhor Jesus Cristo? A minha vida de serviço a Deus é a minha maneira de agradecer-lhe por Sua inexprimível e maravilhosa salvação. Lembre-se: é perfeitamente possível para Deus colocar qualquer um de nós de lado, se nos recusarmos a ser úteis para Ele — "...para que, tendo pregado a outros, não venha eu mesmo a ser desqualificado" (1 Coríntios 9:27).

Oswald Chambers

16 DE FEVEREIRO

A iniciativa inspirada por Deus

Nem toda a iniciativa, o ímpeto de dar o primeiro passo, é inspirada por Deus. Alguém pode lhe dizer: "Levante-se e siga em frente! Pegue essa sua relutância pelos colarinhos e lance-a fora do barco da sua vida — não perca tempo para fazer o que precisa ser feito!" Isso é exatamente o que significa qualquer iniciativa humana comum. Mas quando o Espírito de Deus vem e nos diz: "Levante-se e siga em frente!", nesse mesmo instante temos a certeza de que se trata de uma iniciativa inspirada.

Todos nós temos muitos sonhos e aspirações quando somos jovens, mas, cedo ou tarde, percebemos que não temos o poder de realizá-los. Não conseguimos fazer as coisas que desejamos, então nossa tendência é deduzir que nossos sonhos e aspirações morreram. Porém, Deus vem até nós para afirmar: "…levanta-te de entre os mortos…". Quando Ele manda Sua inspiração, ela vem sobre nós como poder tão milagroso que somos capazes de "levantarmo-nos de entre os mortos" e fazer o impossível. O que há de extraordinário sobre a iniciativa espiritual é que a vida e o poder chegam depois que nós nos "levantamos e seguimos em frente". Deus não nos dá uma vida vitoriosa — Ele nos dá vida *enquanto vencemos os desafios*. Quando a inspiração de Deus surge, e Ele diz: "…levanta-te de entre os mortos…" é hora de nos colocarmos em pé; Deus não nos levantará. Nosso Senhor disse ao homem da mão ressequida: "…Estende a mão…" (Mateus 12:13). Assim que o homem obedeceu, sua mão foi curada. Contudo, o homem teve que tomar a iniciativa. Se tomarmos a iniciativa para a superação, descobriremos que temos a inspiração de Deus, pois Ele nos concede imediatamente o poder da vida.

> *…levanta-te de entre os mortos…*
>
> (EFÉSIOS 5:14)

TUDO PARA ELE   65

17 DE FEVEREIRO

Reagindo contra a depressão

Nesta passagem, o anjo não concedeu uma visão a Elias, nem a explicação das Escrituras, nem mesmo realizou algo extraordinário. Ele simplesmente orientou Elias a fazer algo muito comum, isto é, levantar-se e comer. Se nunca ficássemos deprimidos, não poderíamos nos considerar vivos — somente as coisas materiais não sofrem de depressão. Se os seres humanos não fossem capazes de reconhecer seu estado depressivo, nós também não poderíamos experimentar a felicidade e as alegrias. Há muitas situações na vida que existem para nos abater; por exemplo, momentos associados à morte. Sempre que você fizer uma autoanálise, leve em conta sua capacidade de se deprimir.

Quando o Espírito de Deus fala conosco, Ele não nos concede visões gloriosas, mas nos diz para fazer as coisas mais comuns e imagináveis. A depressão tende a nos desviar do dia a dia da simplicidade da criação de Deus. No entanto, sempre que Deus vem até nós, Sua inspiração nos moverá a fazer o que é mais natural e simples — coisas nas quais nunca imaginamos que Deus pudesse estar envolvido, mas ao obedecermos a Sua orientação, o encontraremos nelas. A inspiração que vem até nós desta forma é uma iniciativa contra a depressão.

> *...Levanta-te e come.*
> (1 REIS 19:5)

Mas é necessário dar o primeiro passo e fazer isso sob a inspiração de Deus. Contudo, se fizermos algo simplesmente para superar a nossa depressão, apenas a aprofundaremos. Mas quando o Santo Espírito de Deus, intuitivamente, nos dirigir a fazer algo, a partir do momento que nós o colocarmos em prática, a depressão se afastará. Assim que nos levantamos e obedecemos a Deus, ingressamos em um patamar mais elevado de vida.

Oswald Chambers

18 DE FEVEREIRO

Reagindo contra o desespero

No jardim do Getsêmani os discípulos foram dormir quando deveriam ter permanecido acordados, e quando perceberam o que tinham feito, caíram em desespero. A percepção de termos cometido algo irreversível tende a nos desesperar. É quando dizemos: "Bem, está tudo acabado e arruinado agora; nem adianta tentar mais nada." Se imaginamos que este tipo de desespero é uma exceção, estamos enganados. Essa é uma situação muito comum à experiência humana. Todas as vezes que percebemos que não tiramos vantagem de uma magnífica oportunidade que se nos apresentou, estamos prontos para afundar em desespero. Mas Jesus vem e amavelmente nos diz, em essência: "Agora durma. Essa oportunidade está perdida para sempre e você não pode mudar. Mas levante-se e sigamos em frente." Em outras palavras, deixemos que o passado durma, mas envolto nos suaves braços de Cristo, e sigamos decididos para o futuro invencível com Ele.

Levantai-vos, vamos!...

(MATEUS 26:46)

Haverá experiências semelhantes a essa durante a vida de cada um de nós. Enfrentaremos momentos de desespero causados por acontecimentos legítimos em nossa vida, e seremos incapazes de sair disto. Os discípulos, neste caso, tinham feito algo absolutamente errado e impensável — foram dormir em vez de vigiarem com Jesus. Entretanto, o nosso Senhor aproximou-se deles e tomou a iniciativa espiritual contra o desespero deles e disse: "Levantai-vos, vamos…". Se formos inspirados por Deus, o que virá a seguir? Confiaremos absolutamente nele e oraremos fundamentados em Sua redenção.

Jamais permita que as recordações das falhas do passado destruam sua iniciativa de dar o próximo passo.

TUDO PARA ELE

19 DE FEVEREIRO

Reagindo contra a monotonia

Quando chega o momento de tomarmos iniciativa contra o enfado, temos que dar o primeiro passo, como se Deus não existisse. Não há razão para esperar pelo Seu socorro — Ele não o fará. Mas, assim que nos levantamos, descobrimos imediatamente que Ele está presente. Quando Deus nos concede a Sua inspiração, tomar imediatamente a iniciativa torna-se um ponto de honra — uma questão de obediência. Então, devemos agir por obediência e não mais continuar afastados, repousando, fazendo nada. Se nos erguermos da inércia e brilharmos, toda monotonia será divinamente transformada.

O trabalho penoso é um dos melhores testes para determinar quão genuíno é o nosso caráter. Eles, normalmente, são aqueles serviços mais distantes de tudo o que podemos imaginar de um trabalho ideal, são tarefas absolutamente desagradáveis, servis, cansativas e sujas. E quando as praticamos a nossa espiritualidade é instantaneamente testada e assim, saberemos se somos genuinamente espirituais ou não. Leia João 13. Neste capítulo, vemos o Deus encarnado demonstrando o maior exemplo disso — lavando os pés dos pescadores. Então Ele disse aos Seus discípulos: "Ora, se eu, sendo o Senhor e o Mestre, vos lavei os pés, também vós deveis lavar os pés uns dos outros" (João 13:14). A inspiração divina é fundamental para que qualquer trabalho simples e cansativo brilhe com a luz de Deus sobre ele. Em alguns casos, a maneira como uma pessoa realiza essa tarefa santifica toda a obra e a torna sagrada para sempre. Pode até ser uma tarefa comum e rotineira, mas depois de vê-la feita, torna-se diferente. Quando o Senhor realiza alguma coisa por nosso intermédio, Ele sempre transforma essa obra. Nosso Senhor tomou a nossa carne humana e a transformou, e assim o corpo do cristão tornou-se em "...santuário do Espírito Santo" (1 Coríntios 6:19).

> *Dispõe-te, resplandece...*
> (ISAÍAS 60:1)

20 DE FEVEREIRO

Reagindo contra o devaneio

Sonhar acordado sobre alguma coisa para fazê-la ainda melhor é certo, mas ficar sonhando sobre essa possibilidade, quando deveríamos estar agindo sobre isso, é errado. Nesta passagem, após Jesus ter dito essas palavras maravilhosas aos Seus discípulos, seria de se esperar que o nosso Senhor os orientasse a sair para meditar sobre o que tinham ouvido. Mas Jesus jamais permitiu que Seus discípulos ficassem no mundo da lua. Quando nosso propósito é buscar a Deus e descobrir Sua vontade para nós, sonhar é correto e aceitável. Mas quando a nossa tendência é investir em devaneios sobre aquilo que fomos claramente ordenados a fazer, agir assim é inaceitável, e a bênção de Deus nunca estará sobre esse tipo de atitude. O Senhor tomará iniciativa contra essa espécie de devaneio nos instigando à ação. Suas instruções serão nesses termos: "Não sente nem fique parado, simplesmente ande!"

Quando estamos esperando, silenciosamente, diante de Deus, depois de Ele ter dito: "...Vinde repousar um pouco, à parte...", podemos considerar isso como uma meditação em Sua presença para buscarmos a Sua vontade (Marcos 6:31). Contudo, atenção! Veja se você não está se entregando a meras divagações sobre o que Deus já ordenou. Permita que Ele seja a fonte de todos os seus sonhos, alegrias e prazeres, e tenha cuidado em ir e fazer o que Ele lhe ordenou. Quando está apaixonado por alguém, você não senta e sonha com essa pessoa o dia todo — você faz alguma coisa por ela. Isso é o que Jesus Cristo espera que faça-

> *...Levantai-vos, vamo-nos daqui.*
>
> (JOÃO 14:31)

mos. Devanear diante do que Deus já ordenou é uma indicação de que não confiamos nele.

Você realmente o ama?

Se o que denominamos amor não nos leva para além de nós mesmos, isso não é verdadeiramente amor. Se a nossa ideia de amor for de que ele é caracterizado pela prudência, sabedoria, sensibilidade, sensatez e nunca é levado a extremos, perdemos seu verdadeiro significado. Talvez isto descreva afeição e possa evocar um sentimento caloroso, mas não é uma descrição verdadeira e acurada do amor.

Você, alguma vez, já se sentiu impulsionado a fazer algo para Deus, não porque sentisse que seria útil ou que fosse o seu dever; ou ainda que pudesse representar um tipo de vantagem para você, mas simplesmente por causa do seu amor por Ele? Você já notou que pode dar coisas a Deus que são valiosas para Ele? Ou você está apenas sentado com seus devaneios, pensando sobre a grandeza da Sua redenção, enquanto negligencia tudo o mais que poderia estar fazendo para Ele? Não estou me referindo a obras que poderíamos chamar de divinas ou miraculosas, mas ações comuns, simples — coisas que evidenciam diante de Deus que você vive totalmente submisso a Ele. Será que você já conseguiu criar o que Maria de Betânia produziu no coração do Senhor Jesus? "Ela praticou boa ação para comigo."

> *...Ela praticou boa ação para comigo.*
>
> (MARCOS 14:6)

Há ocasiões em que parece que Deus nos observa para ver se lhe daremos pequenas demonstrações de submissão, apenas para demonstrar como o nosso amor por Ele é genuíno. Render-se a Deus é mais valioso do que a nossa própria santidade. A preocupação sobre a nossa santidade pessoal nos faz focar em nós mesmos, e nos deixamos envolver por uma terrível ansiedade quanto ao modo de andar, falar e ver as coisas; tomados pelo medo de ofendê-lo. "[O] perfeito amor lança fora o medo..." quando nos rendemos a Deus (1 João 4:18).

Deveríamos parar de nos questionar: "Será que sou útil?" e aceitar a verdade de que realmente não temos sido muito úteis para Ele. Contudo, a questão nunca foi sermos de utilidade, mas de sermos valiosos para o próprio Deus. Quando estamos totalmente submissos ao Senhor, Ele age através de nós o tempo todo.

A disciplina da perseverança espiritual

Perseverança é mais do que persistência. Na verdade, é a persistência combinada com a absoluta segurança e certeza de que o que estamos buscando acontecerá. Perseverança significa mais do que simplesmente aguentar firme. Esta atitude pode apenas estar expondo o nosso medo de deixar as coisas acontecerem ou fracassarem.

Perseverança é o nosso esforço supremo em recusar acreditar que o nosso herói será vencido. Nosso maior medo não é de que seremos condenados, mas que de alguma forma Jesus Cristo será derrotado. E tememos também, que os valores defendidos por Jesus — amor,

Aquietai-vos e sabei que eu sou Deus...

(SALMO 46:10)

justiça, perdão e bondade entre os homens — não vencerão no final e representarão objetivos inatingíveis para nós. Contudo, existe um chamado à perseverança espiritual. Um chamado para não ficarmos dependentes e inativos; mas para trabalhar decididamente, tendo a certeza de que Deus jamais será derrotado.

Entretanto, se nossas esperanças parecem estar nos desapontando nesse momento, isso significa simplesmente que elas estão sendo purificadas. Toda esperança ou sonho da mente humana será satisfeito se for nobre e divino. Mas um dos maiores estresses na vida decorre da tensão de esperar em Deus. O Senhor traz a plenitude, porque guardamos a Sua ordem de que devemos perseverar (Apocalipse 3:10).

Continue a perseverar espiritualmente.

A determinação de servir

Jesus também disse: "...Pois no meio de vós, eu sou como quem serve" (Lucas 22:27). Paulo pensava do mesmo modo sobre o serviço que o nosso Senhor — "...e a nós mesmos como vossos servos, por amor de Jesus" (2 Coríntios 4:5). Temos a ideia de que uma pessoa que é chamada para o serviço ministerial é chamada para ser diferente e melhor do que as demais. Mas de acordo com Jesus Cristo, essa pessoa é convocada para ser um "capacho" para os outros — chamado para ser o líder espiritual, mas nunca o superior. Paulo afirmou: "Tanto sei estar humilhado..." (Filipenses 4:12). A ideia de Paulo sobre o ministério era derramar sua vida até a última gota pelos outros. E, nesse sentido, receber louvores ou críticas não lhe fazia a menor diferença. Enquanto houvesse um ser humano sem o conhecimento de Jesus, Paulo sentia-se devedor de ministrar a essa pessoa até que ela viesse a conhecer o Mestre. Contudo, o grande motivador do serviço ministerial de Paulo não era seu amor pelas pessoas, mas seu amor por seu Senhor. Se a nossa dedicação visar apenas o ser humano, seremos logo vencidos e frustrados, pois com frequência seremos confrontados com a enorme ingratidão de outras pessoas. Porém, se somos movidos pelo amor que dedicamos a Deus, nenhuma quantidade ou espécie de ingratidão será capaz de nos impedir de servimos uns aos outros.

> ...tal como o Filho do Homem, que não veio para ser servido, mas para servir...
> (MATEUS 20:28)

A compreensão de Paulo sobre como Cristo tinha lidado com ele, é o segredo de sua determinação em servir os outros. Ele se autodescreveu como blasfemo, perseguidor e insolente (1 Timóteo 1:13). Em outras palavras, não importa o quanto Paulo tenha sido maltratado pelos outros, eles jamais poderiam tê-lo tratado com o mesmo grau de desprezo e ódio com o qual ele tinha tratado Cristo. Uma vez que percebemos que Jesus nos serviu mesmo com a profundeza de nossa vileza, nosso egoísmo e nosso pecado, nada que encontremos nos outros será capaz de exaurir a nossa determinação para servi-los em nome do Seu amor.

24 DE FEVEREIRO

O júbilo do sacrifício

Uma vez que o amor de Deus tenha sido derramado em nosso coração pelo Espírito Santo, nós intencionalmente começamos a nos identificar com os interesses e propósitos de Jesus na vida de outras pessoas (Romanos 5:5). E Jesus está interessado em cada pessoa individualmente. No serviço cristão, não temos o direito de nos deixar levar por nossos próprios interesses e desejos. Na verdade, este é um dos maiores testes de nosso relacionamento com Jesus Cristo. A alegria que há no sacrifício é eu dar a minha vida pelo meu amigo, Jesus (João 15:13). Não jogo a minha vida fora, mas entrego-lhe voluntária e deliberadamente, por Seus interesses em outras pessoas. E o faço, não por meus próprios objetivos. Paulo investiu a sua vida em apenas um objetivo — conquistar pessoas para Jesus Cristo. Esse apóstolo sempre atraía as pessoas para o seu Senhor, mas jamais para si mesmo. Ele disse: "...Fiz-me tudo para com todos, com o fim de, por todos os modos, salvar alguns" (1 Coríntios 9:22).

Quando alguém conclui que para desenvolver uma vida de santidade deve estar sempre a sós com Deus, ele já não tem mais utilidade para os outros. É como se este se colocasse num pedestal e se isolasse do restante da sociedade. Paulo era um homem santificado, e onde quer que fosse, Jesus podia dispor de sua vida. Muitos de nós estamos interessados apenas em nossos próprios objetivos, e Jesus não pode dispor de nossa vida. Mas se nos submetemos totalmente a Ele, não temos mais os nossos próprios objetivos para cumprir. Paulo disse que ele sabia ser "servil" sem se ressentir, pois a motivação da sua vida era dedicar-se a Jesus. Nossa tendência é nos dedicarmos, não

> *Eu de boa vontade me gastarei e ainda me deixarei gastar em prol da vossa alma...*
>
> (2 CORÍNTIOS 12:15)

a Jesus Cristo, mas às coisas que permitem maior liberdade espiritual do que a submissão total a Ele permitiria. A liberdade, absolutamente, não era a motivação de Paulo. Na verdade, ele afirmou: "...porque eu mesmo desejaria ser anátema, separado de Cristo, por amor de meus irmãos..." (Romanos 9:3). Será que Paulo tinha perdido sua capacidade de raciocinar? Claro que não! Para alguém que realmente ama, isso não é exagero. E Paulo amava o Senhor Jesus Cristo.

TUDO PARA ELE

25 DE FEVEREIRO

O despojamento no servir

O amor humano espera a retribuição. Mas Paulo está afirmando: *Realmente não me importa se vocês me amam ou não.* A minha vontade é tornar-me absolutamente despojado. *Estou disposto a ser indigente, não somente por amor a vocês, mas também pelo desejo de apresentá-los* a Deus. Em 2 Coríntios 8:9 ele ainda escreve: "...pois conheceis a graça de nosso Senhor Jesus Cristo, que, sendo rico, se fez pobre por amor de vós...". A ideia de Paulo sobre o serviço cristão era a mesma do nosso Senhor. Ele não levou em conta o elevado custo para si mesmo — ele o pagaria com satisfação. Era uma alegria para Paulo.

> *...Se mais vos amo, serei menos amado?*
>
> (2 Coríntios 12:15)

A ideia da igreja institucional de um servo de Deus não se assemelha à ideia de Jesus Cristo. A ideia de Cristo é que o sirvamos sendo servos dos outros. Jesus Cristo, de fato, foi mais socialista do que os próprios socialistas. Ele afirmou que em Seu reino o maior de todos seria o servo dos demais (Mateus 23:11).

O verdadeiro teste de um santo não está relacionado ao desejo de pregar o evangelho, mas à disposição de fazer obras como lavar os pés dos irmãos — isso significa: estar disposto a cumprir tarefas que parecem insignificantes diante dos valores humanos, mas são de alta importância para o Senhor. Era uma satisfação para Paulo despender sua vida pelos interesses de Deus na vida de outras pessoas, e, por isso, não se importava com o custo. Entretanto, antes de nos dispormos a servir, paramos para ponderar sobre as nossas preocupações pessoais e financeiras — "E se Deus quiser que eu vá para lá? E o meu salário? Como é o clima por lá? Quem cuidará de mim? Devo considerar todas estas coisas." Todas essas questões indicam que temos nossas reservas quanto ao serviço a Deus. Contudo, o apóstolo Paulo não tinha pré-condições ou reservas. Ele centrou sua vida na mesma ideia que Jesus Cristo tinha quanto a um santo no Novo Testamento; ou seja, não apenas uma pessoa que simplesmente proclama o evangelho, mas alguém que se torna "pão partido" e "vinho derramado" nas mãos de Jesus Cristo por amor aos outros.

Oswald Chambers

26 DE FEVEREIRO

Nossas dúvidas sobre Jesus

Você já se surpreendeu pensando o seguinte: "As maravilhosas verdades da Palavra de Deus realmente me comovem, mas Ele não pode esperar que eu consiga praticar e aplicar todos esses ensinos em minha vida!" Quando se trata de confrontar Cristo mediante Seu padrão de qualidade e habilidades, nossas atitudes refletem certa superioridade religiosa. Concordamos que Seus ideais são nobres e que nos impressionam, mas acreditamos que, de fato, não possam ser verdadeiros, nem que as coisas que Ele diz possam tornar-se realidade. Cada um de nós pensa algo semelhante de Jesus em uma ou outra área da nossa vida. Estas dúvidas ou desconfianças sobre Cristo começam a intensificar-se à medida que consideramos as questões que nos tiram o olhar fixo e atento para longe de Deus. Enquanto questionamos com Ele, outras pessoas nos indagam: "Onde você buscará dinheiro suficiente para viver? Como você viverá e quem cuidará de você?" Ou ainda, nossas inseguranças começam em nosso íntimo quando dizemos para Jesus que nossas circunstâncias são um pouco mais complexas para Ele cuidar. E dizemos: "É fácil dizer 'Confie no Senhor', mas a pessoa precisa viver; e além do mais, Jesus não tem com o quê retirar água do poço — não tem os meios para nos providenciar o que precisamos." Cuidado para não afastar-se da fé e dizer: "Ó, não tenho qualquer desconfiança em relação a Jesus, somente de minhas próprias inseguranças."

Ora, se formos honestos, admitiremos que nunca temos dúvidas e apreensões sobre nós mesmos e o que sentimos, porque sabemos exatamente do que somos ou não capazes de realizar. Mas, temos apreensões sobre Jesus. E nosso orgulho é ferido, mesmo quando reconhecemos que Ele pode fazer tudo o que nós não podemos.

> *Respondeu-lhe ela: Senhor, tu não tens com que a tirar [água], e o poço é fundo...*
> (João 4:11)

Minhas dúvidas surgem ao esquadrinhar e compreender como Ele fará o que garante que pode fazer. Elas surgem das profundezas da minha própria inferioridade. Se detecto estas dúvidas em mim mesmo, devo trazê-las à luz e confessá-las abertamente: "Senhor, tive dúvidas a respeito de Tuas habilidades, e acreditei apenas nas minhas. Não acreditei em Tua onipotência apesar de meu pouco e finito conhecimento."

Empobrecendo o ministério de Jesus

O poço é fundo — e muito mais fundo do que a mulher samaritana podia imaginar (4:11)! Pense nas profundezas da vida e da natureza humana; reflita sobre a profundidade dos "poços" que há em seu interior. Será que você limita ou empobrece a ação de Jesus não lhe dando acesso para agir em certas áreas de sua vida? Suponha que você tenha um "poço" profundo de dor e problema no interior da sua alma; e Jesus vem e lhe diz: "Não se turbe o vosso coração..." (João 14:1). Sua resposta seria um simples dar de ombros e alegar: "Mas, Senhor, o poço é profundo demais, e mesmo o Senhor não pode retirar dele serenidade e consolo." Realmente, esse pensamento faz sentido, Jesus não traz nada para cima a partir dos poços da natureza humana — Ele os traz do alto. Limitamos o poder do Santíssimo de Israel, lembrando apenas do que lhe temos permitido realizar no passado por nós, e também ao dizermos: "Evidentemente não posso esperar que Deus aja de maneira tão extraordinária." O que parece se aproximar dos limites do poder divino é exatamente o que nós, como discípulos de Jesus, devemos acreditar que Ele fará. Empobrecemos e debilitamos Seu ministério em nós a partir do momento em que esquecemos que Ele é soberano. E esse empobrecimento e fraqueza residem em nós, não nele. Nós nos aproximamos de Jesus para que Ele seja nosso confortador ou consolador, mas nos reprimimos de nos aproximar dele como o nosso Todo-Poderoso Deus.

...onde, pois, tens a água viva?
(João 4:11)

A razão de alguns de nós sermos pobres exemplos do cristianismo é o fato de termos falhado em reconhecer que Cristo é o Todo-Poderoso. Temos certos atributos e experiências cristãs, mas não existe uma real entrega ou rendição a Jesus Cristo. Quando enfrentamos circunstâncias difíceis, empobrecemos o ministério de Jesus dizendo: "Eu sabia, Ele não pode fazer nada sobre isso...". Lutamos para alcançar o fundo do nosso próprio poço, tentando retirar água por nós mesmos. Cuidado com a atitude aparentemente resignada de sentar-se largadamente e alegar: "Isso não pode ser feito." Você verá que é possível sim, se fixar os seus olhos em Jesus. O poço da sua imperfeição é profundo, mas esforce-se para olhar além de si mesmo, em direção a Ele.

28 DE FEVEREIRO

Agora você crê?

"Agora cremos…". Mas Jesus questiona: "Credes…? Eis que vem a hora e já é chegada, em que sereis dispersos […], e me deixareis só" (16:31,32). Muitos obreiros cristãos têm deixado Jesus Cristo sozinho e mesmo assim tentaram servi-lo por obrigação, ou por sentirem uma necessidade, resultante do próprio discernimento. Na verdade, o que os motiva a se comportar assim é a ausência da vida ressurreta de Jesus. Nossa alma perdeu aquele contato íntimo com Deus firmando-se apenas em nosso próprio entendimento religioso (Provérbios 3:5,6). Este não é pecado intencional e, não há punição por ele. Mas, uma vez que a pessoa percebe de que maneira ela dificulta a sua compreensão acerca de Jesus Cristo e causa incertezas, sofrimentos e dificuldades para si mesmo, é com vergonha e remorso que ela deve retornar ao Senhor.

Precisamos confiar na vida ressurreta de Jesus com maior profundidade do que temos acreditado. Precisamos adquirir o hábito de continuamente buscar o Seu conselho para todas as coisas, em vez de tomar nossas próprias decisões fundamentadas no bom senso e em seguida, pedir as Suas bênçãos sobre elas. Ele não pode abençoá-las; esse não é o modo como as coisas funcionam no Seu reino, e essas decisões estão, em geral, fora da realidade. Se fazemos algo simplesmente por obrigação, estamos tentando viver de acordo com um padrão que, na verdade, compete com Jesus Cristo. Tornamo-nos orgulhosos, pessoas arrogantes, achando que sabemos o melhor a fazer em todas as situações. Colocamos o nosso senso de dever no trono da nossa vida, em vez de entronizar a vida ressurreta de Jesus. Não fomos orientados a "andar na luz" das nossas consciências ou à luz do senso de dever, mas sim a "…andarmos na luz, como ele está na luz…" (1 João 1:7). Quando fazemos alguma coisa por obrigação, é fácil explicar as razões das nossas ações para os outros. Mas quando fazemos algo em obediência ao Senhor, não pode existir outra explicação — é, simplesmente, obediência. É por isso que um santo pode ser tão facilmente ridicularizado e mal-compreendido.

> *…por isso, cremos […].*
> *Respondeu-lhes Jesus:*
> *Credes agora?*
>
> (João 16:30,31)

TUDO PARA ELE

29 DE FEVEREIRO

O que você quer que o Senhor faça por você?

Existe alguma coisa em sua vida que não apenas o prejudica, mas que o leva a prejudicar outros? Se a resposta for positiva, é sempre algo que você não pode resolver sozinho. "E os que iam na frente o repreendiam para que se calasse; ele, porém, cada vez gritava mais…" (18:39). Persista em sua busca até encontrar-se face a face com o próprio Senhor. Não idolatre o senso comum. Sentar-se resignadamente, em vez de criar confusão, serve apenas para idolatrar o nosso senso comum. Quando Jesus nos indaga o que desejamos que Ele faça por nós sobre um terrível problema que nos ameaça, lembre-se de que Ele não age de acordo com o senso comum, mas somente por meios sobrenaturais.

> *Que queres que eu te faça? Respondeu ele: Senhor, que eu torne a ver.*
> (Lucas 18:41)

Observe como limitamos as ações do Senhor recordando apenas o que permitimos que Ele fizesse em nosso passado. E dizemos: "Sempre caio no mesmo erro, e sempre vou cair." Consequentemente, não pedimos o que queremos. Em vez disso, pensamos: "É ridículo pedir a Deus para fazer isto." Se estamos diante de uma impossibilidade, é exatamente por essa dificuldade que devemos pedir. Se não for algo impossível, não é uma perturbação verdadeira. E Deus fará o que é absolutamente impossível.

O homem, nessa passagem, recebeu a sua visão. Mas para você o mais impossível é estar tão proximamente identificado com o Senhor que, literalmente, não haverá nada remanescente da antiga vida. Deus fará isso se você pedir que Ele o faça. Contudo, você deverá acreditar em Sua soberania. Encontramos fé não apenas acreditando no que Jesus disse, porém, ainda mais, confiando no próprio Jesus. Se apenas observarmos o que Ele diz, jamais acreditaremos. Uma vez que vemos Jesus, as coisas impossíveis que Ele faz em nossa vida se tornam tão naturais como o respirar. A agonia que sofremos é apenas o resultado da futilidade do nosso próprio coração. *Não acreditaremos, não soltaremos* a corda que detém nosso barco à praia — preferiremos a preocupação.

Oswald Chambers

1.º DE MARÇO

A pugente pergunta

A reação de Pedro a esta pergunta pungente nada tem em comum com o ousado desafio exposto apenas alguns dias antes, quando declarou: "...Ainda que me seja necessário morrer contigo, de nenhum modo te negarei..." (Mateus 26:33-35). A nossa individualidade natural, ou nosso ego natural, corajosamente declara e proclama seus sentimentos. O amor verdadeiro no interior de nosso ser espiritual, porém, só se manifesta ao experimentar a dor desta pergunta de Jesus Cristo.

Pedro amava Jesus como qualquer amigo natural aprecia uma boa pessoa. Contudo, isso nada mais é do que amor emocional. Um sentimento que pode atingir profundamente nosso ser natural, mas jamais penetra o espírito do indivíduo. O verdadeiro amor simplesmente não se professa desse modo. Jesus afirmou: "...todo aquele que me *confessar* diante dos homens [isto é, aquele que confessa seu amor por Ele em tudo o que fizer, não apenas por meio de palavras], também o Filho do Homem o confessará diante dos anjos de Deus" (Lucas 12:8).

A menos que estejamos vivenciando a dor da decepção em relação a nós mesmos, dificultamos o agir da Palavra de Deus em nossa vida. A Palavra de Deus causa mais dor do que qualquer pecado jamais poderia, porque o pecado entorpece nossos sentidos. Mas este questionamento do Senhor intensifica a nossa sensibilidade de tal modo que essa dor produzida por Jesus é a mais intensa que se possa imaginar. Ela fere não apenas de maneira natural, mas de um modo profundamente espiritual. "...a palavra de Deus é viva, e eficaz [...] e penetra até o ponto de dividir alma e espírito..." — até o ponto em que nenhuma decepção poderá permanecer (Hebreus 4:12). Quando o Senhor nos faz essa pergunta, é impossível pensar e respondê-la apropriadamente, porque, quando

> *...tu me amas?*
>
> (João 21:17)

o Senhor fala diretamente conosco, a dor é muito intensa. Ela nos causa um sofrimento tão tremendo que qualquer parte da nossa vida que esteja fora da Sua vontade sentirá essa dor. Não há como confundir a dor causada pela Palavra do Senhor em Seus filhos. Entretanto, no momento em que essa dor é sentida, Deus nos revela a Sua verdade.

TUDO PARA ELE 79

2 DE MARÇO

Você já se sentiu ferido pelo Senhor?

Você, alguma vez, já sentiu a dor causada pelo Senhor bem no centro do seu ser, afetando profundamente a área mais sensível de sua vida? O diabo não provoca dor nesse âmbito da alma, nem mesmo o pecado ou algumas das emoções humanas podem chegar até lá. Nada é capaz de tocar as profundezas da nossa intimidade como a Palavra de Deus. "Pedro entristeceu-se por ele lhe ter dito, pela terceira vez: Tu me amas?" Pedro estava convencido do fato de que, no centro da sua vida pessoal, ele já estava consagrado a Jesus. Então, começou a observar melhor o que significava aquele paciente questionamento de Jesus. Na mente do apóstolo, já não havia a menor sombra de dúvida; ele jamais seria iludido de novo. Também não havia mais razão para qualquer resposta bruta ou veemente nem espaço para qualquer ação imediata ou expressão de emoção. Foi uma revelação perceber o quanto realmente ele amava o Senhor. Com espanto, simplesmente respondeu: "…Senhor, tu sabes todas as coisas…". E Pedro passou a compreender o quanto, de fato, amava a Jesus; tanto que nem era necessário dizer: "Olhe isso ou aquilo como prova do meu amor." Pedro estava começando a descobrir, no interior da sua alma, o quanto realmente amava o Senhor. Ele descobriu que, seus olhos estavam tão fixos em Jesus Cristo, que não enxergava ninguém em cima, no céu, nem embaixo, na Terra. Contudo, ele não tinha conseguido perceber isso antes de se deparar com as questões contundentes do Senhor. As indagações de Jesus sempre me revelam o meu verdadeiro eu.

> *Pela terceira vez Jesus lhe perguntou: Simão, filho de João, tu me amas?…*
>
> (João 21:17)

Que maravilha a objetividade e habilidade de Jesus Cristo ao lidar com Pedro! Nosso Senhor jamais questiona antes do momento certo. Pelo menos uma vez na vida, Ele nos colocará numa situação na qual nos ferirá com Suas perguntas pungentes. E, nesse momento, compreenderemos que o amamos mais profundamente do que nossas palavras podem expressar.

Oswald Chambers

Sua missão para nós

Esse é o verdadeiro amor em formação. O amor de Deus não é algo criado — é a Sua natureza. Quando recebemos a vida de Cristo por meio do Espírito Santo, Ele nos une a Deus a fim de que Seu amor seja demonstrado em nós. O propósito da habitação do Espírito Santo, não é apenas nos unir a Deus, mas fazer isso de modo que sejamos um com o Pai, exatamente como Jesus foi. Que tipo de unidade Jesus Cristo tinha com o Pai? Ele tinha tamanha unidade com o Pai que obedeceu quando foi enviado ao mundo para ser derramado em nosso favor. Ele nos diz: "...Assim como o Pai me enviou, eu também vos envio" (João 20:21).

Assim, Pedro agora compreende o quanto ama Jesus, por causa da revelação vinda da pungente pergunta do Senhor. O próximo ponto do Senhor é — "Derrame-se às pessoas. Não se limite a testemunhar sobre o quanto você me ama, e não fale demais sobre as maravilhosas revelações que você teve. Simplesmente 'Apascente as minhas ovelhas.'" Jesus tem ovelhas extraordinariamente peculiares: algumas são desleixadas e sujas; outras, desajeitadas ou briguentas; e outras ainda se desviaram! Contudo, é impossível esgotar o amor do Senhor; e é impossível exaurir o meu amor se ele flui do Espírito de Deus que habita em mim. O amor de Deus não leva em consideração os meus preconceitos criados a partir da minha individualidade natural. Se amo o meu Senhor, não devo ser guiado pelas emoções naturais — devo apascentar Suas ovelhas. Não seremos dispensados ou libertados de Sua missão para nós. Esteja atento para não falsificar o amor de Deus ao seguir suas próprias emoções, afinidades ou entendimentos. Essas atitudes somente servirão para insultar e difamar o verdadeiro amor de Deus.

> *...Apascenta as minhas ovelhas.*
> (João 21:17)

4 DE MARÇO

Essa verdade se aplica a mim?

É mais fácil servir ou trabalhar para Deus sem uma visão ou chamado, porque assim você não se incomoda com que Ele exige. O senso comum, revestido por uma camada de sentimentos cristãos, torna-se o seu guia. Você pode ser mais próspero e bem-sucedido pela perspectiva secular e terá mais tempo livre, se jamais reconhecer o chamado de Deus. Mas, uma vez que você receba uma missão de Jesus Cristo, a lembrança do que Deus lhe pede o acompanhará para sempre, alertando-o a cumprir a Sua vontade. E você não conseguirá mais trabalhar para Ele com base no senso comum.

O que considero "precioso para mim mesmo"? Se ainda não fui completamente tomado por Jesus Cristo e não rendi minhas vontades próprias a Ele, minha tendência será considerar o tempo que dedico a Deus e minhas próprias ideias como coisas preciosas. Também vou considerar minha vida como algo "precioso para mim mesmo". Entretanto, Paulo afirmou que considerava sua vida importante apenas para que pudesse satisfazer o ministério que ele havia recebido. Por isso, ele se recusava a investir sua energia em qualquer outra coisa. O versículo demonstra uma irritação quase nobre de Paulo ao ser convidado a considerar-se a si mesmo. Ele era absolutamente indiferente a qualquer outra consideração que não fosse completar plenamente o ministério que recebera. O nosso serviço corriqueiro e racional a Deus pode realmente competir com a nossa total rendição a Ele, por se basear no seguinte argumento, que costumamos repetir a nós mesmos: "Lembre-se bem do quanto você é útil nessa obra. Pense na importância que você teria nesse projeto específico!" Essa atitude privilegia nosso próprio julgamento, em vez de Jesus Cristo como nosso guia que nos orienta para onde deveríamos ir e onde poderíamos ser mais úteis. Jamais coloque em questão o fato de ser útil ou não na obra — mas sempre considere que "...não sois de vós mesmos" (1 Coríntios 6:19), você pertence a Deus.

> *Porém em nada considero a vida preciosa para mim mesmo...*
>
> (ATOS 20:24)

Oswald Chambers

5 DE MARÇO

Jesus é realmente meu Senhor?

A alegria é resultado de ver a plena realização do propósito para o qual fui criado e nasci de novo; não é resultado de alcançar o sucesso fazendo algo que eu mesmo escolhi. A alegria que o nosso Senhor experimentou veio de cumprir a obra que o Pai o enviou para realizar. E Ele afirma: "…Assim como o Pai me enviou, eu também vos envio" (João 20:21). Você já recebeu um ministério do Senhor? Se sim, você deve ser fiel a esse ministério — e considerar sua vida importante apenas para o propósito de cumpri-lo. Sabendo que você fez o que Jesus o enviou para fazer, imagine a grande satisfação que sentirá ao ouvi-lo dizer: "…Muito bem, servo bom e fiel…" (Mateus 25:21). Cada um de nós deve encontrar nosso espaço na vida, e espiritualmente nós o encontramos quando recebemos um ministério do Senhor. Para fazer isso, contu-

…contanto que complete a minha carreira e o ministério que recebi do Senhor Jesus…

(ATOS 20:24)

do, precisamos estar em íntima comunhão com Jesus e conhecê-lo mais do que somente como nosso Salvador pessoal. Devemos estar dispostos a experimentar o completo impacto de Atos 9:16: "…pois eu lhe mostrarei quanto lhe importa sofrer *pelo meu nome*".

"Tu me amas?" Então, "[apascenta] as minhas ovelhas" (João 21:17). Ele não está nos oferecendo uma escolha sobre como podemos servi-lo; está pedindo absoluta lealdade à Sua ordenança; uma fidelidade que discernimos quando temos a comunhão com Deus mais íntima possível. Se você recebeu um ministério do Senhor Jesus, saberá que a necessidade não é o mesmo que o chamado — a necessidade é a oportunidade de exercitar o seu chamado. O chamado é para ser fiel ao ministério que você recebeu quando esteve em verdadeira comunhão com Cristo. Isto não implica em que exista uma série completa de ministérios diferentes determinados a você. Isto significa que você deve ser sensível ao que Deus o chamou para realizar, e, talvez, isto requeira que ignoremos exigências para trabalhar em outras áreas.

6 DE MARÇO

O próximo passo

Quando você não tem visão alguma de Deus, nenhum entusiasmo na vida e ninguém o observando e encorajando, é necessário a graça do Deus Todo-Poderoso para dar o próximo passo em sua consagração a Ele, na leitura e estudo da Sua Palavra, em sua vida familiar, ou em seus deveres para com Ele. É preciso muito mais da graça de Deus e maior conscientização ao buscar Sua presença para dar o próximo passo, do que é necessário para pregar o evangelho.

> *...na muita paciência, nas aflições, nas privações, nas angústias.*
>
> (2 Coríntios 6:4)

Todo cristão deve experimentar a essência da encarnação ao trazer o próximo passo ao nível da realidade humana e ao desenvolvê-lo em si mesmo. Perdemos o interesse e desistimos quando não temos visão, nenhum encorajamento, nenhum aperfeiçoamento, e quando somente vivenciamos o nosso cotidiano com suas tarefas triviais. O que verdadeiramente testifica por Deus e pelo povo de Deus, a longo prazo, é a firme perseverança até mesmo quando a obra não pode ser vista pelos outros. E a única maneira de ter uma vida indestrutível é viver olhando para Deus. Peça ao Senhor para manter os olhos do seu espírito fitos no Cristo ressurreto, e será impossível que qualquer trabalho penoso o desencoraje. Jamais se permita pensar que determinadas tarefas estão abaixo da sua dignidade ou muito insignificantes para você executá-las, e lembre-se do exemplo de Cristo em João 13:1-17.

7 DE MARÇO

A fonte da alegria abundante

Paulo nos fala aqui sobre coisas que podem provavelmente parecer separar os santos do amor de Deus. Mas a promessa extraordinária que nos acompanha é que não *pode* existir nada entre o amor de Deus e um santo. As coisas que Paulo menciona nesta passagem podem atrapalhar a íntima comunhão da nossa alma com Deus e separam nossa vida natural dele. Mas nenhuma dessas coisas é capaz de interpor-se entre o amor do Senhor e a alma de um santo no nível espiritual. O principal fundamento da fé cristã repousa sobre o imerecido e ilimitado milagre do amor de Deus, que foi demonstrado na Cruz do Calvário; um amor que não é conquistado e nunca poderá ser. Contudo, Paulo enfatiza que "[em] todas estas coisas, porém, somos mais que vencedores…". Somos supervencedores e temos a alegria que vem de experimentar essas mesmas coisas que parecem nos oprimir.

Ondas gigantes que poderiam assustar um nadador comum produzem grande emoção nos surfistas que nelas deslizam. Vamos aplicar esse exemplo às nossas próprias circunstâncias. As coisas que tentamos evitar ou lutar contra — tribulação, sofrimento e perseguição — são, exatamente, as coisas que produzem alegria abundante em nós. "Somos mais que vencedores por meio dele" e "em todas as coisas"; não a despeito delas, mas precisamente em meio a elas! Um santo não conhece a alegria do Senhor a despeito da tribulação, mas exatamente por causa dela! Paulo afirma: "…sinto-me grandemente confortado e transbordante de júbilo em toda a nossa tribulação"(2 Coríntios 7:4).

> *Em todas estas coisas, porém, somos mais que vencedores, por meio daquele que nos amou.*
>
> (ROMANOS 8:37)

O inextinguível esplendor, resultado de abundante alegria, não é edificado sobre algo passageiro, mas sobre o amor de Deus que jamais pode mudar. Todas as experiências da vida, sejam elas rotineiras ou as mais horríveis e inexplicáveis experiências, não terão o poder de "…separar-nos do amor de Deus, que está em Cristo Jesus, nosso Senhor" (Romanos 8:39).

TUDO PARA ELE   85

Vida de entrega absoluta

Para se tornar um com Jesus Cristo, a pessoa deve estar disposta não apenas a desistir de pecar, mas também a renunciar a todo o seu modo de ver o mundo. Nascer de novo pelo Espírito de Deus significa que devemos primeiro estar dispostos a abrir mão, antes que possamos segurar algo mais. A primeira coisa a que devemos renunciar é toda a nossa pretensão ou falsidade. O que nosso Senhor deseja que lhe apresentemos não é nossa bondade, honestidade ou nossos esforços para fazermos o melhor, mas o pecado em si. Na verdade, isso é o que Ele pode tirar de nós: o pecado. E, em troca, o que Ele nos concede é a mais sólida retidão. Mas devemos submeter toda a pretensão de acharmos que somos alguém, e desistir de todas as reivindicações de que somos dignos da consideração de Deus.

> *...Estou crucificado com Cristo.*
>
> (GÁLATAS 2:19)

Feito isso, o Espírito de Deus nos mostrará o que precisamos renunciar em seguida. Ao longo de cada passo deste processo, teremos que desistir de nossas reclamações quanto aos nossos direitos pessoais. Estamos dispostos a renunciar à nossa vontade de reter todas as nossas posses, nossos desejos e tudo o mais em nossa vida? Estamos preparados para nos identificarmos com a morte de Jesus Cristo?

Sofreremos a desilusão dolorosa e aguda antes de nos rendermos completamente. Quando as pessoas realmente se veem, como o Senhor as vê, não são os terríveis pecados ofensivos da carne que as chocam, mas a horrível natureza do orgulho de seus corações opondo-se a Jesus Cristo. Quando, então, elas olham para si mesmas, sob a luz do Senhor, a vergonha, o horror e a desesperada convicção de erro toca-lhes profundamente.

Se você está diante do dilema da renúncia, prepare-se para atravessar um período de crise, desista de tudo o que você é e de tudo o que possui por causa dele. E, então, Deus o capacitará para que você faça a Sua vontade.

9 DE MARÇO

Voltar atrás ou seguir com Jesus?

Que questão contundente! As palavras do nosso Senhor frequentemente nos tocam quando Ele fala de modo mais simples. Apesar de sabermos bem quem é Jesus, Ele nos pergunta: "Porventura, quereis também vós outros retirar-vos?" Devemos continuamente manter uma atitude corajosa em relação a Ele, não obstante qualquer risco pessoal em potencial.

"À vista disso, muitos dos seus discípulos o abandonaram e já não andavam com ele" (6:66). Aqueles discípulos voltaram atrás e deixaram de andar com Jesus; não voltaram ao pecado, mas se afastaram dele. Muitas pessoas, hoje em dia, estão derramando sua própria vida e trabalhando para Jesus Cristo, mas na verdade, não estão andando com Ele. Algo que Deus exige constantemente de nós é a unicidade com Jesus Cristo. Depois que fomos separados pela santificação, deveríamos disciplinar nossa vida espiritualmente para manter esta íntima unidade. Quando Deus lhe dá uma clara determinação da Sua vontade, todos os seus esforços para assegurar esse relacionamento por algum método em particular são completamente desnecessários. Tudo que é exigido é viver absolutamente dependente de Jesus Cristo. Nunca tente levar sua vida com Deus de acordo com alguma fórmula que não seja a Sua direção. E o Seu caminho significa completa e total consagração a Ele. O segredo de andar com Jesus encontra-se em não demonstrar preocupação com relação às incertezas que estão à frente.

...Porventura, quereis também vós outros retirar-vos?

(João 6:67)

Pedro viu em Jesus somente uma pessoa que poderia ministrar salvação a ele e ao mundo. Mas nosso Senhor deseja que sejamos Seus companheiros de trabalho.

No versículo 70, Jesus amorosamente relembra Pedro de que ele foi escolhido para seguir com o Senhor. E cada um de nós deve responder a esta questão por si mesmo, e por ninguém mais: "Porventura, quereis também vós outros retirar-vos?".

10 DE MARÇO

Sendo um exemplo de Sua mensagem

Não fomos salvos para sermos apenas instrumentos de Deus, mas para sermos Seus filhos e filhas. Ele não nos tornou agentes espirituais, mas mensageiros espirituais, e a mensagem deve ser parte de nós. O Filho de Deus foi a Sua própria mensagem: "...as palavras que eu vos tenho dito são espírito e são vida" (João 6:63). Como discípulos, nossa vida deve ser um exemplo santo da realidade da nossa mensagem. Até o coração natural de uma pessoa não-salva irá servir se for chamado para isso, é necessário um coração quebrantado pela convicção do pecado, batizado pelo Espírito Santo e esmagado em submissão ao propósito do Senhor, para tornar a vida da pessoa um exemplo santo da mensagem de Deus.

Existe uma diferença entre dar testemunho e pregar. O pregador é alguém que recebeu o chamado de Deus e está determinado a usar toda a sua energia para proclamar a verdade do Senhor. Deus nos leva para além das nossas próprias aspirações e ideias em relação à nossa vida e nos molda e aprimora para Seu propósito, exatamente como Ele agiu na vida dos discípulos depois do Pentecostes. O propósito do Pentecostes não foi ensinar algo aos discípulos, mas fazer deles a encarnação daquilo que pregavam, a fim de que pudessem literalmente transformar-se na mensagem de Deus em carne: "...e sereis minhas testemunhas..." (Atos 1:8).

...prega a palavra...
(2 Timóteo 4:2)

Permita que Deus tenha completa liberdade em sua vida quando você fala. Antes que a mensagem de Deus possa libertar qualquer outra pessoa, Sua libertação deve primeiro ser real em você. Prepare com todo o cuidado o seu material expositivo e, então, deixe que Deus "coloque fogo em suas palavras" para a Sua glória.

11 DE MARÇO

Obediência à visão celestial

Se perdemos "a visão celestial" que Deus nos deu, somos pessoalmente responsáveis por isso — não Deus. Perdemos a visão por causa da nossa falta de crescimento espiritual. Se não aplicarmos nossos princípios de fé sobre Deus aos assuntos práticos da vida, a visão que Deus nos concedeu jamais será cumprida. A única maneira de sermos obedientes à "visão celestial" é oferecendo nosso tudo para o Altíssimo — nosso melhor para a Sua glória. E isso só pode ser realizado quando nos determinamos a continuamente nos lembrar da visão de Deus. Contudo, o árduo teste é a obediência nos detalhes da nossa vida diária — sessenta segundos em cada minuto, e sessenta minutos por hora, não apenas durante o tempo de nossas orações pessoais ou mensagens públicas.

> *...não fui desobediente à visão celestial.*
>
> (ATOS 26:19)

"...Se tardar, espera-o..." (Habacuque 2:3). Não podemos cumprir plenamente a visão por meio dos nossos esforços, mas vivendo sob essa inspiração de fé até que ela se cumpra por si mesma. Tentamos ser tão práticos que esquecemos a visão. Bem no início do chamado, nós a contemplamos claramente, mas não esperamos sua realização. Corremos para fazer o nosso trabalho prático, e uma vez que a visão foi cumprida, não conseguimos mais vê-la. Esperar a visão que "tarda" é o verdadeiro teste de nossa fidelidade a Deus. Quando nos envolvemos em trabalhos práticos e extenuantes, colocamos o próprio bem-estar da nossa alma em risco e com isso perdemos o cumprimento da visão.

Repare nas tempestades de Deus. O único modo pelo qual o Senhor costuma plantar Seus santos é pelos tufões e redemoinhos de Suas tempestades. Você se revelará uma vagem sem semente? Isso vai depender do quanto você está realmente vivendo à luz da visão que recebeu. Deixe Deus enviá-lo por Sua tempestade, mas não parta até que Ele vá com você. Se você escolher seu próprio lugar para ser plantado, só confirmará a sua improdutividade, será uma vagem vazia. Entretanto, se permitir que Deus o plante, dará "muito fruto" (João 15:8).

É essencial que vivamos e "andemos na luz" da visão de Deus para nós (1 João 1:7).

TUDO PARA ELE

12 DE MARÇO

Entrega total

Nosso Senhor responde a essa declaração de Pedro afirmando que este tipo de rendição é "...por amor de mim e por amor do evangelho..." (10:29). Não foi com o objetivo de dar aos próprios discípulos tudo quanto viessem a desejar. Cuidado com a entrega motivada pelos benefícios pessoais que possa obter. Por exemplo: "Vou entregar todo o meu ser a Deus porque desejo ficar livre do pecado, ou porque quero ser santo." Estar liberto do poder do pecado ou ser constituído santo são resultados de se estar justificado com Deus. Mas render-se a partir desse tipo de pensamento certamente não é a verdadeira natureza do cristianismo. Nosso motivo para nos rendermos ao Senhor não deve ser por qualquer ganho pessoal. Tornamo-nos egoístas e buscamos a Deus apenas para obter algo dele, e não para adorá-lo por Ele mesmo. É como se disséssemos: "Não, Senhor, não quero o Senhor; desejo eu mesmo. Entretanto, quero que o Senhor me purifique e me encha com Seu Santo Espírito. Desejo ser exposto em Sua vitrine. Então, poderei dizer: 'Isto é o que Deus fez por mim'". Ganhar o céu, ser liberto do pecado e tornar-se útil para Deus são aspirações que nunca sequer deveriam entrar em consideração numa entrega verdadeira. A entrega total genuína é uma preferência pessoal soberana pelo próprio Jesus Cristo.

> *...Pedro começou a dizer-lhe: Eis que nós tudo deixamos e te seguimos.*
>
> (MARCOS 10:28)

Onde fica Jesus Cristo quando temos preocupações em relação aos nossos relacionamentos naturais? A maioria de nós o abandonará com esta desculpa — Sim, Senhor, ouvi bem o Seu chamado, mas minha família precisa de mim, e tenho ainda meus interesses particulares. Sinto não poder segui-lo mais (Lucas 9:57-62). Assim, Jesus afirma: Você "...não pode ser meu discípulo" (Lucas 14:26-33).

A verdadeira entrega ao Senhor sempre irá muito além da devoção natural. Se tão somente nos rendermos, Deus se entregará a fim de envolver todos aqueles que nos cercam e suprirá todas as suas necessidades, as quais foram criadas a partir dessa nossa rendição. Tenha cuidado para não parar em nenhum lugar aquém da total rendição a Deus. A maioria de nós tem somente uma visão do que esta entrega realmente significa, mas nunca a experimentou de fato.

13 DE MARÇO

A total entrega de Deus em nosso favor

Salvação não significa a simples libertação do pecado ou a experiência da santidade pessoal. A salvação que vem de Deus significa estar completamente livre do próprio eu e ser colocado em perfeita união com Ele. Quando penso em minha experiência de salvação, penso em estar sendo resgatado do pecado e recebendo a perfeita santidade. Mas salvação é bem mais do que isso! Significa que o Espírito de Deus me coloca em contato íntimo com a verdadeira Pessoa do próprio Deus. E quando me vejo em total rendição ao Senhor, sou tomado de algo infinitamente maior do que eu mesmo.

Dizer que somos chamados para pregar santidade ou santificação é deixar de lado o ponto principal. Somos chamados para proclamar Jesus Cristo (1 Coríntios 2:2). O fato de que Ele nos salva do pecado e nos santifica é, realmente, parte do reflexo da Sua maravilhosa e total entrega em nosso favor.

Se estivermos realmente rendidos, nunca nos daremos conta dos nossos próprios esforços para permanecermos submissos. Toda nossa vida será absorvida por Aquele a quem nos rendemos. Tenha cuidado ao falar sobre rendição se você ainda não conhece nada sobre isso. De fato, você nunca saberá coisa alguma até entender o que o versículo de João 3:16 significa — Deus de maneira completa e absoluta se entregou por nós. Em nossa rendição, devemos nos entregar a Deus do mesmo modo como Ele se entregou por nós — total, incondicionalmente e sem reservas. As consequências e circunstâncias resultantes da nossa rendição nunca sequer serão conscientemente percebidas por nós, porque a nossa vida será totalmente consumida no Senhor.

> *Porque Deus amou o mundo de tal maneira que deu...*
>
> (JOÃO 3:16).

TUDO PARA ELE

14 DE MARÇO

Submissão

A primeira coisa que devo estar disposto a admitir quando começo a examinar o que controla e me domina é que sou o único responsável por ter me submetido ao que quer que seja. Se sou escravo de mim mesmo, sou o único culpado, pois, em algum lugar do passado, decidi obedecer a mim mesmo. Do mesmo modo, se obedeço a Deus, ajo assim porque, em algum momento da minha vida, me submeti a Ele.

...desse mesmo a quem obedeceis sois servos...
(ROMANOS 6:16)

Se uma criança se entregar ao egoísmo, descobrirá que ele se tornará o tirano mais escravizante da Terra. Não existe poder suficiente na própria alma humana capaz de quebrar as algemas da natureza criada pela submissão. Por exemplo, renda-se, por um segundo, a qualquer coisa relacionada à natureza da lascívia, e, ainda que você venha a odiar a si mesmo por ter se entregado a isso, você se tornará escravo dessa coisa. (Lembre-se de que lascívia é: "Eu quero isso agora!", seja a lascívia da carne, seja a lascívia da mente). Nenhuma libertação ou escape jamais virá de qualquer capacidade humana, mas unicamente do poder da redenção. Você deve submeter-se em completa humilhação ao Único que pode quebrar os poderes que dominam a sua vida, a saber: o Senhor Jesus Cristo. "...pelo que me ungiu [...] para proclamar libertação aos cativos..." (Lucas 4:18; Isaías 61:1).

Quando você se submeter a algo, logo perceberá o tremendo controle que isso passará a ter sobre você. Ainda que diga: "Ah, posso me livrar desse hábito quando eu quiser", você perceberá que não pode. Descobrirá que o hábito o domina completamente porque você voluntariamente se submeteu a ele. É fácil cantar: "Ele vai quebrar todas as cadeias" enquanto você leva uma vida obviamente escrava de si mesmo. Mas a total submissão a Jesus é capaz de quebrar todos os tipos de escravidão na vida de qualquer pessoa.

15 DE MARÇO

A disciplina do temor

No começo da nossa vida com Jesus Cristo, estávamos certos de que sabíamos tudo o que havia para saber sobre segui-lo. Era um prazer renunciar a tudo e nos lançar diante dele numa corajosa demonstração de amor. Mas agora não estamos mais tão certos disso. Jesus está caminhando bem à frente, e começamos a vê-lo de um jeito diferente e não familiar: "…Jesus ia adiante dos seus discípulos. Estes se admiravam…" (10:32).

Há um aspecto de Jesus que gela o coração do discípulo até o fundo e faz toda a vida espiritual ficar sem ar. Aquela estranha Pessoa com Seu rosto resoluto "como um seixo" (Isaías 50:7) caminha com grande determinação à minha frente; Ele espalha o terror por todo o meu ser. Ele não parece mais ser meu Conselheiro e Amigo e tem um ponto de vista sobre o qual nada compreendo. Tudo o que posso fazer é parar e olhar fixamente para Ele com assombro. No princípio, eu estava confiante de que o compreendia bem, mas agora não tenho tanta certeza. Começo a perceber que existe uma distância entre mim e Jesus, e já não consigo ser tão íntimo dele. Não tenho a menor ideia do ponto para onde Ele está indo, e Seu objetivo tornou-se estranhamente distante.

Jesus Cristo precisou entender completamente cada pecado e sofrimento que os seres humanos poderiam experimentar, e é isso que o faz parecer não familiar. Quando observamos esse aspecto dele, descobrimos que realmente não o conhecemos. Nem sequer conseguimos reconhecer as características da Sua vida, e nem mesmo sabemos como começar a segui-lo. Ele está bem à frente de nós, um Líder que aparenta ser totalmente estranho, com quem não temos amizade.

…Estes se admiravam e o seguiam tomados de apreensões…

(MARCOS 10:32)

A disciplina do temor é uma lição essencial que todo discípulo deve aprender. O perigo é que tentamos olhar para trás, para o tempo de obediência e dos nossos sacrifícios oferecidos a Deus no passado, no esforço de manter aceso o nosso entusiasmo por Ele (Isaías 50:10,11). Entretanto, quando a escuridão do temor chegar, resista até que ele passe, porque, apesar de tudo isso, você receberá a capacidade de seguir a Jesus verdadeiramente, o que lhe proporcionará uma alegria maravilhosa e inexprimível.

TUDO PARA ELE   93

O Mestre julgará

Paulo diz que todos nós, pregadores e outras pessoas, "compareceremos diante do tribunal de Cristo". Mas se você aprender aqui e agora a viver sob o exame da pura luz de Cristo, seu julgamento final lhe trará somente prazer ao ver a obra que Deus realizou em você. Viva constantemente lembrando-se do tribunal de Cristo, e ande no conhecimento da santidade que Ele lhe concedeu. Tolerar uma atitude errada em relação a outra pessoa o faz seguir o espírito do diabo, independentemente do seu nível de santificação. O julgamento carnal de outra pessoa serve apenas aos propósitos do inferno em você. Traga-o imediatamente à luz e confesse: "Ó, Senhor, eu sou culpado disso". Se você não agir assim, seu coração se tornará cada vez mais endurecido. Uma das punições do pecado é a nossa aceitação dele. Não é somente Deus que pune pelo pecado, mas o pecado se estabelece por si mesmo no pecador e cobra um alto preço. Nenhuma luta ou oração conseguirá evitar que você faça certas coisas, e a penalidade do pecado é o fato de você gradualmente se acostumar a pecar, até que, finalmente, chega o momento em que não percebe mais o que é pecado. Nenhuma força, a não ser o poder que vem de ser cheio com o Espírito Santo, pode mudar ou prevenir as inerentes consequências do pecado.

> *Porque importa que todos nós compareçamos perante o tribunal de Cristo...*
>
> (2 Coríntios 5:10)

"Se, porém, andarmos na luz, *como ele está na luz...*" (1 João 1:7). Para muitos de nós, andar na luz significa caminhar de acordo com o padrão que estipulamos para outra pessoa. Em nossos dias, a mais mortal das atitudes farisaicas não é a hipocrisia, mas aquele modo de ser que advém de viver uma mentira, inconscientemente.

17 DE MARÇO

O primeiro alvo do servo

"É por isso que também nos esforçamos…". É preciso uma decisão consciente e grande esforço para manter nosso objetivo fundamental bem na nossa frente. Isso significa permanecermos centrados na mais alta prioridade ano após ano. Ganhar almas não deve ser a nossa prioridade nem estabelecer igrejas ou promover avivamentos, mas simplesmente "lhe sermos agradáveis". Não é a falta de experiência espiritual que nos leva ao fracasso, mas a falta de dedicação a manter nossos olhos focados no objetivo correto. Pelo menos uma vez por semana, avalie a si mesmo diante do Senhor a fim de checar se sua medida espiritual está acompanhando o padrão estabelecido por Deus para você. Paulo agia de modo semelhante a um músico que não se preocupa com o aplauso do público, desde que pudesse receber aquele olhar de aprovação do regente.

Qualquer outro alvo que nos faça desviar, ainda que em mínima escala, do objetivo central de ser "aprovado por Deus" (2 Timóteo 2:15) pode resultar em rejeição de futuras obras para Ele. Quando você discernir para onde o alvo o está levando, compreenderá porque é tão necessário manter-se "olhando firmemente para Jesus" (Hebreus 12:2). Paulo falou sobre a importância de controlar o próprio corpo para que ele não o conduzisse à direção errada. Ele disse: "Mas esmurro o meu corpo e o reduzo à escravidão, para que […] não venha eu mesmo a ser desqualificado" (1 Coríntios 9:27).

> *É por isso que também nos esforçamos […] para lhe sermos agradáveis.*
>
> (2 Coríntios 5:9)

Devo aprender a relacionar todas as coisas com a minha prioridade máxima e mantê-la sem interrupção. Meu valor para Deus é medido publicamente pelo que realmente sou em minha vida particular. Meu alvo primordial na vida é agradar e ser aceitável a Ele, ou algo menor, não importa o quão sublime possa parecer?

TUDO PARA ELE

18 DE MARÇO

Deus em primeiro lugar

"Tendo, pois […] tais promessas…". Clamo pelas promessas de Deus para a minha vida e justamente espero pelo seu cumprimento, mas isso demonstra apenas a perspectiva humana. A perspectiva de Deus é que, por meio de Suas promessas, eu venha a reconhecer Seu direito de posse sobre mim. Por exemplo, será que reconheço que meu "corpo é o templo do Espírito Santo", ou sou condescendente com alguns hábitos do meu corpo que, claramente, não suportariam serem expostos à luz de Deus? (1 Coríntios 6:19). Deus formou o Seu Filho em mim pela santificação, separando-me do pecado e tornando-me santo ao Seu olhar (Gálatas 4:19). Mas é minha responsabilidade começar a transformar minha vida natural em espiritual pela obediência a Ele. Deus nos orienta mesmo quanto aos pequenos detalhes da vida. E quando Ele o levar à convicção do pecado, não "consulte carne nem sangue", mas purifique-se de todo o pecado de uma só vez (Gálatas 1:16). Mantenha-se limpo em seu caminhar diário.

> …aperfeiçoando a nossa santidade no temor de Deus.
>
> (2 Coríntios 7:1)

Devo purificar-me de toda a imundícia em minha carne e espírito até que ambos estejam em harmonia com a natureza de Deus. Minha mente está em perfeito acordo com a vida do Filho de Deus em mim, ou estou mentalmente rebelde e hostil? Permito que a mente de Cristo seja formada em mim (Filipenses 2:5)? Cristo nunca defendeu Seus direitos, mas sempre se manteve num estado de vigilância interior para submeter Seu espírito continuamente ao Seu Pai. Eu também tenho a responsabilidade de manter meu espírito em concordância com o Seu Espírito. E quando o faço, Jesus gradualmente me eleva ao nível em que Ele viveu — de perfeita submissão à vontade do Seu Pai, e ali não presto atenção a nada mais, além dele. Estou aperfeiçoando este tipo de santidade no temor do Senhor? Deus está caminhando comigo, e as pessoas estão começando a vê-lo mais e mais em minha vida?

Leve a sério seu compromisso com o Senhor e alegremente deixe tudo o mais para trás. Literalmente, coloque Deus em primeiro lugar em sua vida.

19 DE MARÇO

Abraão — sua vida de fé

No Antigo Testamento, o relacionamento de uma pessoa com Deus era visto pelo grau de separação na vida dessa pessoa. Esta separação é demonstrada na vida de Abraão quando ele se afastou do seu país e da sua família. Quando pensamos em separação, não nos referimos a uma separação literal dos membros da família que ainda não tenham um relacionamento pessoal com Deus, mas uma separação mental e moral dos pontos de vista deles. Jesus Cristo se referia a isso no evangelho de Lucas 14:26.

Ter uma vida de fé significa nunca saber para onde estamos sendo levados. Porém, isso significa amar e conhecer Aquele que está no comando. É literalmente uma vida de fé, não de compreensão e razão — uma vida de conhecer Aquele que nos chama para seguir. A fé é fundamentada no conhecimento de uma Pessoa, e um dos maiores enganos no qual caímos é acreditar que, se tivermos fé, Deus certamente nos conduzirá ao sucesso no mundo.

O estágio final de uma vida de fé é a construção do caráter, e nos deparamos com muitas mudanças ao longo do processo. Sentimos a presença de Deus ao nosso redor quando oramos, mas apenas somos momentaneamente transformados. Tendemos a voltar aos nossos caminhos habituais, e a glória desaparece. A vida de fé não é uma vida de um momento glorioso após o outro, como o bater das asas de uma águia, mas uma vida de consistente rotina; uma vida de caminhar sem fatigar-se (Isaías 40:31). Não se trata de uma questão da santidade da santificação, mas de algo muito à frente.

> *Pela fé, Abraão […] obedeceu […] e partiu sem saber aonde ia.*
>
> (HEBREUS 11:8)

É uma fé que foi testada e provada e resistiu ao teste. Abraão não é um modelo ou exemplo da santidade da santificação, mas um modelo da vida de fé — uma fé, provada e real, edificada no verdadeiro Deus. "...*Abraão creu em Deus...*" (Romanos 4:3).

20 DE MARÇO

Amizade com Deus

O prazer da Sua amizade. Gênesis 18 evidencia o prazer da verdadeira amizade com Deus comparado com o simples sentimento da Sua presença ocasionalmente na oração. Esta amizade significa estar tão intimamente em comunhão com Deus que já não é mais necessário pedir a Ele que lhe mostre a Sua vontade. Isso demonstra o nível de intimidade que confirma o quanto você está próximo do estágio final da sua disciplina na vida de fé. Quando você tem um padrão correto de relacionamento com com o Senhor, tem uma vida de liberdade, privilégios e regozijo; você *é* a própria vontade de Deus. E todas as suas decisões comuns, na verdade, a Sua vontade para você, a menos que você perceba um sentimento de constrangimento produzido pelo seu próprio espírito. Você tem independência para tomar decisões sob a luz da perfeita e prazerosa amizade com Deus, sabendo que, se as suas decisões forem erradas, Ele amavelmente produzirá em você um sentimento de constrangimento. Quando Ele o faz, você deve parar imediatamente.

As dificuldades da Sua amizade. Por que Abraão parou de orar? Ele parou porque ainda lhe faltava alcançar intimidade em seu relacionamento com Deus, o que o capacitaria a prosseguir ousadamente com o Senhor em oração até que seus desejos fossem atendidos. Sempre que paramos um pouco antes de expressar nossos verdadeiros desejos em oração e dizemos: "Bem, sei lá; talvez isso não seja da vontade de Deus" é porque ainda temos de alcançar outro nível. Revela que não estamos desfrutando a mesma comunhão íntima que Jesus tinha com Deus e que Ele deseja que tenhamos: "...para que sejam um, como nós o somos" (João 17:22).

Ocultarei a Abraão o que estou para fazer...?
(Gênesis 18:17)

Pense sobre a última coisa pela qual você orou — estava voltado para o seu desejo ou para Deus? Sua determinação era obter alguma dádiva do Espírito para si mesmo, ou aproximar-se de Deus? "[Porque] Deus, o vosso Pai, sabe o de que tendes necessidade, antes que lho peçais" (Mateus 6:8). A razão de pedir é poder conhecer melhor a Deus. "Agrada-te do Senhor, e ele satisfará os desejos do teu coração" (Salmo 37:4). Devemos continuar orando a fim de obter uma perfeita compreensão do próprio Deus.

21 DE MARÇO

Identificado ou simplesmente interessado?

A necessidade espiritual inevitável que cada um de nós tem é a necessidade de assinar o atestado de óbito da nossa natureza pecaminosa. Devo reunir minhas opiniões emocionais e crenças intelectuais e estar disposto a submetê-las a um veredito moral contra a natureza do pecado; isto é, contra qualquer reivindicação dos meus direitos. Paulo disse: "Estou crucificado com Cristo". Ele não afirmou: "Eu me determinei a imitá-lo" nem "Vou fazer o maior esforço para segui-lo", mas "Eu me *identifico* com Ele na Sua morte". Uma vez que chego a esta decisão moral e tomo as devidas atitudes, tudo o que Cristo consumou *por* mim na Cruz é consumado *em* mim. Meu compromisso irrestrito com Deus dá ao Espírito Santo a oportunidade de garantir-me a santidade de Jesus Cristo.

> *...Estou crucificado com Cristo.*
>
> (GÁLATAS 2:19)

"[Logo], já não sou eu quem vive…". Minha individualidade permanece, mas minha motivação principal para viver e a natureza que me dirige foram radicalmente transformadas. Tenho o mesmo corpo humano, mas aquela velha autoridade satânica sobre mim foi destruída.

"[E] esse viver que, agora, tenho na carne…", não a vida que anelo, nem mesmo a vida pela qual oro, mas a vida que sei viver hoje em meu corpo mortal (a vida que os outros podem ver): "…vivo pela fé no Filho de Deus…". Esta não era a fé do próprio Paulo em Jesus Cristo, mas a fé que o Filho de Deus lhe dera (Efésios 2:8). Não é mais a fé na fé, mas uma fé que transcende todos os limites imagináveis — que pode vir somente do Filho de Deus.

O coração ardente

Precisamos aprender este segredo do coração ardente. De repente, Jesus aparece para nós, fogos incendeiam os céus, e recebemos maravilhosas visões. Mas chega o momento em que precisamos aprender como manter o segredo do coração fervoroso — um coração que pode enfrentar qualquer coisa. Nada como um dia simples e monótono, com seus deveres rotineiros e as pessoas de sempre, para esfriar o coração ardente — a menos que aprendamos o segredo de permanecer em Jesus.

...Porventura, não nos ardia o coração...

(LUCAS 24:32)

Grande parte das aflições pelas quais passamos como cristãos não é resultado do pecado, mas de ignorarmos as leis da nossa própria natureza. Por exemplo, o único teste que podemos usar para determinar se devemos ou não permitir o desenvolvimento de determinada emoção em nossa vida é examinar qual será o resultado final dessa emoção. Faça uma análise lógica até sua conclusão final, e, se o provável resultado for algo que Deus condena, coloque um ponto final nisso agora mesmo. Todavia, se é uma emoção que foi despertada pelo Santo Espírito de Deus, e você não permite que ela siga o seu curso em sua vida, isso causará um efeito bem menor do que Deus tinha planejado. Essa é a maneira como as pessoas não realistas e superemocionais são constituídas. E quanto maior a emoção, mais profundo o nível de degradação, se tal emoção não é expressa no nível a que foi destinada. Se o Espírito de Deus o tocou, tome todas as decisões possíveis e irrevogáveis, e deixe que as consequências aconteçam por si. Não poderemos ficar para sempre no "monte da transfiguração" expostos à luz das experiências vividas ali (Marcos 9:1-9). Mas temos de obedecer à luz que recebemos lá; devemos colocá-la em prática. Quando Deus nos dá uma visão, devemos negociar com Ele apenas nessa base, custe o que custar.

Não podemos acender uma chama a qualquer hora,
O fogo que no coração habita...
O espírito é soprado e depois dormita,
Em mistério nossa alma,
Mas as missões recebidas em momentos de revelação,
Podem ser cumpridas em horas de escuridão.
(*Morality* – Moralidade, Mathew Arnold, tradução livre).

23 DE MARÇO

Minha mente é carnal?

O homem natural, ou incrédulo, nada sabe sobre carnalidade. Os desejos da carne batalham contra o Espírito, e o Espírito batalha contra a carne; guerra que teve início no momento do novo nascimento. Esses desejos produzem a carnalidade e a percepção dela. Mas Paulo disse: "...andai no Espírito e jamais satisfareis à concupiscência da carne" (Gálatas 5:16). Em outras palavras, a carnalidade desaparecerá.

Você é briguento e se irrita facilmente com pequenas coisas? Você imagina que nenhum cristão pode ser desse jeito? Paulo afirma que são, e ele conecta essas atitudes com a carnalidade. Existe alguma verdade na Bíblia que instantaneamente desperta certo espírito de malícia ou ressentimento em você? Se sim, isso demonstra que você continua carnal. Se o processo de santificação é contínuo em sua vida, não haverá qualquer indicação dessa espécie de espírito remanescente.

Se o Espírito de Deus detecta qualquer coisa errada em você, Ele não pede que você faça o que é certo. Ele apenas pede que aceite a luz da verdade; depois, Ele endireitará a situação. Um filho da luz confessará instantaneamente seu pecado e se posicionará com toda a sinceridade e franqueza diante de Deus. Mas um filho das trevas alegará: "Ah, eu posso explicar isso!" Quando a luz resplandece e o Espírito traz a convicção do pecado, aja como um filho da luz. Confesse seu mau procedimento, e Deus lidará com seu erro. Se, contudo, você tentar se justificar, estará apenas provando que é um filho das trevas.

Qual é a prova de que a carnalidade se foi? Jamais engane a si mesmo; quando a carnalidade o deixar, você saberá — é a coisa mais real que pode imaginar. E Deus permitirá que você passe por uma série de oportunidades

...havendo entre vós ciúmes e contendas, não é assim que sois carnais...?

(1 Coríntios 3:3)

para experimentar o milagre da Sua graça. A evidência está sempre num teste muito prático. Você se surpreenderá dizendo a si mesmo: "Se isto tivesse acontecido antes, eu teria agido com espírito de ressentimento!" E você jamais deixará de ser a pessoa mais maravilhada da Terra por causa do que Deus fez em seu interior.

24 DE MARÇO

Diminuindo para o Seu propósito

Se você se torna indispensável para a vida de alguém, você está fora da vontade de Deus. Como um servo, sua primeira responsabilidade é ser "amigo do noivo" (3:29). Quando você percebe que uma pessoa do seu convívio está começando a buscar Jesus Cristo, você sabe que a sua influência tem sido aplicada na direção correta. E quando vir essa pessoa em meio a dificuldades e lutas dolorosas, não tente impedir tais aflições, mas ore para que essas provações aumentem dez vezes mais, até que nenhum poder na Terra ou no inferno possa manter essa pessoa querida distante de Jesus Cristo. Vez após vez, tentamos ser "anjos amadores" na vida de alguém. Somos realmente amadores quando nos aproximamos para tentar evitar a vontade de Deus e pensamos: "Esta pessoa não deveria estar passando por esta dificuldade." Em vez de estarmos sendo amigos do Noivo, deixamos que a nossa solidariedade se transforme num obstáculo. E, um dia, essa pessoa nos dirá: "Você é um ladrão, roubou meu desejo de seguir a Jesus, e por sua causa eu o perdi de vista."

Cuidado para não se regozijar com alguém pelos motivos errados, mas sempre expresse profunda alegria pelos motivos certos. "...o amigo do noivo [...] se regozija por causa da voz do noivo. Pois esta alegria já se cumpriu em mim. Convém que ele cresça, e que eu diminua" (3:29,30). Isso foi declarado com alegria, não com tristeza. Afinal, eles estavam prestes a ver o Noivo! E João disse que esta era a sua alegria. Representa um passo ao lado para ceder passagem, um absoluto desaparecimento do servo, que nunca mais será lembrado de novo.

> *Convém que ele cresça e que eu diminua.*
>
> (João 3:30)

Preste toda a atenção, com todo o seu ser, até que você ouça a voz do Noivo na vida de outra pessoa. E jamais se preocupe com qualquer dificuldade, aflição ou enfermidade que possa vir. Tão somente se regozije com divina alegria porque a Sua voz foi ouvida. Contudo, talvez, você tenha de ver Jesus Cristo arruinar a vida de alguém antes de salvá-la (Mateus 10:34).

25 DE MARÇO

Mantendo um relacionamento ideal

Bondade e pureza jamais deveriam chamar atenção para si mesmas, mas simplesmente agir como ímãs atraindo as pessoas a Jesus Cristo. Se minha santidade não está levando outros até Ele, não é uma santidade autêntica; é apenas uma influência que desperta emoções impróprias e desejos malignos nas pessoas e as desvia da direção correta a ser seguida. Uma pessoa que demonstra uma maravilhosa santidade pode acabar sendo um obstáculo para conduzir pessoas ao Senhor por apresentar apenas o que Cristo fez por ela, em vez de apresentar o próprio Jesus Cristo. Outros sairão com este pensamento: "Que amável é esse homem!" Mas isso não é ser um verdadeiro "amigo do noivo" — porque, desse modo, *eu* estou crescendo o tempo todo; e *Ele*, não.

> *...o amigo do noivo...*
>
> (João 3:29)

Para conservar esta amizade e fidelidade ao Noivo, devemos ter mais cuidado no cultivo do nosso relacionamento vital e moral com Ele acima de qualquer outra coisa, incluindo a obediência. Algumas vezes, nada há para obedecer, e nossa única tarefa é conservar uma conexão vital com Jesus Cristo, cuidando para que nada interfira nisso. Ocasionalmente, é uma questão de obediência. Nesses momentos, quando as crises surgem, temos de descobrir qual é a vontade de Deus. Mesmo assim, a maior parte da nossa vida não é investida na tentativa de ficarmos conscientemente em estado de obediência, mas dedicados a manter esse relacionamento — sendo o "amigo do noivo". A obra cristã pode realmente ser um meio de desviar a atenção de uma pessoa de Jesus Cristo. Em vez de ser "amigos do noivo", podemos nos tornar mensageiros amadores de Deus na vida de alguém, trabalhando contra Ele, ainda que usemos Suas próprias armas.

TUDO PARA ELE 103

26 DE MARÇO

A visão espiritual demonstrada pela pureza pessoal

Pureza não é inocência — é muito mais que isso. Pureza é o resultado da contínua harmonia espiritual com Deus. Temos de crescer em pureza. Mesmo que a nossa vida com Deus esteja correta, e nossa pureza interior, imaculada, às vezes a nossa vida exterior pode tornar-se manchada e suja. Deus intencionalmente não nos protege desta possibilidade, porque essa é a maneira de reconhecermos a necessidade de manter nossa visão espiritual por meio da pureza pessoal. Se o lado exterior da nossa vida espiritual com Deus está deficiente, mesmo num grau muito pequeno, devemos colocar tudo de lado até acertá-lo. Lembre-se de que a visão espiritual depende do nosso caráter — são "os puros de coração" que "verão a Deus".

> *Bem-aventurados os limpos de coração, porque verão a Deus.*
>
> (MATEUS 5:8)

Deus nos purifica por um ato da Sua graça soberana, mas ainda temos de tomar cuidado com algumas coisas. É pela vida corpórea em contato com outras pessoas e outros pontos de vista que podemos manchar nossa reputação. Não apenas o nosso "santuário interior" deve manter-se justo com Deus, mas também "o pátio externo" deve ser apresentado em perfeita harmonia com a pureza que Ele nos concede por Sua graça. Nossa visão e compreensão espiritual são imediatamente obscurecidas quando nosso "pátio exterior" é manchado. Se quisermos manter uma comunhão íntima com nosso Senhor Jesus Cristo, isso significará recusar fazer ou mesmo pensar certas coisas. E algumas coisas que são aceitáveis aos outros se tornarão inaceitáveis para nós.

Um conselho prático para ajudar a manter a pureza pessoal imaculada em seus relacionamentos com as outras pessoas é começar a vê-las como Deus as vê. Diga a si mesmo: "Esse homem ou essa mulher *são perfeitos em Cristo Jesus! Aquele amigo ou aquele parente é perfeito em Cristo Jesus!*"

27 DE MARÇO

A visão espiritual demonstrada pelo caráter pessoal

Um elevado estado mental e de visão espiritual só pode ser conseguido mediante a importante prática do caráter pessoal. Se você procurar viver no mais alto e melhor padrão da sua vida, Deus lhe dirá continuamente: "Amigo, dê mais um passo, suba mais alto." Também existe uma regra constante, comum em períodos de tentação, que o chama para cima; mas, uma vez que galgue mais um degrau, tudo o que você encontra é outra tentação e traços de caráter. Deus e Satanás usam a estratégia da elevação, mas Satanás a usa para tentar, e o efeito é bem diferente. Quando o diabo o eleva a certo lugar, ele o induz a pensar que a santificação é algo muito além do que carne e sangue um dia poderão ter ou conquistar. Sua vida se transforma numa arriscada performance acrobática no ponto mais alto de uma torre circense. Você tenta se agarrar, manter o equilíbrio e nem pensa em ousar mover-se dali. Entretanto, quando Deus o eleva, pela Sua graça, até os lugares celestiais, você encontra um amplo platô onde você consegue mover-se com facilidade.

Compare essa semana em sua vida espiritual com a mesma semana do ano passado e veja como Deus já o chamou para um nível mais elevado. Todos nós somos levados a ver a partir de uma perspectiva mais elevada. Jamais permita que Deus lhe revele uma verdade que você não comece a praticar no mesmo momento, aplicando-a à sua vida. Trabalhe continuamente em seu crescimento, sob a luz desse princípio.

Seu crescimento na graça não é medido pelo fato de você jamais retroceder, mas por você ter um discernimento e compreensão do momento em que se encontra espiritualmente. Você já ouviu Deus dizer: "Suba mais um pouco, até aqui..." não de modo audível, externamente, mas na parte mais íntima do seu caráter?

> *...Sobe para aqui, e te mostrarei o que deve acontecer...*
> (APOCALIPSE 4:1)

"...Ocultarei a Abraão o que estou para fazer...?" (Gênesis 18:17). Deus tem de esconder de nós o que Ele faz até que, por causa do crescimento do nosso caráter pessoal, cheguemos ao nível em que Ele seja capaz de nos revelar o que quiser.

TUDO PARA ELE   105

28 DE MARÇO

Será que não há algum mal-entendido?

Simplesmente por não entender o que Jesus Cristo diz, não tenho o direito de achar que Ele deve estar equivocado. É uma visão muito perigosa, e nunca correta, pensar que minha obediência a Deus causará alguma desonra a Jesus. A única coisa que poderá acarretar desonra é não lhe obedecer. Colocar meu ponto de vista de Sua honra à frente do que Ele está claramente me orientando a fazer nunca é certo, ainda que esse sentimento venha de um desejo verdadeiro de impedir que Ele seja envergonhado publicamente. Sei quando as instruções vêm de Deus por Sua calma persistência. Mas quando começo a pesar os *prós e contras*, e duvido e debato em minha mente, insiro um elemento que não procede de Deus. Isso só me levará a concluir que as Suas orientações para mim não estavam corretas. Muitos de nós somos leais às nossas ideias sobre Jesus Cristo, mas quantos de nós somos fiéis ao próprio Jesus? Fidelidade a Jesus significa que devo dar um passo inicial mesmo quando e onde não consigo ver coisa alguma (Mateus 14:29). Mas a fidelidade às minhas próprias ideias significa que primeiro devo ter uma visão clara do caminho. Fé, todavia, não é um entendimento intelectual; fé é um comprometimento deliberado com a Pessoa de Jesus Cristo, mesmo quando não consigo ver o caminho à frente.

> *…Vamos outra vez para a Judeia […]. Mestre, ainda agora os judeus procuravam apedrejar-te, e voltas para lá?*
>
> (João 11:7,8)

Você está questionando se deve ou não dar um passo de fé em Jesus, ou se é melhor esperar até que possa ver tudo com mais clareza e, então, decidir como fazer o que Ele lhe pediu? Simplesmente obedeça a Ele com alegria irreprimível. Quando Ele lhe diz algo e você começa a debater o assunto interiormente, é porque ainda não compreende o que honra Jesus, e o que não o honra. Será que você é leal a Jesus ou leal às suas próprias ideias sobre Ele? Você é fiel ao que Ele diz, ou está tentando comprometer Suas palavras com pensamentos que nunca vieram dele? "…Fazei tudo o que ele vos disser" (João 2:5).

29 DE MARÇO

As visitas-surpresa do nosso Senhor

A maior necessidade do obreiro cristão é a prontidão para contemplar a face de Jesus Cristo a cada momento. Isto não é fácil, não importa qual tenha sido sua experiência. Esta batalha não é contra o pecado, dificuldades ou circunstâncias, mas uma luta contra viver tão absorvido pelo trabalho para Jesus Cristo a ponto de não estar preparado para ver a face de Jesus a cada momento. A grande necessidade não é enfrentar nossas crenças e doutrinas, ou olhar de frente para a questão de ser-lhe, ou não, útil, mas a nossa maior necessidade é olhar para *Ele*.

Ficai também vós apercebidos...

(Lucas 12:40)

Jesus raramente vem onde o estamos esperando; Ele aparece onde menos o esperamos, e sempre nas situações mais ilógicas. A única maneira de um servo manter-se fiel a Deus é estar preparado para as visitas-surpresa do Senhor. Essa prontidão não acontecerá pelo serviço, mas por meio de uma intensa prática espiritual, esperando Jesus Cristo a todo momento. Esse senso de expectativa proporcionará à nossa vida um tipo de atitude de curiosidade infantil, que tanto lhe agrada. Se desejamos nos preparar para Jesus Cristo, temos de parar de ser religiosos. Em outras palavras, devemos parar de usar a religião como se ela fosse um estilo de vida sublime — devemos ser espiritualmente verdadeiros.

Se você está evitando o apelo do pensamento religioso do mundo atual e, em vez disso, está "...olhando firmemente para [...] Jesus..." (Hebreus 12:2), colocando seu coração naquilo que Ele quer e pensando os Seus pensamentos, será considerado um sonhador, alguém sem espírito prático. Contudo, quando Ele de repente aparecer, no calor de um dia de trabalho qualquer, você será o único que estará pronto. Não confie em ninguém, e até ignore o mais elevado dos santos da Terra, se ele bloquear a sua visão de Jesus Cristo.

30 DE MARÇO

Santidade ou dureza em relação a Deus?

A razão pela qual muitos de nós paramos de orar e nos tornamos endurecidos com Deus, é por termos apenas interesse emocional na oração. Parece que soa bem dizer que oramos, e até lemos livros sobre oração, os quais nos ensinam todos os benefícios das preces — que nossa mente se acalma, e nossa alma se eleva quando oramos. Mas Isaías lembra, neste versículo, que Deus está atônito diante dessas interpretações sobre a oração.

Adoração e intercessão devem andar juntas; uma é impossível sem a outra. Intercessão significa nos elevarmos até o ponto de entender a mente de Cristo em relação à pessoa pela qual estamos orando (Filipenses 2:5). Em vez de adorarmos Deus, recitamos discursos a Ele sobre como a oração deve funcionar. Estamos adorando a Deus ou competindo com Ele quando dizemos: "Mas Deus, simplesmente não vejo como o Senhor vai realizar isto"?

> *...e maravilhou-se de que não houvesse um intercessor...*
>
> (Isaías 59:16)

Esse é um claro sinal de que não estamos adorando. Quando o perdemos de vista, nos tornamos rígidos e dogmáticos. Atiramos nossas petições ao Seu trono e ditamos o que queremos que Ele nos faça. Não adoramos a Deus, tampouco conformamos nossa mente à mente de Cristo. E se formos inflexíveis em relação a Deus, igualmente nos tornaremos insensíveis com as outras pessoas.

Estamos adorando a Deus de maneira a nos elevarmos à Sua presença, estabelecendo, assim, um tipo especial de comunhão íntima com Ele para que conheçamos os Seus pensamentos sobre aqueles por quem oramos? Estamos vivendo um relacionamento santo com Deus, ou nos tornamos rígidos e dogmáticos?

Você já se pegou pensando que não existe ninguém intercedendo de modo correto? Então seja você essa pessoa! Seja a pessoa que adora a Deus e vive um relacionamento santo com Ele. Envolva-se no verdadeiro ministério da intercessão, relembrando que esse é, de fato, um árduo trabalho — obra que demanda toda a sua energia, mas que não esconde armadilhas. Pregar o evangelho tem seus riscos, porém a oração intercessória não.

31 DE MARÇO

Somos hipócritas ou atenciosos?

Se não formos cuidadosos e prestarmos muita atenção à maneira como o Espírito Santo de Deus age em nós, nos tornaremos hipócritas espirituais. Conseguimos ver onde as outras pessoas estão falhando, depois fazemos juízo e o transformamos em comentários ridículos e críticas, em vez de nos voltarmos para a intercessão em favor delas. Deus nos revela esta verdade sobre os outros não pela perspicácia da nossa mente, mas pela facilidade de compreensão do Seu Espírito. Se não formos atentos, estaremos completamente desinformados da fonte do discernimento que Deus nos deu, tornando-nos críticos de outros e esquecendo que Deus diz: "...pedirá, e Deus lhe dará vida, aos que não pecam para a morte...". Tenha cuidado para não se tornar um hipócrita, dispondo todo o seu tempo na tentativa de corrigir as pessoas com Deus antes de você mesmo adorá-lo.

Um dos fardos mais sutis e enganosos que Deus coloca sobre cada um de nós, como santos, é o fardo do discernimento que se refere aos outros. Ele nos dá esse discernimento para que possamos aceitar a responsabilidade por aquelas almas diante dele e compreender a mente de Cristo em relação a elas (Filipenses 2:5). Devemos interceder de acordo com o que Deus diz que nos dará, a saber: "Vida aos que não pecam para a morte". Não é que sejamos capazes de colocar Deus em contato com a nossa mente, mas que temos consciência de que Ele é capaz de compartilhar Sua mente conosco com relação às pessoas por quem intercedemos.

Se alguém vir a seu irmão cometer pecado não para a morte, pedirá, e Deus lhe dará vida, aos que não pecam para a morte...

(1 João 5:16)

Jesus Cristo pode ver a agonia da Sua alma em nós? Ele não pode, a não ser que nos identifiquemos intimamente com Ele a ponto de ter Seu ponto de vista das pessoas pelas quais oramos. Que aprendamos a interceder de todo o coração para que Jesus se agrade, completa e irresistivelmente, de nós como intercessores.

TUDO PARA ELE   109

1.º DE ABRIL

Ajudador ou insensível para com os outros?

Será que precisamos de mais argumentos além destes para nos tornarmos intercessores: que Cristo vive "sempre para interceder por eles" (Hebreus 7:25), e o Espírito Santo "intercede pelos santos"? E será que estamos vivendo um tipo de relacionamento com os outros em que nos dedicamos à obra da intercessão como resultado de sermos filhos de Deus instruídos pelo Espírito Santo? Deveríamos dar uma olhada em nossas circunstâncias atuais. Será que as crises que nos afetam ou atingem os outros em nossa casa, no trabalho, em nosso país ou em qualquer lugar parecem estar nos oprimindo? Estamos sendo afastados da presença de Deus e deixados sem tempo para a adoração? Se sim, devemos colocar um ponto final nessas perturbações e buscar um relacionamento vivo com Deus de modo que a nossa própria convivência com as outras pessoas seja mantida pela obra de intercessão, em que Deus realiza os Seus milagres.

Cuidado ao tentar se antecipar a Deus com os seus próprios desejos, a fim de fazer a vontade dele. Corremos à frente dele em mil e uma atividades, e acabamos tão sobrecarregados com as pessoas e os problemas que deixamos de adorá-lo e falhamos na intercessão. Se formos tomados pelos fardos e pela pressão decorrente nos momentos em que não estivermos em atitude de adoração, isso só produzirá dureza em relação ao Senhor e desespero em nossa própria alma. Deus continuamente nos coloca em contato com pessoas que não temos interesse de conhecer.

> *É Cristo Jesus quem [...] intercede por nós. [...] Espírito [...] intercede pelos santos...*
>
> (Romanos 8:34,27)

Assim, a menos que estejamos adorando ao Senhor, a tendência natural é agir de modo insensível com essas pessoas. Nós lhes damos um versículo rápido das Escrituras, como se as cutucássemos com uma lança, ou as deixamos com algumas palavras apressadas de conselho, sem o menor carinho fraternal, e seguimos afobados. Um cristão insensível deve ser uma terrível tristeza para o Senhor.

Será que a nossa vida está no lugar apropriado para que possamos participar com o nosso Senhor e com o Espírito Santo do ministério da intercessão?

2 DE ABRIL

A glória que é incomparável

Quando Paulo recuperou a visão, recebeu também revelação espiritual da Pessoa de Cristo. Toda a sua vida e a sua pregação foram totalmente absorvidas por Jesus Cristo: "Porque decidi nada saber entre vós, senão a Jesus Cristo e este crucificado" (1 Coríntios 2:2). Ele não permitiu que nada mais o atraísse e prendesse a atenção da sua mente e da sua alma exceto a face do Mestre.

Devemos aprender a manter um alto grau de pureza de caráter em nossa vida, o mesmo que nos foi revelado na visão que tivemos de Jesus Cristo.

A característica permanente de um homem espiritual é a habilidade de entender corretamente o significado do Senhor Jesus Cristo em sua vida (e a habilidade de explicar os propósitos de Deus aos outros). A suprema paixão de sua vida é o Senhor Jesus. Sempre que observamos essa qualidade em uma pessoa, sentimos que estamos diante de alguém segundo o coração de Deus (Atos 13:22).

…o Senhor me enviou […] para que recuperes a vista… (Atos 9:17)

Jamais permita que algo o desvie da revelação de Jesus Cristo. Trata-se do verdadeiro teste para saber se você é ou não espiritual. Se outras coisas exercem fascínio sobre sua vida, isso significa que você não é espiritual.

Desde que meus olhos contemplaram Jesus,
Perdi de vista tudo o mais;
Minha visão espiritual ficou assim acorrentada,
Quando fitei o Cristo crucificado.
(Hino escrito por Maria Dagworthy James, 1810–83)

3 DE ABRIL

"Ah! Se conheceras!"

Jesus acabara de fazer Sua entrada triunfal em Jerusalém, e a cidade estava totalmente agitada. Entretanto, um deus estranho estava lá: a arrogância dos fariseus. Era um deus que parecia religioso e justo, mas Jesus o comparou a "...sepulcros caiados, que, por fora, se mostram belos, mas interiormente estão cheios de ossos de mortos e de toda imundícia!" (Mateus 23:27).

O que o está cegando para a paz de Deus "ainda hoje"? Será que você tem um deus estranho — não um repugnante monstro, mas talvez apenas uma natureza pecaminosa que controle a sua vida? Mais de uma vez em minha vida, Deus colocou-me face a face com um deus estranho, e ficou claro que eu deveria ter desistido dele, mas não o fiz. Saí da crise "por um triz" só para me achar ainda sob o controle daquele deus estranho. Sou cego para as coisas que contribuem para a minha própria paz. É chocante constatar que podemos estar no local exato onde o Espírito de Deus tenha a mais completa liberdade para falar conosco, e, mesmo assim, tudo o que fazemos é piorar as coisas, aumentando nossa culpa diante dos olhos do Senhor.

> *...Ah! Se conheceras [...] ainda hoje, o que é devido à paz! Mas isto está agora oculto aos teus. olhos* (LUCAS 19:42)

"...Ah! Se conheceras...". As palavras de Deus aqui ferem em cheio o coração, com as lágrimas deixadas por Jesus. São palavras que impõem responsabilidade por nossas culpas. Deus nos responsabiliza pelo que nos recusamos a enxergar e pelo que somos incapazes de ver por causa do nosso pecado. "Mas isto está agora oculto aos teus olhos", porque nunca entregamos de fato a nossa natureza a Ele. Ó, que tristeza profunda e infindável pelo que poderia ter sido! Deus jamais abre as portas que já foram fechadas. Ele abre outras portas, mas nos lembra de que há portas que nós fechamos — portas que não precisavam ter sido fechadas. Jamais tenha medo de quando Deus lhe traz o seu passado de volta à lembrança. Deixe que sua memória flua. Ele está ministrando ao permitir que sintamos censura, reprovação, mágoa e tristeza. Deus transformará o que poderia ter sido, numa maravilhosa lição de crescimento para o futuro.

O caminho para a fé permanente

Jesus não estava censurando os discípulos nesta passagem. A fé que eles tinham era verdadeira, mas estava confusa e sem foco, e não era colocada em prática nas realidades importantes da vida. Os discípulos estavam meio perdidos, dispersos em suas preocupações e alimentavam interesses particulares, à parte de Jesus Cristo. Depois que estabelecemos um perfeito relacionamento com Deus, mediante a obra de santificação do Espírito Santo, nossa fé deve ser exercitada nas realidades da vida cotidiana. Nós nos sentiremos dispersos, não pelo envolvimento no serviço, mas pelo vazio da nossa vida em que encontraremos ruína e aridez até que entendamos o que significa a morte interior para as bênções de Deus. Estamos preparados para isto? Certamente não se depender da nossa escolha pessoal, mas Deus dirige todas as circunstâncias para nos preparar. Até passarmos por essa experiência, nossa fé é sustentada apenas por sentimentos e bênçãos. Mas assim que a vivermos, não importa onde Deus nos colocar ou o vazio interior que experimentemos, poderemos louvar ao Senhor, pois tudo está bem. Esse é o significado de praticar a fé nas realidades da vida.

Eis que vem a hora e já é chegada, em que sereis dispersos...

(João 16:32)

"[E] me deixareis só...". Será que temos nos sentido dispersos, desorientados, e colocado Jesus de lado por não percebermos o Seu cuidado por nós? Será que não estamos vendo Deus agir nas circunstâncias que nos envolvem? A soberania do Senhor permite que os tempos difíceis venham sobre nós. Estamos preparados para deixar que Deus faça o que desejar em nossa vida? Estamos prontos para sermos separados das visíveis e evidentes bênções de Deus? Até que Jesus Cristo seja verdadeiramente nosso Senhor, cada um de nós terá seus objetivos próprios aos quais buscará servir. Nossa fé é real, mas ainda não é permanente. E Deus jamais se apressa. Se estivermos dispostos a esperar, nós o veremos mostrar que estamos interessados apenas em Suas bênções, não nele próprio. A percepção das bênções de Deus é fundamental.

"[Tende] bom ânimo; eu venci o mundo" (16:33). Uma inabalável fortaleza espiritual é aquilo de que precisamos.

5 DE ABRIL

Sua agonia e o nosso acesso

Nunca conseguiremos compreender perfeitamente a agonia de Cristo no jardim do Getsêmani. Contudo, não precisamos interpretar mal os fatos. Trata-se da agonia de Deus e do ser humano em uma só Pessoa, enfrentando face a face o pecado. Não podemos aprender sobre o Getsêmani por meio de uma experiência pessoal. O Getsêmani e o Calvário representam algo totalmente único — eles são os portais de acesso à vida para nós.

Não foi a morte na cruz que causou tanta agonia em Jesus no Getsêmani. De fato, Ele declarou enfaticamente que viera ao mundo com o propósito de morrer. Sua preocupação aqui era falhar em Sua missão como o Filho do Homem. Ele estava convicto de que, superando os obstáculos como o Filho de Deus, Satanás não poderia tocá-lo. Mas o ataque de Satanás visava a fazer o nosso Senhor cumprir a missão divina por conta própria, apenas como Filho do Homem. Se Jesus tivesse agido assim, Ele poderia não ter conseguido ser o nosso Salvador (Hebreus 9:11-15). Leia o registro de Sua agonia no Getsêmani à luz de Sua primeira tentação no deserto: "...apartou-se dele o diabo, até momento oportuno" (Lucas 4:13). E, no Getsêmani, Satanás voltou a atacar, mas foi destronado uma vez mais. O ataque final contra o nosso Senhor como o *Filho do Homem* ocorreu no Getsêmani.

> *...foi Jesus com eles a um lugar chamado Getsêmani, e disse a seus discípulos: [...] ficai aqui e vigiai comigo.*
>
> (Mateus 26:36,38)

A agonia no Getsêmani foi a agonia do Filho de Deus no pleno cumprimento do Seu destino como Salvador do mundo. Aqui o véu é removido de diante de nossa face a fim de revelar todo o custo pago por Jesus para que nos tornássemos filhos de Deus. Sua agonia foi o fundamento para a simplicidade da nossa salvação. A Cruz de Cristo foi um triunfo para o *Filho do Homem*. Não foi apenas um sinal de que nosso Senhor saíra vitorioso, mas que triunfara para salvar a raça humana. Pelo sacrifício do Filho do Homem, todo ser humano foi contemplado com livre acesso à presença de Deus.

Oswald Chambers

6 DE ABRIL

O choque de Deus com o pecado

A Cruz de Cristo é a verdade revelada do juízo de Deus sobre o pecado. Nunca associe a ideia de martírio com a Cruz de Cristo. Ela foi o triunfo supremo que fez estremecer os próprios fundamentos do inferno. Não há nada mais absolutamente certo e irrefutável, no tempo ou na eternidade, do que o que Jesus Cristo realizou na Cruz: Ele possibilitou que toda a raça humana voltasse a ter um relacionamento correto com Deus. Ele fez da redenção a base da vida humana, ou seja, abriu o caminho para que toda pessoa pudesse desfrutar comunhão com Deus.

> *…carregando ele mesmo em seu corpo, sobre o madeiro, os nossos pecados…*
>
> (1 Pedro 2:24)

A Cruz não foi um *acaso* para Jesus; Ele veio para morrer; a Cruz foi o propósito de Sua vinda. Ele é o "Cordeiro que foi morto, desde a fundação do mundo" (Apocalipse 13:8). A encarnação de Cristo não teria significado sem a Cruz. Cuidemos para não separar *"Aquele que foi manifestado na carne…"* daquele que *"…Ele o fez pecado… para que, nele, fôssemos feitos justiça de Deus…"* (1 Timóteo 3:16; 2 Coríntios 5:21). A encarnação tinha como finalidade a redenção. Deus veio ao mundo em carne com o propósito de eliminar o pecado de vez; não com o objetivo de apenas satisfazer uma de Suas vontades. A Cruz é o evento central no tempo e na eternidade e a resposta para todos os problemas de ambos.

A Cruz não é a cruz de um homem, mas a Cruz de Deus, e nunca poderá ser totalmente compreendida por meio da experiência humana. A Cruz é Deus demonstrando Sua natureza. É a porta através da qual qualquer indivíduo da raça humana pode entrar para uma união plena com Deus. Não é, porém, uma porta que possamos atravessar sem qualquer consideração; é uma porta onde permanecemos ligados à vida que ali se encontra.

A essência da salvação é a Cruz de Cristo. E é tão fácil alcançar a salvação exatamente porque ela custou um alto preço a Deus. A Cruz foi o lugar onde Deus e o pecador se fundiram e onde o caminho para a vida se abriu. Mas todo o custo e o sofrimento desse choque foram absorvidos pelo coração de Deus.

Tudo para Ele   115

7 DE ABRIL

Por que nos falta o entendimento?

Assim como os discípulos receberam a ordem de ficar calados, não diga nada até que o Filho do Homem ressuscite em você — até que a vida do Cristo ressuscitado o domine de tal forma que você entenda completamente o que Ele ensinou enquanto esteve na terra. Quando você amadurecer e desenvolver a condição interior correta, as palavras que Jesus falou se tornarão tão claras que ficará admirado de não tê-las entendido antes. De fato, você não poderia tê-las compreendido antes, porque não tinha alcançado a disposição espiritual correta para lidar com elas.

> *...ordenou-lhes Jesus que não divulgassem as coisas que tinham visto, até o dia em que o Filho do Homem ressuscitasse dentre os mortos.*
>
> (MARCOS 9:9)

Não é que o Senhor esconda de nós essas coisas, mas não estamos preparados para recebê-las enquanto não tivermos a condição correta na vida espiritual. Jesus disse: "Tenho ainda muito que vos dizer, mas, vós não o podeis suportar agora" (João 16:12). Devemos ter comunhão com a vida ressurreta de Jesus antes de estar preparados para suportar qualquer verdade que venha dele. Será que realmente entendemos alguma coisa sobre a comunicação dessa vida ressurreta de Jesus? A evidência de que a entendemos é que a Palavra do Senhor torna-se compreensível para nós. Deus não pode nos revelar coisa alguma se não tivermos o Seu Espírito. E nossas opiniões obstinadas e inflexíveis impedirão efetivamente que Deus nos revele qualquer coisa. Mas assim que a vida de ressurreição de Cristo nos dominar por inteiro, nosso modo insensível de pensar imediatamente terá fim.

"[Ordenou-lhes] que não divulgassem...". Muitos divulgam o que viram no Monte da Transfiguração, falam sobre a experiência que tiveram no monte. Tiveram uma visão e testificam dela, mas a sua vida não corresponde ao que viram, e o que falam não tem conexão com o que vivem. A vida espiritual dessas pessoas não é edificada porque o Filho do Homem ainda não ressuscitou nelas. Quanto tempo passará até que Sua vida de ressurreição seja formada e manifestada em você e em mim?

116   *Oswald Chambers*

8 DE ABRIL

O destino da Sua ressurreição

A Cruz do Senhor é a porta de entrada para a Sua própria vida. Sua ressurreição quer dizer que Ele tem o poder de me transmitir Sua vida. Quando nasci de novo, recebi a própria vida do Senhor Jesus ressurreto.

O destino de Cristo na ressurreição — Seu propósito predeterminado — era conduzir "muitos filhos à glória" (Hebreus 2:10). O cumprimento do Seu destino lhe deu o direito de fazer de todos nós filhos e filhas de Deus. Nunca teremos com Deus o mesmo relacionamento que o Filho de Deus tem; mas somos levados pelo Filho a um relacionamento de filiação com o Pai. Quando o Senhor ressuscitou dos mortos, ressurgiu para uma vida inteiramente nova, — para uma vida que Ele nunca havia vivido antes de tornar-se carne, o Deus Encarnado. Ele ressuscitou para uma vida que nunca existira até então; e a Sua ressurreição, para nós, significa que ressuscitamos para essa nova vida de Cristo, não para a nossa velha vida. Um dia, teremos um corpo semelhante ao Seu corpo glorioso, mas podemos conhecer agora a eficácia e o poder da Sua ressurreição e "andar em novidade de vida" (Romanos 6:4). O firme propósito de Paulo era "conhecer [a Jesus] *e o poder da sua ressurreição*" (Filipenses 3:10).

Jesus orou: "...assim como lhe conferiste autoridade sobre toda a carne, a fim de que ele conceda a vida eterna a todos os que lhe deste" (João 17:2). O termo *Espírito Santo* é de fato outro nome que se dá à experiência de vida eterna operando nos seres humanos aqui e agora. O Espírito Santo é a divindade de Deus que continua a aplicar o poder da expiação pela Cruz de Cristo em nossa vida. Graças a Deus pela verdade gloriosa e cheia de majestade de que Seu Espírito pode operar em nós a própria natureza de Jesus Cristo se tão somente lhe obedecermos.

> *Porventura, não convinha que o Cristo padecesse e entrasse na sua glória?*
>
> (LUCAS 24:26)

TUDO PARA ELE   117

9 DE ABRIL

Você já viu Jesus?

Ser salvo e ver Jesus não são a mesma coisa. Muitas pessoas que nunca viram Jesus receberam e compartilham a graça de Deus. Mas, depois de vê-lo, nunca mais somos os mesmos. As outras coisas não exercem mais a mesma atração que exerciam sobre nós antes.

Você deve sempre fazer distinção entre o que sabe que Jesus é e o que Ele já fez por você. Se o seu conhecimento limita-se apenas ao que Ele fez por você, então seu Deus não é suficientemente grande. Mas, se tiver tido uma visão de Jesus como Ele é de fato, as experiências podem ir e vir, e você permanecerá firme "como quem vê aquele que é invisível" (Hebreus 11:27). O cego de nascença não sabia quem Jesus era até que o Senhor lhe apareceu e revelou-se a ele (João 9). Cristo aparece àqueles por quem fez alguma coisa. Mas não podemos determinar ou prever o momento em que Ele virá. De repente, a qualquer instante, Ele pode aparecer. E, então, você exclamará: "Agora eu o vejo!" (João 9:25).

Depois disto, manifestou-se em outra forma a dois deles...

(MARCOS 16:12)

Jesus deve aparecer individualmente para você ou para um amigo seu; ninguém pode ver Jesus através de olhos alheios. E a divisão ocorre quando uma pessoa vê Cristo e a outra, não. Você não pode levar seu amigo ao ponto de ver Jesus; Deus deve fazê-lo. Você já viu Jesus? Se sim, desejará que outros o vejam também. "E, indo, eles o anunciaram aos demais, mas também a estes dois eles não deram crédito" (Marcos 16:13). Quando você vê Cristo, precisa contar, ainda que não lhe acreditem.

Ó, pudesse eu contar-vos, por certo creriam em mim!
Pudesse eu apenas dizer-vos o que presenciei!
Como contar ou como fazer-vos entender isso,
Como, a não ser que Ele vos traga para onde me trouxe também?

Oswald Chambers

10 DE ABRIL

Decisão completa e efetiva

Co-crucificação. Você já tomou a seguinte decisão em relação ao pecado: a de que ele deve ser totalmente aniquilado em você? Leva muito tempo para chegarmos ao ponto de tomar esta decisão completa e efetiva em relação ao pecado. Porém, é o maior momento em sua vida uma vez que decide que o pecado deve morrer em seu interior — não deve apenas ser contido, abafado ou neutralizado, mas crucificado — assim como Jesus Cristo morreu pelos pecados do mundo. Ninguém pode levar outra pessoa a tomar essa decisão. Podemos estar mental e espiritualmente convencidos, mas o que precisamos fazer é tomar a decisão que Paulo nos encoraja a fazer nesta passagem bíblica.

Aprume-se, invista em um momento a sós com Deus, tome esta importante decisão e ore: "Senhor, identifica-me com a Tua morte até que eu saiba que o pecado que há em mim está morto". Tome a decisão moral de que o pecado que há em você deve ser sentenciado à morte.

Não se tratava de uma expectativa espiritual da parte de Paulo, mas de uma realidade radical, uma experiência definitiva. Você está preparado a permitir que o Espírito de Deus o sonde até que entenda o nível e a natureza do pecado que há sua vida — aquilo que luta contra o Espírito de Deus em você? Se sim, vai concordar com o veredito do Senhor sobre essa natureza do pecado em você — pecado que deve estar identificado com a morte de Jesus? Você não pode considerar-se "morto para o pecado" (Romanos 6:11) a menos que tenha lidado radicalmente com a questão da sua vontade diante de Deus.

> *...que foi crucificado com ele o nosso velho homem, para que o corpo do pecado seja destruído, e não sirvamos o pecado como escravos...*
>
> (ROMANOS 6:6)

Você já participou do glorioso privilégio de estar crucificado com Cristo até que a única coisa a permanecer em seu corpo e seu sangue seja a vida de Jesus? "Estou crucificado com Cristo; logo, já não sou eu quem vive, mas Cristo vive em mim..." (Gálatas 2:19,20).

TUDO PARA ELE   119

11 DE ABRIL

Divindade completa e efetiva

Co-ressurreição. A prova de que fui realmente crucificado com Jesus é que tenho Sua imagem. O Espírito de Jesus em mim reorganiza a minha vida diante de Deus. A ressurreição de Jesus deu ao Espírito autoridade para me transmitir essa vida de Deus, e as minhas experiências hoje devem ser edificadas sobre a vida dele. Posso ter aqui e agora a vida ressurreta de Jesus Cristo, que se manifestará pela santidade.

> *Por que se formos unidos com ele na semelhança da sua morte, certamente, o seremos também na semelhança da sua ressurreição...*
>
> (ROMANOS 6:5)

A ideia transmitida pelos escritos do apóstolo Paulo é que, após tomarmos a decisão de nos identificarmos com Jesus em Sua morte, a vida ressurreta do Mestre invade cada parcela da minha própria natureza humana. É preciso da onipotência de Deus — Sua divindade completa e efetiva — para viver, então, a vida do Filho de Deus num corpo mortal. O Espírito Santo não pode ser aceito como um hóspede restrito a um simples cômodo da casa; Ele invade tudo. Uma vez que me decida que meu "velho homem" (isto é, minha hereditariedade de pecados) deverá identificar-se com a morte de Jesus, então o Espírito Santo invadirá todo o meu ser. Ele controlará tudo. Minha parte é andar na luz e obedecer a tudo o que Ele me revelar. Depois de tomar essa importante decisão sobre o pecado, é fácil "considerar-me" realmente "morto para o pecado", porque acho em mim, o tempo inteiro, a vida de Jesus (Romanos 6:11). Assim como existe apenas um tipo de humanidade, também existe apenas um tipo de santidade — a santidade de Jesus. E é esta santidade que me foi dada. Deus coloca em mim a santidade de Seu Filho e, assim, passo a pertencer a uma nova ordem espiritual.

12 DE ABRIL

Domínio completo e efetivo

Co-vida eterna. Vida eterna é a vida que Jesus manifestou no nível humano. É esta mesma vida, não uma simples cópia dela, que se manifesta em nosso corpo mortal quando nascemos de novo. A vida eterna não é uma dádiva que vem de Deus; vida eterna é o próprio Deus como dádiva. A força e o poder que se manifestaram em Jesus também se manifestarão em nós por um ato da graça de Deus, absoluta e soberana, assim que tomarmos essa decisão completa e efetiva em relação ao pecado.

"[Mas] recebereis poder, ao vir sobre vós o Espírito Santo…" (Atos 1:8) — não poder como uma dádiva que vem do Espírito Santo, o poder é o Espírito Santo, não algo que Ele nos dá. A vida que estava em Jesus se torna nossa por causa da Sua Cruz, uma vez que tomamos a decisão de nos identificar com Ele. Se tivermos dificuldade de nos acertar com Deus, é porque nos recusamos a tomar esta decisão moral com relação ao pecado. Mas, assim que nos decidirmos, a vida de Deus em Sua plenitude imediatamente habitará em nós. Jesus veio para nos dar um suprimento interminável de vida: "para que sejais tomados de toda a plenitude de Deus" (Efésios 3:19). A vida eterna nada tem a ver com tempo. Esta é a vida que Jesus viveu quando esteve aqui, e a única Fonte de vida é o Senhor Jesus Cristo.

> *…a morte já não tem domínio sobre ele […] mas, quanto a viver, vive para Deus. Assim também vós considerai-vos mortos para o pecado, mas vivos para Deus, em Cristo Jesus.*
>
> (ROMANOS 6:9-11)

Até mesmo o mais fraco dos santos pode experimentar o poder da divindade do Filho de Deus, basta estar disposto a "desistir", render-se. Mas qualquer esforço em "resistir", qualquer resíduo de controle sobre si mesmo apenas diminuirá a vida de Jesus em nós. Temos que continuar nos submetendo e, lenta, mas seguramente, a grandiosa plenitude da vida de Deus nos invadirá, penetrando cada parte do nosso ser. Então, Jesus terá completo e efetivo domínio sobre nós, e as pessoas perceberão que estamos com Ele.

13 DE ABRIL

O que fazer quando o fardo é insuportável

Devemos saber quando faz sentido carregar determinado fardo e quando é errado que o carreguemos. Nunca deveríamos carregar o fardo do pecado ou da dúvida, mas há fardos dados por Deus que Ele não pretende retirar de nós. Deus quer que os devolvamos a Ele — literalmente: Lança o cuidado que Ele lhe deu, "sobre o SENHOR". Se nos prepararmos para servir a Deus e fazer Sua obra, mas perdermos contato com Ele, a sensação de responsabilidade será terrivelmente esmagadora e destruidora. Porém, se apenas devolvermos ao Senhor aquilo que Ele colocou sobre nós, Ele mesmo eliminará esse sentimento de responsabilidade, substituindo-o pela consciência e pelo entendimento acerca de quem Ele é e de Sua presença.

> *Confia os teus cuidados ao* SENHOR...
>
> (SALMO 55:22)

Muitos servos saem para a obra de Deus com grande coragem e as motivações corretas. Porém, sem uma comunhão íntima com Jesus Cristo, logo se acham derrotados. Eles não sabem o que fazer com seu fardo; ficam extenuados e levam as pessoas a comentar: "Que fim lamentável para um começo tão promissor!"

"Confia os teus cuidados ao SENHOR...". Você tem tentado carregar tudo sozinho, mas precisa deliberadamente se apoiar nos ombros de Deus. "[O] governo está sobre os seus ombros" (Isaías 9:6). Entregue a Deus qualquer fardo que Ele tiver lhe dado. Não o lance fora, mas apresente-o ao Senhor e coloque-se diante dele com o peso será. Você verá que o seu fardo será aliviado pelo sentimento de companheirismo. No entanto, você nunca deve tentar livrar-se sozinho do seu fardo.

Oswald Chambers

14 DE ABRIL

Invencibilidade interior

"Porque o Senhor corrige a quem ama..." (Hebreus 12:6). Como se tornam mesquinhas as nossas queixas! O Senhor começa a nos levar ao ponto em que podemos ter comunhão com Ele, somente para nos ouvir murmurar e gemer, dizendo: "Ó, Senhor, deixa-me ser como as outras pessoas!" Jesus está pedindo que nos posicionemos ao Seu lado para que possamos puxar o jugo juntos. Por essa razão, Jesus nos diz: "...o meu jugo é suave, e o meu fardo é leve" (Mateus 11:30). Você tem esse tipo de identificação plena com o Senhor Jesus Cristo? Se assim for, você agradecerá a Deus quando sentir a pressão de Sua mão sobre você.

"Faz forte ao cansado e multiplica as forças ao que não têm nenhum vigor" (Isaías 40:29). O Senhor vem, remove nosso sentimentalismo, e então, nossas queixas se transformam em hinos de louvor. A única maneira de conhecermos a força de Deus é tomarmos sobre nós o jugo de Jesus para aprender dele.

"[A] alegria do Senhor é a vossa força" (Neemias 8:10). De onde os santos de Deus tiram a sua alegria? Se não conhecêssemos bem certos cristãos, poderíamos pensar que tais pessoas não têm fardos para carregar na vida. Mas devemos tirar o véu dos nossos olhos. O fato de haver ali paz, luz e a alegria de Deus é prova de que o fardo também está sobre os ombros desses santos. O fardo que Deus coloca sobre nós esmaga as uvas e faz escorrer o vinho; a maioria das pessoas, entretanto, vê apenas o vinho, e não o processo do esmagamento. Nenhum poder na terra ou no inferno pode vencer o Espírito de Deus habitando no espírito humano; é isso que cria a invencibilidade interior.

> *Tomai sobre vós o meu jugo e aprendei de mim...*
>
> (Mateus 11:29)

Se a sua vida está produzindo apenas lamúrias, e não vinho, então "chute o balde do mundo" sem dó. Para um cristão, definitivamente, é um crime ser fraco na força de Deus.

Tudo para Ele   123

15 DE ABRIL

Falha em prestar atenção

A obediência de Asa não era totalmente perfeita no que se refere às áreas exteriores, visíveis de sua vida. Ele foi obediente ao que considerava mais importante, mas não agiu de maneira inteiramente correta. Cuidado ao pensar: "Ah, isso não tem muita importância na minha vida." O fato de não ter muita importância para você pode significar que tem grande importância para Deus. Na vida do filho de Deus, não existe coisa que não seja importante. Por quanto tempo continuaremos impedindo o Senhor de nos ensinar algo pequeno, que seja? No entanto, Ele nunca perde a paciência e continua nos ensinando. Mas você alega: "Sei que estou correto com Deus", mas, "os altos" ainda permanecem em sua vida. Ainda existe uma área de desobediência. Você tem afirmado que seu coração está bem com Deus, mas existe alguma coisa em sua vida sobre a qual Ele o leva a ter dúvidas? Sempre que Deus criar uma dúvida em você sobre algo, pare com isso imediatamente seja lá o que for. Nada em nossa vida é apenas um detalhe insignificante para o Senhor.

> *Os altos, porém, não foram tirados de Israel; todavia, o coração de Asa foi perfeito todos os dias.*
>
> (2 Crônicas 15:17)

Existe algo ligado à sua vida física ou intelectual ao qual você não está prestando a mínima atenção? Se assim for, você pode pensar que já consertou as áreas importantes, mas, de fato, está desleixado — falhando em se concentrar ou se focar adequadamente. Você não tem necessidade de tirar um dia de folga de sua concentração espiritual sobre as questões da sua vida, assim como o seu coração não precisa de um dia de folga para descansar de pulsar. Você não pode tirar um feriado moral para fazer o que quiser e, ainda assim, seguir pensando que é um cristão moralmente correto, nem pode tirar descanso espiritual e pensar que permanece espiritual. Deus o quer por inteiro, e isso significa que você tem de prestar mais atenção para manter-se em "boa forma". Isso leva uma quantidade enorme de tempo. Mesmo assim, alguns esperam superar todos os problemas e passar por diversas experiências espirituais extremas com apenas poucos minutos de esforço.

16 DE ABRIL

Você é capaz de descer do monte?

Todos nós temos momentos em que nos sentimos no melhor das nossas capacidades e afirmamos: "Estou pronto para tudo; se eu pudesse sentir-me sempre assim!" Todavia, não temos essa capacidade em nós mesmos. Esses momentos são momentos de desenvolvermos a percepção que devemos pôr em prática mesmo quando não sentimos vontade. Muitos de nós não nos sentimos úteis para o mundo no dia a dia quando não estamos no topo do monte. Mesmo assim, devemos pautar nossa vida comum pelo padrão que nos foi revelado quando estivemos no alto do monte.

Enquanto tendes a luz, crede na luz...

(João 12:36)

Nunca permita que o sentimento que o estimulou numa grande experiência espiritual desvaneça nem por um instante. Não se coloque numa posição de repouso em que possa dizer: "Que bom estar em tal estado de espírito!". Aja imediatamente — faça qualquer coisa, ainda que o único motivo para agir seja que você prefira não se mexer. Se, durante uma reunião de oração, Deus lhe mostrar algo que você deve fazer, não se limite a dizer: "Farei isso" — vá e *faça*! Ajeite-se e arremesse para bem longe essa sua preguiça. A preguiça sempre pode ser vista em nossos anseios por grandes momentos; tudo que falamos é sobre os planos para quando estivermos no monte. Porém, devemos aprender a viver no nosso dia a dia cinzento de acordo com o que vimos no monte.

Não desista ao se deparar com um obstáculo e sentir-se confuso; volte à luta; tente de novo. Esqueça o que passou e siga em frente. Firme-se no compromisso que fez com Deus como um ato da sua própria vontade. Jamais modifique as suas decisões, mas tenha certeza de tomá-las à luz do que você viu e aprendeu no monte.

TUDO PARA ELE   125

17 DE ABRIL

Tudo ou nada?

Você já passou por uma crise na qual, de maneira deliberada, sincera e despreocupadamente, abandonou tudo? É uma crise da vontade. Você pode confrontar-se com ela muitas vezes externamente, mas não significará nada. A verdadeira e profunda crise de renúncia, ou entrega total, ocorre no interior, não exteriormente. O abrir mão apenas de coisas externas pode ser indício de estarmos sob total escravidão.

> *Simão Pedro, ouvindo que era o Senhor, cingiu-se com sua veste, porque se havia despido, e lançou-se ao mar...*
>
> (JOÃO 21:7)

Será que você já entregou deliberadamente toda a sua vontade a Jesus Cristo? É uma operação da vontade, não da emoção; qualquer emoção positiva é simplesmente uma bênção superficial resultante dessa concessão. Se você focar sua atenção na emoção, nunca tomará essa atitude. Não questione Deus sobre os detalhes dessa entrega, mas comprometa-se a submeter sua vontade, independentemente do que os seus olhos veem, quer esteja na superfície ou nas profundezas do seu interior.

Se você ouve a voz de Jesus Cristo sobre as ondas do mar, pode arremessar para longe todas as suas convicções e consistências por conta delas mesmas, concentrando-se em manter o seu relacionamento pessoal com Ele.

18 DE ABRIL

Prontidão

Quando Deus fala, muitos de nós somos como pessoas num nevoeiro, e não respondemos. A resposta de Moisés a Deus revelou que ele sabia onde estava e que estava preparado. Prontidão significa ter um relacionamento integral com o Deus vivo e o conhecimento de onde estamos neste dado momento. Estamos tão ocupados em explicar a Deus aonde gostaríamos de ir! O homem ou mulher que está pronto para Deus e para a Sua obra é aquele que recebe o prêmio quando chega a convocação. Esperamos com a ideia de que uma grande oportunidade ou algo sensacional vai nos acontecer, e, quando isso acontece, apressamo-nos em gritar: "Eis-me…". Sempre que sentimos que Jesus Cristo está se levantando para exercer autoridade sobre alguma grande tarefa, estamos presentes, mas não estamos prontos para responsabilidades que são obscuras.

A prontidão para Deus significa que estamos preparados para fazer coisas insignificantes ou grandiosas — tanto faz. Significa que não temos preferência quanto ao que queremos fazer, mas que estamos presentes e preparados para qualquer que seja o plano de Deus. Quando surge alguma tarefa, ouvimos a voz de Deus, como Jesus ouviu a voz do Pai, e estamos preparados para agir com total prontidão do nosso amor por Ele. Jesus Cristo deseja lidar conosco como o Pai agiu com Ele. Jesus pode nos colocar onde quiser, em tarefas agradáveis ou servis, porque a nossa união com Ele é a mesma da união dele com o Pai. "[Para] que sejam um, como nós o somos" (João 17:22).

> *Deus […] o chamou […]. Ele respondeu: Eis-me aqui!*
>
> (Êxodo 3:4)

Esteja pronto para as "visitas" repentinas de Deus. A pessoa que está sempre pronta nunca necessita *preparar-se* — ela *está* preparada. Pense no tempo que perdemos tentando preparar-nos após o chamado do Senhor! A sarça ardente simboliza tudo aquilo que cerca a pessoa que já está pronta, e está queimando com a presença do próprio Deus.

19 DE ABRIL

Esteja atento às menores tentações

Joabe passou na grande prova de sua vida; permaneceu absolutamente leal a Davi e não foi atrás do fascinante e ambicioso Absalão. Mas, ainda assim, perto do fim da vida, desviou-se e seguiu o fraco e covarde Adonias. Permaneça sempre alerta, pois onde alguém recuou é exatamente o ponto em que qualquer um pode ser tentado a recuar (1 Coríntios 10:11-13). Você pode ter atravessado vitoriosamente uma grande crise, mas agora esteja alerta às coisas que possam parecer as menos prováveis a tentá-lo. Tenha cuidado ao pensar que as áreas da vida em que você já experimentou vitória no passado hoje são as que oferecem os mínimos riscos para você tropeçar e cair.

Temos tendência a dizer: "Não é minimamente provável que, depois de passar pela maior crise da minha vida, eu me volte agora para as coisas do mundo." Não tente pressupor de onde virá a tentação; o perigo está sempre nas coisas "menos prováveis". Depois de uma grande experiência espiritual é que as coisas menos prováveis começam a entrar em cena. Pode ser que elas não sejam fortes nem dominantes, mas estão ali, e se não estivermos precavidos, elas nos farão tropeçar. Você se manteve fiel a Deus em grandes e intensas provações; agora, cuidado com as ameaças ocultas. Não seja morbidamente introspectivo, olhando para o futuro com pavor, mas mantenha-se alerta. Mantenha sua memória aguçada diante de Deus. Uma fortaleza não vigiada é dupla fraqueza, porque é onde as tentações menos prováveis conseguirão drenar toda a força. Os personagens bíblicos tropeçaram em seus pontos fortes, nunca nos fracos.

> *...porque Joabe se tinha desviado seguindo a Adonias, que se não desviara seguindo Absalão...*
>
> (1 Reis 2:28)

A única garantia de segurança é essa: "...sois guardados pelo poder de Deus" (1 Pedro 1:5).

20 DE ABRIL

Um santo pode acusar Deus falsamente?

A parábola de Jesus sobre os talentos registrada em Mateus 25:14-30, era uma advertência de que é possível julgarmos erroneamente nossas aptidões. Essa parábola nada tem a ver com dons e habilidades naturais, mas se relaciona ao dom do Espírito Santo dado, pela primeira vez, no Pentecostes. Não devemos medir nossa capacidade espiritual com base em nossa educação ou intelecto; nossas aptidões em coisas espirituais é medida com base nas promessas do Senhor. Se tivermos menos do que aquilo que Deus deseja que tenhamos, não tardaremos em acusá-lo falsamente como o servo acusou o seu senhor ao dizer: "Esperas mais de mim do que posso realizar com a capacidade que me deste. Exiges demais de mim, e eu não posso manter-me fiel a ti no lugar onde me colocaste." No que diz respeito ao Espírito do Deus Altíssimo, nunca diga: "Não posso". Nunca permita que a limitação da sua habilidade natural interfira. Se já recebemos o Espírito Santo, Deus espera que a obra do Espírito Santo seja visível em nós.

> *Porque quantas são as promessas de Deus, tantas têm nele o sim; porquanto também por Ele é o amém...*
>
> (2 CORÍNTIOS 1:20)

O servo justificou-se e condenou seu senhor de todas as formas, como se dissesse: "Suas exigências estão totalmente desproporcionais diante do que me deste." Será que temos acusado Deus falsamente com o atrevimento de nos preocuparmos depois de Ele ter dito: "Buscai, pois, em primeiro lugar, o seu reino e a sua justiça, e todas estas coisas vos serão acrescentadas"?(Mateus 6:33). Preocupar-se significa fazer exatamente o que aquele servo alegou: "Sei que a sua intenção é deixar-me desprotegido e vulnerável." A pessoa preguiçosa no mundo natural é sempre crítica ao reclamar: "Não tive uma chance decente." E quem é preguiçoso no reino espiritual é crítico de Deus. Os preguiçosos sempre atacam as outras pessoas de um modo independente.

Nunca nos esqueçamos de que a nossa capacidade e as nossas aptidões, nos assuntos espirituais, são medidas pelas promessas de Deus. Deus é capaz de cumprir Suas promessas? Nossa resposta depende de termos ou não recebido o Espírito Santo.

TUDO PARA ELE

21 DE ABRIL

Não magoe o Senhor

O Senhor deve estar constantemente admirado conosco — admirado por ver não somos simples. As nossas próprias opiniões nos tornam estúpidos e lentos de entendimento; contudo, quando somos simples, não agimos como tolos; temos discernimento o tempo todo. Filipe esperava a revelação de um tremendo mistério, porém, não em Jesus, aquela Pessoa que ele pensava que conhecia. O mistério de Deus não está no que vai acontecer — é agora, embora esperemos que ele seja revelado no futuro, em algum evento significativo e impressionante. Não relutamos para obedecer a Jesus, mas é altamente provável que o estejamos magoando com o que pedimos: "Senhor, mostra-nos o Pai…" (João 14:8). A resposta dele é imediata e direta: "Você não consegue me ver?" Ele está sempre aqui ou não está em parte alguma. Buscamos que Deus se manifeste aos Seus filhos, mas Ele só se manifesta *em* Seus filhos. Enquanto os outros veem essa evidência, o filho de Deus não a vê. Queremos estar plenamente conscientes do que Deus está realizando em nós, mas não podemos ter completa consciência disso e esperar permanecer razoáveis ou equilibrados em nossas expectativas em relação a Ele. Se tudo o que pedimos a Deus são experiências, e a consciência dessas experiências está bloqueando nosso caminho, magoamos o Senhor. Os nossos questionamentos machucam Jesus, porque não são os questionamentos que um filho faria.

> *…Filipe, há tanto tempo estou convosco, e não me tens conhecido?*
>
> (João 14:9)

"Não se turbe o vosso coração…" (14:1,27). Será que estou, então, magoando Jesus ao permitir que meu coração se turbe? Se confio em Jesus e em Seus atributos, será que estou vivendo de acordo com essa convicção? Estou permitindo que algo perturbe o meu coração, ou mesmo permitindo que surjam perguntas insalubres e desequilibradas? Tenho de chegar ao ponto de relacionamento pleno e confiante que aceita tudo exatamente como vem de Deus. Ele nunca nos guia em algum ponto no futuro, mas sempre aqui e agora. Perceba que o Senhor está aqui *agora*, e a liberdade que você receberá será imediata.

130   *Oswald Chambers*

22 DE ABRIL

A luz que nunca falha

O servo de Deus deve viver tão bem sozinho a ponto de nunca perceber que está só. Nos primeiros estágios da vida cristã, as decepções virão — pessoas que costumavam ser luzes se apagarão, e aqueles que costumavam ficar ao nosso lado partirão. Devemos nos habituar a isso para nunca nos sentirmos solitários. Paulo disse: "...todos me abandonaram [...]. Mas o Senhor me assistiu..." (2 Timóteo 4:16,17). Temos de edificar nossa fé, não sobre luzes que falham, mas sobre a Luz que nunca se apaga. Quando as pessoas importantes se vão, nós nos entristecemos, mas, depois compreendemos que eles estavam destinados a partir. Então, a única coisa que nos resta é contemplar a face de Deus por conta própria.

E todos nós, com o rosto desvendado, contemplando [...] de glória em glória, na sua própria imagem, como pelo Senhor, o Espírito.

(2 Coríntios 3:18)

Não permita que algo o impeça de olhar fixamente para a face do Senhor no que diz respeito a você e às suas convicções doutrinárias. E, cada vez que você for pregar, busque primeiro a face de Deus com relação à mensagem. Aí então, a glória envolverá seu sermão. O servo cristão é aquele que sempre busca a face de Deus antes de falar às pessoas. O ministério de Cristo é caracterizado pela glória permanente da qual o servo está completamente inconsciente. "[Não] sabia Moisés que seu rosto resplandecia, depois de haver Deus falado com ele" (Êxodo 34:29).

Não fomos chamados para exibir nossas dúvidas abertamente ou para revelar as alegrias e os prazeres ocultos de nossa vida com Deus. O segredo da vida do servo é manter-se o tempo todo sintonizado com o Senhor.

23 DE ABRIL

Você idolatra o trabalho?

Tenha o cuidado de que nenhum trabalho para Deus o leve a tirar a atenção dele. Grande número de obreiros cristãos idolatra o seu trabalho. A única preocupação do servos cristãos deveria ser manter-se concentrado em Deus. Isso significa que todas as outras áreas da vida, sejam elas mentais, morais e espirituais, estão completamente livres pela liberdade que Deus dá a Seus filhos; isto é, aos que o adoram, não aos rebeldes. O servo que não tem como ênfase o concentrar-se seriamente em Deus tem a tendência a se sobrecarregar com a obra. Ele é escravo dos próprios limites, não tem liberdade no corpo, na mente ou no espírito. Consequentemente, ele fica sobrecarregado e derrotado. Não há liberdade nem prazer na vida. Seus nervos, sua mente e seu coração se encontram tão oprimidos que a bênção de Deus não pode repousar nele.

Mas o contrário disso é igualmente verdade — quando nos concentramos em Deus, todas as áreas da nossa vida ficam livres e sob o exclusivo domínio de Deus. Ficamos isentos da responsabilidade da obra; a única responsabilidade que temos é viver em constante contato com Deus sem nunca permitir que coisa alguma impeça a nossa cooperação com Ele. A liberdade que temos após a santificação é a liberdade de uma criança; aquilo que costumava oprimir a nossa vida desvanece. Mas tenhamos o cuidado de lembrar que fomos libertos somente com uma finalidade: permanecer inteiramente dedicados Àquele de quem nos tornamos cooperadores.

Porque de Deus somos cooperadores…
(1 Coríntios 3:9)

Não temos o direito de decidir o lugar onde devemos ser colocados, nem de ter ideias preconcebidas quanto à obra para a qual Deus está nos preparando. Deus tem tudo planejado; onde quer que Ele nos coloque, nossa única meta deve ser derramar a nossa vida com sincera devoção a Ele na execução dessa mesma obra. "Tudo quanto te vier à mão para fazer, faze-o conforme as tuas forças…" (Eclesiastes 9:10).

Oswald Chambers

24 DE ABRIL

Advertência contra o anseio pelo sucesso espiritual

O mundanismo não é a armadilha que mais coloca em perigo os obreiros cristãos — nem o pecado. A armadilha em que caímos é o desejo exagerado de sucesso espiritual, sucesso que é medido e exemplificado com base em padrões estabelecidos por esta era religiosa na qual vivemos. Nunca busque algo que não seja a aprovação de Deus. Esteja sempre disposto a agir da seguinte maneira: "Saiamos […] a ele, fora do arraial, levando o seu vitupério" (Hebreus 13:13). Em Lucas 10:20, Jesus disse aos discípulos que não se rejubilassem com o sucesso no serviço; todavia, parece ser esse o principal motivo com que a maioria de nós se alegra. Nós temos uma visão comercial — contamos quantas almas foram salvas e santificadas, agradecemos a Deus, e em seguida pensamos que está tudo bem.

> *…alegrai-vos, não porque os espíritos se vos submetem…*
>
> (Lucas 10:20)

Nosso trabalho só começa depois que a graça de Deus estabeleceu o alicerce. Nossa obra não é salvar almas, mas instruí-las a respeito de Cristo. Salvação e santificação são obras da graça soberana de Deus; nosso trabalho como Seus discípulos é transmitir a mensagem de Jesus a outras pessoas até que estas estejam totalmente rendidas a Deus. Uma vida totalmente consagrada ao Senhor é de mais valia para Ele do que cem vidas apenas despertadas pelo Espírito. Como cooperadores de Deus, devemos reproduzir espiritualmente a nossa própria espécie; essas vidas serão o testemunho de Deus de que somos realmente Seus obreiros. O Senhor, pela graça, eleva-nos a determinado padrão de vida, e somos responsáveis pela reprodução desse mesmo padrão em outras pessoas.

Se o obreiro não tiver uma "vida oculta juntamente com Cristo em Deus" (Colossenses 3:3), ele estará apto a tornar-se um ditador irritante aos outros, em vez de ser um discípulo vivo e atuante. Muitos de nós somos ditadores; tentamos impor nossas vontades a indivíduos e grupos. Mas Jesus nunca nos controla dessa forma. Sempre que o Senhor falava sobre discipulado, iniciava com um "se", nunca com uma afirmação enfática ou dogmática: "Você deve". O discipulado é uma opção.

25 DE ABRIL

Seja oportuno

Muitos de nós temos aquela mórbida tendência de "estar preparado" somente "fora de tempo". Na realidade, a expressão "a tempo" não se refere ao tempo, mas a nós mesmos. Este versículo diz: "Pregue a Palavra, esteja preparado a tempo e a fora de tempo" (NVI). Em outras palavras, devemos estar preparados quer sintamos vontade, quer não. Se fizermos apenas aquilo que nos sentimos inclinados a fazer, alguns de nós jamais faríamos algo. No campo espiritual existem pessoas totalmente inadequadas para a obra, pessoas espiritualmente fracas e ineficazes, que se recusam a fazer algo a menos que sintam uma inspiração sobrenatural. A prova de que o nosso relacionamento com Deus está correto é que fazemos o melhor que podemos, quer nos sintamos inspirados ou não.

Um dos piores perigos para o servo cristão é tornar-se obcecado pelos próprios momentos excepcionais de inspiração. Quando o Espírito de Deus nos proporciona um momento de inspiração e discernimento, dizemos: "Agora que experimentei esse momento, serei sempre assim para Deus." Não, você não será; o Senhor cuidará para que não sejamos assim. Aqueles momentos são exclusivamente uma dádiva de Deus.

> *...prega a palavra, insta, quer seja oportuno, quer não...*
>
> (2 TIMÓTEO 4:2)

Você não pode dá-los a si mesmo quando bem entender. Se disser que desempenhará sempre o seu melhor para Deus, como naqueles momentos excepcionais, na verdade você se transforma num fardo intolerável para o Senhor. Você nunca fará algo a não ser que Ele o mantenha conscientemente conhecedor da Sua inspiração para você em todos os momentos. Se transformarmos os nossos melhores momentos em deuses, acabaremos descobrindo que Deus se afastou da nossa vida e só voltará quando cumprirmos com obediência a tarefa que Ele nos designou. Enquanto isso, aprenderemos a não nos tornarmos obcecados pelos momentos excepcionais que Ele nos deu.

26 DE ABRIL

A escalada suprema

O caráter de alguém determina como ele interpreta a vontade de Deus (Salmo 18:25,26). Abraão entendeu que a ordem de Deus significava que ele teria de matar seu filho, e ele só poderia abandonar esta crença tradicional através da dor de tamanha provação. Essa era a única maneira de Deus purificar a fé deste homem. Se obedecermos ao que Deus ordena movidos por uma convicção sincera, Deus nos libertará dessas crenças tradicionais que distorcem Sua imagem. Existem muitas crenças desse tipo das quais devemos nos livrar; por exemplo, a de que Deus tira uma criança porque a mãe a ama demais. Isso é mentira do diabo e uma visão deformada da verdadeira natureza de Deus. Se o diabo puder impedir-nos de realizar a escalada suprema e de nos livrarmos de falsas convicções a respeito do Senhor, ele o fará. Porém, se nos mantivermos fiéis a Deus, Ele nos sustentará na provação que nos servirá para conhecê-lo melhor.

> *Toma teu filho [...] oferece-o ali em holocausto, sobre um dos montes, que eu te mostrarei.*
>
> (GÊNESIS 22:2)

A grande lição a ser aprendida com a fé de Abraão em Deus é que ele estava preparado para fazer qualquer coisa pelo Senhor. Estava lá para obedecer ao Senhor independentemente de qualquer crença contrária que pudesse ser violada por sua obediência. Abraão não era um devoto das próprias convicções, pois, se assim fosse, teria sacrificado Isaque e dito que a voz do anjo que ouvira era a voz do diabo. Essa é a atitude de um fanático. Se você permanecer fiel a Deus, Ele o guiará por todas as barreiras até chegar à câmara secreta do conhecimento dele. Mas você sempre deve estar disposto a renunciar as suas convicções e crenças tradicionais. Não peça a Deus para prová-lo. Nunca faça uma declaração como a de Pedro, desejando fazer qualquer coisa: "Senhor, estou pronto a ir contigo, tanto para a prisão, como para a morte" (Lucas 22:33). Abraão não fez nenhuma declaração desse tipo, mas simplesmente permaneceu fiel a Deus, e o Senhor purificou a sua fé.

TUDO PARA ELE

27 DE ABRIL

O que você quer?

Você anda à procura de grandes coisas ao invés de buscar ser uma grande pessoa? Deus quer que você tenha um relacionamento íntimo com Ele em vez de apenas receber Suas dádivas — Ele quer que você o conheça. Até as coisas grandes que queremos não são essenciais; elas vêm e vão. Deus nunca nos dá algo por mero acaso. Não há nada mais fácil do que entrar num relacionamento correto com Deus, a não ser quando não almejamos o Senhor, mas apenas o que Ele pode nos dar.

Se você chegou apenas àquele ponto de pedir coisas a Deus, ainda não sabe o mínimo sobre o que significa entrega. Você se tornou um cristão apenas segundo as suas próprias condições. E protesta, dizendo: "Eu pedi a Deus o Espírito Santo, mas Ele não me deu o descanso e a paz que eu esperava." Imediatamente, Deus aponta o motivo — na verdade, você não está buscando o Senhor; está buscando alguma coisa para si mesmo. Jesus diz: "Pedi e dar-se-vos-á…" (Mateus 7:7). Peça a Deus o que você quer e não se preocupe em pedir as coisas erradas, porque, à medida que você se aproximar dele, deixará de pedi-las. "…Deus, o vosso Pai, sabe o de que tendes necessidade, antes que lho peçais" (Mateus 6:8). Então, por que pedir? Para que cheguemos a conhecê-lo.

Você está em busca de grandes coisas para si mesmo? Já orou: "Ó, Senhor, enche-me completamente com o teu Espírito Santo"? Se Deus não o fez, é porque você ainda não se rendeu completamente a Ele; existe algo que você ainda se recusa a fazer. Está preparado para perguntar a si mesmo o que é que realmente deseja de Deus e por que deseja isso? Deus sempre ignora o seu nível atual de completude em favor de sua futura plenitude final. Ele não está preocupado em abençoá-lo e torná-lo feliz agora, mas está continuamente trabalhando Sua própria perfeição suprema em você: "…para que sejam um, como nós o somos…" (João 17:22).

> *E procuras tu grandezas?*
> (JEREMIAS 45:5)

136   *Oswald Chambers*

28 DE ABRIL

O que você receberá

Este é o inabalável segredo do Senhor para aqueles que nele confiam: "Eu te darei a tua vida…". Que mais deseja o homem senão a sua vida? É o que há de essencial. "A tua vida como despojo…" significa que, aonde quer que você for, ainda que seja ao inferno, de lá sairá com vida e nada poderá ameaçá-la. Muitos de nós nos sentimos fascinados pela grandeza das coisas e gostamos de exibi-las diante dos outros, não apenas ostentando propriedades e bens, mas nossas bênçãos. Tudo isso, que orgulhosamente mostramos, tem de ser abandonado. Mas há algo maior que nunca passará: a vida que está "oculta juntamente com Cristo, em Deus" (Colossenses 3:3).

…eu te darei a tua vida como despojo, em todo lugar para onde fores.

(JEREMIAS 45:5)

Você está preparado para permitir que Deus o conduza à unidade profunda e total com Ele e para não prestar mais atenção ao que você considera as grandes coisas da vida? Está pronto a entregar-se totalmente a Deus e a abrir mão de tudo? A verdadeira prova da entrega ou submissão está em recusar-se a perguntar: "E quanto a isso aqui?". Cuidado com suas próprias ideias e especulações. No momento em que você se questiona: "Sim, mas e quanto a isto?", demonstra que ainda não se entregou e que não confia realmente em Deus. Mas, uma vez que realmente se entregue, não irá mais questionar o que o Senhor fará. A entrega significa negar-se a si mesmo o luxo de questionar. Se você se entregar totalmente a Deus, Ele de pronto lhe dirá: "Eu te darei a tua vida como despojo…". A razão pela qual as pessoas se cansam da vida é o fato de Deus não lhes ter dado nada — eles não receberam a sua vida "como um despojo". A maneira de sair dessa situação é entregar-se a Deus. Quando finalmente conseguir render-se totalmente a Ele, você se transformará na pessoa mais maravilhada e feliz da terra. Deus o terá por completo, sem quaisquer limitações, e lhe presenteará com a sua vida. Se você ainda não chegou a esse ponto, ou é por causa da desobediência em sua vida, ou por recusar-se a ser simples o suficiente.

29 DE ABRIL

Agradável incerteza

A tendência natural do ser humano é ser lógico e preciso — sempre tentando prever acertadamente o próximo passo — assim, encaramos a incerteza como algo negativo. Pensamos que devemos atingir um fim predeterminado; mas essa não é a natureza da vida espiritual. Na verdadeira vida espiritual temos certeza em nossas incertezas. Consequentemente, não criamos raízes. O nosso bom senso diz: "E se eu estivesse em tal circunstância?" Mas não podemos presumir como reagiremos numa situação em que nunca estivemos.

> *...e ainda não se manifestou o que haveremos de ser...*
>
> (1 João 3:2)

A certeza é a característica distintiva da vida comum; a agradável incerteza da graça é a marca da vida espiritual. Ter a certeza de Deus significa estar incerto em todos os outros caminhos, sem saber o que o dia de amanhã trará. Isto, em geral, é expresso com um suspiro de lamento, mas deveria ser uma expressão de maravilhosa expectativa. Estamos incertos quanto ao próximo passo, mas temos a certeza de Deus. Tão logo nos entregamos ao Senhor e cumprimos a tarefa que Ele nos designou, Ele passa a encher nossa vida de surpresas. Quando nos tornamos promotores e defensores de determinada crença, alguma coisa morre em nós. Isso não é o mesmo que crer em Deus, é crer em nossa crença a respeito dele. Jesus disse, se "...não vos tornardes como crianças..." (Mateus 18:3). A vida espiritual é como a vida de uma criança. Não estamos incertos quanto a Deus, mas incertos quanto ao que Ele fará em seguida. Se a nossa certeza estiver apenas em nossas crenças, desenvolvemos um senso de autojustificação, nos tornamos absurdamente críticos, e nos limitamos pela visão de que nossas crenças são completas e firmes. Porém, quando estabelecemos um relacionamento correto com Deus, a vida se enche de incertezas e expectativas alegres e espontâneas. Disse Jesus: "...crede também em mim" (João 14:1). Ele não disse: "Acreditai em certas coisas a meu respeito." Deixemos tudo com Deus; a maneira como Ele agirá será gloriosamente incerta, mas você pode ter toda a certeza de que Ele virá. Tão somente permaneça fiel a Ele.

30 DE ABRIL

Amor espontâneo

O amor não é premeditado, mas espontâneo; ele emerge de maneiras surpreendentes. Não há certeza exata na descrição que Paulo faz do amor. Não podemos predeterminar nossos pensamentos e ações dizendo: "Não vou mais pensar nada de mal; vou crer em todas as coisas nas quais Jesus quer que eu creia." Não, a característica do amor é a espontaneidade. Não pegamos deliberadamente as afirmações de Jesus e as designamos como um padrão; mas, quando o Seu Espírito nos controla, vivemos de acordo com Seu padrão sem nem sequer perceber. E quando olhamos para trás, nos surpreendemos sobre quanto não temos nos preocupado com as nossas emoções, o que demonstra claramente a espontaneidade do verdadeiro amor. A natureza de todas as expressões da vida de Deus em nós só é revelada depois que as vivenciamos, e que elas estão em nosso passado.

As fontes da quais jorram o amor estão em Deus, não em nós. É um absurdo pensar que o amor do Senhor está em nosso coração naturalmente, como resultado de nossa própria natureza. Seu amor está em nós apenas porque foi "...derramado em nosso coração pelo Espírito Santo..." (Romanos 5:5).

Se tentamos provar a Deus o quanto o amamos, isso é um sinal de que não o amamos realmente. A evidência de nosso amor por Ele é a absoluta espontaneidade do nosso amor, que flui naturalmente de Sua natureza dentro de

> *O amor é paciente, é benigno...*
>
> (1 Coríntios 13:4)

nós. E, quando olhamos para trás, não seremos capazes de dizer por que fizemos certas coisas, mas sabemos que as fizemos de acordo com a natureza espontânea do Seu amor em nós. A vida de Deus se manifesta desta forma espontânea porque as fontes do Seu amor estão no Espírito Santo.

1.º DE MAIO

Fé — não emoção

Por algum tempo, temos plena consciência do interesse de Deus por nós. Depois, porém, quando o Senhor começa a nos usar em Sua obra, começamos a assumir um olhar triste e a falar apenas de nossas dificuldades e provações. E, enquanto isso, Deus deseja que cumpramos nosso trabalho discretamente, longe dos holofotes. Se estivesse ao nosso alcance, nenhum de nós seria um servo espiritualmente anônimo. Será que somos capazes de cumprir nosso dever quando parece que Deus nos fechou a porta do céu? Alguns de nós desejamos ser santos resplandecentes com auréolas douradas no brilho da inspiração, e usufruir das atenções do povo de Deus o tempo todo. Um cristão seguro de si não tem valor para Deus; é anormal, inadequado para a vida diária e sem qualquer semelhança com o Senhor. Estamos aqui, não como anjos em formação, mas como homens e mulheres que lutam para realizar as tarefas deste mundo. E devemos realizá-las com um poder infinitamente maior para suportar a luta porque nascemos do alto.

> *...visto que andamos por fé e não pelo que vemos.*
>
> (2 CORÍNTIOS 5:14)

Se continuamente tentarmos trazer de volta os raros momentos de inspiração excepcional, isso é sinal de que não é Deus que desejamos. Estamos nos tornando obcecados pelos momentos em que o Senhor se fez presente em nossa vida e falou conosco, e insistindo que Ele o faça de novo. Contudo, o que Deus quer é que "andemos pela fé". Quantos de nós nos afastamos desanimados como se disséssemos: "Não conseguirei fazer mais nada enquanto Deus não se manifestar"? Mas Ele jamais fará isso. Devemos nos erguer sozinhos sem qualquer inspiração e sem um toque repentino de Deus. E para nossa surpresa, exclamaremos: "E não é que Ele esteve aqui o tempo todo, e eu não o percebi!" Jamais procure viver apenas em função daqueles momentos excepcionais; eles são surpresas. Deus nos dará toques de inspiração apenas quando perceber que não há o risco de sermos desviados por eles. Jamais devemos fazer dos nossos momentos de inspiração um padrão de vida — a nossa obra é o nosso padrão.

140   *Oswald Chambers*

A paciência de esperar a visão

A paciência não é sinônimo de indiferença; a paciência transmite a ideia de alguém muito forte e capaz de resistir a todos os ataques. Ter a visão de Deus é a fonte da paciência, porque é ela que nos transmite a inspiração divina verdadeira e adequada. Moisés perseverou, não pela dedicação aos seus princípios de justiça, nem pelo senso de dever a Deus, mas porque ele tinha uma visão de Deus. Moisés "...permaneceu firme como quem vê aquele que é invisível" (Hebreus 11:27). A pessoa que obtém a visão de Deus não se dedica a uma causa ou a uma questão particular qualquer — dedica-se ao próprio Deus. É sempre possível saber quando a visão é do Senhor por causa da inspiração que a acompanha. A inspiração vem até você com grandiosidade e traz vitalidade a sua vida, porque tudo é revigorado por Deus. Ele pode submetê-lo a um período de silêncio, assim como o Seu Filho experimentou durante a tentação no deserto. Quando Deus agir desse jeito, simplesmente persevere, e a força para resistir estará ali, à sua disposição, porque você tem uma visão do Senhor.

"Se tardar, espera-o...". A prova de que temos uma visão é que estamos buscando algo muito além do que já alcançamos. Não é bom sentir-se satisfeito espiritualmente. O salmista disse: "Que darei ao SENHOR? [...] Tomarei o cálice da salvação..." (Salmo 116:12,13). Nossa tendência é buscar a satisfação dentro de nós mesmos e dizer: "Agora entendi! Agora estou totalmente santificado; agora posso resistir!"

> *...se tardar, espera-o...*
> (HABACUQUE 2:3)

Instantaneamente, estamos na estrada para a ruína. Nossa busca deve exceder tudo quanto já alcançamos. Paulo disse: "Não que eu o tenha já recebido, ou tenha já obtido a perfeição; mas prossigo..." (Filipenses 3:12). Se o que temos é apenas o que experimentamos, na verdade, nada temos. Mas se temos a inspiração da visão de Deus — já temos mais do que podemos experimentar. Tenha cuidado com o grande perigo do relaxamento espiritual.

Intercessão vital

À medida que continuamos a interceder pelos outros, podemos descobrir que a nossa obediência a Deus em interceder custará àqueles por quem intercedemos mais do que jamais pudemos imaginar. O perigo nisto, é que começamos a interceder em empatia, com aqueles a quem Deus estava, gradualmente, elevando a uma posição totalmente diferente, em resposta direta às nossas orações. Sempre que recuamos de nos identificar com os interesses e preocupações de Deus pelos outros e temos apenas empatia emocional com eles, a conexão vital com Deus se desfaz. Agindo assim, colocamos no caminho a nossa empatia e preocupação por eles, e isso é uma afronta deliberada contra o agir de Deus.

> *...orando em todo tempo no Espírito...*
> (EFÉSIOS 6:18)

É impossível interceder de forma eficaz e vital sem estar perfeita e completamente seguro em Deus. E os maiores destruidores desse relacionamento de confiança com Ele, tão necessário para a intercessão, são as nossas empatias e impressões preconcebidas. A identificação com Deus é a chave para a intercessão, e sempre que deixamos de nos identificar com Ele, é por causa de nossa compaixão pelos outros, não do pecado. É pouco provável que o pecado irá interferir em nosso relacionamento intercessório com Deus; mas a empatia o fará. É a piedade por nós mesmos ou pelos outros que nos leva a dizer: "Não permitirei que isso aconteça." E, instantaneamente, estamos fora desse vínculo vital com Deus.

A intercessão vital não lhe deixa tempo nem inclinação para orar pelo "seu pobrezinho eu". Você não precisa lutar consigo mesmo para afastar a preocupação, porque esses pensamentos nem sequer estão presentes para serem afastados. Você se identifica completa e inteiramente com os interesses e preocupações de Deus pelos outros. O Senhor nos dá discernimento sobre a vida dos outros, a fim de nos chamar para interceder por eles, nunca para que possamos descobrir as falhas deles.

4 DE MAIO

A intercessão substitutiva

Tome cuidado para não pensar que intercessão significa levar nossas próprias afinidades e interesses pessoais à presença de Deus e, em seguida, exigir que Ele faça tudo quanto pedirmos. Nossa aproximação de Deus deve-se inteiramente à identificação vicária ou substitutiva do nosso Senhor com o pecado. Temos "…intrepidez para entrar no Santo dos Santos, pelo sangue de Jesus…".

A inflexibilidade espiritual é o maior obstáculo à intercessão, porque se baseia no "entendimento" de coisas que vemos em nós mesmos e nos outros e que achamos que não precisam de expiação. Pensamos que há certas coisas boas e virtuosas em cada um de nós, que não precisam da redenção obtida na Cruz de Cristo. Apenas a lentidão e a falta de interesse produzidos por esse tipo de mentalidade nos tornam incapazes de interceder. Passamos a não mais nos identificar com os interesses e preocupações de Deus em relação aos outros e nos irritamos com Ele. Ainda assim, as nossas próprias ideias estão sempre em prontidão, e a nossa intercessão torna-se apenas a glorificação das nossas afinidades pessoais. Temos que compreender que a identificação de Jesus com o pecado significa uma mudança radical de todas as nossas afinidades e interesses. A intercessão vicária, substitutiva, significa que deliberadamente substituímos nossas afinidades naturais com as pessoas pelo interesse de Deus por elas.

> *Tendo, pois, irmãos, intrepidez para entrar no Santo dos Santos, pelo sangue de Jesus…*
>
> (Hebreus 10:19)

Sou inflexível ou intercedo vicariamente? Desrespeitoso ou íntegro em meu relacionamento com Deus? Irritadiço ou espiritual? Estou determinado a fazer a minha própria vontade ou resolvido a identificar-me com Ele?

5 DE MAIO

O juízo e o amor de Deus

O servo cristão jamais pode esquecer que a salvação é uma ideia que partiu de Deus, não do homem; portanto, tem profundidade insondável. Salvação não é uma experiência, é a grande ideia de Deus. A experiência é simplesmente a porta pela qual a salvação entra em nosso consciente a fim de que tenhamos noção do que acontece num nível muito mais profundo. Nunca pregue a experiência — pregue a grande ideia de Deus que está por trás dessa experiência. Quando pregamos, não estamos simplesmente proclamando como as pessoas podem ser salvas do inferno e se tornarem puras e morais; estamos transmitindo as boas-novas sobre Deus.

Nos ensinamentos de Jesus Cristo, a questão do julgamento é sempre destacada — é sinal do amor de Deus. Nunca se compadeça de alguém que encontra dificuldades para chegar-se a Deus; a culpa não é de Deus. Não nos compete descobrir a razão dessa dificuldade, mas apenas apresentar a verdade do Senhor, de tal modo que o Espírito de Deus revele o que está errado. O grande teste de qualidade da nossa pregação é o fato de ela levar ou não todos a julgamento. Quando a verdade é anunciada, o Espírito de Deus traz cada pessoa face a face com o próprio Senhor.

> *Porque a ocasião de começar o juízo pela casa de Deus é chegada...*
> (1 PEDRO 4:17)

Se Jesus alguma vez nos tivesse ordenado fazer algo que Ele mesmo não nos capacitasse a cumprir, Ele seria um mentiroso. E se fizermos de nossa incapacidade uma pedra de tropeço ou uma desculpa para não obedecermos, significa que estamos dizendo a Deus que há algo que Ele ainda não levou em consideração. Cada traço de nossa autoconfiança deve ser aniquilado por meio do poder de Deus. O momento em que reconhecermos nossa fraqueza absoluta e nossa dependência dele, será o exato momento em que o Espírito de Deus manifestará o Seu poder.

Oswald Chambers

6 DE MAIO

Liberdade e os padrões de Jesus

O homem espiritual nunca exigirá que você "creia nisto ou naquilo"; ele demandará que você alinhe a sua vida aos padrões de Jesus. Não somos chamados para acreditar na Bíblia, mas para crer naquele que a Bíblia revela (João 5:39,40). Somos convocados para apresentar a liberdade para que os outros se tornem conscientes dela, e não para trazer-lhes liberdade para os seus pensamentos e opiniões. E se nós somos livres com a liberdade de Cristo, os outros irão conhecer essa mesma liberdade que vem da percepção do controle absoluto e da autoridade de Jesus Cristo.

Avalie sempre a sua vida apenas com base nos padrões de Jesus Cristo. Submeta-se ao Seu jugo, e ao dele somente; e nunca coloque sobre os outros um fardo que não seja o de Jesus Cristo. Deus precisa de muito tempo para nos livrar da teimosia de pensar que, a menos que todos pensem como nós, eles estarão errados. O ponto de vista de Deus nunca é esse. Existe apenas uma liberdade verdadeira — a liberdade de Jesus agindo em nossa consciência, capacitando-nos a fazer o que é certo.

Para a liberdade foi que Cristo nos libertou...

(GÁLATAS 5:1)

Não seja impaciente com os outros. Lembre-se de como Deus o tratou — com paciência e gentileza. Entretanto, nunca dilua a verdade divina. Deixe-a agir e jamais se desculpe por ela. Jesus disse: "Ide [...] fazei *discípulos*..." (Mateus 28:19), não "fazei adeptos dos seus próprios pensamentos e opiniões."

7 DE MAIO

Edificando para a eternidade

O nosso Senhor não estava se referindo aqui aos custos que teríamos de avaliar, mas a um custo que Ele próprio já tinha calculado. O custo foi os 30 anos em Nazaré, os três anos de popularidade, o escândalo e ódio, a insondável agonia que Ele experimentou no Getsêmani, e as investidas contra Ele no Calvário — ponto central a partir do qual todo o tempo e eternidade passa a se desenrolar. Jesus Cristo avaliou o custo. Em última análise, as pessoas não rirão dele nem afirmarão: "...Este homem começou a construir e não pôde acabar" (Lucas 14:30).

As condições para o discipulado, estabelecidas pelo próprio Senhor Jesus nos versículos 26,27 e 33, significam que os homens e as mulheres que Ele vai usar nos Seus poderosos empreendimentos são aqueles nos quais Ele já realizou tudo o que era necessário. "Se alguém vem a mim e não aborrece a seu pai, e mãe, e mulher, e filhos, e irmãos, e irmãs e ainda a sua própria vida, *não pode ser meu discípulo*" (Lucas 14:26). Este versículo nos ensina que nosso Senhor só usará em Seus empreendimentos aqueles que o amam pessoalmente, apaixonadamente, e com grande devoção — aqueles cujo amor por Ele vai bem além de qualquer um dos relacionamentos mais íntimos na terra. As condições são rigorosas, porém gloriosas.

> *Pois qual de vós, pretendendo construir uma torre, não se assenta primeiro para calcular a despesa e verificar se tem os meios para concluir?*
>
> (LUCAS 14:28)

Tudo o que construirmos será inspecionado por Deus. Quando o Senhor nos inspecionar, com Seu fogo perscrutador e purificador, irá detectar que edificamos com o nosso próprio esforço sobre o alicerce de Jesus (1 Coríntios 3:10-15)? Estamos vivendo numa época de empreendimentos extraordinários, dias em que estamos tentando trabalhar para Deus, e aí é que se encontra a armadilha. Falando francamente, jamais podemos trabalhar para Deus. Jesus, como o Construtor por excelência, é quem assume o comando de nossa vida a fim de que possa nos dirigir e controlar completamente para os *Seus* empreendimentos e *Seus* planos de construção; e ninguém tem qualquer direito de exigir o local onde será colocado para trabalhar.

146   *Oswald Chambers*

8 DE MAIO

Fé para perseverar

Perseverança significa mais do que resistência — mais do que simplesmente resistir até o fim. A vida do santo está nas mãos de Deus assim como o arco e a flecha estão nas mãos de um arqueiro. Deus aponta com Sua mira para algo que o santo não pode ver, mas o nosso Senhor continua esticando a linha e envergando o arco, e de vez em quando o santo diz: "Não aguento mais." Porém, Deus não lhe dá atenção. Continua a entesar cada vez mais o arco até mirar bem o Seu alvo e, então, dispara e deixa a flecha voar. Coloque-se nas mãos de Deus. Existe alguma área da sua vida em que precisa de perseverança agora? Persista em seu relacionamento íntimo com Jesus Cristo pela perseverança da fé. Da mesma maneira que Jó, declare: "Embora ele me mate, ainda assim esperarei nele; certo é que defenderei os meus caminhos diante dele" (Jó 13:15 NVI).

A fé não é emoção fraca e lamentável, mas confiança forte e vigorosa, alicerçada no fato de que Deus é amor santo. E mesmo que não possa vê-lo neste momento, nem compreender o que Ele está realizando, você o conhece. O infortúnio ocorre em sua vida quando lhe falta equilíbrio espiritual, que advém de firmar-se sobre a eterna verdade de que Deus é amor santo. A fé é o esforço supremo da sua vida — lançar-se com abandono e confiança total em Deus.

Deus ousou arriscar tudo em Jesus Cristo para salvar-nos. Agora Ele quer que nos entreguemos completamente, com confiança ilimitada nele. Há áreas em nossa vida nas quais essa fé ainda não agiu, aspectos que nunca foram tocados pela vida de Deus. Na vida de Jesus Cristo, não havia nenhuma dessas áreas, e nem deve haver em nossa vida. Jesus orou: "E a vida eterna é esta: que te conheçam a ti..." (João 17:3). O verda-

> *Porque guardaste a palavra da minha perseverança...*
>
> (APOCALIPSE 3:10)

deiro significado da vida eterna é o de uma vida que pode enfrentar o que tiver que enfrentar, sem vacilar. Se assimilarmos este ponto de vista, a vida se tornará uma bela história, uma gloriosa oportunidade de vermos coisas maravilhosas o tempo inteiro. Deus está nos corrigindo para nos colocar neste lugar central do poder.

9 DE MAIO

Indo além do nosso alcance

Existe uma boa diferença entre ater-se a um princípio e ter uma visão. O princípio não vem da inspiração moral; mas a visão, sim. As pessoas que se entregam totalmente a princípios idealistas raramente fazem algo concreto. A concepção que alguém tem de Deus e de Seus atributos pode até ser usada para justificar e racionalizar uma deliberada negligência de seu dever. Jonas tentou desculpar-se por sua desobediência dizendo: "...pois sabia que és Deus clemente, e misericordioso, e tardio em irar-se, e grande em benignidade, e que te arrependes do mal..." (Jonas 4:2).

Não havendo profecia [ou visão profética] o povo se corrompe...

(PROVÉRBIOS 29:18)

Eu também posso ter uma concepção correta de Deus e Seus atributos, mas essa pode ser exatamente a razão de não cumprir meu dever. Mas, onde existe a visão, há uma vida de honestidade e integridade, porque a visão me dá o incentivo moral.

Nossos princípios idealistas podem nos conduzir calmamente à ruína. Examine-se espiritualmente para ver se você tem visão ou apenas princípios.

*Ah, o alcance do homem deveria superar o limite
do que suas mãos podem tocar
Ou então, para que existe o céu?*

"Não havendo profecia [ou visão profética]...". Assim que perdemos Deus de vista começamos a ficar negligentes. Deixamos de lado algumas restrições de atividades que sabemos que são erradas. Também deixamos a oração de lado e deixamos de ter a visão de Deus nas pequenas coisas da vida. Começamos, simplesmente, a agir por conta própria. Se estamos vivendo apenas daquilo que conseguimos com as nossas mãos, agindo por nossa própria iniciativa, sem esperar de Deus e de Suas intervenções, estamos descendo a ladeira. Perdemos a visão. A nossa atitude hoje, flui de nossa visão de Deus? Esperamos que o Senhor faça coisas maiores do que já tem feito até hoje? Demonstramos vigor e vitalidade espiritual?

10 DE MAIO

Tome a iniciativa!

Associai significa que devemos fazer algo. E corremos o risco de esquecer que não podemos fazer o que Deus faz, e que Deus não fará aquilo que nós podemos fazer. Não podemos nem nos salvar nem nos santificar — Deus faz isso. Entretanto, Ele não nos dará bons hábitos ou caráter, e não nos forçará a andar corretamente diante dele. Temos que fazer tudo isso por nossa iniciativa; temos de "desenvolver" a nossa "própria salvação" que Deus realizou *em* nós (Filipenses 2:12). *Associar* significa que devemos adquirir o hábito de fazer certas coisas, e isso é difícil nos estágios iniciais. Tomar a iniciativa é dar o primeiro passo — é nos instruirmos nos caminhos que devemos seguir.

Cuidado com a tendência de perguntar qual é o caminho, quando você já o conhece perfeitamente bem. Tome a iniciativa — pare de hesitar — dê o primeiro passo. Seja determinado para agir imediatamente por fé naquilo que Deus lhe diz quando Ele fala, e nunca reconsidere ou altere as suas decisões iniciais. Se você hesita quando Deus lhe diz para fazer algo, está sendo negligente, desprezando a graça que o sustenta. Tome a iniciativa, tome a sua decisão agora, e não retroceda. Não volte atrás, mas diga: "*Vou* escrever essa carta" ou "*Vou* pagar esse débito". Aja! Torne isso irrevogável.

> *...associai [...] a vossa fé a virtude...*
>
> (2 PEDRO 1:5)

Precisamos adquirir o hábito de ouvir atentamente o que Deus tem a dizer sobre todas as coisas, tendo o cuidado de habituar-nos a descobrir o que Ele diz e, então, praticá-lo. Se, quando as crises se abaterem sobre nós, instintivamente nos voltarmos para Deus, saberemos então que esse hábito já se formou em nós. Temos de tomar a iniciativa no local em que *estamos* e, não onde ainda não estivemos.

11 DE MAIO

Amem-se uns aos outros

O amor é algo indefinido para a maioria de nós; não sabemos o que queremos dizer quando falamos sobre ele. O amor é a mais elevada preferência de uma pessoa por outra. No campo espiritual, Jesus exige que esta preferência soberana seja por Ele (Lucas 14:26). Inicialmente, quando o "...amor de Deus é derramado em nosso coração pelo Espírito Santo..." (Romanos 5:5), é fácil colocar Jesus Cristo em primeiro lugar. Mas então devemos colocar em prática as atitudes mencionadas no primeiro capítulo de 2 Pedro para vê-las sendo realizadas em nossa vida.

A primeira coisa que Deus faz é exterminar da minha vida a falta de sinceridade, o orgulho e a vaidade. E o Espírito Santo revela a mim que Deus me amou, não porque eu fosse digno de ser amado, mas porque Sua natureza é amar. Agora, Ele ordena que eu mostre este mesmo amor aos outros, ao dizer: "...ameis uns aos outros, assim como eu vos amei" (João 15:12). Ele está dizendo: "Eu o cercarei de muitas pessoas a quem você pode não respeitar, mas deve demonstrar-lhes o meu amor, do mesmo modo que o manifestei a você." Este tipo de amor nunca será um amor condescendente pelos que são difíceis de amar — é o amor de Deus, e não será evidenciado em nós da noite para o dia. Alguns de nós podemos ter tentado forçá-lo, mas logo nos cansamos e frustramos.

"[O] Senhor é paciente [...] é longânimo para convosco, não querendo que ninguém pereça..." (2 Pedro 3:9). Devo olhar para dentro de mim mesmo e lembrar a maneira maravilhosa com que Ele me tratou. A profunda compreensão de que Deus me amou além de todos os limites me fará sair pelo mundo para amar os outros do mesmo modo. Posso me sentir irritado por ter de conviver com alguém difícil. Mas pense apenas em como tenho sido igualmente desagradável a Deus! Estou disposto a identificar-me de tal maneira com o Senhor Jesus de modo que a Sua vida e brandura fluam continuadamente por meu intermédio? O amor natural e o amor de Deus não permanecerão e crescerão em mim a não ser que sejam cultivados. O amor é espontâneo, mas deve ser cultivado por meio da disciplina.

> *...associai [...] a fraternidade, o amor.*
>
> (2 PEDRO 1:5,7)

12 DE MAIO

O hábito de não ter hábitos

Quando começamos a adquirir um hábito, temos total consciência disso. Há ocasiões em que percebemos que estamos nos tornando virtuosos e reverentes, mas essa consciência deveria ser apenas uma etapa pela qual passamos com rapidez à medida que crescemos espiritualmente. Se pararmos neste estágio, desenvolveremos um senso de orgulho espiritual. A maneira correta de lidar com os hábitos de natureza espiritual é imergi-los na vida do Senhor até que se tornem expressões tão espontâneas de nossa vida, que nem mais os percebemos. Nossa vida espiritual nos faz, continuamente, voltar nossa atenção para nosso interior com o propósito do autoexame, pois cada um de nós possui qualidades que ainda não foram incluídas em nossa vida.

Porque estas coisas, existindo em vós em vós aumentando, fazem com que não sejais nem inativos...

(2 PEDRO 1:8)

O seu deus pode ser apenas o seu pequeno hábito cristão, como o de orar ou ler a Bíblia em determinados momentos do dia. Observe como o Seu Pai desordenará esses compromissos, se você começar a adorar o seu hábito, ao invés do que o hábito simboliza. Podemos dizer: "Não posso fazer isso agora; pois essa é a minha hora de estar a sós com Deus." Não, esse não é seu momento com Deus, é a hora de você estar com seu hábito. Há uma qualidade que ainda lhe falta. Identifique essa deficiência e então procure por oportunidades de desenvolver a virtude que ainda falta em sua vida.

Quando existe amor não há hábitos visíveis — os seus hábitos estão tão imersos no Senhor que você os pratica sem perceber. Se você tiver consciência da sua própria santidade, imporá limitações a si mesmo e achará que não pode fazer certas coisas — das quais Deus não o está restringindo. Isso significa que está faltando uma qualidade que precisa ser adicionada à sua vida. A única vida sobrenatural é a que o Senhor Jesus viveu, e Ele sentia-se plenamente à vontade com Deus em qualquer lugar. Há algum lugar no qual você não se sinta à vontade com Deus? Permita que o Senhor aja por meio de qualquer circunstância particular até que você amadureça nele, e incorpore as qualidades do Senhor em seu viver diário. Assim, a sua vida se tornará como a vida simples de um filho com seu Pai.

TUDO PARA ELE   151

13 DE MAIO

O hábito de manter a consciência limpa

Os mandamentos de Deus para nós, na verdade, são dados para a vida de Seu Filho em nós. Consequentemente, para a nossa natureza humana na qual Seu Filho foi formado (Gálatas 4:19), Seus mandamentos são difíceis. Mas eles se tornam divinamente fáceis, uma vez que os obedeçamos.

A consciência é aquela habilidade em mim que se une ao padrão mais elevado que conheço, e em seguida, relembra-me continuamente o que esse padrão exige que eu faça. É como os olhos da alma que se direcionam a Deus ou para o que consideramos como o padrão mais elevado. Isto explica por que a consciência é diferente em pessoas diferentes. Se tenho o hábito de manter o padrão de Deus diante de mim, minha consciência sempre me dirigirá à lei perfeita de Deus e indicará o que devo fazer. A pergunta é — obedecerei? Tenho de esforçar-me para manter minha consciência tão sensível para que possa viver sem ofender ninguém. Devo viver em harmonia tão perfeita com o Filho de Deus ao ponto de o espírito do meu entendimento ser renovado a cada circunstância da vida, e eu ser capaz de imediatamente experimentar "...qual seja a boa, agradável e perfeita vontade de Deus" (Romanos 12:2; Efésios 4:23).

> *...me esforço por ter sempre consciência pura diante de Deus e dos homens.*
>
> (ATOS 24:16)

Deus sempre nos instrui nos mínimos detalhes. Meus ouvidos são sensíveis o suficiente para ouvir até ao mais leve sussurro do Espírito, a ponto de saber o que devo fazer? "E não entristeçais o Espírito de Deus..." (Efésios 4:30). Ele não fala com a voz de um trovão — Sua voz é tão suave que podemos facilmente ignorá-la. A única coisa que mantém a nossa consciência sensível a Ele é o hábito contínuo de conservar o nosso coração aberto a Deus. Quando começar a questionar, pare imediatamente. Não pergunte: "Por que não posso fazer isto?", você está no caminho errado. Não é possível argumentar quando a consciência fala. Seja o que for — livre-se disso e mantenha clara a sua visão interior.

14 DE MAIO

O hábito de alegrar-se na adversidade

Temos de desenvolver hábitos santos para expressar o que a graça de Deus tem feito em nós. Não é apenas uma questão de ser salvo do inferno, mas de ser salvo para que "...também a sua vida se manifeste em nosso corpo". A adversidade nos faz manifestar Sua vida em nosso corpo mortal. A minha vida está manifestando a essência da doçura do Filho de Deus, ou apenas a irritação básica do "meu eu" que existiria mesmo sem Ele? A única coisa que me capacitará a apreciar a adversidade é o profundo desejo de permitir que a vida do Filho de Deus se torne evidente em mim. Não importa o quão difícil algo possa ser, devo dizer: "Senhor, sinto-me feliz por obedecer-lhe nisto." Instantaneamente, o Filho de Deus se moverá à frente da minha vida e manifestará, em meu corpo, aquilo que o glorifica.

> *...para que também a sua vida se manifeste em nosso corpo.*
>
> (2 CORÍNTIOS 4:10)

Você não deve argumentar. No momento em que você obedece à luz de Deus, Seu Filho brilha por seu intermédio nessa mesma adversidade; mas, se você argumentar com Deus, entristecerá o Seu Espírito (Efésios 4:30). Deve manter-se sempre em condições apropriadas que permitam que a vida do Filho de Deus se manifeste em você, o que não acontecerá se der espaço à autocomiseração. Nossas circunstâncias são os meios que Deus usa para demonstrar quão maravilhosamente perfeito e extraordinariamente puro é Seu Filho. Encontrar uma nova maneira de manifestar o Filho de Deus deveria fazer nosso coração vibrar com renovado entusiasmo. Uma coisa é optar pela adversidade; e outra bem diferente é aceitá-la por meio da orquestração de nossas circunstâncias pela soberania de Deus. E se Deus permite um infortúnio, Ele mesmo, é adequadamente suficiente para suprir "...cada uma de vossas necessidades" (Filipenses 4:19).

Mantenha sua alma bem condicionada para manifestar a vida do Filho de Deus. Não viva das suas memórias do passado, mas permita que a Palavra de Deus seja sempre viva e atuante em você.

TUDO PARA ELE   153

15 DE MAIO

O hábito de estar à altura da situação

Lembre-se de que você foi salvo para que a vida de Jesus possa ser manifestada em seu corpo (2 Coríntios 4:10). Concentre toda a sua energia no objetivo de alcançar tudo o que sua eleição como filho de Deus lhe provê; esteja à altura de qualquer situação que possa surgir em seu caminho.

Você nada fez para alcançar a sua salvação, mas deve fazer algo para manifestá-la. Precisa *"desenvolver* a sua salvação", a qual Deus já realizou *em* você (Filipenses 2:12). Será que o seu modo de falar, o seu jeito de pensar e as suas emoções evidenciam que você já está trabalhando nesse "desenvolvimento"? Se ainda continua sendo a mesma pessoa miserável, ranzinza, teimosa, então mente quando diz que Deus o salvou e santificou.

Deus é o Projetista por excelência, e Ele permite as adversidades em sua vida para ver se você consegue superá-las adequadamente — "...com o meu Deus salto muralhas" (Salmo 18:29). Deus nunca o isentará das exigências pelo fato de ser Seu filho ou filha. O texto de 1 Pedro 4:12 afirma: "Amados, não estranheis o fogo ardente que surge no meio de vós, destinado a provar-vos, como se alguma coisa extraordinária vos estivesse acontecendo". Esteja à altura dos desafios — faça o que lhe é exigido. Não importa o quanto isso o fira, contanto que dê a Deus a oportunidade de manifestar a vida de Jesus em seu corpo.

> *...para saberdes qual é a esperança do seu chamamento...*
>
> (EFÉSIOS 1:18)

Que Deus não ache mais reclamações em qualquer um de nós, mas vigor espiritual — prontidão para enfrentar qualquer coisa que Ele mesmo trouxer em nosso caminho. O único objetivo justo da vida é manifestar o Filho de Deus; e quando isto acontece, todas as nossas exigências a Deus desaparecem. Nosso Senhor nunca fez exigências ao Seu Pai, e nós não devemos fazê-las. Estamos aqui para nos submetermos à Sua vontade, a fim de que Ele possa efetuar em nós o que desejar. Uma vez que percebemos isto, Ele nos fará "pão partido" e "vinho derramado" com o qual alimentará e nutrirá outros.

16 DE MAIO

O hábito de reconhecer a provisão de Deus

Somos feitos "coparticipantes da natureza divina" recebendo e partilhando a própria natureza de Deus por meio de todas as Suas promessas. Em seguida, temos de desenvolver essa mesma natureza divina em nossa natureza humana desenvolvendo hábitos de natureza espiritual. O primeiro hábito a ser desenvolvido é o hábito do reconhecimento da provisão de Deus em favor de nós. Dizemos, no entanto: "Ó, não tenho condições para isso." Uma das mentiras mais destrutivas está escondida nessa declaração. Falando assim, até parece que nosso Pai celestial nos abandonou e nos deixou sem um centavo. Pensamos que se trata de um sinal de verdadeira humildade dizer no final do dia: "Bem, consegui sobreviver; mas foi uma batalha árdua." No entanto, a totalidade do Deus todo-poderoso é nossa no Senhor Jesus! Ele alcançará a estrela mais distante e o último grão de areia para nos abençoar se lhe obedecermos. Será que importa mesmo que nossas circunstâncias sejam complicadas? Por que não poderiam ser? Se dermos espaço à autocomiseração e passarmos a ter prazer no sofrimento, removemos as riquezas de Deus da nossa vida e impedimos que outros usufruam dessa mesma provisão. Nenhum pecado é pior do que a autocomiseração, porque ela retira Deus do trono da nossa vida, substituindo-o por nossos interesses egoístas. Tal atitude faz a nossa boca se abrir só para reclamar, e assim nos tornamos esponjas espirituais — sempre absorvendo, nunca doando e jamais satisfeitos. E nada há de generoso ou de bondoso em nossa vida.

> *…para que por elas vos torneis coparticipantes da natureza divina…*
>
> (2 PEDRO 1:4)

Antes de Deus agradar-se de nós, Ele nos tirará tudo quanto chamamos de riqueza até que aprendamos que somente Ele é a nossa Fonte; como disse o salmista: "…Todas as minhas fontes são em ti" (Salmo 87:7). Se a majestade, graça e poder de Deus não estiverem sendo manifestos em nós, Deus nos responsabiliza por isso. "Deus pode fazer-vos abundar em toda graça, a fim de que […] superabundeis…" (2 Coríntios 9:8). Então, aprenda a distribuir a graça de Deus aos outros, entregando-se com generosidade. Seja notado e identificado com a natureza de Deus em sua vida, e as bênçãos do Senhor fluirão de você o tempo todo.

TUDO PARA ELE

17 DE MAIO

A ascensão de Jesus e o nosso acesso

Não temos nenhuma experiência em nossa vida que correspon-da aos eventos da vida do Senhor após a transfiguração. A partir desse momento crucial, a vida dele tornou-se inteiramente vicária. Até o momento da transfiguração, Ele tinha demonstrado a vida normal e perfeita de um homem. Deste momento em diante — Getsêmani, a Cruz, a Ressurreição — tudo se torna estranho para nós. Sua Cruz é a porta pela qual todos os membros da raça humana podem ter acesso à vida de Deus; pela ressurreição, Cristo tem o direito de dar a vida eterna a qualquer pessoa, e, pela ascensão, o nosso Senhor entra no céu e mantém a porta aberta para a humanidade.

A transfiguração completou-se no Monte da Ascensão. Se Jesus tivesse subido ao céu diretamente, partindo do Monte da Transfiguração, teria ido sozinho. Ele não teria sido mais do que uma gloriosa Personalidade. Contudo, Ele deu as costas à glória e desceu do monte para identificar-se com a humanidade decaída.

> *Aconteceu que, enquanto os abençoava, ia-se retirando deles, sendo elevado para o céu.*
>
> (LUCAS 24:51)

A ascensão é a perfeita consumação da transfiguração. O nosso Senhor retornou à Sua glória original, não simplesmente como o Filho de Deus — Ele retornou para o Seu Pai como o Filho do Homem também. Pela ascensão do Filho do Homem, qualquer um tem, agora, acesso livre e direto ao próprio trono de Deus. Como Filho do Homem, Jesus Cristo deliberadamente limitou a Sua onipotência, onipresença e onisciência. Mas hoje tudo isso está sob Seu pleno e absoluto poder. Como Filho do Homem, Jesus Cristo tem todo poder junto ao trono de Deus. Desde a ascensão, Ele é o Rei dos reis e o Senhor dos senhores.

Oswald Chambers

18 DE MAIO

Vivendo de modo simples, mas com propósito

"Considerai como crescem os lírios do campo: eles não trabalham nem fiam" — eles simplesmente *existem*! Pense no mar, no ar, no sol, nas estrelas e na lua — eles simplesmente existem também. Que ministério e serviço eles proporcionam em favor de todos nós! Muitas vezes, enfraquecemos a influência de Deus, que Ele gostaria de exercer por intermédio de nós, por causa dos nossos esforços conscientes para sermos firmes e úteis. Jesus diz que só existe um meio de crescer e se desenvolver espiritualmente — focando-se e concentrando-se em Deus. Em essência, Jesus estava comunicando: "Não se preocupe em ser útil aos outros; antes, creia em Mim." Em outras palavras, preste atenção à Fonte, e "...do seu interior fluirão rios de água viva" (João 7:38). Não podemos descobrir a fonte de nossa vida natural nem pela lógica nem pela razão, e Jesus quis ensinar, com essas palavras, que o crescimento em nossa vida espiritual não depende de se focar apenas no crescimento, mas de se concentrar no Pai celestial. Ele conhece as circunstâncias que nos cercam; e se permanecermos centrados nele, cresceremos espiritualmente apesar das circunstâncias — assim como os "lírios do campo".

> *Observai as aves do céu [...]. Considerai como crescem os lírios do campo...*
>
> (MATEUS 6:26,28)

As pessoas que mais nos influenciam não são as que nos atrapalham com seu discurso ininterrupto, mas as que vivem como as estrelas no céu e como "os lírios do campo" em simplicidade e sem ostentação. São essas as vidas que nos moldam e aperfeiçoam.

Se você deseja ser útil a Deus, mantenha um relacionamento adequado com Jesus Cristo e permaneça focado nele. Ele o fará ser útil em cada minuto da sua vida — mesmo que você não tenha a plena consciência de estar sendo usado por Ele.

19 DE MAIO

Livre da destruição, me levanto

Deus não mantém Seu filho imune aos problemas; Ele promete: "…na sua angústia eu estarei com ele…" (Salmo 91:15). Por mais graves e palpáveis que sejam as adversidades, nada jamais pode separá-lo do seu relacionamento com Deus. "*Em* todas estas coisas, porém, somos mais que vencedores…" (Romanos 8:37). Paulo não estava se referindo a situações hipotéticas, mas a incidentes perigosamente reais. E ele disse que somos muito "mais que vencedores" no meio delas, não pela nossa esperteza nem pela nossa coragem, mas porque nada disso afeta o nosso relacionamento essencial com Deus em Jesus Cristo. Lamento pelo cristão que não tenha algo indesejável, nas circunstâncias de sua vida.

Quem nos separará do amor de Cristo?…

(Romanos 8:35)

"Será tribulação…?" A tribulação jamais é evento bem-vindo; mas a aflição, seja lá qual for — exaustiva, enervante, ou simplesmente causando alguma fraqueza — não é capaz de "nos separar do amor de Cristo". Nunca permita que as tribulações ou os "cuidados desse mundo" o separem da certeza de que Deus o ama (Mateus 13:22).

"Ou […] angústia…?" O amor de Deus poderá nos sustentar e ainda manter-se em nós, mesmo quando tudo parece nos dizer que o Seu amor é uma mentira e que essa virtude chamada justiça não mais existe?

"Ou […] fome…?" Poderemos não apenas crer no amor de Deus, mas também ser "mais do que vencedores" mesmo quando estivermos famintos?

Ou Jesus Cristo é um mentiroso e Paulo foi enganado por Ele, ou algo extraordinário realmente acontece àquele que se firma no amor de Deus, quando tudo parece contrário. A lógica silencia-se diante de cada uma destas circunstâncias que vêm contra ele. Somente uma única coisa pode fazer diferença: *o amor de Deus em Jesus Cristo*. "Livre da destruição, me levanto!" todas as vezes.

20 DE MAIO

Ganhando a nossa própria alma

Ao nascer de novo, a pessoa salva enfrenta um período em que seu pensamento ou raciocínio segue em outra direção, diferente da anterior. Devemos aprender a expressar esta nova vida dentro de nós, o que acontece quando desenvolvemos a mente de Cristo (Filipenses 2:5). O texto de Lucas 21:19 afirma que ganhamos a nossa alma pela paciência. Entretanto, muitos dentre nós preferem permanecer no limiar da vida cristã, em vez de seguir em frente e edificar a alma de acordo com a nova vida que Deus colocou em nós. Falhamos porque somos ignorantes sobre a maneira como Deus nos fez, atribuímos nossas falhas ao diabo, mas elas resultam de nossa natureza própria e indisciplinada. Pense apenas no que poderíamos ser se despertássemos para a verdade!

Há certas coisas na vida pelas quais não precisamos orar — por nosso mau humor, por exemplo. Jamais ficaremos livres do mau humor pela oração, mas nos livraremos dele expulsando-o a pontapés da nossa vida. A disposição quase sempre tem a ver com alguma condição física, não com o nosso homem interior. É uma luta contínua não dar lugar ao mau humor que surge como resultado da condição física, mas não devemos nos submeter a ele nem por um segun-

> *É na vossa perseverança que ganhareis a vossa alma.*
>
> (LUCAS 21:19)

do. Temos de nos agarrar pelo colarinho e nos sacudirmos; assim, descobriremos que podemos fazer tudo o que pensávamos que não iríamos conseguir. O problema que aflige a maioria de nós é a simples decisão de *não* agir. A vida cristã é uma vida de determinação e coragem espiritual, vivida em nossa carne.

TUDO PARA ELE

21 DE MAIO

Tendo a fé "ilógica" que vem de Deus

Ao olharmos para estas palavras de Jesus, descobrimos ser a afirmação mais revolucionária que os ouvidos humanos jamais ouviram: "...buscai, pois, em primeiro lugar, o seu reino...". Até aqueles que se consideram mais espirituais argumentam em sentido contrário, dizendo:

> *...buscai, pois, em primeiro lugar, o seu reino e a sua justiça, e todas estas coisas vos serão acrescentadas.*
>
> (MATEUS 6:33)

"Mas eu *devo* viver; devo ganhar certo montante de dinheiro que pague minhas despesas; devo me vestir; devo me alimentar." A grande preocupação da nossa vida não é o reino de Deus, mas como supriremos as nossas necessidades. Jesus inverteu a ordem nos dizendo para primeiro acertarmos o nosso relacionamento com Deus, permitindo que isso se torne nossa prioridade, e nunca nos preocuparmos em cuidar com os demais aspectos da vida.

"[Não] andeis ansiosos pela vossa vida..." (Mateus 6:25). O nosso Senhor destacou que, a partir de Seu ponto de vista, é absolutamente insensato ficarmos ansiosos, preocupando-nos com a nossa sobrevivência. Jesus não disse que aquele que não se preocupa com nada é bem-aventurado — não, tal pessoa é tola. Mas Jesus *ensinou* que o discípulo deve tornar o seu relacionamento com Deus o centro dominante da sua vida e viver cuidadosamente despreocupado com tudo o mais em comparação com o Senhor. Na essência, Jesus estava dizendo: "Não permita que o alimento e a bebida controlem sua vida, mas se entregue totalmente a Deus." Algumas pessoas se mostram descuidadas com o que comem e bebem e sofrem por causa disso; são desleixadas com o que vestem e se apresentam de maneira inadequada; não cuidam bem dos seus negócios terrenos, e Deus as responsabiliza por isso. Jesus está dizendo que a maior preocupação da vida é colocar o nosso relacionamento com Deus em primeiro lugar, e o restante em segundo.

É uma das mais difíceis, no entanto, a mais crítica disciplina da vida cristã — permitir que o Espírito Santo nos coloque em absoluta harmonia com os ensinamentos que Jesus nos deixou nestes versículos.

Oswald Chambers

22 DE MAIO

A explicação para as nossas dificuldades

Se você estiver passando por um momento de solidão, aparentemente totalmente sozinho, leia João 17. Ele explica exatamente por que você está onde está — porque Jesus orou para que você pudesse ser "um" com o Pai, assim como Ele é. Você está ajudando Deus a responder essa oração, ou tem algum outro objetivo na vida? Visto que se tornou um discípulo, já não pode ser mais tão independente quanto costumava ser.

Deus revela em João 17 que o Seu propósito não é apenas atender as nossas orações, mas que, por meio da oração, possamos ter o discernimento da Sua mente. No entanto, há uma oração que Deus deve responder, e essa é a oração de Jesus — "...para que sejam um, como nós o somos" (João 17:22). Estamos unidos a Jesus Cristo dessa maneira?

Deus não está preocupado com os nossos planos; Ele não pergunta: "Você quer passar pela perda de um ente querido, por esta aflição ou derrota?" Não, Ele permite que tais coisas aconteçam para o cumprimento dos Seus planos. As circunstâncias que passamos ou nos tornam pessoas mais dóceis, melhores, mais nobres, ou nos deixam mais teimosos e críticos e mais insistentes em nossas vontades. As coisas que acontecem nos tornam ou mais malignos ou mais santos, dependendo inteiramente de nosso relacionamento íntimo com Deus. Se orarmos, em relação a nossa vida "...faça-se a tua vontade" (Mateus 26:42), seremos encorajados e consolados pelo texto de João 17, sabendo que nosso Pai está agindo de acordo com a Sua própria sabedoria e realizando o melhor. Quando compreendermos o propósito de Deus, não nos tornaremos mesquinhos e cínicos. Jesus orou para que tivéssemos absoluta unicidade com Ele, assim como Ele tinha com o Pai. Alguns de nós estão muito longe desta união perfeita; mesmo assim, Deus não nos desamparará até *sermos* um com Ele, porque Jesus orou: "...a fim de que *todos* sejam um...".

> *...a fim de que todos sejam um; e como és tu, ó Pai, e mim e eu em ti, também sejam eles em nós...*
>
> (João 17:21)

23 DE MAIO

Nossa incredulidade

Jesus resumiu a ansiedade de um discípulo com as circunstâncias comuns da vida como *incredulidade*. Se recebemos o Espírito de Deus, Ele nos tocará e sentiremos como se nos perguntasse: "Onde entro neste relacionamento, nestas férias que você está programando, ou nestes novos livros que pretende ler?". Ele sempre insistirá no mesmo ponto de vista, até que aprendamos a fazer dele nosso interesse primordial. Sempre que colocamos outras coisas em primeiro lugar, há confusão.

> *...não andeis ansiosos pela vossa vida, quanto ao que haveis de comer ou beber, nem pelo vosso corpo, quanto ao que haveis de vestir...*
>
> (MATEUS 6:25)

"[Não] andeis ansiosos pela vossa vida...". Não carregue o peso da preocupação com o seu sustento. Sentir ansiedade não apenas é errado, mas também é uma atitude de incredulidade; a preocupação demonstra que não acreditamos que Deus é capaz de cuidar dos detalhes práticos da nossa vida, e isso é o que mais nos preocupa. Você já notou o que Jesus disse que sufocaria a Palavra que Ele colocou em nós? O diabo? Não; "...os cuidados do mundo..." (Mateus 13:22). São sempre as pequenas preocupações. Dizemos: "Não vou confiar enquanto não puder ver" — é nesse momento em que começa a incredulidade. A única cura para a incredulidade é a obediência ao Espírito.

A grande mensagem de Jesus aos Seus discípulos é "...não andeis ansiosos...".

24 DE MAIO

A alegria do desespero

Pode acontecer que, como o apóstolo João, você também conheça Jesus Cristo intimamente. E quando Ele de súbito lhe aparece com características completamente desconhecidas, a única coisa que você consegue fazer é cair "...a seus pés como morto...". Há ocasiões em que Deus não pode manifestar-se de outra forma a não ser em Sua majestade. E é o assombro dessa visão que nos leva ao prazer do desespero. Você experimenta esta alegria na falta de esperança, percebendo que se deve ser levantado, isto deve ocorrer pela mão de Deus.

"[Ele] pôs sobre mim a mão direita..." (Apocalipse 1:17). Em meio à grandiosidade, surge um toque, e você sabe que é a mão direita de Jesus Cristo. Você sabe que não é a mão da restrição, da correção nem da punição, mas a mão direita do Eterno Pai. Sempre que a Sua mão está sobre você, a sensação é de paz e consolo inefáveis, de que "...por baixo de ti, estende os braços eternos..." (Deuteronômio 33:27), cheio de apoio, provisão, conforto e força. Uma vez que você sente o Seu toque, nada mais pode amedrontá-lo. Em meio a toda aquela glória da Sua ascensão, o Senhor Jesus vem falar a um discípulo insignificante, dizendo: "Não temas" (Apocalipse 1:17). Sua ternura é inexplicavelmente doce. Será que o conheço desse jeito?

> *Quando o vi, caí a seus pés como morto...*
>
> (APOCALIPSE 1:17)

Pense bem naquilo que provoca o desespero. Existe desespero sem alegria, sem perspectiva de futuro e sem esperança de algo melhor. Porém, a alegria do desespero surge quando reconheço que "...em mim, isto é, na minha carne, não habita bem nenhum..." (Romanos 7:18). Alegra-me saber que há em mim algo que me obriga a cair prostrado diante de Deus quando Ele se revela a mim e que, para me reerguer, terá de ser pela Sua poderosa mão. Ele nada poderá fazer por mim enquanto eu não reconhecer os limites do que é humanamente possível e deixar que Ele faça o impossível.

TUDO PARA ELE   163

O bom ou o melhor?

Ao iniciar a sua vida de fé em Deus, muitas possibilidades fascinantes e fisicamente gratificantes surgirão diante de você. Estas coisas são suas por direito, mas se você estiver vivendo a vida de fé, exercerá o seu direito de renunciar aos seus direitos, e permitirá que Deus faça as escolhas por você. O Senhor algumas vezes permite que sejamos colocados em situações de prova, onde o nosso próprio bem-estar será motivo de preocupação, caso não estejamos praticando a vida de fé. Mas se estivermos vivendo por fé, renunciaremos alegremente ao nosso direito e permitiremos que Deus escolha por nós. Esta é a disciplina que Deus usa para transformar o natural em espiritual por meio da obediência à Sua voz.

...se fores para a esquerda, irei para a direita; se fores para a direita, irei para a esquerda.

(GÊNESIS 13:9)

Sempre que o nosso *direito* tornar-se o fator preponderante de nossa vida, isso enfraquecerá o nosso discernimento espiritual. O maior inimigo da vida de fé em Deus não é o pecado, mas as boas escolhas que não são suficientemente boas. O bom é sempre inimigo do melhor. Nesta passagem, poderia parecer que a coisa mais sábia do mundo para Abraão fazer seria exercer seu direito de escolha. Era o direito dele, e caso se recusasse a escolher, as pessoas ao seu redor o considerariam tolo por não o fazer.

Muitos de nós não continuamos a crescer espiritualmente porque preferimos escolher com base em nossos direitos em vez de deixar que Deus escolha por nós. Temos de aprender a andar segundo o padrão determinado por Deus. E Ele nos dirá como disse a Abrão: "*...anda na minha presença...*" (Gênesis 17:1).

26 DE MAIO

Orar como Jesus ensinou

Nosso pensamento sobre a oração, quer seja correto, quer seja equivocado, é baseado em nossa concepção mental sobre ela. O conceito correto é pensar na oração como sendo o ar do nosso pulmão e o sangue do nosso coração. O sangue flui, e o nosso respirar é contínuo — não temos consciência disso, mas o processo nunca para. Não é sempre que estamos conscientes de que Jesus nos mantém em perfeita unidade

Orai sem cessar...

(1 Tessalonicenses 5:17)

com Deus, mas, se formos obedientes, Ele sempre o fará. A oração não é um exercício, é a vida do santo. Tenha cuidado com tudo que interrompe a oferta de oração. "Orai sem cessar..." — Mantenha o hábito infantil de oferecer continuamente, de todo o seu coração, orações a Deus.

Jesus nunca mencionou algo sobre orações não respondidas. Ele tinha a certeza absoluta de que a oração é sempre atendida. Será que, pelo Espírito de Deus, temos a mesma certeza que Jesus tinha a respeito da oração, ou pensamos nas vezes em que Deus pareceu não ter atendido o nosso clamor? Jesus disse: "Pois todo o que pede recebe..." (Mateus 7:8). No entanto, dizemos: "Mas..., mas...". Deus responde as orações da melhor maneira — não apenas algumas vezes, mas sempre. Entretanto, a evidência da resposta na área que queremos, nem sempre é respondida instantaneamente. Esperamos que Deus responda as orações?

É um perigo querermos diluir o que Jesus afirmou a fim de que as Suas palavras se alinhem ao nosso senso comum. Mas se a questão fosse apenas o senso comum, o que Ele disse não teria nenhum valor. As coisas que Jesus nos ensinou sobre a oração são verdades sobrenaturais que Ele nos revela.

TUDO PARA ELE

27 DE MAIO

A vida para conhecê-lo

Os discípulos tiveram de esperar em Jerusalém até o dia de Pentecostes não apenas para que estivessem preparados, mas também porque precisavam esperar até que o Senhor fosse glorificado. E assim que Ele foi glorificado, o que aconteceu? "Exaltado, pois, à destra de Deus, tendo recebido do Pai a promessa do Espírito Santo, derramou isto que vedes e ouvis" (Atos 2:33). A declaração em João 7:39 — "...pois o Espírito até aquele momento não fora dado, porque Jesus não havia sido ainda glorificado". não se aplica a nós. O Espírito Santo já nos *foi dado*; e o Senhor *está* glorificado. Nossa espera não depende da providência de Deus, mas apenas de nossa própria condição espiritual.

> *...permanecei, pois, na cidade, até que do alto sejais revestidos de poder.*
>
> (LUCAS 24:49)

A influência e o poder do Espírito Santo já agiam antes do Pentecostes, mas *Ele* não estava aqui. Assim que o Senhor foi glorificado na ascensão, o Espírito Santo veio ao mundo e permanece aqui desde então. Temos que receber a verdade revelada de que Ele está aqui. A atitude constante do cristão deve ser a de receber e saudar o Espírito Santo em nossa vida. Quando recebemos o Espírito Santo, recebemos renovação do nosso Senhor ascendido ao céu.

Não é o batismo do Espírito Santo que muda as pessoas, mas o poder do Cristo ascendido tomando pleno controle da nossa vida pelo Espírito Santo. Muitas vezes, separamos coisas que o Novo Testamento nunca separa. O batismo do Espírito Santo não é uma experiência à parte de Jesus Cristo — é a evidência do Cristo ascendido.

O batismo do Espírito Santo não o faz pensar sobre o tempo ou eternidade — é um glorioso *presente*. "E a vida eterna é esta: que te conheçam a ti..." (João 17:3). Comece a conhecê-lo agora e jamais pare.

Oswald Chambers

28 DE MAIO

Revelação inquestionável

Quando será "naquele dia"? Será quando o Senhor ascendido o fizer um com o Pai. "Naquele dia", você será um com o Pai assim como Jesus o é, e Ele disse: "Naquele dia, nada me perguntareis…". Até que a vida ressurreta de Jesus seja manifesta plenamente em você, haverá perguntas sobre muitas coisas. Porém, depois de um tempo, descobrirá que todas as suas perguntas se acabaram — parecerá não haver nada mais a perguntar. Você terá chegado ao ponto de total confiança na vida ressurreta de Jesus, o que o coloca em completa unidade com o propósito de Deus. Será que você está vivendo essa vida agora? Se não está, por que razão isso acontece?

"Naquele dia", poderá ainda existir incontáveis coisas obscuras para o seu entendimento, mas elas não se colocarão entre o seu coração e Deus. "Naquele dia, nada me perguntareis…" — você não precisará perguntar, pois estará certo de que Deus resolverá tudo de acordo com a Sua vontade. A fé e a paz descritas em João 14:1 tornam-se a verdadeira atitude do seu coração, e, a partir dali, não há mais questionamentos. Se alguma coisa ainda lhe é misteriosa, e se isso se coloca entre você e Deus, não procure a explicação em sua mente. Procure-a em seu espírito, sua verdadeira natureza interior — é lá que se encontra o problema. Tão logo a sua natureza espiritual interior esteja disposta a submeter-se à vida de Jesus, seu entendimento ficará perfeitamente esclarecido, e você chegará ao lugar onde não há distância entre o Pai e você, Seu filho, porque o Senhor os fez um. "Naquele dia, nada me perguntareis…".

> *Naquele dia, nada me perguntareis…*
>
> (JOÃO 16:23)

TUDO PARA ELE

29 DE MAIO

Um relacionamento tranquilo

"Naquele dia, pedireis em meu nome…", isso é, em Minha natureza. Não — "Usarás o meu nome como alguma palavra mágica", mas — "teremos tanta intimidade que serás um comigo." "Naquele dia" não é um dia da vida eterna; deve ser hoje, aqui e agora. "Porque o próprio Pai vos ama…" — o amor do Pai é a evidência de que a nossa união com Jesus é completa e absoluta. O Senhor não quer dizer que a nossa vida ficará isenta de certas dificuldades e incertezas externas, mas que, assim como Ele conheceu o coração e a mente do Pai, também podemos ser elevados por Ele aos lugares celestiais pelo batismo do Espírito Santo. Assim, Ele pode nos revelar os ensinamentos de Deus.

> *Naquele dia, pedireis em meu nome […]. Porque o próprio Pai vos ama…*
>
> (João 16:26,27)

"[Se] pedirdes alguma coisa ao Pai […] em meu nome…" (João 16:23). Aquele dia é um dia de paz e de relacionamento tranquilo entre Deus e Seu santo. Assim como Jesus se manteve imaculado e puro na presença do Seu Pai, também nós, pela eficácia e o poder do batismo do Espírito Santo, podemos ser elevados a esse mesmo relacionamento — "…para que sejam um, como nós o somos" (João 17:22).

"[Ele] vo-la concederá…" (João 16:23). Jesus diz que, por causa do Seu nome, Deus reconhecerá e atenderá as nossas orações. Que grande desafio e que convite tremendo: orar em Seu nome! Pelo poder da ressurreição e da ascensão de Jesus, e por meio do Espírito Santo que Ele enviou, podemos ser elevados a tal relacionamento com o Pai. Uma vez nessa maravilhosa posição, ali colocados por Jesus Cristo, podemos orar a Deus em nome de Jesus — em Sua natureza. Este é um dom que nos foi concedido pelo Espírito Santo. E Jesus disse: "…se pedirdes alguma coisa ao Pai, ele vo-la concederá em meu nome…". O caráter soberano de Jesus Cristo é testado e colocado à prova por Suas próprias declarações.

30 DE MAIO

Sim, mas...!

Suponha que Deus lhe diga para fazer algo que seja um enorme desafio e completamente contrário ao seu senso comum. O que você fará? Irá recuar? Se você adquirir o hábito de fazer algo fisicamente, você o fará cada vez que for testado até quebrar o hábito por pura determinação. O mesmo se dá no plano espiritual. Vez após vez você se defrontará com o que Jesus quer e, todas as vezes, vai retroceder exatamente no momento da provação, até estar disposto a renunciar totalmente a si mesmo em total rendição a Deus. Mas ainda tendemos a argumentar: "Sim, mas... suponhamos que eu obedeça a Deus nesta questão; o que acontecerá com...?" Ou dizemos ainda: "Sim, vou obedecer a Deus se aquilo que Ele me pedir não for contra o meu bom senso, mas não me peça para dar um salto no escuro."

Jesus Cristo exige o mesmo espírito corajoso e irrefreável, encontrado no homem natural, daqueles que colocaram sua confiança nele. Se uma pessoa quiser fazer algo de valor, haverá ocasiões em que terá de arriscar tudo num salto no escuro. No plano espiritual, Jesus Cristo exige que você arrisque tudo ao que se apega ou em que acredita baseado na razão e salte pela fé na direção que Ele indicar. E, uma vez que você obedeça, descobrirá imediatamente que o que Ele diz é tão solidamente consistente quanto o senso comum.

> *...Seguir-te-ei, Senhor; mas...*
>
> (LUCAS 9:61)

Testadas por via racional, as afirmações de Jesus Cristo podem parecer insensatas, mas, quando você as testa pela provação da fé, suas descobertas encherão o seu espírito com a grandiosa surpresa de que elas são as próprias palavras de Deus. Confie totalmente em Deus e, quando Ele lhe oferecer uma nova oportunidade de aventurar-se, agarre-a firmemente. Na hora da crise, agimos como incrédulos — apenas um, entre uma multidão de cristãos, é suficientemente ousado para investir sua fé no caráter de Deus.

TUDO PARA ELE   169

31 DE MAIO

Coloque Deus em primeiro lugar

Coloque a confiança em Deus em primeiro lugar. O nosso Senhor nunca colocou Sua confiança no ser humano. Mesmo assim, Ele nunca andou desconfiado, nunca se amargurou, nunca perdeu a esperança em relação a alguém, porque colocava a Sua confiança primeiro em Deus. Ele confiava totalmente no que a graça de Deus poderia fazer por qualquer ser humano. Se eu colocar a minha confiança primeiro nas pessoas, o resultado será desespero e desesperança com relação a todos. Vou tornar-me amargo, por insistir que as pessoas sejam o que nenhuma delas pode ser — absolutamente perfeitas e corretas. Confie somente na graça de Deus, nunca em si mesmo ou em qualquer outra pessoa.

> *...mas o próprio Jesus não se confiava a eles [...] porque ele mesmo sabia o que era a natureza humana.*
>
> (João 2:24,25)

Coloque a vontade de Deus em primeiro lugar. "...Eis, aqui estou para fazer, ó Deus, a tua vontade..." (Hebreus 10:9).

O homem obedece àquilo que ele vê como uma necessidade — a obediência do nosso Senhor era à vontade de Seu Pai. O grito de guerra de hoje é: "Devemos trabalhar! Os pagãos estão morrendo sem Deus. Devemos ir e anunciar-lhes sobre Ele." Mas primeiro precisamos nos certificar de que as "necessidades" de Deus e a Sua vontade em nós, individualmente, estejam sendo supridas. Jesus afirmou: "...permanecei, pois [...] até que do alto sejais revestidos de poder" (Lucas 24:49). O propósito do nosso treinamento cristão é levar-nos ao correto relacionamento com as "necessidades" de Deus e Sua vontade. Uma vez que as "necessidades" de Deus tenham sido satisfeitas em nós, Ele abrirá caminho para que realizemos a Sua vontade, suprindo Suas "necessidades" em outros lugares.

Coloque o Filho de Deus em primeiro lugar. "E quem receber uma criança, tal como esta, em meu nome, a mim me recebe" (Mateus 18:5).

Deus veio como um bebê, entregando-se e confiando-se em mim. Ele espera que a minha vida pessoal seja uma "Belém". Estou permitindo que minha vida natural seja transformada lentamente pela habitação da vida do Filho de Deus? O maior propósito de Deus é que Seu Filho possa manifestar-se em mim.

1.º DE JUNHO

A questão surpreendente

Um pecador pode ser transformado num santo? Uma vida incorreta pode tornar-se correta? Só existe uma resposta apropriada: "...Senhor Deus, tu o sabes" (Ezequiel 37:3). Nunca aceite uma simples lógica religiosa e diga: "Ó, sim, com um pouco mais de leitura bíblica, devoção e oração, acho que isso pode acontecer."

É muito mais fácil *fazer* algo do que confiar em Deus; vemos a atividade e confundimos o pânico com a inspiração. É por isso que há tão poucos que cooperam com Deus e tantos que trabalham para Deus. Preferimos trabalhar para Deus, do que crer nele. Será que tenho absoluta certeza de que o Senhor fará em mim o que eu mesmo não posso fazer? O grau de desesperança que tenho em relação aos outros surge por nunca ter percebido o que Deus tem feito por mim. Já experimentei essa maravilhosa percepção do poder e força do Senhor a ponto de nunca sentir desesperança por qualquer pessoa com quem me depare? Será que alguma obra espiritual já se completou em mim? O grau de pânico em minha vida é igual à medida da falta de experiência espiritual pessoal.

"Eis que abrirei a vossa sepultura [...] ó povo meu..." (Ezequiel 37:12). Quando Deus quer mostrar-lhe como é a natureza humana separada dele, Ele demonstra isso em você mesmo. Se o Espírito de Deus já lhe deu uma visão de como você é sem a graça do Senhor (e Ele só o faz quando o Seu Espírito está agindo em sua vida), então, já sabe que, na realidade, não há criminoso que seja metade cruel do que você poderia ser, se desprovido de Sua graça! Minha "sepultura" foi aberta por Deus e "...sei que em mim [isto é, na minha carne] não habita bem nenhum..." (Romanos 7:18). O Espírito de Deus revela continuamente aos Seus filhos o que é a natureza humana distanciada da Sua graça.

> *Então me perguntou: Filho do homem, acaso, poderão reviver estes ossos?*
>
> (Ezequiel 37:3)

2 DE JUNHO

Você é obcecado por algo?

Você está obcecado por algo? Talvez você diga: "Não, por nada." Mas o fato é que todos nós nos apegamos a alguma coisa (em geral a nós mesmos) — ou, se somos cristãos, à nossa própria experiência espiritual. O salmista diz que devemos ser tementes a Deus. Essa plena consciência de que somos habitação do Senhor vem do próprio Deus, não são apenas pensamentos a respeito dele. Toda a nossa vida interior e exterior deve ser absolutamente influenciada pelo desejo intenso da Sua presença. A percepção de um filho é tão impregnada pela presença da mãe que, embora a criança não esteja pensando nela conscientemente, a primeira coisa que lhe ocorre quando surge um problema é o relacionamento de proximidade com a mãe, que a ajuda na superação. Do mesmo modo, "...vivemos, e nos movemos, e existimos..." em Deus (Atos 17:28); observando todas as coisas em relação a Ele, porque o fato de estarmos constantemente conscientes da presença do Senhor em nós é o que nos impulsiona a viver.

> *Ao homem que teme ao SENHOR, ele o instruirá...*
> (SALMO 25:12)

Se formos tementes a Deus, nada mais poderá interferir em nossa vida — nem ansiedades, nem preocupações. Percebemos, então, o motivo pelo qual o Senhor falou tanto do pecado da preocupação e da ansiedade. Como nos atrevemos a ser tão incrédulos quando Deus nos cerca completamente? Estar intensamente desejosos pela presença de Deus é manter uma barricada efetiva contra todos os ataques do inimigo.

"Na prosperidade repousará a sua alma..." (Salmo 25:13). Deus nos fará repousar em "prosperidade", mantendo-nos em paz, mesmo em meio à tribulação, à incompreensão, à calúnia, se a nossa vida estiver "oculta-com Cristo, em Deus" (Colossenses 3:3). Mas, às vezes, nós nos privamos da maravilhosa verdade revelada deste permanente companheirismo de Deus. "Deus é o nosso refúgio..." (Salmo 46:1). Nada poderá romper o Seu abrigo de proteção.

3 DE JUNHO

A intimidade do Senhor...

Quando você sabe que alguém se tornou seu amigo? Será que é por ele lhe conta suas tristezas secretas? Não; é porque ele lhe fala de suas alegrias íntimas. Muitas pessoas podem confidenciar-lhe suas tristezas, mas a marca definitiva da intimidade é quando elas compartilham suas alegrias secretas com você. Alguma vez, deixamos Deus nos contar alguma de Suas alegrias? Ou será que continuamente somos apenas nós que sempre lhe contamos nossos segredos, falando incessantemente e não lhe dando uma única oportunidade para conversar conosco? No início da vida cristã, temos sempre muitos pedidos para fazer a Deus. Mas depois, descobrimos que o Senhor quer que tenhamos um relacionamento mais profundo e maduro com Ele — e também quer que compreendamos os Seus propósitos. Será que estamos imbuídos do conceito de oração evidenciado por Jesus Cristo — "Faça-se a tua vontade" (Mateus 6:10) — a ponto de compreendermos os segredos de Deus? Não são apenas as grandes bênçãos que tornam o Senhor mais precioso para nós, mas sim, os pequenos detalhes, porque estes demonstram Sua maravilhosa intimidade conosco — Ele conhece todos os detalhes da vida de cada indivíduo.

"Ele o instruirá no caminho que deve escolher" (Salmo 25:12). A princípio, queremos estar cientes de estarmos sendo guiados por Deus; depois, à medida que crescemos espiritualmente, vivemos tão conscientes de Deus, que não precisamos sequer perguntar qual é a vontade dele, porque jamais nos ocorrerá o pensamento de escolher qualquer outro caminho. Se somos salvos e santificados, Deus nos guia utilizando-se de nossas escolhas diárias. Se estivermos a ponto de escolher algo que o Senhor não quer, Ele nos dará um sentimento de dúvida ou constrangimento, ao qual temos de prestar atenção.

> *A intimidade do* *Senhor é para os* *que o temem...*
> (Salmo 25:14)

Sempre que houver dúvida, pare imediatamente. Não procure racionalizar, perguntando: "Por que não devo fazer isto?" Deus nos instrui naquilo que escolhemos, ou seja, Ele orienta a nossa razão. E quando passamos a aceitar plenamente os Seus ensinamentos e Sua direção, não mais impedimos a ação do Seu Espírito indagando a todo o momento: "E agora, Senhor, qual é a Sua vontade?"

4 DE JUNHO

O Deus que nunca nos abandona

Qual o rumo dos meus pensamentos? Será que eles se voltam para o que Deus diz ou para os meus temores? Será que estou simplesmente repetindo o que o Senhor diz ou estou de fato aprendendo a ouvi-lo e, então, a responder às Suas palavras? "Porque ele tem dito: De maneira alguma te deixarei, nunca jamais te abandonarei. Assim, afirmemos confiantemente: O Senhor é o meu auxílio, não temerei; que me poderá fazer o homem?" (Hebreus 13:5,6).

"De maneira alguma te deixarei…" — jamais, por nenhuma razão; nem meu pecado, egoísmo, obstinação e descaminhos. Será que de fato permito que Deus me diga que Ele nunca me deixará? Se ainda não ouvi, verdadeiramente, esta garantia, preciso escutá-lo de novo.

"Nunca jamais te abandonarei." Às vezes não é a dificuldade da vida, mas a labuta do dia a dia que nos faz pensar que Deus nos abandonará. Quando não há uma maior dificuldade a ser vencida, nenhuma visão de Deus, nada de maravilhoso ou belo, apenas a rotina do dia a dia — ainda assim ouço essa promessa?

> *…porque ele tem dito: De maneira alguma te deixarei, nunca jamais te abandonarei.*
>
> (Hebreus 13:5)

Imaginamos que Deus fará algo excepcional, que Ele está nos preparando e equipando para algum feito extraordinário no futuro. Porém, à medida que crescemos em Sua graça, descobrimos que Ele está glorificando a si mesmo aqui e agora, neste preciso momento. Quando temos essa promessa de Deus em nossa retaguarda, nos sustentando, a mais poderosa das forças se torna parte de nós, e aprendemos a cantar, glorificando ao Senhor, mesmo nos dias e nas situações mais comuns do cotidiano.

5 DE JUNHO

A garantia de Deus

Minha segurança deve apoiar-se incondicionalmente na garantia que Deus me dá. Ele diz: "De maneira alguma te deixarei..."; então posso afirmar com coragem: "O Senhor é o meu auxílio, não temerei" (Hebreus 13:5,6). Em outras palavras, — não serei atemorizado pela apreensão. Isto não significa que não serei tentado a sentir medo, mas me lembrarei das palavras de segurança de Deus. Estarei cheio de coragem como uma criança que se esforça para atingir o padrão desejado pelo pai. A fé de muitas pessoas começa a falhar quando as apreensões sobrevêm; elas esquecem o significado da promessa de Deus — se esquecem de respirar fundo, espiritualmente. O único meio de conseguirmos arrancar o pavor da nossa vida é prestar atenção à garantia da promessa de Deus.

> *...porque ele tem dito: [...] Assim, afirmemos confiantemente...*
>
> (HEBREUS 13:5,6)

O que você teme? Seja o que for, não se acovarde diante dessa situação, e decida-se a enfrentá-la ainda que você sinta muito medo. Quando parecer não existir nada nem ninguém para ajudá-lo, diga: "Mas o Senhor é o meu socorro neste instante até mesmo em meio à circunstância onde estou e do jeito que estou vivendo." Você está aprendendo a falar somente depois de ouvir a Deus, ou simplesmente diz várias coisas e, depois, tenta fazer a Palavra de Deus ajustar-se ao que disse? Aproprie-se da garantia do Pai e depois diga com coragem: "Não temerei." Não importa que tipo de perigo ou injustiça possa estar prestes a acontecer em seu caminho; porque "...ele tem dito: De maneira alguma te deixarei...".

A fragilidade humana é algo natural que se coloca entre as palavras de garantia de Deus e os nossos pensamentos. Quando percebemos o quanto somos fracos diante dos problemas, as dificuldades se transformam em gigantes, nos transformamos em gafanhotos e Deus parece distante como se não existisse concretamente. Lembre-se da promessa do Senhor a nós: "...nunca jamais te abandonarei", e em seguida, repita-a com muita coragem. Você já aprendeu a cantar depois de ouvir a melodia dada por Deus? Será que estamos continuamente cheios de coragem suficiente para declarar: "O Senhor é o meu auxílio" ou estamos sucumbindo ao medo?

6 DE JUNHO

"Desenvolva" o que Deus "efetuou" em você

As suas aspirações concordam com Deus, mas, em sua carne, existe uma inclinação que o torna impotente para fazer o que sabe que precisa ser feito. Quando o Senhor toca inicialmente a nossa consciência, a primeira coisa que esta faz é despertar a nossa vontade, e a vontade sempre concorda com Deus. No entanto, você diz: "Mas não sei se minha vontade está de acordo com a de Deus." Olhe para Jesus e você descobrirá que a sua vontade e a sua consciência estão em concordância com Ele o tempo todo. O que lhe faz dizer: "Não vou obedecer" é algo menos profundo e arguto do que a sua vontade. É uma perversidade ou obstinação que nunca está de acordo com Deus. O que há de mais profundo no ser humano é a sua vontade, não o pecado.

> *...desenvolvei a vossa salvação [...] porque Deus é quem efetua em vós...*
>
> (FILIPENSES 2:12,13)

A vontade é o elemento essencial na criação dos seres humanos por Deus — o pecado é uma inclinação perversa que entrou nas pessoas. Naquele que já nasceu de novo a fonte da vontade é o Deus-Poderoso. "[Porque] Deus é quem efetua em vós tanto o querer como o realizar, segundo a sua boa vontade." Com atenção focada e muito cuidado, você deve "desenvolver" o que Deus "efetuou" em você — não *trabalhar* para completar ou ganhar a "sua própria salvação", mas *desenvolva-a*, assim você demonstrará a evidência de uma vida de fé resoluta e inabalável na completa e perfeita redenção do Senhor. Agindo assim, a sua vontade não fará oposição à vontade de Deus; a vontade de Deus *será* a sua vontade. Suas escolhas naturais estarão de acordo com a vontade de Deus, e a vida passará a ser tão natural quanto o próprio respirar. A obstinação é uma barreira ininteligível que rejeita o esclarecimento e bloqueia o seu percurso. O único recurso para destruí-la é detoná-la com "dinamite", e esta "dinamite" é a obediência ao Espírito Santo.

Creio que o Deus Todo-Poderoso é a Fonte da minha vontade? Deus não apenas espera que eu faça a Sua vontade, mas também Ele próprio está em mim para realizá-la!

Oswald Chambers

7 DE JUNHO

A maior fonte de poder

Será que estou cumprindo este ministério de intercessão no mais íntimo do meu ser? Não há cilada, nem qualquer perigo de ser enganado ou de demonstrar arrogância na intercessão verdadeira. Trata-se de um ministério que produz frutos por meio dos quais o Pai é glorificado. Será que estou deixando que minha vida espiritual definhe ou estou concentrado, fazendo tudo convergir para um ponto central — a expiação do meu Senhor? Será que Jesus Cristo está dominando, mais e mais, todos os interesses da minha vida? Se o ponto central ou a influência mais poderosa da minha vida for a expiação do Senhor, então cada área da minha vida frutificará para Ele.

Entretanto, devo usar o tempo necessário para compreender qual é este ponto central de poder. Estou disposto a ceder um minuto de cada hora para concentrar-me nisso? "Se permanecerdes em mim…" — isto é, se continuar a agir, pensar e trabalhar a partir desse ponto central — "…pedireis o que quiserdes e vos será feito" (João 15:7). Estou, de fato, permanecendo? Estou reservando tempo para permanecer em Cristo? Qual é a maior fonte de poder em minha vida? Será o trabalho, o ministério, o sacrifício por outros ou as tentativas de trabalhar para Deus? Não deveria ser nenhuma destas. O que deveria exercer a maior fonte de poder em minha vida é a expiação do Senhor em mim. O que mais nos molda não é aquilo a que dedicamos mais tempo, mas o que exerce maior poder sobre nós. Devemos nos determinar a limitar e concentrar os nossos desejos e interesses na expiação pela Cruz de Cristo.

E tudo quanto pedirdes em meu nome, isso farei…

(João 14:13)

"E tudo quanto pedirdes em meu nome, isso farei…". O discípulo que permanece em Jesus é a vontade de Deus, e o que parecem ser suas livres escolhas são, na verdade, os próprios decretos pré-estabelecidos por Deus. Misterioso? Parece contradizer a boa lógica e ser totalmente absurdo? Sim, mas é gloriosa verdade para um santo de Deus.

8 DE JUNHO

Qual o próximo passo?

Decida-se por saber mais do que os outros. Se você não cortar as amarras que ainda o prendem ao cais, Deus terá que usar uma tempestade para arrebentá-las e arremessá-lo para o alto-mar. Lance-se sobre Deus, e deixe-se levar pelas fortes ondas do propósito divino, e os seus olhos logo se abrirão. Se você acredita em Jesus, não deve passar todo o seu tempo deliciando-se nas águas tranquilas da baía; cheio de alegria, mas sempre amarrado às docas. Deve deixar o porto para trás, alcançar as águas profundas de Deus, e começar a aprender por conta própria — começar a ter discernimento espiritual.

Ora, se sabeis estas coisas, bem-aventurados sois se as praticardes.

(João 13:17)

Quando você entende que deve fazer algo e age assim, imediatamente passa a saber mais. Examine em que ponto você se tornou indolente e começou a perder interesse espiritual, e descobrirá que isso aconteceu quando deixou de fazer algo que sabia que deveria ter feito. Você não o fez porque lhe pareceu não haver necessidade imediata para isso. Mas agora não tem percepção ou discernimento e, no momento de crise, está espiritualmente distraído, em vez de espiritualmente autocontrolado. É sempre perigoso recusar-se a aprender e saber mais.

A falsa obediência é um estado de espírito no qual você cria suas próprias oportunidades para sacrificar-se, e o seu zelo e entusiasmo são confundidos com discernimento. É mais fácil sacrificar-se do que cumprir seu propósito espiritual, que se encontra claro em Romanos 12:1,2. É muito melhor cumprir o propósito de Deus em sua vida pelo discernimento da Sua vontade, do que realizar grandes atos de autossacrifício. "...Eis que o obedecer é melhor do que sacrificar..." (1 Samuel 15:22). Evite olhar para trás e ficar relembrando como você era antes, quando Deus quer que você seja algo que nunca foi. "Se alguém quiser fazer a vontade dele, conhecerá..." (João 7:17).

178   *Oswald Chambers*

9 DE JUNHO

E agora? O que mais devo fazer?

Se ainda não recebeu, peça! Não há nada mais difícil do que pedir. Teremos anseios e desejos por algumas coisas e até sofremos por não termos o que desejamos, mas não pediremos até que atinjamos o limite do desespero. O sentimento de não ser espiritualmente genuíno nos motiva a pedir. Alguma vez você pediu do fundo da alma, sentindo a sua própria pobreza e total insuficiência? "Se, porém, algum de vós necessita de sabedoria, peça-a a Deus…" (Tiago 1:5), mas certifique-se de que realmente lhe falta sabedoria antes de pedir. Você não pode confrontar-se com a sua realidade espiritual sempre que precisa ou decide fazê-lo. Mas se você sentir que não é espiritualmente genuíno, a melhor coisa a fazer é pedir a Deus o Seu Espírito com base na promessa de Jesus Cristo (Lucas 11:13). O Espírito Santo é o único que evidencia em sua vida tudo o que Jesus já fez por você.

"Pois todo o que pede, recebe…". Isso não significa que você não terá certas coisas sem pedir, mas significa que enquanto não pedir, não receberá de Deus (Mateus 5:45). Ser capaz de receber significa que você deve vivenciar o relacionamento de filho de Deus e, então, compreender e apreciar, mental e moralmente e com compreensão espiritual, que estas coisas vêm de Deus.

"Se […] algum de vós necessita de sabedoria…". Se você percebe que lhe falta algo, é porque teve contato com a realidade espiritual — não torne a colocar as vendas da razão sobre seus olhos.

A palavra *pedir* significa "mendigar". Algumas pessoas são suficientemente pobres para tirarem vantagem de sua pobreza; do mesmo modo, alguns são tão pobres espiritualmente que só pensam em tirar proveito. No entanto, nunca receberemos nada se formos interesseiros, porque pedimos movidos pela nossa cobiça e não pela nossa pobreza. Um necessitado pede movido por causa da completa desesperança e dolorosa condição de sua pobreza. Por isso, ele não tem vergonha de mendigar — "Bem-aventurados os pobres de espírito…" (Mateus 5:3 ARC).

> Pois todo o que pede recebe…
>
> (LUCAS 11:10)

TUDO PARA ELE 179

10 DE JUNHO

E depois, o que há ainda à frente?

S e não tiver encontrado, procure. "[Pedis] e não recebeis, porque pedis mal…" (Tiago 4:3). Se você pede coisas dessa vida, e não de Deus, está pedindo mal, ou seja, está pedindo movido pelo desejo de ter satisfação pessoal. Quanto mais você se realizar, menos buscará a Deus, "…buscai, e achareis…". Esforce-se para limitar o seu foco e os seus interesses a um grande desejo. Você já buscou a Deus de todo o coração ou simplesmente lhe lançou um lânguido gemido depois de alguma experiência emocionalmente dolorosa? Busque, [tenha foco] e certamente achará.

> *…buscai, e*
> *achareis…*
> (Lucas 11:9)

"Ah! Todos vós, os que tendes sede, vinde às águas…" (Isaías 55:1). Você tem sede, ou se mostra totalmente desinteressado e indiferente — tão satisfeito com a própria experiência que não quer mais nada de Deus? A experiência é a porta de entrada, não o objetivo final. Cuidado para não edificar sua fé sobre experiências, pois a sua vida não soará verdadeira, soará somente a nota monótona de um espírito crítico. Lembre-se de que não podemos jamais dar à outra pessoa aquilo que encontramos, mas podemos torná-la desejosa de ter o que temos.

O texto em Lucas 11:9 está escrito: "…batei e abrir-se-vos-á…" e em Tiago 4:8, "Chegai-vos a Deus". Bata — a porta está fechada e você sente palpitações ao bater. "Purificai as mãos, pecadores…" (Tiago 4:8) — bata um pouco mais forte e começará a perceber que está impuro. "Limpai o coração" (Tiago 4:8) — isso é ainda mais pessoal; significa que está tão desesperado e resoluto, que fará qualquer coisa. "Afligi-vos, lamentai…" (Tiago 4:9) — Alguma vez você já lamentou-se a Deus pela condição de sua vida interior? Não resta nem mais um fio de autopiedade; apenas a dificuldade desoladora e o assombro resultante da percepção do tipo de pessoa que você é. "Humilhai-vos…" (Tiago 4:10) — Bater à porta de Deus é uma experiência humilhante mesmo — você deve bater como fez o ladrão crucificado. "[E] a quem bate, *abrir-se-lhe-á*" (Lucas 11:10).

11 DE JUNHO

Chegando lá!

Onde cessam o pecado e a tristeza, o cântico dos santos é entoado. Será que quero realmente chegar lá? Agora eu posso. As questões que realmente importam na vida são notavelmente poucas e todas respondidas por estas palavras: "Vinde a mim." As palavras do nosso Senhor não são: "Faça isto ou não faça aquilo", mas "Vinde a mim". Se eu simplesmente for a Jesus, minha vida real se harmonizará com os meus verdadeiros desejos. Abandonarei o pecado e descobrirei o cântico do Senhor começando em minha vida.

Você já foi a Jesus? Olhe para a obstinação do seu coração. Você preferiria fazer qualquer coisa a dar este passo simples e infantil: "Vinde a mim". Se você desejar realmente a experiência de deixar de pecar, deve vir a Jesus.

Jesus Cristo fez de si mesmo um teste para determinar a Sua sinceridade. Observe como Ele usou a palavra "Vinde". Nos momentos mais desesperados de sua da vida em que você menos espera, ouve o sussurrar do Senhor: "Vinde a mim", e é imediatamente atraído a Ele. O contato pessoal com Jesus altera tudo. Seja suficientemente "simples" para ir a Ele e comprometer-se com o que Ele lhe diz. A atitude necessária para vir ao Senhor é aquela em que a sua vontade determinou-se a abrir mão de tudo e deliberadamente se entregar a Ele.

Vinde a mim...

(Mateus 11:28)

"[E] eu vos aliviarei", isto é, "eu o sustentarei, ajudando-o a permanecer firme". Ele não diz: "Vou colocá-lo na cama, segurar a sua mão e cantar para você dormir." Mas, na essência, está dizendo: "Vou tirá-lo da cama, da indiferença e da exaustão, dessa condição de estar semimorto enquanto ainda está vivo. Colocarei em você o espírito de vida, e você será sustentado pela perfeição da atividade vital." Mesmo assim, nos tornamos tão fracos e desprezíveis e falamos em "suportar" a vontade do Senhor! E onde está o poder e a majestosa vitalidade do Filho de Deus nisso?

12 DE JUNHO

Chegando lá

O nde o nosso interesse pessoal adormece e o verdadeiro interesse desperta. "E ficaram com ele aquele dia." É só isso que alguns de nós chegamos a fazer: ficamos com Ele durante um curto período de tempo apenas para despertar para as nossas próprias realidades da vida. Quando nosso interesse pessoal desponta, o nosso permanecer com Ele torna-se coisa do passado. Mesmo assim, não há condição de vida na qual não possamos permanecer em Jesus.

"Tu és Simão [...] tu serás chamado Cefas" (1:42). Deus escreve o nosso novo nome só naquelas áreas de nossa vida das quais Ele apagou o orgulho, a autossuficiência e o egoísmo. Alguns de nós têm o novo nome gravado apenas em certos pontos, como um sarampo espiritual. Em certas partes, está tudo bem. Quando estamos em nosso melhor estado de espírito, parecemos cristãos muito espirituais, mas não ouse olhar para nós quando não estivermos nesse tal estado de espírito. Discípulo é aquele que tem o seu novo nome escrito em todo o seu ser: o egoísmo, o orgulho e a autossuficiência foram completamente apagados.

> *Disseram-lhe: Rabi (que quer dizer Mestre), onde assistes? Respondeu-lhes: Vinde e vede.*
>
> (JOÃO 1:38,39)

O orgulho é o pecado de fazer do "eu" o nosso deus. E alguns dentre nós ainda hoje agem assim, não como o fariseu, mas como o publicano (Lucas 18:9-14). Dizer: "Ó, não sou nenhum santo" é aceitável do ponto de vista do orgulho humano, mas é uma blasfêmia inconsciente contra Deus. Deste modo você está desafiando o Senhor a torná-lo santo como se estivesse dizendo: "Sou fraco e desesperançado e estou fora do alcance da expiação feita por Cristo na cruz." Por que você não é santo? É porque, ou você não quer ser santo, ou não acredita que Deus possa santificá-lo. Tudo estaria bem, diz você, se Deus o salvasse e o levasse diretamente para o céu. Pois é exatamente isso que Ele fará! E não apenas faremos morada em Jesus, mas Jesus disse sobre Ele e Seu Pai: "Viremos para ele e faremos nele morada" (João 14:23).

Não estabeleça condições para a sua vida; deixe Jesus ser tudo, e Ele o levará para o lar celestial, não apenas por um dia, mas por toda a eternidade.

13 DE JUNHO

Chegando lá!

Onde nossos desejos pessoais morrem e a renúncia santificada vive. Um dos maiores impedimentos para irmos a Jesus é a desculpa de nosso temperamento individual. Fazemos do nosso temperamento e dos nossos gostos naturais barreiras para chegar a Cristo. E a primeira coisa que percebemos quando vamos a Jesus é que Ele não dá qualquer atenção aos nossos desejos naturais. Pensamos que podemos dedicar os nossos dons a Deus. Entretanto, você não pode consagrar o que não lhe pertence. Na verdade, há só uma coisa que você pode dedicar a Deus, — o seu direito sobre você mesmo (Romanos 12:1). Se você entregar ao Senhor o seu direito sobre si mesmo, Ele fará de você uma experiência santa — e as Suas experiências são sempre bem-sucedidas. A verdadeira marca distintiva de um servo de Deus é a frutificação interior que flui da total submissão a Jesus Cristo. Na vida do santo, sempre existe esta maravilhosa Nascente, que é a contínua Fonte de vida original. O Espírito de Deus é uma Nascente de água fluindo perpetuamente. O santo reconhece que é Deus quem cria as circunstâncias de sua vida; consequentemente, não há lamúrias, mas apenas submissão total a Jesus. Nunca tente fazer de sua experiência um princípio para os outros, permita que Deus seja tão original e criativo com as outras pessoas quanto Ele é com você.

...vem e segue-me.
(Lucas 18:22)

Se você abandonar tudo por Jesus e aceitar o convite dele quando Ele diz: "Vinde", Ele continuará a dizer "Vinde" por seu intermédio. Você sairá pelo mundo reproduzindo o eco do "Vinde" de Cristo. Esse é o resultado em cada alma que abandona tudo e vai a Jesus.

Eu já o encontrei? Irei *agora*?

Tudo para Ele   183

14 DE JUNHO

Mexa-se!

A respeito da determinação. O Espírito de Jesus é colocado em mim pela obra da expiação feita na Cruz de Cristo. Em seguida, preciso, pacientemente, desenvolver uma forma de pensar que esteja em perfeita harmonia com o meu Senhor. Deus não me fará pensar como Jesus — eu mesmo preciso fazer isso. Tenho de levar "...cativo todo pensamento à obediência de Cristo" (2 Coríntios 10:5). "Permanecei em mim" — em questões intelectuais, em questões financeiras, em cada uma das questões que fazem da vida humana o que ela é. A nossa vida não é constituída apenas de uma única área organizada e restrita.

Permanecei em mim... (João 15:4)

Estou impedindo que Deus aja em minhas circunstâncias dizendo que isso servirá apenas para atrapalhar minha comunhão com Ele? Que irrelevante e desrespeitoso! Não importam as circunstâncias da minha vida. Posso estar tão certo de que permaneço em Jesus ao vivê-las com Ele, quanto estaria se participasse de uma reunião de oração. Não é necessário que eu altere ou dê um jeito de mudar minhas circunstâncias. No caso do nosso Senhor, a permanência no Pai era pura e imaculada. Onde quer que estivesse fisicamente estivesse, Ele estava em comunhão com Deus. Ele nunca escolheu Suas próprias situações, mas era humilde, e se submetia às determinações e aos planos do Pai. Pense na maravilhosa calma que havia na vida do nosso Senhor! Por outro lado, tendemos a manter Deus em constante agitação na nossa vida. Não temos a serenidade da vida que "...está oculta juntamente com Cristo, em Deus" (Colossenses 3:3).

Pense nas coisas que atrapalham a sua permanência em Cristo. Você diz: "Sim, Senhor. Só um minutinho, — ainda tenho isto a ser feito. Sim, permanecerei contigo logo que terminar de resolver isto aqui, ou logo que esta semana chegar ao fim. Ficará tudo bem, Senhor. Depois de resolver essas coisinhas, permanecerei em ti". *Mexa-se* — comece a permanecer em Cristo agora. Nos estágios iniciais, será preciso um esforço contínuo para permanecer em Jesus, mas, à medida que você prosseguir, isso se tornará tão parte da sua vida que você permanecerá nele sem qualquer esforço consciente. Decida-se a permanecer em Jesus onde você estiver agora ou onde for colocado no futuro.

184   *Oswald Chambers*

15 DE JUNHO

A respeito das rotinas

Pedro disse, nessa passagem, que nos tornamos "coparticipantes da natureza divina" e que agora devemos dedicar "toda a diligência" na formação de hábitos santos (2 Pedro 1:4,5). Devemos "associar" com a nossa vida tudo o que tem a ver com o caráter. Ninguém nasce natural ou sobrenaturalmente com o caráter formado; deve ser desenvolvido. Nem nascemos com hábitos — temos de formar hábitos santos com base na nova vida que Deus colocou em nós. Não fomos feitos para sermos exemplos santos e perfeitos, mas para sermos vistos como a essência da vida comum exibindo o milagre da Sua graça. A rotina é o grande teste do caráter genuíno. O maior impedimento em nossa vida espiritual é procurar apenas realizar grandes coisas. Então, Jesus "…tomando uma toalha […] passou a lavar os pés aos discípulos…" (João 13:4,5).

Todos nós passamos por ocasiões sem brilho nem emoção em que experimentamos apenas as rotinas com suas tarefas comuns diariamente. A rotina na verdade é o meio usado por Deus para nos resguardar entre um e outro momento de inspiração que vem dele. Não espere que Deus lhe dê sempre momentos emocionantes, mas aprenda a viver nas fases comuns da rotina enfadonha pelo poder de Deus.

O difícil para nós é realizar esse "associai" que Pedro mencionou. Dizemos que não esperamos que Deus nos leve para o céu num mar de rosas, mas agimos como se na prática esperássemos! Preciso compreender que a minha obediência, até no menor detalhe da vida, revela todo o poder onipotente da graça de Deus sobre todas as coisas. Se eu cumprir o meu dever, não simplesmente por causa da obrigação,

Associai […] com a vossa fé…

(2 PEDRO 1:5)

mas por acreditar que Deus planeja todas as minhas circunstâncias, então, exatamente naquele momento da minha obediência, toda a graça maravilhosa de Deus será minha pela gloriosa expiação da Cruz de Cristo.

16 DE JUNHO

Você dará a sua vida?

Jesus não me pede que morra por Ele, mas que eu dê a minha vida por Ele. Pedro afirmou ao Senhor: "…Por ti darei a própria vida" e disse isso com convicção (João 13:37). Ele tinha um magnífico senso de heroísmo. Para nós, ser incapaz de fazer essa mesma declaração de Pedro, é algo ruim — nossa noção de dever só é totalmente concretizada por meio de nosso senso de heroísmo. Alguma vez o Senhor lhe perguntou: "Darás a vida por mim?" (João 13:38). É muito mais fácil morrer do que dar a vida diariamente, com a convicção de um chamado divino. Não fomos feitos para os momentos de glória em nossa vida, mas temos de caminhar à luz destes momentos em nosso dia a dia. Houve um único momento de glória na vida de Jesus, e esse ocorreu no Monte da Transfiguração. Foi lá que Ele se esvaziou de Sua glória pela segunda vez e então desceu para aquele vale onde estava o menino possuído pelo demônio (Marcos 9:1-29). Durante 33 anos, Jesus deu a vida para fazer a vontade do Seu Pai. E João diz: "Nisto conhecemos o amor: que Cristo deu a sua vida por nós; e devemos dar nossa vida pelos irmãos" (1 João 3:16). Entretanto, fazer isso é contrário à nossa natureza humana.

> *Ninguém tem maior amor do que este: de dar alguém a própria vida em favor dos seus amigos […] tenho-vos chamado amigos…*
>
> (João 15:13,15)

Se sou amigo de Jesus, tenho de dar a vida por Ele de forma proposital e com zelo. É difícil, mas, graças a Deus que é difícil. A salvação é fácil para nós porque custou muito para Deus. Porém, manifestá-la em minha vida é algo difícil. Deus salva uma pessoa, enche-a com o Espírito Santo e depois lhe diz: "Agora desenvolva a sua salvação; seja fiel a mim ainda que a natureza de tudo ao seu redor o induza a ser infiel." E Jesus nos diz: "…tenho vos chamado amigos…". Permaneça fiel ao seu Amigo e lembre-se de que a honra dele está penhorada por sua vida terrena.

Oswald Chambers

17 DE JUNHO

Cuidado ao criticar os outros

As instruções de Jesus quanto ao julgar outras pessoas são muito claras: Ele diz: *"Não faça isso!"*. O cristão típico demonstra ser o indivíduo mais crítico que existe. A crítica faz parte das atividades comuns das pessoas, mas, no campo espiritual, nada se consegue com isso. O efeito da crítica é minar os pontos fortes da pessoa criticada. O Espírito Santo é o único que está em condições de criticar, e só Ele é capaz de mostrar o que há de errado sem magoar nem ferir. É impossível ter comunhão com Deus quando se tem um espírito crítico. Esta atitude nos torna duros, vingativos, cruéis e nos deixa com a lisonjeira presunção de que somos superiores aos outros. Jesus nos diz que, como discípulos, temos de cultivar um estado de espírito que jamais critica. Isso não acontece rapidamente, mas deve ser desenvolvido com o tempo. Você deve constantemente tomar cuidado com qualquer coisa que o faça sentir-se superior.

Não há como fugir à análise completa que Jesus faz da minha vida. Se estiver vendo o argueiro no olho de alguém, isso significa que tenho uma trave no meu (Mateus 7:3-5). Tudo o que possa ver de errado em alguém, Deus o encontra em mim também. Todas as vezes que julgo alguém, condeno a mim mesmo (Romanos 2:17-24). Pare de medir a vida dos outros. Sempre existe pelo menos um fato que desconhecemos, na condição da outra pessoa. Por isso, a primeira providência de Deus, quando nos convertemos, é submeter-nos a uma limpeza espiritual. Depois disso, não resta espaço para o orgulho em nós. Depois de discernir o que há em mim sem a graça de Deus, jamais conheci uma pessoa que me levasse a desesperar ou perder todas as esperanças sobre ela.

> *Não julgueis, para que não sejais julgados.*
>
> (MATEUS 7:1)

18 DE JUNHO

Mantenha os olhos fitos em Jesus

O vento estava violento e as ondas muito altas, mas Pedro, a princípio, nem as viu. E nem as levou em consideração; simplesmente reconheceu o seu Senhor e, saltando do barco, "andou por sobre as águas". Em seguida, passou a reparar nas coisas que o cercavam, e imediatamente, começou a afundar. Por que o Senhor não poderia capacitá-lo a andar sob as ondas tão bem quanto andara por cima delas? Ele bem poderia, mas nem uma nem outra coisa seria feita sem que Pedro reconhecesse continuamente o Senhor Jesus.

Reconhecemos Deus em algumas circunstâncias, em seguida, olhamos para nós mesmos e afundamos. Se você estiver verdadeiramente reconhecendo o Senhor, não precisa se preocupar nem com a forma nem com o local em que Ele age nas circunstâncias que o envolvem. As circunstâncias que o cercam são verdadeiras, mas quando você as olha, você se sobrecarrega imediatamente, e não consegue reconhecer Jesus. Então, vem a Sua repreensão: "...por que duvidaste?" (14:31). Quaisquer que sejam as atuais circunstâncias, mantenha os olhos fitos em Jesus, continue confiando completamente nele.

> *...Pedro [...] andou por sobre as águas e foi ter com Jesus. Reparando, porém, na força do vento, teve medo...*
>
> (MATEUS 14:29,30)

Se contestar, por um segundo que seja, sobre o que Deus já falou, estará tudo perdido para você. Nunca comece a dizer: "Bem, será que Ele realmente falou comigo?" Seja ousado — sem amarras e disposto a arriscar tudo — e lance todo o seu ser sobre Ele. Você não sabe quando a Sua voz soará, mas sempre que perceber a presença de Deus, por mais sutil que seja, esteja pronto a entregar-se totalmente, submetendo tudo a Ele. Só pela renúncia de si mesmo e de suas circunstâncias você o reconhecerá. Você só reconhecerá a Sua voz com mais clareza pela audácia — quando estiver disposto a arriscar tudo.

188   *Oswald Chambers*

19 DE JUNHO

A obra da apaixonada consagração

Jesus não nos disse para fazermos convertidos ao nosso modo de pensar, mas para que cuidemos do Seu rebanho e o alimentemos com o conhecimento dele. Consideramos aquilo que fazemos no sentido de trabalho cristão como obra, mas Jesus Cristo chama de obra aquilo que somos para Ele, não o que fazemos por Ele. O discipulado se baseia apenas na devoção a Jesus Cristo, não em seguir uma crença ou doutrina em particular, "Se alguém vem a mim e não aborrece […] não pode ser meu discípulo" (Lucas 14:26). Neste versículo, não há discussão, nem pressão da parte de Jesus para que o sigamos; Ele simplesmente diz, com efeito: "Se você quiser ser meu discípulo, deve dedicar-se inteiramente a mim." A pessoa tocada pelo Espírito de Deus repentinamente afirma: "Agora compreendo quem é Jesus!" — essa é a fonte da devoção.

> *...tu me amas? […] Pastoreia as minhas ovelhas.*
>
> (João 21:16)

Hoje, temos substituído a crença doutrinal pela crença pessoal, e por essa razão tantas pessoas se dedicam a causas e tão poucas se dedicam a Jesus Cristo. As pessoas não querem realmente se consagrar a Jesus, mas apenas à causa que Ele começou. Jesus Cristo é profundamente ofensivo às mentes cultas de nosso tempo, àqueles que só desejam tê-lo como Amigo, e que não estão dispostos a aceitá-lo de outra forma. A obediência primária do nosso Senhor era à vontade do Seu Pai, não às necessidades das pessoas — a salvação dos homens foi o resultado natural de Sua obediência ao Pai. Se eu me consagrar apenas à causa da humanidade, logo ficarei esgotado e chegarei ao ponto em que meu amor não será o suficiente. Contudo, se amo a Jesus Cristo pessoal e ardentemente, posso servir à humanidade, mesmo que as pessoas me tratem como um "capacho". O segredo da vida de um discípulo é a devoção a Jesus Cristo, e a sua característica principal é a humildade e a aparente insignificância. É como o grão de trigo que "cai na terra e morre", mas depois, brota e modifica toda a paisagem (João 12:24).

TUDO PARA ELE   189

20 DE JUNHO

Você já chegou ao "quando"?

Não encontramos no Novo Testamento, a oração que seja lamentável, fraca e egocêntrica e nem o esforço determinado e egoísta de se mostrar digno diante de do Senhor. O fato de permanecer tentando ser reto perante Deus é sinal de que estou me rebelando à expiação feita pela Cruz de Cristo. Oro assim: "Senhor, purificarei o meu coração se responderes a minha oração — caminharei em Tua presença se me ajudares." Mas *não posso* justificar-me com Deus; *não posso* tornar minha vida perfeita. Só posso acertar a minha vida com Deus se aceitar a expiação do Senhor Jesus Cristo como dádiva absoluta. Sou suficientemente humilde para aceitá-la assim? Tenho de renunciar aos meus direitos e reivindicações e parar com todo o esforço pessoal. Devo entregar-me completamente em Suas mãos, e só então poderei começar a derramar a minha vida na obra sacerdotal de intercessão. Muitas orações, na verdade, brotam da incredulidade na expiação. Jesus não está começando a nos salvar. Ele já nos salvou completamente. É fato consumado, e é um insulto pedir-lhe que o faça novamente.

Se você não está recebendo as bênçãos a "cem por um" que Jesus prometeu (Mateus 19:29), e não consegue compreender bem a Palavra de Deus, comece a orar por seus amigos — envolva-se no ministério que cuida da vida interior. "Mudou o Senhor a sorte de Jó, *quando este orava pelos seus amigos...*". Como alma que já foi salva, o verdadeiro propósito da sua vida é a oração intercessória. Em qualquer situação que Deus o colocar, ore sempre, imediatamente, para que a expiação possa ser reconhecida e completamente compreendida na vida dos outros como aconteceu na sua.

> *Mudou a sorte de Jó, SENHOR, quando este orava pelos seus amigos...*
>
> (Jó 42:10)

Ore por seus amigos *agora*; e ore por aqueles com quem você está estabelecendo contato *agora*.

190 *Oswald Chambers*

21 DE JUNHO

O ministério de vida interior

Por meio de que direito nos tornamos "sacerdócio real"? É pelo direito da expiação pela Cruz de Cristo que essa obra se consumou. Estamos preparados para agir com indiferença em relação a nós mesmos e nos lançarmos à obra sacerdotal de intercessão? Fazemos o autoexame interior continuamente para ver se somos como deveríamos ser e isso gera um tipo de cristianismo fraco e egocêntrico, em vez de uma vida robusta e simples de um filho de Deus. Enquanto não estabelecermos um relacionamento apropriado com Deus, viveremos como se estivéssemos pen-

> *Vós, porém, sois [...] sacerdócio real...*
> (1 PEDRO 2:9)

durados por um fio, dizendo: "Que maravilhosa vitória alcancei!" No entanto, não há nada nisso que demonstre o milagre da redenção. Creia, de todo o coração, que a redenção está completa. Não se preocupe mais consigo mesmo, mas comece a fazer o que Jesus Cristo disse, na essência: "Ore pelo amigo que vem procurá-lo à meia-noite, ore pelos santos de Deus, e por todos os homens." Ore sabendo que você só é perfeito em Cristo Jesus, não quando se baseia nesse tipo de súplica: "Ó, Senhor, tenho feito o melhor; por favor, ouve-me agora!"

Quanto tempo Deus levará para nos libertar do hábito doentio de pensarmos somente em nós mesmos? Precisamos chegar ao ponto de nos cansarmos de nós mesmos até que não haja mais surpresas com nada que Deus possa dizer a nosso respeito. Não podemos alcançar nem compreender a profundidade de nossa própria miséria. Existe apenas um lugar onde somos corretos com Deus, e este lugar é Cristo Jesus. Uma vez ali, temos que derramar a nossa vida em intercessão nesse ministério de vida interior.

22 DE JUNHO

A imutável lei do julgamento

Esta afirmação não é uma teoria acidental, mas uma lei eterna de Deus. Qualquer julgamento que você emitir servirá de medida exata pela qual você será julgado. Existe uma diferença entre a retaliação e a retribuição. Jesus disse que a base da vida é a retribuição — "...com a medida com que tiverdes medido, vos medirão também". Se você tem sido bastante perspicaz para descobrir os defeitos dos outros, lembre-se de que essa será exatamente a medida que se aplicará a você também. Aquilo que faz hoje é o que a vida lhe fará amanhã. E esta lei eterna vem do trono de Deus até nós (Salmo 18:25,26).

> *Pois, com o critério com que julgardes, sereis julgados; e, com a medida com que tiverdes medido, vos medirão também.*
>
> (MATEUS 7:2)

O texto de Romanos 2:1 aplica esse princípio de uma forma ainda mais explícita, pois diz que aquele que critica o outro é culpado exatamente da mesma coisa. Deus não olha apenas para o ato em si, mas também para a possibilidade de cometê-lo, a qual é vista quando Ele sonda o nosso coração. Para começar, não acreditamos nas declarações que a Bíblia faz. Por exemplo, acaso acreditamos na declaração de que somos culpados das coisas que criticamos nos outros? Vemos a hipocrisia, o engano e a falsidade nos outros, pois estas atitudes estão instaladas em nosso próprio coração. A maior característica de um santo é a humildade, evidenciada pela capacidade de dizer honesta e humildemente: "sim, todas essas coisas, e outros males, poderiam manifestar-se em mim se não fosse pela graça de Deus. Portanto, não tenho o direito de julgar".

Jesus disse: "Não julgueis, para que não sejais julgados" (Mateus 7:1). E Ele prossegue afirmando: "...com o critério com que julgardes, sereis julgados; e, com a medida com que tiverdes medido, vos medirão também". Quem dentre nós ousaria apresentar-se diante de Deus e dizer: "Meu Deus, julga-me como tenho julgado meus semelhantes"? Julgamos os outros como pecadores — se Deus nos julgasse da mesma maneira, estaríamos condenados ao inferno. Mas Ele nos julga com base na maravilhosa expiação pela Cruz de Cristo.

23 DE JUNHO

Ele sabe o que é padecer

Não sabemos "o que é padecer" do mesmo jeito que nosso Senhor o soube. Suportamos o sofrimento e passamos por ele, mas não o conhecemos intimamente. No começo da nossa vida, não chegamos ao ponto de lidar com a realidade do pecado. Olhamos para a vida com o olhar da razão e dizemos que, se uma pessoa controlar seus instintos e se disciplinar, poderá levar uma vida correta que, pouco a pouco, dará espaço à vida de Deus. Porém, à medida que prosseguimos, descobrimos a presença de algo que não havíamos levado em conta, isto é, o pecado — e isso desordena todos os nossos pensamentos e planos. O pecado torna a base do nosso pensar muito instável e imprevisível, incontrolável e irracional.

Temos de reconhecer que o pecado é um fato da vida, não um defeito. O pecado é um motim descarado contra Deus, e um deles — Deus ou o pecado — deve morrer em minha vida. O Novo Testamento nos leva imediatamente a esta conclusão: se o pecado me governa, a vida de Deus em mim será morta; se Deus me governar, o pecado em mim será mortificado. Não há nada mais fundamental do que isso. O auge do pecado foi a crucificação de Jesus Cristo, e o que foi realidade na história de Deus na terra, também será realidade em sua história e na minha — ou seja, o pecado matará a vida de Deus em nós. Temos

...homem de dores e que sabe o que é padecer...

(ISAÍAS 53:3)

de racionalmente reconhecer este aspecto do pecado. É a única explicação para a vinda de Jesus Cristo ao mundo, é também a explicação da tribulação e tristeza na vida.

24 DE JUNHO

Reconciliando-se com a realidade do pecado

Não estar reconciliado com a realidade do pecado — não reconhecê-lo e recusar-se a lidar com ele — produz todos os desastres na vida. Você pode falar sobre as grandes virtudes da natureza humana, mas há alguma coisa nessa natureza que rirá com zombaria de cada princípio que seu. Se você se recusa a concordar com o fato de que existe a maldade e o egoísmo, algo profundamente maligno e errado, nos seres humanos, quando o pecado ataca a sua vida, em vez de reconhecer essa realidade, você se acomodará e dirá que não adianta combatê-la. Já levou em consideração esta "hora e o poder das trevas", ou você se vê como alguém que não precisa reconhecer qualquer que seja o pecado? Em seus relacionamentos e amizades, já cedeu à realidade do pecado? Se não, bem logo cairá numa armadilha e fará concessões a ele. Se você reconhecer, porém, o pecado como um fato real, perceberá imediatamente o perigo e dirá: "Sim, posso enxergar o que esse pecado significaria." Reconhecer a realidade do pecado não destrói a base da amizade — simplesmente estabelece o respeito mútuo pelo fato de que a base da vida pecaminosa é desastrosa. Tome cuidado sempre com qualquer forma de encarar a vida que não reconheça a existência do pecado.

> *...Esta, porém, é a vossa hora e o poder das trevas.*
>
> (LUCAS 22:53)

Jesus Cristo nunca confiou na natureza humana, mas jamais foi cínico ou desconfiado, porque tinha confiança total no que Ele podia fazer por essa natureza. O homem puro ou a mulher pura é a pessoa mais protegida do dano e do perigo; não a que é inocente. O homem ou mulher inocente nunca estão seguros. Ninguém tem direito a tentar ser inocente; Deus exige que sejamos pessoas puras e virtuosas. A inocência é uma característica infantil. Qualquer pessoa merece a culpa se não estiver disposta a reconciliar-se com o fato de que o pecado existe.

25 DE JUNHO

Teste-se ao passar pelo fogo do sofrimento

Como um santo de Deus, minha atitude diante do sofrimento e das dificuldades não deve ser a de pedir que possam ser evitados, mas clamar a Deus para que Ele me proteja, a fim de que possa persistir no que fui criado para ser, apesar de todas as chamas da aflição. O nosso Senhor consumiu-se a si mesmo, aceitando a Sua posição e cumprindo o Seu propósito, em meio ao fogo da tristeza. Ele não foi salvo *da hora*, mas *pela* hora.

Dizemos que não deveria haver sofrimento, mas ele existe e temos de aceitá-lo e passar por sua chama. Se tentamos evitar a dor, recusando-nos a lidar com ela, somos insensatos. O sofrimento é uma das realidades mais importantes da vida; não adianta dizer que não deveria ser. O pecado, as tristezas e o sofrimento *existem* e não cabe a nós dizermos que Deus cometeu um erro ao permiti-los.

A dor remove grande parte da superficialidade de uma pessoa, mas nem sempre a torna uma pessoa melhor. O sofrimento ou me edifica ou me destrói. Você não pode encontrar-se ou aceitar-se pelo sucesso, pois perde a cabeça com o orgulho. Também não pode aceitar-se pela monotonia do cotidiano, pois se entregará às reclamações e queixas. A única maneira de encontrar o nosso verdadeiro ser é nas chamas do sofrimento. Por que isso deve ser assim é algo secundário. O fato é que ele está claro nas Escrituras e na experiência humana. Você sempre pode reconhecer a pessoa que passou pelo fogo do sofrimento e foi testada, e também sabe que pode recorrer a

> *...que direi eu? Pai salva-me desta hora? Mas precisamente com este propósito vim para esta hora. Pai, glorifica o teu nome...*
>
> (João 12:27,28)

ela em seu momento de tribulação, pois ela terá tempo suficiente para você. Porém, se a pessoa ainda não passou pelas chamas do sofrimento, tende a ser altiva, sem respeito ou tempo para você, apenas afastando-o. Se você for testado e preservado nas chamas do sofrimento, Deus fará o seu testemunho ser um alimento saudável para outras pessoas.

TUDO PARA ELE

26 DE JUNHO

Obtenha a graça de Deus — agora!

A graça que você recebeu ontem não será suficiente para hoje. A graça é o favor transbordante de Deus, e você sempre pode contar com ela conforme a necessidade. "Na muita paciência, nas aflições, nas privações, nas angústias" — é nessas circunstâncias que a nossa paciência é testada (2 Coríntios 6:4). Por acaso, você está fracassando em confiar na graça de Deus? Ou anda pensando consigo mesmo: "Bem, acho que dessa vez não vou poder contar com ela?" Não é uma questão de orar e pedir a Deus que o ajude; trata-se de apossar-se da graça do Senhor agora. Nossa tendência é fazer da oração a preparação para o nosso trabalho; na Bíblia nunca é assim. A oração é a prática de se recorrer à graça de Deus. Não diga: "Suportarei isto até poder retirar-me e orar". Ore *agora* — recorra à graça de Deus no momento de sua necessidade. A oração é a prática mais normal e útil; não é simplesmente um ato reflexo da sua consagração ao Senhor. Somos muito lentos para aprender a obter a graça de Deus pela oração.

> *E nós [...] vos exortamos a que não recebais em vão a graça de Deus...*
>
> (2 Coríntios 6:1)

"Nos açoites, nas prisões, nos tumultos, nos trabalhos..." (6:5) — em todas estas situações, demonstre o desejo de obter a graça de Deus, e esta atitude demonstrará a evidência a você e aos outros de que você é um milagre do Senhor. Obtenha a Sua graça agora, não depois. A palavra-chave do vocabulário espiritual é *agora*. Que as circunstâncias o levem para onde quiserem, mas continue recorrendo à graça em todas as condições nas quais possa se encontrar. Uma das maiores provas de que está recorrendo à graça divina é o fato de poder humilhar-se completamente diante dos outros sem manifestar o menor traço de qualquer coisa além dessa graça.

"Nada tendo...". Não estoque nada. Derrame-se, dê o que você tem de melhor e seja sempre pobre. Nunca seja diplomático e cauteloso com o tesouro que Deus lhe dá. "[Mas] possuindo tudo" — esta é a pobreza que triunfa (2 Coríntios 6:10).

27 DE JUNHO

O obscurecimento da libertação divina

Deus prometeu a Jeremias que o libertaria pessoalmente: "Pois certamente te salvarei, e não cairás [...] a sua vida será como despojo..." (Jeremias 39:18). Isso é tudo o que Deus promete aos Seus filhos. Para onde quer que o Senhor nos envie, Ele preservará a nossa vida. As coisas que possuímos, os nossos bens, devem ser indiferentes para nós, e temos de agir com muito desprendimento em relação às posses materiais. Se não o fizermos, teremos temores, sofrimento e angústia. Ter a perspectiva adequada é evidência de fé profundamente enraizada na superabundante libertação pessoal de Deus.

O Sermão do Monte sugere que, quando estamos a serviço de Jesus Cristo, não há tempo para nos defendermos. O que Jesus diz, na verdade, é o seguinte: "Não se preocupe em estar ou não sendo tratado justamente." Procurar a justiça de fato é um sinal de que nos desviamos da nossa consagração a Ele. Nunca busque a justiça neste mundo, mas também nunca deixe de praticá-la. Se procurarmos justiça, começaremos a nos queixar e ceder ao descontentamento e à autocomiseração como se disséssemos: "Por que estou sendo tratado assim?". Se somos consagrados a Jesus Cristo, não devemos nos preocupar com o que pode nos acontecer, seja algo justo ou injusto. Em essência, Jesus diz: "Continue firmemente a fazer o que lhe disse, e Eu guardarei a sua vida. Se você tentar protegê-la, acabará se afastando da minha libertação." Até mesmo o cristão mais consagrado pode tornar-se ateu numa situação dessas — deixamos de acreditar em Deus. Entronizamos nossa razão e, em seguida, a chamamos de Deus. Na verdade, *firmamo-nos* em nosso próprio entendimento em vez de confiar somente em Deus de todo o coração (Provérbios 3:5,6).

> *...eu sou contigo para te livrar, diz o SENHOR.*
>
> (JEREMIAS 1:8)

TUDO PARA ELE   197

28 DE JUNHO

Seguro pela força da mão de Deus

Jamais decida-se por ser um obreiro de Deus, mas, se Ele colocou o Seu chamado em seu coração, ai de você se desviar "...para a direita [ou] para a esquerda" (Deuteronômio 5:32). Não estamos aqui para trabalhar para Deus por uma simples decisão pessoal, mas porque o Senhor nos "conquistou". E, uma vez que Ele nos conquistou, jamais devemos nutrir o pensamento: "Tudo bem, mas não sirvo para isto." O que temos de anunciar é determinado por Deus, não por nossas próprias inclinações e desejos. Mantenha sua alma sempre bem relacionada com o Senhor e lembre-se de que você é chamado, não apenas para dar testemunho, mas para anunciar o evangelho. Todo cristão deve testemunhar da verdade de Deus, mas quando se trata do chamado para pregar, deve-se sentir a pressão firme das mãos divinas sobre você — a sua vida está segura pelas mãos do Senhor com essa finalidade. Quantos de nós estamos seguros dessa maneira?

> *...mas prossigo para conquistar aquilo para o que também fui conquistado por Cristo Jesus.*
>
> (FILIPENSES 3:12)

Jamais diminua o valor da Palavra de Deus, mas pregue-a em sua integral austeridade. Deve haver uma fidelidade inabalável às Escrituras, mas, quando for tratar pessoalmente com os outros semelhantes, lembre-se de quem você é — não um ser especial criado no céu, mas um pecador salvo pela graça.

"Irmãos, quanto a mim, não julgo havê-lo alcançado; mas *uma coisa faço* [...] prossigo para o alvo, para o prêmio da soberana vocação de Deus em Cristo Jesus" (Filipenses 3:13,14).

29 DE JUNHO

A disciplina mais rigorosa

Jesus não disse que todos devem cortar fora a mão direita, mas que, "se tua mão direita o levar a pecar" na caminhada ao lado dele, então é melhor arrancá-la. Há muitas coisas que são perfeitamente legítimas, mas, se você pretende concentrar-se em Deus, não poderá fazê-las. A sua mão direita é uma das melhores coisas que você tem, mas Jesus diz que, se ela o impedir de seguir Seus preceitos, "corte-a". O princípio ensinado aqui é a disciplina ou a lição mais rigorosa já apresentada à raça humana.

> *E, se a tua mão direita te faz tropeçar, corta-a e lança-a de ti; pois te convém que se perca um dos teus membros, e não vá todo o teu corpo para o inferno.*
>
> (MATEUS 5:30)

Quando Deus o transforma pela regeneração, dando-lhe uma nova vida pelo novo nascimento espiritual, a vida que tinha antes é mutilada. Existem centenas de coisas que você não ousa fazer — coisas que seriam pecado para você e seriam também consideradas pecado por pessoas que o conhecem realmente. Mas quem não é espiritual dirá: "Que mal há nisso? Você está louco!" Ainda não existiu um servo de Deus que não tivesse de viver no início uma vida mutilada. Mas é melhor entrar na vida eterna mutilado, mas belo aos olhos de Deus, do que ser belo aos olhos dos homens e aleijado aos olhos do Senhor. No começo da vida cristã, Jesus Cristo, pelo Seu Espírito, tem de impedi-lo de fazer um grande número de coisas que, para os não cristãos, talvez sejam perfeitamente aceitáveis, mas que não o são para você. Entretanto, cuidado para não usar as suas restrições para criticar outra pessoa.

A vida cristã, em princípio, é uma vida mutilada, mas, em Mateus 5:48, Jesus nos oferece a imagem de uma vida completa e bem equilibrada — "...sede vós *perfeitos* como perfeito é o vosso Pai celeste".

TUDO PARA ELE   199

30 DE JUNHO

Faça isso agora!

N esse versículo, Jesus Cristo determinou um importante princípio dizendo: "Faça o que você sabe que tem de fazer — agora"! Tome essa atitude sem demora. Se você não agir, um processo inevitável entrará em cena e você terá de "pagar até o último centavo" (5:26) com dor, angústia e aflição. As leis de Deus são imutáveis, e não há como escapar delas. Os ensinamentos de Jesus sempre penetram direto o coração.

> *Entre em acordo*
> *sem demora com*
> *o teu adversário...*
>
> (Mateus 5:25)

Esperar para ter certeza de que meu adversário vai me dar aquilo a que tenho direito é algo natural. Mas Jesus diz que é fundamental para mim, uma questão de importância eterna, que eu pague ao meu adversário aquilo que lhe devo. Do ponto de vista do Senhor, não importa se sou defraudado ou não; o que importa é que eu não defraude alguém. Estou defendendo meus direitos ou estou pagando o que devo do ponto de vista de Jesus Cristo?

Tome uma atitude certa sem demora — coloque-se agora sob juízo. Em questões morais e espirituais, você deve agir imediatamente. Se não o fizer, um inexorável processo entrará logo em cena. Deus está decidido a permitir que todos os Seus filhos sejam puros, limpos e alvos como a brancura da neve e, enquanto houver desobediência a qualquer ponto de Seus ensinamentos, Ele permitirá que o Seu Espírito use qualquer processo que possa levar-nos à obediência. Nossa insistência em provar que estamos certos é, quase sempre, um indício claro de que já houve algum ponto de desobediência. Não é de se admirar que o Espírito de Deus nos encoraje com tanta firmeza a andar constantemente na luz (João 3:19-21)!

"Entra em acordo sem demora com o teu adversário...". Será que você, de repente, chegou a um ponto no relacionamento com alguém, só para descobrir que você abriga a ira em seu coração? Confesse-o sem demora — endireite-se diante de Deus. Reconcilie-se com essa pessoa — *faça isso agora!*

1.º DE JULHO

O castigo inevitável

Não existe no céu um cantinho destinado ao inferno. Deus está resolvido a tornar cada cristão puro, santo e justo, e Ele não permitirá que você escape ao exame profundo e minucioso do Espírito Santo ainda que apenas por um momento. O Senhor insistiu para que você exercesse imediatamente seu discernimento quando Ele o condenou, mas você não lhe obedeceu. Então, o inevitável processo entrou em ação, trazendo sua inevitável punição. Agora, você foi atirado à prisão e não sairá dela enquanto não pagar o último centavo (Mateus 5:25,26). E você questiona: "Este Deus é um Deus de amor e misericórdia?" Do ponto de vista divino, este é um glorioso ministério de amor. Deus o tornará puro, sem mancha, imaculado, mas Ele quer que você reconheça a natureza que estava manifestando — de exigir seus direitos para si mesmo. No momento em que você se dispuser a permitir que Deus altere a sua natureza, Suas forças recriadoras começarão a agir. No momento em que você perceber que o propósito de Deus é colocá-lo num relacionamento correto com Ele e, em seguida, com as outras pessoas, Ele irá até os limites do universo para ajudá-lo a trilhar o caminho correto. Decida agora: "Sim, Senhor, eu vou escrever aquela carta" ou "Eu *vou* reconciliar-me com aquela pessoa agora mesmo."

Essas mensagens de Jesus Cristo são dirigidas à sua vontade e consciência, não à sua razão. Se você simplesmente discutir consigo mesmo sobre esses versículos do Sermão do Monte, embotará o apelo dirigido ao seu coração.

> *...não sairás dali, enquanto não pagares o último centavo.*
>
> (MATEUS 5:26)

Se você se encontrar pensando: "Por que será que não estou crescendo espiritualmente com Deus?" — questione-se se está pagando as suas dívidas do ponto de vista divino. Faça *agora* o que terá de fazer algum dia. Todo chamado ou questão moral carrega uma "obrigação" — o reconhecimento do que se deve fazer.

TUDO PARA ELE   201

2 DE JULHO

As condições do discipulado

Se os relacionamentos mais íntimos da vida de um discípulo entram em conflito com as exigências de Jesus Cristo, o nosso Senhor requer, então, imediata obediência a Ele. O discipulado significa a consagração pessoal e ardente a uma Pessoa — ao nosso Senhor Jesus Cristo. Existe uma diferença grande entre consagração a uma pessoa e consagração a princípios ou a uma causa. O nosso Senhor nunca proclamou uma causa, — Ele proclamou a consagração pessoal a Ele. Ser discípulo é ser um escravo consagrado, motivado pelo amor ao Senhor Jesus. Muitos de nós, que nos dizemos cristãos, não somos realmente consagrados a Jesus Cristo. Ninguém, na Terra, tem esse amor ardente pelo Senhor Jesus a menos que o Espírito Santo lhe dê tal capacidade de amar. Podemos admirar, respeitar e reverenciar o Senhor Jesus, mas não podemos amá-lo por conta própria. O único que ama realmente o Senhor Jesus é o Espírito Santo, e é Ele que "derrama em nosso coração", o próprio "amor de Deus" (Romanos 5:5). Sempre que o Espírito Santo vir uma oportunidade de glorificar Jesus por seu intermédio, Ele tomará o seu ser e o incendiará com ardente consagração a Jesus Cristo.

> *Se alguém vem a mim e não aborrece a seu pai, e mãe, e mulher, e filhos, e irmãos, e irmãs e ainda a sua própria vida [...]. E qualquer que não tomar a sua cruz e vier após mim [...]. Assim, pois, todo aquele que dentre vós não renuncia a tudo quanto tem não pode ser meu discípulo.*
>
> (Lucas 14:26,27,33)

A vida cristã é caracterizada pela criatividade verdadeira e espontânea. Como consequência, o discípulo está sujeito à mesma acusação que recaiu sobre Jesus Cristo, ou seja, a acusação de contradição. Mas Jesus Cristo sempre foi consistente em Seu relacionamento com Deus, e o cristão deve ser consistente em seu relacionamento com a vida do Filho de Deus que há nele. Não deve ser consistente com doutrinas rígidas e obstinadas. As pessoas se dedicam às suas próprias doutrinas, e Deus tem de arrancar delas suas ideias preconcebidas antes que possam consagrar-se a Jesus Cristo.

202 *Oswald Chambers*

3 DE JULHO

O foco no pecado pessoal

Quando chego à presença de Deus, não percebo que sou um pecador no sentido genérico, mas, de repente, percebo que o centro da minha atenção é dirigido à concentração do pecado em determinada área da minha vida. Uma pessoa facilmente dirá: "Ó, sim, sei que sou pecador"; mas quando chegar à presença de Deus, não conseguirá escapar com uma afirmação vaga e genérica como essa. Nossa convicção converge para um pecado específico, e então percebemos, como fez Isaías, o que realmente somos. Este é sempre o sinal de que a pessoa está na presença de Deus.

Nunca é apenas uma vaga sensação de pecado, mas é o fato de concentrar a atenção sobre o pecado em alguma área pessoal e específica da vida. Deus começa convencendo-nos daquilo para o qual Seu Espírito tem chamado a atenção da nossa mente. Se nos rendermos, submetendo-nos à Sua convicção de determinado pecado, Ele nos levará onde será possível revelar a vasta natureza pecaminosa. Essa é sempre a maneira como Deus lida conosco quando estamos conscientemente alertas de Sua presença.

...Ai de mim! Estou perdido! Porque sou homem de lábios impuros...

(Isaías 6:5)

Todos nós, desde os mais santos até os piores pecadores, direcionamos a nossa atenção ao pecado pessoal. Quando a pessoa começa a subir os degraus da experiência cristã, pode até dizer: "Não sei onde foi que errei", mas o Espírito de Deus destacará algo bem específico e definido. A visão de Isaías sobre a santidade do Senhor teve o efeito de mostrar-lhe que ele era um "homem de lábios impuros". "...Com a brasa tocou a minha boca, e disse: Eis que ela tocou os teus lábios; a tua iniquidade foi tirada e perdoado o teu pecado" (Isaías 6:7). O fogo purificador teve de ser aplicado no local em que o pecado se concentrava.

4 DE JULHO

Um dos grandes "nãos" de Deus

Afligir-se significa tornar-se "desarticulado" mental ou espiritualmente. Uma coisa é dizer: "Não te impacientes", mas outra coisa bem diferente é ter uma natureza que o incapacite a ser paciente. Parece muito fácil dizer: "Descansa no SENHOR e espera nele…" (Salmo 37:7), enquanto o nosso pequeno mundo ao redor está virado de cabeça para baixo e somos obrigados a viver em confusão e agonia como muitas outras pessoas. Nessas condições, é possível "descansar no SENHOR"? Se este "não" de "não te impacientes" não funcionar, não funcionará em lugar algum. Este "não" deve funcionar nos dias de dificuldade, incerteza e nos dias de paz; caso contrário, nunca funcionará. E se não funcionar no seu caso particular, não funcionará no caso de outra pessoa também. Descansar no Senhor não depende, em absoluto, das suas circunstâncias externas, mas do seu relacionamento com o próprio Deus.

> *…não te impacientes, isso acabará mal.*
>
> (SALMO 37:8)

A preocupação sempre gera o pecado. Tendemos a pensar que um pouco de ansiedade e preocupação são simplesmente indicações de que somos sábios e sensatos; na verdade é uma indicação, muito melhor, de como somos perversos. A impaciência brota da determinação de termos o nosso próprio caminho. O nosso Senhor nunca se preocupava e nunca se mostrava ansioso, pois jamais o Seu propósito era o de realizar os próprios planos, mas sim, de cumprir os planos de Deus. A impaciência é perversidade para os filhos de Deus.

Será que você alimenta a sua alma pensando que as suas circunstâncias são demais para que Deus aja? Coloque de lado todas as suas opiniões e especulações e posicione-se "à sombra do Onipotente" (Salmo 91:1). Diga firmemente ao Senhor que você não se impacientará mais com qualquer coisa que o preocupe. Toda a nossa impaciência e preocupação é resultado de fazermos planos sem incluir o Senhor Deus.

5 DE JULHO

Não exclua Deus dos seus planos

Não faça planos sem Deus. Ele parece ter um jeito prazeroso de frustrar os planos que fazemos quando não o levamos em conta. Entramos em situações que não foram determinadas por Deus e, de repente, percebemos que fizemos nossos planos sem incluí-lo — que nem sequer o consideramos como fator fundamental do planejamento da nossa vida. E no entanto, a única coisa que nos protegerá da possibilidade de nos preocuparmos é incluir Deus como o fator mais importante do nosso planejamento.

Em questões espirituais, temos o costume de colocar Deus em primeiro lugar, mas tendemos a pensar que é inadequado e desnecessário colocá-lo em primeiro lugar nas questões práticas e cotidianas de nossa vida. Se imaginarmos que teremos de vestir o nosso "rosto espiritual" antes de nos aproximarmos de Deus, então nunca chegaremos perto dele. Devemos entrar na presença do Senhor como somos.

Não faça planos com o mal em mente. Será que Deus realmente não quer que levemos em conta o mal que nos cerca? "O amor não leva em conta o mal" (1 Coríntios 13:4,5). O amor não ignora a existência do mal, mas não o leva em consideração na hora de fazer planos. Quando estávamos distantes de Deus, levávamos em conta o mal, planejando tudo com ele em mente, e tentávamos racionalizar todas as coisas a partir dele.

> *Entrega teu caminho ao* SENHOR, *confia nele, e o mais ele fará.*
>
> (SALMO 37:5)

Não faça planos tendo o dia mau em mente. Se você confia em Jesus Cristo, não faça provisões para um dia mau. Jesus disse: "*Não se turbe o vosso coração…*" (João 14:1). Deus não impedirá que o seu coração se perturbe. A ordem é: "Não se turbe…". Para aprender a agir assim, corrija suas atitudes, ainda que centenas de vezes por dia, até adquirir o hábito de colocar Deus em primeiro lugar e planejar tudo com Ele em mente.

6 DE JULHO

Visões se tornam realidade

Temos sempre uma visão de algo antes que isso realmente se torne realidade para nós. Quando percebemos que a visão é verdadeira, mas ainda não realidade em nós, Satanás vem com as suas tentações, e nossa tendência é dizer que não há motivo para prosseguir. Em vez de a visão se tornar real para nós, entramos num vale de humilhação.

A vida não é como minério sem valor
Mas como o ferro retirado da escura entranha,
E forjado pelos embates do destino
Para que se molde e se torne útil
(Alfred Lorry Tennyson, 1809–92).

Deus nos dá uma visão, para depois nos fazer descer ao vale para moldar-nos a essa visão. É no vale que muitos de nós desfalecemos e desistimos. Toda visão dada por Deus se tornará realidade se, apenas, formos pacientes. Pense em quanto tempo livre Deus tem! Ele nunca está apressado. No entanto, vivemos sempre com uma pressa frenética. Sob à luz da glória da visão começamos a agir, sem que primeiro a visão se torne verdadeira em nós. Deus tem de nos levar ao vale e fazer-nos passar pelo fogo e pela água para moldar-nos até chegarmos ao ponto em que Ele realmente possa nos confiar a visão. Desde que recebemos a visão de Deus, o Senhor vem agindo. Ele está nos moldando conforme o propósito que tem para nós, mas, como acontece tantas vezes, tentamos escapar das mãos do Escultor no esforço de nos moldarmos conforme o nosso próprio objetivo.

> *A areia esbraseada se transformará em lagos...*
> (ISAÍAS 35:7)

A visão que Deus concede não é um castelo inatingível no céu, mas um vislumbre do que Ele quer que sejamos aqui. Permita que o Oleiro o coloque em Sua roda e o molde como Ele desejar. Assim, tão certo como Deus é Deus e você é você, seu ser acabará por ser moldado exatamente conforme a visão. Não desanime no meio do processo. Se você alguma vez recebeu uma visão de Deus, pode tentar o quanto quiser contentar-se com menos, mas Deus jamais permitirá que isso aconteça.

7 DE JULHO

Todos os esforços de valor e excelência são difíceis

Se vamos viver como discípulos de Jesus, temos de nos lembrar de que todos os esforços de valor e excelência são difíceis. A vida cristã é gloriosamente difícil, mas sua dificuldade não nos faz desfalecer e desmoronar — ela nos motiva a vencer. Será que apreciamos a miraculosa salvação de Jesus Cristo a ponto de darmos o melhor de nós para o Altíssimo — o nosso melhor para a Sua glória?

Deus salva as pessoas por Sua graça soberana mediante a expiação de Jesus; e "...Deus é quem efetua em vós tanto o querer como o realizar, segundo a sua boa vontade" (Filipenses 2:13). Mas temos de "desenvolver" essa salvação em nosso cotidiano, na prática (Filipenses 2:12). Se começarmos a cumprir o que Ele ordena baseados na redenção, descobriremos que podemos fazê-lo. Se falharmos, é porque ainda não colocamos em prática o

Entrai pela porta estreita [...] o caminho que conduz para a vida...
(MATEUS 7:13,14)

que Deus colocou em nós. A crise revelará se temos ou não praticado essa forma de agir. Se obedecermos ao Espírito de Deus e aplicarmos o que Deus colocou em nós pelo Seu Espírito à nossa vida física, quando surgir uma crise descobriremos que a nossa própria natureza, assim como a graça de Deus, estarão ao nosso lado.

Agradeçamos a Deus porque Ele nos dá coisas difíceis para fazer! A Sua salvação é algo muito alegre, mas também é algo que requer bravura, coragem e santidade. Ela nos põe à prova para ver se somos merecedores. Jesus está "...conduzindo muitos filhos à glória..." (Hebreus 2:10), e Deus não nos isentará dos requisitos exigidos de um filho. A graça divina produz homens e mulheres com forte semelhança familiar a Jesus Cristo, não pessoas mimadas. É necessário uma enorme dose de disciplina para viver a valorosa e excelente vida de um discípulo de Jesus em situações reais da vida. É sempre necessário fazermos um esforço para vivermos com valor e excelência.

8 DE JULHO

A disposição de ser fiel

A vontade de uma pessoa é expressa em suas ações. Eu não posso renunciar à minha vontade — preciso exercitá-la, colocá-la em ação. Preciso *decidir* obedecer, preciso *desejar* receber o Espírito de Deus. Quando Deus nos dá uma visão da verdade, nunca é questão de sabermos o que Ele fará, mas apenas o que nós faremos. O Senhor coloca diante de cada um de nós algumas propostas e planos.

> *...se vos parece mal servir ao SENHOR, escolhei, hoje, a quem sirvais...*
>
> (JOSUÉ 24:15)

O melhor a fazer é lembrar-se do que você fez antes de ser tocado por Deus. Lembre-se do momento em que foi salvo, ou a primeira vez em que confessou Jesus ou compreendeu alguma verdade bíblica. Naquela ocasião, era fácil submeter-se a Deus. Volte imediatamente àqueles momentos toda vez que o Espírito de Deus lhe apresentar uma nova proposta.

Sua escolha deve ser voluntária — não algo para o qual você é levado automaticamente: "[Escolhei], hoje, a quem sirvais...". E tudo o mais em sua vida ficará em suspenso até você tomar a decisão. A proposta é apenas entre você e Deus — "não consulte carne e sangue" sobre isso (Gálatas 1:16). A cada nova proposta, as pessoas que nos cercam parecem isolar-se cada vez mais, e nesse ponto algumas tensões se desenvolvem. Deus permite que a opinião de outros de Seus servos tenha certo peso; todavia, você tem cada vez menos certeza de que os outros realmente compreendem o passo que está dando. Não adianta tentar descobrir para onde o Senhor o está levando — a única coisa que Deus explicará a você é sobre Ele mesmo.

Declare abertamente a Ele: "Serei fiel". Mas lembre-se de que, assim que decidir ser fiel a Jesus Cristo, "será testemunha contra si mesmo" (Josué 24:22). Não permita que outros cristãos o influenciem nessa tomada de atitude; livremente declare diante do Senhor: "Eu o servirei". *Deseje* ser fiel — e dê valor às outras pessoas por serem fiéis também.

9 DE JULHO

Você se examinará?

Você tem a mais leve confiança em qualquer coisa ou pessoa que não seja Deus? Resta-lhe alguma confiança em qualquer qualidade natural sua ou nas circunstâncias que o cercam? Está absolutamente confiante em si mesmo em relação a essa nova proposta ou plano que Deus lhe apresentou? Você se examinará questionando-se sobre essas questões? É correto dizer: "Não posso ter uma vida santa", mas você pode resolver permitir que Jesus Cristo o santifique. "…Não podereis servir ao SENHOR…", mas você pode colocar-se na posição adequada para que a onipotência de Deus flua por você. O seu relacionamento com o Senhor é suficiente para que Ele manifeste Sua maravilhosa vida em você?

"Então, disse o povo a Josué: Não; antes, serviremos ao SENHOR" (24:21). Essa não é uma atitude impulsiva, mas um compromisso voluntário. Nossa tendência é dizer: "Mas Deus nunca poderia ter-*me* chamado para isto. Sou muito indigno; esse chamado não deve ser para *mim*". É exatamente com você sim, e quanto mais fraco e mais frágil for, melhor. A pessoa que ainda está dependendo e confiando em algo dentro de si mesma será sempre a última a confessar: "Eu servirei ao Senhor."

> *Então, Josué disse ao povo: Não podereis servir ao SENHOR…*
>
> (JOSUÉ 24:19)

Nós dizemos: "Se eu pudesse realmente crer!" Mas a questão é: "Eu *acreditarei*?" Não é de se admirar que Jesus Cristo tenha enfatizado tanto o pecado da incredulidade. "E não fez ali muitos milagres, por causa da incredulidade deles" (Mateus 13:58). Se acreditássemos mesmo em tudo o que Deus quis nos dizer, imagine como seríamos? Será que tenho a coragem de deixar que o Senhor seja para mim tudo o que Ele diz que será?

TUDO PARA ELE   209

10 DE JULHO

O santo espiritualmente preguiçoso

Todos nós somos capazes de ser santos espiritualmente preguiçosos. Preferimos nos manter longe dos caminhos acidentados da vida, e nosso objetivo principal é conquistar um escape pacífico da agitação desse mundo. As ideias enfatizadas nos versículos de Hebreus 10, no entanto, dizem que devemos estimular uns aos outros e nos mantermos unidos. Essas duas coisas exigem iniciativa — nossa disposição em dar o primeiro passo rumo à compreensão de Cristo, não da autorrealização. Ter uma vida retraída, reclusa e isolada é diametralmente oposto à espiritualidade ensinada por Jesus Cristo.

> *Consideremo-nos também uns aos outros, para nos estimularmos ao amor e às boas obras. Não deixemos de congregar-nos...*
>
> (Hebreus 10:24,25)

O verdadeiro teste de nossa espiritualidade ocorre ao nos posicionarmos contra a injustiça, degradação, ingratidão e confusão, todas essas coisas tendem a nos tornar espiritualmente preguiçosos. Enquanto somos testados, queremos usar a oração e a leitura bíblica com o objetivo de encontrar um escape silencioso. Usamos Deus apenas para obter a paz e a alegria. Buscamos apenas o nosso prazer na pessoa de Jesus Cristo, não a verdadeira compreensão de quem Ele é. Este é o primeiro passo em direção ao erro. Todas estas coisas que buscamos são apenas consequências, e, no entanto, tentamos transformá-las em causas.

"Também considero justo", afirmou Pedro, "...despertar-vos com essas lembranças" (2 Pedro 1:13). É muito perturbador ser ferido com um golpe no estômago por alguém que é usado por Deus para nos despertar — alguém cheio de discernimento espiritual. O ativismo e o ser espiritualmente ativo não significam a mesma coisa. O ativismo pode, na verdade, ser o oposto de ser espiritualmente ativo. O verdadeiro perigo no comodismo espiritual é não querermos ser despertos — tudo o que desejamos é um escape espiritual do mundo. Contudo, Jesus Cristo nunca encoraja a ideia do isolamento — Ele diz: "...Ide avisar a meus irmãos..." (Mateus 28:10).

Oswald Chambers

11 DE JULHO

O santo espiritualmente zeloso

O santo não deve tomar a iniciativa para a sua autorrealização, mas deve tomá-la em relação ao conhecimento de Jesus Cristo. O santo espiritualmente zeloso jamais acredita que as suas circunstâncias acontecem por acaso nem pensa que a sua vida é dividida entre o secular e o sagrado. Ele vê cada situação em que se encontra como oportunidades de obter maior conhecimento sobre Jesus Cristo, e tem uma atitude de renúncia e entrega total nas mãos do Senhor. O Espírito Santo está resolvido a levar-nos a conhecer Jesus Cristo em todas as áreas da nossa vida, e Ele nos fará voltar sempre ao mesmo ponto até que o consigamos. A autorrealização conduz apenas à glorificação das boas obras, ao passo que o servo de Deus glorifica Jesus Cristo por meio de suas boas obras. Seja o que for que estivermos fazendo — comendo, bebendo, ou lavando os pés dos discípulos — devemos tomar a iniciativa de perceber e reconhecer Jesus Cristo em tudo. Cada fase da nossa vida tem sua contrapartida na vida de Jesus. O nosso Senhor reconhecia o Seu relacionamento com o Pai até mesmo nas tarefas mais humildes. Jesus sabendo "...que ele viera de Deus e voltava para Deus [...] tomando uma toalha [...] passou a lavar os pés aos discípulos..." (João 13:3-5).

O objetivo do santo espiritualmente zeloso é "conhecer Jesus". Será que o conheço no local em que estou hoje? Se não o conheço, estou falhando com Ele. Não estou neste mundo para buscar a autorrealização, mas para conhecer Jesus Cristo. No trabalho cristão, a nossa iniciativa e motivação, muitas vezes, é simplesmente o resultado de percebermos que há trabalhos para realizar e devemos fazê-los. Contudo, essa nunca é a atitude de um santo espiritualmente zeloso. O objetivo é reconhecer Jesus Cristo em todas as circunstâncias.

...para o conhecer...

(FILIPENSES 3:10)

12 DE JULHO

A igreja espiritualmente egocêntrica

A reconciliação significa a restauração do relacionamento entre a raça humana e Deus. Significa colocar tudo de volta como o Senhor determinou que fosse. Jesus Cristo fez exatamente isso na redenção. A igreja deixa de ser espiritual quando se torna egocêntrica e visa apenas o desenvolvimento da própria organização. A reconciliação da raça humana segundo o plano de Jesus Cristo consiste em reconhecê-lo não apenas em nossa vida individualmente, mas também em nossa vida coletiva. Jesus Cristo enviou apóstolos e mestres com este mesmo propósito — para que a pessoa corporativa de Cristo e Sua Igreja, composta por muitos membros, pudesse existir e tornar-se conhecida. Não estamos aqui para desenvolver uma vida espiritual à nossa maneira, ou para apreciar um isolamento tranquilo e espiritual. Estamos aqui para termos completa compreensão da pessoa de Jesus Cristo, com o propósito de edificar o Seu corpo.

> *…até que todos cheguemos […] à medida da estatura da plenitude de Cristo…*
>
> (Efésios 4:13)

Estou edificando o Corpo de Cristo, ou estou apenas interessado em meu desenvolvimento pessoal? A essência de tudo é o meu relacionamento pessoal com Jesus Cristo — "para o conhecer" (Filipenses 3:10). Satisfazer o desígnio perfeito de Deus requer a minha total submissão a Ele — a minha completa renúncia em favor dele. Sempre que desejo coisas para mim mesmo, esse relacionamento é distorcido. E sofrerei grande humilhação ao reconhecer e compreender que não estou, de fato, preocupado em compreender o próprio Jesus Cristo, mas somente em reconhecer o que Ele fez por mim.

> *Meu alvo é o próprio Deus, não a alegria, nem a paz*
> *Nem tampouco bênçãos, mas, Ele próprio, o meu Deus.*

Estou medindo minha vida a partir deste padrão espiritual ou de algo inferior?

13 DE JULHO

O preço da visão

Com certa frequência, a história pessoal da nossa alma com Deus é um relato da morte dos nossos heróis. Uma ou outra vez, o Senhor tem de afastar os nossos amigos para colocar-se no lugar deles, e em geral, desfalecemos, falhamos e desanimamos. Vamos pensar sobre isso — desisti de tudo na vida, quando morreu a pessoa que representava para mim tudo o que Deus é? Adoeci ou me abati? Será que agi como Isaías agiu e vi o Senhor?

No ano da morte do rei Uzias, eu vi o Senhor...
(ISAÍAS 6:1)

A minha visão de Deus depende da condição do meu caráter. O meu caráter determina se a verdade pode ou não ser revelada a mim. Antes que eu possa dizer "...eu vi o Senhor", é necessário que já haja algo em meu caráter que se assemelhe a Deus. Até eu nascer de novo e realmente começar a ver o reino de Deus, vejo as coisas apenas do ponto de vista dos meus preconceitos. Preciso passar por um procedimento cirúrgico espiritual — permitir que o Senhor use as circunstâncias externas para conceder-me a purificação interior.

As suas prioridades devem ser Deus em primeiro lugar, Deus em segundo lugar e Deus em terceiro lugar, até que sua vida esteja continuamente face a face com Ele, e ninguém mais tenha essa mesma importância. "Em todo este mundo, não há ninguém além de ti, meu Deus, ninguém além de ti!"

Continue a pagar o preço. Demonstre a Deus que você está disposto a viver de acordo com a visão.

14 DE JULHO

Sofrendo as aflições, e caminhando a segunda milha

Essa passagem bíblica revela a humilhação característica de ser cristão. No reino natural, se a pessoa não revida uma agressão é considerada covarde. Mas no reino espiritual, se a pessoa não revida, demonstra que o Filho de Deus vive nela. Quando você é insultado, não deve ressentir-se, mas aproveitar a situação para manifestar o Filho de Deus em sua vida. Não se pode imitar a natureza de Jesus — ela existe ou não em você. O insulto pessoal torna-se uma oportunidade para o santo revelar a incrível doçura do Senhor Jesus Cristo.

O ensinamento do Sermão do Monte não consiste em dizer: "Cumpra o seu dever", mas de fato: "Faça além do que deve." Não é o seu dever andar a segunda milha nem dar a outra face, mas Jesus diz que, se somos Seus discípulos, sempre agiremos assim. Não diremos: "Bem, não aguento mais; tenho sido tão mal interpretado e mal compreendido." Toda vez que insisto em obter os meus direitos, causo sofrimento ao Filho de Deus. Porém, posso evitar feri-lo recebendo o golpe. Esse é o verdadeiro significado de preencher "...o que resta das aflições de Cristo, na minha carne..." (Colossenses 1:24). O discípulo reconhece que o que está em jogo em sua vida não é a sua própria honra, mas a honra do Senhor.

> *Eu, porém, vos digo: não resistais ao perverso; mas, a qualquer que te ferir na face direita, volta-lhe também a outra.*
>
> (MATEUS 5:39)

Jamais procure por justiça em outra pessoa, e jamais deixe de ser justo. Estamos sempre buscando a justiça, mas a essência do ensinamento do Sermão do Monte é: "Jamais busque a justiça, mas nunca deixe de oferecê-la."

15 DE JULHO

Honra e dever da minha vida espiritual.

Paulo ficava devastado com percepção da sua dívida com Jesus Cristo, e dedicou a vida para demonstrar isso. A maior inspiração da vida de Paulo foi a compreensão de Jesus Cristo como seu credor espiritual. Tenho esse mesmo sentimento de dívida para com Cristo em relação a cada alma perdida? Como santo, a honra e o dever da minha vida espiritual são saldar essa dívida com Jesus em relação a essas almas perdidas. Cada pequena porção da minha vida que tem valor, devo-a à redenção de Jesus Cristo. Estou fazendo algo para que Jesus possa manifestar a Sua redenção como realidade evidente e perceptível na vida de outras pessoas? Só conseguirei fazer algo à medida que o Espírito de Deus colocar em mim este mesmo sentimento de dívida.

Pois sou devedor tanto a gregos como a bárbaros...

(ROMANOS 1:14)

Não sou alguém superior entre as demais pessoas — sou escravo do Senhor Jesus. Paulo disse: "...não sois de vós mesmos. Porque fostes comprados por preço..." (1 Coríntios 6:19,20). Paulo vendeu-se a Jesus Cristo e disse, na verdade: "Sou devedor a todas as pessoas da face da terra, pelo evangelho de Jesus; sou livre apenas para ser um escravo exclusivo do Senhor." Essa é a característica da vida do cristão, — uma vez que este nível de honra e dever espiritual torna-se realidade. Pare de orar por si mesmo e, como escravo de Jesus, use a sua vida para o bem dos outros. Esse é o verdadeiro significado de viver como "pão partido" e "vinho derramado" no dia a dia.

TUDO PARA ELE

16 DE JULHO

O conceito do controle divino

Nesta passagem, Jesus estabelece as regras de conduta para as pessoas que têm o Seu Espírito. Ele nos insta a conservarmos nossas mentes com o conceito do controle de Deus sobre todas as coisas, o que significa dizer que o discípulo deve manter uma atitude de perfeita confiança e o anseio por pedir e buscar.

Preencha a sua mente com o pensamento de que Deus está presente. Depois que a sua mente estiver realmente consciente disso, ao passar por dificuldades, será tão fácil pensar desta maneira quanto respirar: "Meu Pai celeste está ciente de tudo isto!" Não exigirá nenhum esforço, mas acontecerá naturalmente quando surgirem as dificuldades e incertezas. Antes de formar este conceito de controle divino de maneira tão poderosa em sua mente, você costumava buscar ajuda em diversas pessoas. Agora, porém, recorre a Deus. Jesus estabelece as regras de conduta para aqueles que têm o Seu Espírito, e estas regras se baseiam no seguinte princípio:

…quanto mais vosso Pai, que está nos céus, dará boas coisas aos que lhe pedirem?

(MATEUS 7:11)

Deus é meu Pai, Ele me ama, e jamais pensarei que Ele se esquecerá de mim. Sendo assim, por que me preocupar?

Jesus disse que há ocasiões em que Deus não pode remover as trevas da sua vida, mas que você deve confiar nele. De vez em quando, Deus parecerá um amigo insensível, mas Ele não o é; Ele parecerá um Pai desnaturado, mas não o é; parecerá um juiz injusto, mas Ele não o é. Não esqueça que o desígnio forte e contínuo de Deus está em todas as coisas. Nada acontece, nem sequer o menor detalhe da vida, sem que a vontade de Deus seja seu fator determinante. Portanto, você pode descansar em perfeita confiança nele. Orar não é apenas pedir, mas é uma atitude mental que produz a atmosfera na qual pedir é perfeitamente natural. "Pedi e dar-se-vos-á…" (Mateus 7:7).

17 DE JULHO

O milagre da fé

Paulo era um erudito e um orador do mais alto grau; ele não estava falando aqui movido por profunda percepção de humildade, mas estava afirmando que, quando pregava o evangelho, ele encobriria o poder de Deus se quisesse impressionar as pessoas com a excelência de seu discurso. A fé em Jesus é um milagre produzido apenas pela eficácia da redenção, não pelo discurso comovente, nem por galanteio ou persuasão; unicamente pelo absoluto poder de Deus, que não precisa de ajuda. O poder criador da redenção vem pela pregação do evangelho, mas nunca pela personalidade do pregador.

> *A minha palavra e a minha pregação não consistiram em linguagem persuasiva de sabedoria...*
>
> (1 Coríntios 2:4)

O jejum verdadeiro e eficaz que o pregador pode fazer não é abster-se de alimentos, mas da eloquência, da fala convincente e de tudo que possa impedir que o evangelho de Deus seja apresentado. O pregador está ali como o representante do Senhor — "...como se Deus exortasse por nosso intermédio..." (2 Coríntios 5:20). Ele está ali para anunciar o evangelho do Senhor. Se for somente por causa de minha pregação que as pessoas desejam tornar-se melhores, elas jamais se aproximarão de Jesus Cristo. Tudo o que houver em minha pregação que resulte em louvor pessoal acabará fazendo de mim um traidor de Jesus, e impedirei que o poder criativo de Sua redenção realize a Sua obra.

"E eu, quando for levantado da terra, atrairei todos a mim mesmo" (João 12:32).

TUDO PARA ELE 217

18 DE JULHO

O mistério de crer

Pelo milagre da redenção, Saulo de Tarso foi instantaneamente transformado de fariseu severo e obstinado num humilde e dedicado escravo do Senhor Jesus.

Não há nada de miraculoso ou misterioso nas coisas que conseguimos explicar. Controlamos aquilo que somos capazes de explicar; consequentemente, é natural que procuremos explicação para tudo. Não é natural obedecer — nem desobedecer é necessariamente pecado. Não pode haver verdadeira desobediência, nem virtude moral na obediência, a menos que a pessoa reconheça a autoridade superior naquele que está dando as ordens. Se este reconhecimento não existir, até mesmo quem está dando as ordens pode considerar a desobediência do outro como liberdade. Se alguém ordena a outrem, dizendo: "Você deve fazer isto…" e "Você fará aquilo…", essa pessoa quebra o espírito humano e o torna imprestável para Deus. A pessoa é simplesmente escrava da obediência, a não ser que haja por detrás da sua obediência, o reconhecimento de um Deus santo.

> *Ele me perguntou: Quem és tu, Senhor…?*
>
> (ATOS 9:5)

Muitas pessoas começam a aproximar-se de Deus quando desistem de ser religiosas, porque só existe um Senhor do coração humano — Jesus Cristo, não a religião. Mas "ai de mim", porém, *se, depois de vê-lo, eu não lhe obedecer* (Isaías 6:1,5). Jesus jamais insistirá que eu lhe obedeça, mas, se eu desobedecer-lhe, terei começado a assinar o atestado de óbito do Filho de Deus em minha alma. Quando fico face a face com Jesus Cristo e digo: "Não obedecerei", Ele jamais insistirá. Mas diante dessa atitude, começo a me afastar para bem longe do poder recriador de Sua redenção. Para a graça de Deus, não fará a menor diferença a abominação que me tornei se eu apenas me aproximar da luz. Todavia, "ai de mim" se eu recusar essa luz (João 3:19-21).

Oswald Chambers

19 DE JULHO

A submissão do cristão

O nosso Senhor nunca insiste em exercer autoridade sobre nós. Ele nunca diz: "Você se submeterá a mim!" Ele nos deixa inteiramente livres para lhe obedecer ou desobedecer — tão livres, na verdade, que podemos cuspir-lhe na face ou condená-lo à morte, como fizeram alguns; e Ele jamais dirá uma palavra sequer. Mas, uma vez que a Sua vida seja criada em mim por Sua redenção, reconheço instantaneamente o Seu direito de ter absoluta autoridade sobre mim. É um domínio completo e efetivo, no qual confesso: "Tu és *digno*, Senhor..." (Apocalipse 4:11). Simplesmente o meu lado indigno é que se recusa a curvar ou submeter-se a quem é digno. Quando encontro alguém que seja mais santo do que eu, e não reconheço a sua dignidade nem obedeço a suas instruções, isso apenas manifesta o meu lado indigno. Deus nos ensina usando estas pessoas que são um pouco melhores que nós, não melhores intelectualmente, mas mais santas. E o Senhor continua a fazê-lo até que nos submetamos a Ele voluntariamente. A partir daí, a nossa atitude de vida passa a ser de obediência a Ele.

Se o nosso Senhor insistisse em nossa obediência, Ele seria semelhante a um feitor e deixaria de ter autoridade genuína. Deus nunca insiste na obediência, mas, assim que realmente o vemos, passamos a lhe obedecer instantaneamente. Então, Ele facilmente se torna o Senhor da nossa vida, e vivemos para adorá-lo desde a manhã até à noite. O que revela meu crescimento na graça é a maneira como encaro a obediência. Devemos ter uma melhor concepção da palavra *obediência*, resgatando-a da lama do mundo. A obediência só é possível entre pessoas iguais em seu relacionamento um com o outro, como o

> *Vós me chamais o Mestre e o Senhor e dizeis bem; porque eu o sou.*
>
> (João 13:13)

relacionamento entre pai e filho, não entre senhor e servo. Jesus demonstrou este relacionamento, dizendo: "Eu e o Pai somos um" (João 10:30). "[Embora]sendo Filho, aprendeu a obediência pelas coisas que sofreu..." (Hebreus 5:8). O Filho foi obediente como nosso Redentor, porque *Ele era o Filho*, não para tornar-se o Filho de Deus.

20 DE JULHO

Dependente da presença de Deus

Não sentimos nenhuma emoção quando andamos; no entanto, andar é uma prova de resistência do quanto suportamos. Mas "caminhar e não se fatigar" é o limite máximo como uma medida de força. A palavra *caminhar* (passar, andar) é usada na Bíblia para expressar o caráter de alguém — "No dia seguinte estava João [...] vendo Jesus *passar*, e disse: Eis o Cordeiro de Deus..." (João 1:35,36). Não há nada de abstrato ou obscuro na Bíblia; tudo é sempre vivo e real. Deus não diz: "Seja espiritual", mas ordena: "...*anda* na minha presença..." (Gênesis 17:1).

> *...mas os que esperam no Senhor [...] caminham e não se fatigam.*
>
> (Isaías 40:31)

Sempre que estamos em má condição física ou emocional, buscamos estímulos na vida. No plano físico, isto leva aos nossos esforços de simular a obra do Espírito Santo; na esfera emocional, gera obsessões e a destruição da nossa moralidade. E no plano espiritual, se insistirmos em ter somente empolgações, em "...subir com asas" (Isaías 40:31), o resultado será a destruição da nossa espiritualidade.

Usufruir da realidade da presença de Deus não depende do lugar ou da circunstância em que nos encontramos, mas apenas da nossa determinação de colocarmos o Senhor diante de nós continuamente. O problema começa quando nos recusamos a confiar na veracidade da Sua presença. Viveremos a experiência de que fala o salmista: "Portanto, não temeremos" (Salmo 46:2) quando nos alicerçarmos na veracidade da presença de Deus; não apenas quando tivermos a simples percepção dessa presença, mas a compreensão de sua veracidade. Então, exclamaremos: "Ora, Ele esteve aqui o tempo todo!" Em momentos críticos de nossa existência, é necessário pedirmos a direção de Deus, mas não deveria ser necessário dizer constantemente: "Ó, Senhor, dirige-me nisso e naquilo." É claro que Ele o fará! Na verdade, Ele já está fazendo! Se as nossas decisões cotidianas não estão de acordo com a Sua vontade, Ele nos pressionará por meio delas, trazendo constrangimento ao nosso espírito. Nesse momento, devemos permanecer em silêncio e esperar por direção da Sua presença.

Oswald Chambers

21 DE JULHO

A porta para o reino

Cuidado para não pensar em nosso Senhor apenas como um mestre. Se Jesus Cristo é apenas Mestre, a única coisa que Ele pode fazer é frustrar-me com um padrão moral que não posso alcançar. De que adianta apresentar-me um ideal sublime que jamais conseguirei alcançar? Seria mais feliz se nem o conhecesse. De que adianta dizer-me o que nunca poderei ser — "puro de coração" (5:8), fazer mais do que o meu dever, ser completamente consagrado a Deus? Preciso conhecer Jesus Cristo como meu Salvador para que Seus ensinamentos representem para mim mais do que um ideal sublime que me leve ao desespero. Mas, quando nasço de novo pelo Espírito de Deus, percebo que Jesus Cristo não veio apenas para *ensinar* — Ele veio para *fazer de mim aquilo que Ele ensina que devo ser*. A redenção significa que Jesus Cristo pode colocar em qualquer pessoa a mesma natureza que governou a Sua própria vida, e todos os padrões estabelecidos por Deus se baseiam nessa natureza.

Os ensinamentos do Sermão do Monte produzem uma compreensão do desespero no homem natural — exatamente o que Jesus desejava que acontecesse. Enquanto abrigarmos a ideia de que podemos cumprir o que o Senhor ensinou, Deus nos deixará prosseguir até que a nossa ignorância seja exposta, ao tropeçarmos em algum obstáculo em nosso caminho. Só então nos disporemos a buscá-lo como miseráveis e ouvir dele: "Bem-aventurados os humildes de espírito…". Este é o primeiro princípio no reino de Deus. A base de apoio do reino de Jesus Cristo é a pobreza, não os bens que possuímos, não as decisões por Jesus, mas ter a compreensão da absoluta incapacidade que finalmente admitimos: "Senhor, nem sei por onde começar." A isso Jesus responde: "Bem-aventurado sois…" (5:11). Esta é a porta de entrada para o reino, e demoramos tanto para acreditar que somos realmente pobres! O reconhecimento da nossa própria pobreza é o que nos traz ao ponto certo onde Jesus completa a Sua obra.

> *Bem-aventurados*
> *os humildes*
> *de espírito…*
> (MATEUS 5:3)

TUDO PARA ELE   221

22 DE JULHO

Santificação

O aspecto da morte. Na santificação, Deus tem de lidar conosco no aspecto da morte e também no aspecto da vida. A santificação exige a nossa ida ao local da morte, mas muitos de nós passamos tanto tempo lá que nos tornamos mórbidos. Há sempre uma tremenda batalha antes da santificação ser consumada — algo que luta dentro de nós que se debate com ressentimento contra as exigências de Cristo. Quando o Espírito Santo começa a mostrar-nos o significado da santificação, começa imediatamente a luta. Jesus disse:

> *Pois essa é a vontade de Deus: a vossa santificação...*
>
> (1 Tessalonicenses 4:3)

"Se alguém vem a mim e não aborrece […] sua própria vida, não pode ser meu discípulo" (Lucas 14:26).

No processo de santificação, o Espírito de Deus me despojará de tudo, até que não sobre nada além de mim mesmo, é esse é o local da morte. Estou disposto a ser eu mesmo e nada mais? Estou disposto a não ter amigos, nem pais, nem irmãos, nem interesses pessoais — simplesmente estar pronto para morrer? Essa é a condição primordial para a santificação. Não é de se admirar que Jesus tenha dito: "...não vim para trazer paz, mas espada" (Mateus 10:34). É aí que começa a batalha, e onde tantos de nós tropeçamos. Recusamo-nos a nos identificar com a morte de Jesus neste ponto. E dizemos: "Mas, isso é exigir demais. Com certeza Ele não exige isso de mim!" Nosso Senhor é exigente e exige tudo isso de nós.

Estou disposto a me reduzir até ser simplesmente "eu"? Estou suficientemente determinado a livrar-me de tudo o que os meus amigos pensam de mim, de tudo o que penso de mim mesmo? Estou disposto e determinado a entregar a Deus esse "eu" simples e descoberto? Quando estiver, Ele me santificará imediata e completamente, e a minha vida estará livre de ser continuamente definida por outra direção, exceto a de Deus (1 Tessalonicenses 5:23,24).

Quando orar: "Senhor, mostra-me o significado da santificação", Ele o fará. Significa ser um com Jesus. Santificação não é algo que Jesus coloca em mim — é *Ele próprio* vivendo em mim (1 Coríntios 1:30).

Oswald Chambers

23 DE JULHO

Santificação

O aspecto da vida. O mistério da santificação significa que as qualidades perfeitas de Jesus me são concedidas como um presente, não gradual, mas instantaneamente no momento em que, pela fé, compreendo que Ele por mim se "...tornou, da parte de Deus [...] santificação...". A santificação significa nada menos do que a santidade de Jesus tornando-se minha e sendo exibida em minha vida.

O segredo mais maravilhoso de viver uma vida santa não consiste em imitar Jesus, mas em permitir que as qualidades perfeitas de Jesus se manifestem em mim. Santificação é "...Cristo em vós..." (Colossenses 1:27). É a Sua maravilhosa vida que me é concedida na santificação — concedida pela fé como dádiva soberana da graça de Deus. Estou disposto a permitir que Deus torne essa santificação tão evidente em mim quanto ela é em Sua Palavra?

A santificação significa a implantação das qualidades santas de Jesus Cristo em mim. É a dádiva de Sua paciência, santidade, fé, pureza, amor e piedade exibida em e por meio de cada alma santificada. A santificação não é extrair de Jesus o poder de ser santo — é extrair de Jesus a própria santidade que foi revelada nele, e que agora se manifesta em mim. Santificação é uma concessão, não uma imitação. A imitação é algo completamente diferente. A perfeição de tudo está em Jesus Cristo, e o mistério da santificação é que todas as qualidades perfeitas de Jesus estão ao meu dispor. Consequentemente, começo a viver lenta, mas seguramente uma vida de inexplicável ordem, integridade e santidade — "...guardados pelo poder de Deus..." (1 Pedro 1:5).

> *Mas vós sois dele, em Cristo Jesus, o qual se nos tornou [...] santificação...*
>
> (1 Coríntios 1:30)

24 DE JULHO

A natureza de Cristo e as nossas motivações

A característica do discípulo não é fazer coisas boas, mas que suas motivações sejam boas, tornando-se assim, pela graça sobrenatural de Deus. A única coisa que pode sobrepor ao *fazer* justiça é *ser* justo. Jesus Cristo veio para colocar outra hereditariedade, cuja justiça em tudo excede a dos escribas e fariseus, em cada um que lhe desse a permissão. Jesus está dizendo: "Se você é meu discípulo, deve ser correto e justo não apenas nas ações, mas nas motivações, nas aspirações e na profundidade de seus pensamentos." Suas motivações devem ser tão puras que o Deus Altíssimo em nada possa reprová-las. Quem pode permanecer firme na luz eterna de Deus sem ter nada que Ele possa reprovar? Apenas o Filho de Deus, Jesus Cristo afirma que, por meio da Sua redenção, Ele pode colocar dentro de qualquer um de nós a Sua própria natureza e nos tornar tão puros e simples quanto uma criança. A pureza que Deus exige é impossível, a menos que eu possa ser refeito interiormente; e foi precisamente isso o que Jesus se encarregou de fazer por Sua redenção.

> *...se a vossa justiça não exceder em muito a dos escribas e fariseus, jamais entrareis no reino dos céus.*
>
> (MATEUS 5:20)

Ninguém pode tornar-se puro por obedecer às leis. Jesus Cristo não nos apresenta regras e regulamentos — Ele nos oferece Seus ensinamentos, verdades que só podem ser interpretadas por Sua natureza, a qual Ele mesmo coloca em nós. A grande maravilha da salvação de Jesus Cristo é o fato de Ele alterar a nossa hereditariedade. Ele não altera a natureza humana — Ele altera a sua fonte e, com isso, suas motivações também.

25 DE JULHO

Sou bem-aventurado assim?

Quando lemos as afirmações de Jesus pela primeira vez, elas nos parecem simples e não causam espanto, mas mergulham despercebidas em nosso subconsciente. As Bem-aventuranças, por exemplo, parecem ser apenas belos e agradáveis preceitos dirigidos às pessoas excessivamente espirituais e aparentemente inúteis, mas de pouquíssimo *Bem-aventurados...* uso prático nos dias rigorosos e acelerados (MATEUS 5:3-11) do mundo em que *vivemos*. Entretanto, logo descobrimos que as Bem-aventuranças contêm a "força, dinamite" do Espírito Santo. Elas "explodem" quando as circunstâncias da nossa vida as detonam. Quando o Espírito Santo traz à nossa lembrança uma das Bem-aventuranças, dizemos: "Que afirmação surpreendente!" Em seguida, devemos decidir se estamos dispostos ou não a aceitar a tremenda revolução espiritual que se produzirá em nossas circunstâncias se obedecermos às Suas palavras. É assim que o Espírito de Deus age. Não precisamos nascer de novo para aplicar literalmente o Sermão do Monte. A interpretação literal deste sermão é tão fácil quanto uma brincadeira de criança. Porém, a interpretação feita pelo Espírito de Deus, à medida que Ele aplica as declarações do Senhor às nossas circunstâncias, a ocupação específica e difícil daquele que é santo.

Os ensinamentos de Jesus chegam a ser desproporcionais quando comparados à nossa maneira natural de encarar as coisas e, de início, podem-nos causar um desconforto incrível. Temos de, gradualmente, conformar o nosso caminhar e a nossa conversação aos preceitos de Jesus Cristo, à medida que o Espírito Santo os aplica às circunstâncias que vivemos. O Sermão do Monte não é um conjunto de normas e regulamentos — é uma imagem da vida que viveremos quando o Espírito Santo puder agir livremente e sem obstáculos conosco.

TUDO PARA ELE 225

26 DE JULHO

O caminho da pureza

Inicialmente, confiamos em nossa ignorância, chamando-a de inocência e, em seguida, confiamos em nossa inocência e a chamamos de pureza. Então, quando ouvimos essas afirmações duras do Senhor, levamos um susto e dizemos: "Mas nunca senti nenhuma dessas coisas terríveis em meu coração." Ressentimo-nos com o que Ele revela. Ou Jesus Cristo é a suprema autoridade no coração humano, ou então é melhor nem lhe darmos atenção. Estou preparado para confiar no entendimento de Sua palavra em meu coração, ou prefiro confiar em minha "inocente ignorância"? Se me examinar honestamente, com total consciência da suposta inocência e colocá-la à prova, será muito provável que caia em mim, reconhecendo que as palavras de Jesus Cristo são verdade, e que fique abismado com as possibilidades do mal e do erro em mim. Enquanto, porém, eu permanecer refugiado na falsa segurança da minha "inocência", estarei simplesmente vivendo no paraíso dos tolos. Se nunca agi como uma pessoa abertamente grosseira e ofensiva, o único motivo foi minha covardia aliada à noção de proteção que recebo por viver civilizadamente. Mas quando me coloco à disposição e completamente exposto diante de Deus, descubro que Jesus Cristo está certo em Seu diagnóstico a meu respeito.

> *Mas o que sai da boca vem do coração [...]. Porque do coração procedem maus desígnios, homicídios, adultérios, prostituição, furtos, falsos testemunhos, blasfêmias. São estas as coisas que contaminam o homem...*
>
> (MATEUS 15:18-20)

O único meio que realmente traz a absoluta proteção é a redenção em Jesus Cristo. Se eu simplesmente me entregar a Ele, nunca precisarei vivenciar as terríveis possibilidades que existem em meu coração. A pureza é algo muito mais profundo do que eu possa alcançar naturalmente. Entretanto, quando o Espírito Santo habita em mim, Ele traz, para o centro da minha vida pessoal, o mesmo Espírito manifestado na vida de Jesus Cristo, a saber: o Espírito *Santo*, o qual é pureza absoluta e imaculada.

27 DE JULHO

O caminho para o conhecimento

A regra de ouro para alcançar o entendimento espiritual não é a busca intelectual, mas a de obediência. Se alguém quiser o conhecimento científico, precisará utilizar a curiosidade intelectual. Porém, se desejar o conhecimento e o discernimento dos ensinamentos de Jesus Cristo, só poderá obtê-los por intermédio da obediência. Portanto, se as coisas espirituais parecem obscuras e ocultas para mim, posso ter certeza de que há algum ponto de desobediência em minha vida. A escuridão intelectual é resultado da ignorância; mas a escuridão espiritual resulta de alguma desobediência de minha parte.

Ninguém jamais recebe uma palavra de Deus sem instantaneamente ser posto à prova em relação a ela. Desobedecemos e depois nos surpreendemos porque não crescemos espiritualmente. Jesus disse: "Se, pois, ao trazeres ao altar a tua oferta, ali te lembrares de que teu irmão tem alguma coisa contra ti, deixa perante o altar a tua oferta, vai primeiro reconciliar-te com teu irmão; e, então, voltando, faze a tua oferta" (Mateus 5:23,24). Em essência, Ele está dizendo: "Não me diga mais nada; primeiro seja obediente e faça as coisas corretamente." Os ensinamentos de Jesus nos alcançam onde vivemos. Não podemos permanecer como impostores diante dele nem mesmo por um segundo. Ele nos instrui até o último detalhe. O Espírito de Deus despe o nosso espírito da autodefesa e nos torna sensíveis às coisas sobre as quais nem sequer havíamos pensado anteriormente.

Se alguém quiser fazer a vontade dele, conhecerá a respeito da doutrina...

(JOÃO 7:17)

Quando Jesus o faz lembrar de algo por meio de Sua Palavra, não tente escapar. Se agir assim, você se tornará um impostor religioso. Analise bem as coisas em relação às quais você tende simplesmente a agir com indiferença e as áreas em que você tem se recusado a ser obediente, e descobrirá por que não está crescendo espiritualmente. Como ordenou Jesus: "*Vai primeiro...*" mesmo correndo o risco de ser considerado fanático, obedeça ao que Deus lhe diz.

TUDO PARA ELE   227

28 DE JULHO

O propósito de Deus ou o meu?

Nossa tendência é pensar que se Jesus Cristo nos compelir a fazer algo e formos obedientes a Ele, Ele nos levará a ter sucesso. Jamais devemos pensar que os nossos sonhos de sucesso são os propósitos de Deus para nós. Na realidade, o Seu propósito talvez seja exatamente o oposto. Temos a impressão de que Deus está nos conduzindo a determinado fim ou a um alvo desejado, mas Ele não está. A questão de se atingir ou não um alvo específico é de menor importância, e conquistar o que se almeja é um mero acontecimento ao longo da trajetória. Aquilo que consideramos apenas como o processo para se alcançar um objetivo, Deus considera como o próprio objetivo.

...compeliu Jesus os seus discípulos a embarcar e passar adiante para o outro lado...

(MARCOS 6:45)

Qual é a minha visão no que se refere ao propósito do Senhor para mim? Seja o que for, o propósito dele para mim é que eu dependa dele e do Seu poder *neste momento*. Se consigo manter-me calmo, fiel e despreocupado em meio aos maiores tumultos da vida, o objetivo do propósito de Deus está sendo realizado em mim. O Senhor não está trabalhando com vistas a uma determinada conclusão — Seu propósito é o próprio processo. O que Ele deseja para mim é que o veja "andando sobre as ondas", sem nenhuma praia à vista, sem qualquer êxito, sem metas à vista, mas simplesmente com a certeza absoluta de que está tudo bem porque o vejo "andando sobre o mar" (Marcos 6:49). É o processo, não o fim, que traz glórias a Deus.

O treinamento de Deus é para já, não para mais tarde. Seu propósito é para este exato momento, não para algum momento no futuro. Não temos nada a ver com o que acontecerá após a nossa obediência e erramos ao nos preocupar com isso. O que as pessoas chamam de preparação, Deus o vê como o próprio alvo.

O propósito de Deus é capacitar-me para ver que Ele pode andar por sobre as tempestades da minha vida exatamente agora. Se tivermos outro alvo em mente, não prestaremos a atenção necessária ao que acontece no presente. Mas, caso reconheçamos que a obediência vivida momento a momento é o alvo, então cada momento, seja ele como for, será precioso.

29 DE JULHO

Você vê Jesus em suas nuvens?

N a Bíblia, as nuvens estão sempre associadas a Deus. As nuvens são as tristezas, sofrimentos ou circunstâncias inevitáveis, dentro ou fora da nossa vida pessoal, que na verdade parecem contrariar a soberania de Deus. Entretanto, são por estas nuvens que o Espírito de Deus nos ensina a andar pela fé. Se nunca houvesse nuvens em nossa vida, não teríamos fé. O texto de Naum 1:3 declara que: "[As] nuvens são o pó dos seus pés". São um sinal de que Deus está presente. Que grande revelação é saber que a tristeza, a desolação e o sofrimento são na verdade, as nuvens que acompanham Deus! Ele não pode aproximar-se de nós sem as nuvens — Ele não vem em toda a luminosidade resplandecente.

Não é verdadeiro afirmar que Deus quer nos ensinar alguma coisa em nossas provações. Com cada nuvem que Ele coloca em nosso caminho, Ele quer que *desaprendamos* algo. Seu propósito, ao utilizar uma nuvem, é simplificar a nossa fé até que o nosso relacionamento com Ele seja exatamente como o de uma criança — um relacionamento apenas entre Deus e a nossa própria alma, em que todos os outros se tornem sombras. Até que as pessoas se tornem sombras para nós, as nuvens e a escuridão nos envolverão de tempos em tempos. O nosso relacionamento com Deus está tornando-se cada vez mais simples do que tem sido?

Existe uma relação entre as estranhas circunstâncias inevitáveis permitidas por Deus e aquilo que sabemos sobre Ele; e temos de aprender a interpretar os mistérios da vida à luz do nosso conhecimento de Deus. Até *Eis que vem com as nuvens...* (APOCALIPSE 1:7) que sejamos capazes de encarar, face a face, o mais tenebroso e sombrio fato da vida sem prejudicar nossa visão do caráter de Deus, ainda não o conhecemos.

O texto de Lucas 9:34 alerta: "[E] encheram-se de medo ao entrarem na nuvem". Há mais alguém em sua nuvem além de Jesus? Se houver, sua situação ficará ainda mais tenebrosa até que não haja ninguém mais, "...senão Jesus" (Marcos 9:2-8).

TUDO PARA ELE   229

30 DE JULHO

O ensinamento da desilusão

A desilusão significa fim dos preconceitos, dos falsos julgamentos e falsas impressões na vida; e significa estar livre destas decepções. Entretanto, ainda que não estejamos mais enganados, nossa experiência de desilusão pode realmente nos deixar céticos e muito críticos no julgamento que fazemos dos outros. Mas a desilusão que vem de Deus nos faz ver as pessoas como elas realmente são, sem ceticismo, remorso e críticas amargas. Muitas das experiências da vida que nos infligem mais sofrimento, injustiça ou dor advêm do fato de sofrermos certas ilusões. Não somos genuínos uns com os outros, vendo-nos como realmente somos. Somos fiéis apenas às ideias mal concebidas que temos um do outro. De acordo com nossa avaliação, tudo é maravilhoso e bom, ou ruim, mal-intencionado e covarde.

> *...mas o próprio Jesus não se confiava a eles [...] ele mesmo sabia o que era a natureza humana.*
>
> (JOÃO 2:24,25)

Grande parte do sofrimento da vida humana é causado pela nossa relutância a nos desiludir. E é assim que esse sofrimento acontece — se amamos uma pessoa, mas não amamos Deus, exigimos dela total perfeição e retidão e, quando não temos as nossas exigências saciadas, nos tornamos cruéis e vingativos; assim, exigimos de um ser humano algo que ele, possivelmente, não possa dar. Existe apenas um Ser capaz de satisfazer o anseio profundo do coração humano ferido — o Senhor Jesus Cristo. Nosso Senhor é tão obviamente rigoroso com cada relacionamento humano, porque Ele sabe que todo relacionamento que não se baseia na lealdade a Ele terminará em fracasso. O nosso Senhor não confiava nas pessoas, e jamais confiou em alguém, embora jamais fosse amargo ou desconfiado. A confiança do nosso Senhor em Deus e no que a graça divina poderia fazer por qualquer pessoa, era tão perfeita que Ele nunca se desesperou, nunca desistiu de qualquer pessoa. Se colocarmos a nossa confiança nos seres humanos, acabaremos por nos desesperar com todos.

230   *Oswald Chambers*

31 DE JULHO

Tornando-nos inteiramente dele

Em geral, muitos dentre nós parecem estar muito bem, mas ainda há algumas áreas em que somos descuidados e indolentes; não é uma questão de pecado, mas de resíduos da vida carnal que tendem a nos tornar desleixados. O descuido é um insulto ao Espírito Santo. Não deveríamos ser negligentes na maneira como adoramos a Deus; nem na forma como comemos e bebemos.

Não apenas o nosso relacionamento com Deus deve ser correto, mas a expressão exterior desse mesmo relacionamento deve ser correta também. Por fim, o Senhor não permitirá que algo lhe escape; cada detalhe da nossa vida está sob o Seu escrutínio. Deus nos fará voltar, de inúmeras maneiras, ao mesmo ponto de sempre, repetidas vezes. Ele nunca se cansa de levar-nos de volta a determinado ponto, até que aprendamos a lição, porque Seu propósito é gerar um produto final. Pode ser algum problema que surja devido a nossa natureza impulsiva, mas, uma e outra vez, com a paciência mais persistente, Deus nos traz de volta àquele ponto específico. O problema pode ser a nossa forma de pensar, ociosa e delirante ou a nossa natureza independente e o egoísmo. Por meio deste processo, Deus está tentando incutir em nós algo que não está totalmente correto em nossa vida.

Tivemos momentos maravilhosos durante nossos estudos sobre a verdade revelada da redenção de Deus, e o nosso coração está voltado para Ele. Sua obra incrível realizada em nós nos faz perceber que, no geral, estamos corretos com Ele. "[A] perseverança deve ter ação completa…". O Espírito Santo, falando por meio de Tiago, afirma: "Ora, a perseverança deve ter ação completa…". Tenha o

> *Ora, a perseverança deve ter ação completa, para que sejais perfeitos e íntegros, em nada deficientes.*
>
> (TIAGO 1:4)

cuidado de não se tornar negligente com os pequenos detalhes da vida, afirmando: "Isso é tudo o que é possível fazer por agora." Seja o que for, Deus continuará nos chamando a atenção com perseverança até que nos tornemos inteiramente dele.

TUDO PARA ELE   231

1.º DE AGOSTO

Aprendendo acerca dos Seus caminhos

Ele vem ao lugar de onde nos manda sair. Se você permaneceu onde estava, quando Deus lhe disse para sair, por estar preocupado demais com o seu próprio povo, você os privou do ensinamento do próprio Jesus Cristo. Quando você lhe obedeceu e deixou todas as consequências para Deus, o Senhor foi à sua cidade ensinar, mas quando desobedeceu, você obstruiu o Seu caminho. Observe o ponto em que você começa a argumentar com o Senhor e coloque o que chama de seu dever em contraposição às Suas ordenanças. Se diz: "Sei que Ele me ordenou partir, mas meu dever é permanecer," isso significa simplesmente que você não acredita que Jesus fala sério.

> *Ora, tendo acabado Jesus de dar estas instruções a seus doze discípulos, partiu dali a ensinar e a pregar nas cidades deles.*
>
> (MATEUS 11:1)

Ele ensina onde nos instrui a não ensinar. "Mestre [...] então, façamos três tendas..." (Lucas 9:33). Estamos agindo como amadores, tentando desempenhar o papel que só cabe a Deus na vida dos outros? Somos tão barulhentos ao ensinar outras pessoas que o Senhor não pode aproximar-se delas? Devemos aprender a manter nossas bocas fechadas e o espírito alerta. Deus quer instruir-nos a respeito de Seu Filho e quer transformar nossos momentos de oração em montes da transfiguração. Quando tivermos certeza de que Deus vai agir de determinada maneira, Ele jamais agirá dessa maneira novamente.

Ele age onde nos manda esperar. "[Permanecei], pois [...] até que..." (Lucas 24:49). "Espere em Deus", e Ele agirá (Salmo 37:34). Mas não espere amuado espiritualmente e sentindo autocomiseração por não conseguir enxergar um palmo à sua frente! Estamos suficientemente desprendidos dos nossos ímpetos de emoção espiritual para "esperar pacientemente em Deus?" (37:7). Esperar não é permanecer sentado com os braços cruzados sem fazer nada, mas aprender a fazer o que nos é dito para fazer.

Estes são alguns dos aspectos dos Seus caminhos que raramente reconhecemos.

232 *Oswald Chambers*

2 DE AGOSTO

O ensinamento da adversidade

Uma ideia comum sobre a vida cristã é acreditar que ela signifique o livramento de todas as adversidades. Porém, na verdade, ela significa livramento nas adversidades, o que é algo muito diferente. "O que habita no esconderijo do Altíssimo, e descansa à sombra do Onipotente [...]. Nenhum mal te sucederá, praga nenhuma chegará à tua tenda" (Salmo 91:1,10) — no lugar onde você é um com Deus.

Se você é filho de Deus, certamente encontrará adversidades, mas Jesus diz que não deve se surpreender quando elas aparecem. "No mundo, tereis aflições; mas, tende bom ânimo, eu venci o mundo." Ele está dizendo: "Você não tem nada a temer." As mesmas pessoas que se recusavam a falar sobre suas adversidades antes de serem salvas, frequentemente se queixam e se afligem após nascerem de novo, porque têm a ideia errada do que significa a vida de um santo.

Deus não nos dá uma vida vitoriosa — Ele nos dá vida à medida que superamos os desafios. As pressões da vida aumentam a nossa força. Se não houver pressão, não haverá força. Você está pedindo a Deus que lhe dê vida, liberdade e alegria? Ele não pode fazê-lo a não ser que você se disponha a aceitar essa pressão. Uma vez, diante da tensão, você, imediatamente, receberá a força. Vença a sua própria timidez e dê o primeiro passo. E, Deus o alimentará — "Ao vencedor, dar-lhe-ei que se alimente da árvore da vida..." (Apocalipse 2:7). Se você se doar por completo fisicamente, acabará exausto. Porém, ao se doar espiritualmente, receberá mais força. Deus nunca nos dá forças para o dia seguinte, nem para a próxima hora, apenas para a tensão do momento. Nossa tentação é enfrentar as adversidades levando em consideração o nosso senso comum. Mas o santo em Cristo pode "manter o bom ânimo" mesmo quando sente-se aparentemente derrotado pelas adversidades, porque a vitória para todos é absurdamente impossível, exceto para Deus.

> *...No mundo, passais por aflições; mas tende bom ânimo; eu venci o mundo.*
>
> (João 16:33)

TUDO PARA ELE   233

3 DE AGOSTO

O propósito impulsor de Deus

Jerusalém, na vida de nosso Senhor, representa o lugar onde Ele chegou ao auge do cumprimento da vontade do Pai. Jesus disse: "...não procuro a minha própria vontade e, sim, a daquele que me enviou" (João 5:30). Procurar fazer "a vontade do Pai" foi a preocupação principal de Jesus em toda a Sua vida. E independentemente do que Ele encontrasse pelo caminho, alegrias ou tristezas, sucessos ou fracassos, Ele jamais se desviava desse propósito. "[Manifestou], no semblante, a intrépida resolução de ir para Jerusalém" (Lucas 9:51).

> *...disse-lhes Jesus: Eis que subimos para Jerusalém...*
>
> (Lucas 18:31)

A coisa mais importante para lembrarmos é que subimos a Jerusalém para cumprir o propósito de Deus, não o nosso. Na vida natural, nossas ambições pertencem a nós, mas na vida cristã, não temos objetivos próprios. Falamos muito, hoje em dia, sobre as nossas decisões por Cristo, a nossa determinação em sermos cristãos e nossas decisões a favor disto e daquilo, mas, no Novo Testamento, o único aspecto salientado é o propósito impulsor de Deus. "Não fostes vós que me escolhestes a mim [...] eu vos escolhi..." (João 15:16).

Não somos levados a fazer um acordo consciente com o propósito de Deus — somos levados ao propósito de Deus sem estarmos plenamente conscientes desse propósito. Não temos ideia de qual possa ser o objetivo do Senhor; à medida que prosseguimos, Seu propósito torna-se cada vez mais e mais vago. Parece que o objetivo de Deus errou o alvo, porque somos míopes demais para enxergar o alvo para o qual Ele está mirando. No começo da vida cristã, temos nossas próprias ideias sobre qual é o propósito de Deus. Dizemos: "Creio que Deus quer que eu vá para lá" e "Deus me chamou para fazer este trabalho especial." Fazemos o que achamos ser correto, mas o propósito impulsor do Senhor permanece sobre nós. O trabalho que fazemos não tem importância quando comparado com o propósito impulsor de Deus. É simplesmente o andaime que cerca Sua obra e Seu plano. "Tomando consigo os doze..." (Lucas 18:31). Deus nos chama o tempo todo. Ainda não entendemos tudo o que há para saber sobre o propósito impulsor de Deus.

4 DE AGOSTO

A corajosa amizade de Deus

Que coragem a de Deus ao confiar em nós! Talvez você diga: "Mas Ele não foi sábio ao me escolher, porque nada há de bom em mim, e não tenho valor?". Foi por isso mesmo que Ele o escolheu. Enquanto pensa que possui algum valor para Ele, Deus não pode escolhê-lo, porque você tem seus próprios propósitos para alcançar. Porém, se permitir que Ele acabe com a sua autossuficiência, então Ele pode escolhê-lo para acompanhá-lo a Jerusalém (Lucas 18:31). E isso significará o cumprimento dos propósitos sobre os quais Ele não argumentará com você.

Nossa tendência é dizer que, pelo fato de alguém ter determinada habilidade natural, será um bom cristão. Não é uma questão de sermos capacitados, mas de nossa pobreza; não se trata do que trazemos conosco, mas do que Deus coloca em nós. Não é uma questão de virtudes naturais, de força de caráter, de conhecimento ou de experiência — nada disso tem valor neste ponto. A única coisa de valor é ser levado para o propósito impulsor de Deus e tornar-se Seu amigo (1 Coríntios 1:26-31). A amizade de Deus é com pessoas que reconhecem a própria pobreza. Ele nada pode realizar com a pessoa que se acha útil a Ele. Como cristãos, não estamos aqui para realizar nossos próprios planos — estamos aqui pelo propósito de Deus, e essas duas coisas não são iguais.

Não sabemos qual é o propósito impulsor de Deus, mas aconteça o que acontecer, devemos manter nosso relacionamento com Ele. Nunca devemos permitir que coisa alguma prejudique o nosso relacionamento com o Senhor, mas caso isso aconteça, devemos endireitar isso sem pressa. O aspecto mais importante do cristianismo não é o trabalho que fazemos, mas o relacionamento que mantemos e as influências ao nosso redor produzidas por esse relacionamento. Isso é tudo o que Deus pede que tenhamos em mente e é a única coisa que está continuamente sob ataque.

Tomando consigo os doze…

(Lucas 18:31)

5 DE AGOSTO

O chamado desnorteante de Deus

Deus chamou Jesus Cristo para o que parecia ser um desastre absoluto. Jesus chamou Seus discípulos para que o vissem morrer, levando-os ao lugar onde o coração de cada um seria quebrantado. Sua vida foi um fracasso absoluto do ponto de vista de todos, menos da perspectiva do Pai. Porém, o que parecia fracasso do ponto de vista do homem foi um triunfo do ponto de vista divino, porque o propósito de Deus nunca coincide com o propósito do homem.

> *...e vai cumprir-se ali tudo quanto está escrito por intermédio dos profetas, no tocante ao Filho do Homem [...]. Eles, porém, nada compreenderam acerca destas coisas...*
>
> (LUCAS 18:31,34)

Este chamado desnorteante de Deus a nós jamais pode ser compreendido completamente ou explicado exteriormente. Só pode ser percebido ou entendido interiormente pela nossa verdadeira natureza interior. É como o chamado do mar — ninguém o ouve a não ser quem tem a natureza do mar em si. O que Deus nos chama para fazer não pode ser afirmado com clareza, porque Seu chamado é simplesmente para ser Seu amigo e assim cumprir Seus próprios propósitos. Nossa verdadeira prova é realmente acreditar que Deus sabe o que Ele deseja. As coisas que acontecem não acontecem por acaso — acontecem inteiramente pelo decreto de Deus. O Senhor está soberanamente cumprindo Seus próprios propósitos.

Se estivermos em comunhão e unidade com Deus e reconhecermos que Ele está nos dirigindo rumo aos Seus propósitos, não tentaremos mais descobrir quais são esses planos. À medida que crescemos na vida cristã, ela se torna mais simples para nós, porque temos menos tendência a dizer: "Por que Deus permitiu isto ou aquilo?" E começamos a ver que o propósito impulsor do Senhor está por detrás de tudo na vida, e que Deus está nos moldando divinamente em unidade com esse propósito. O cristão é alguém que confia no conhecimento e na sabedoria de Deus, não em suas próprias habilidades. Se tivermos um propósito pessoal, ele destrói a simplicidade, a calma e o ritmo tranquilo que devem ser características dos filhos de Deus.

6 DE AGOSTO

A Cruz na oração

Com frequência, pensamos na Cruz de Cristo como algo pelo qual devemos passar; mas só *passamos* por essa experiência com o propósito de nos *envolver* nela. A cruz representa apenas uma coisa para nós: completa, total e absoluta identificação com o Senhor Jesus Cristo — e não há nada em que esta identificação seja mais verdadeira para nós do que na oração.

> *Naquele dia,*
> *pedireis em*
> *meu nome...*
>
> (João 16:26)

O texto de Mateus 6:8 afirma: "[O] vosso Pai, sabe o de que tendes necessidade, antes que lho peças". Então, por que devemos pedir? O alvo da oração não é obter respostas de Deus, mas estabelecer perfeita e completa unicidade com Ele. Se orarmos somente porque desejamos respostas, ficaremos irritados e irados com Deus. Recebemos uma resposta toda vez que oramos, mas nem sempre isso se dá da forma como desejamos, e nossa irritação espiritual revela a nossa recusa a nos identificarmos verdadeiramente com o nosso Senhor em oração. Não estamos aqui para provar que Deus responde à oração, mas para sermos troféus vivos de Sua graça.

João 16:26,27 declara: "[Não] vos digo que rogarei ao Pai por vós, porque o próprio Pai vos ama...". Você já alcançou tal nível de intimidade com Deus que a única coisa que conta em sua vida de oração é fundir-se à vida de oração de Jesus Cristo? Será que o nosso Senhor já trocou a sua vida pela vida dele? Se a resposta for positiva, "naquele dia" você estará tão intimamente identificado com Jesus que não haverá mais nenhuma distinção.

Quando a oração parecer não ter sido respondida, tome cuidado para não tentar culpar alguém. Essa é sempre uma armadilha de Satanás. Quando parecer que você não obteve a resposta haverá sempre um motivo — Deus usa estas ocasiões para instruí-lo de maneira profundamente pessoal, exclusivamente para você.

TUDO PARA ELE   237

7 DE AGOSTO

Oração na casa do Pai

A infância do nosso Senhor não foi a imaturidade esperando para se tornar maturidade — mas um fato eterno. Sou um filho de Deus santo e inocente como resultado da minha identificação com o meu Senhor e Salvador? Encaro a minha vida como se estivesse na casa do meu Pai? O Filho de Deus está habitando na casa de Seu Pai em mim?

A única verdade permanente é o próprio Deus, e Sua ordem vem a mim momento a momento. Estou continuamente em contato com a veracidade de Deus ou oro apenas quando as coisas vão mal — quando há algo que me causa inquietação? Devo aprender a identificar-me intimamente com o meu Senhor em santa comunhão e unidade, por meio de caminhos que alguns de nós ainda nem sequer começaram a aprender — "...me cumpria estar na casa de meu Pai..." — e devo aprender a viver todos os momentos da minha vida na casa do meu Pai.

> *...o acharam no templo, assentado [...]. Ele lhes respondeu: [...] Não sabíeis que me cumpria estar na casa de meu Pai?*
>
> (Lucas 2:46,49)

Pense em suas circunstâncias. Você se identifica profundamente com a vida do Senhor a ponto de ser simplesmente um filho de Deus que conversa sempre com Ele e percebe que tudo vem de Suas mãos? O Filho eterno em você está vivendo na casa do Seu Pai? A misericórdia dele está sendo demonstrada por seu intermédio em seu lar, em seu trabalho e em seu círculo de amizades? Você se questiona por passar por certas circunstâncias? Na verdade, não é que *você* deva passar por elas. É por causa do seu relacionamento com o Filho de Deus, o qual vem pela vontade providencial do Seu Pai, em sua vida. Você deve permitir-*lhe* agir da maneira que quiser com você, e permanecer em perfeita unidade com Ele.

A vida do seu Senhor deve tornar-se a sua própria vida, simples e vital. E a maneira como Ele agiu e viveu entre as pessoas enquanto esteve aqui na terra deve ser a maneira como Ele age e vive em você.

8 DE AGOSTO

Oração em honra do Pai

Se o Filho de Deus nasceu em meu corpo mortal, será que estou permitindo que Sua santa inocência, Sua simplicidade e Sua unicidade com o Pai se manifestem em mim? O que aconteceu com a virgem Maria na história do nascimento do Filho de Deus na Terra acontece com todo o santo do Senhor. O Filho de Deus nasceu em mim por meio de uma ação direta de Deus; então, como Seu filho, devo exercitar esse direito filial — o direito de estar sempre face a face com meu Pai, pela

> *...o ente santo que há de nascer será chamado Filho de Deus.*
>
> (Lucas 1:35)

oração. Continuamente me surpreendo dizendo para a parte racional da minha vida: "...Por que me procuráveis? Não sabíeis que me cumpria estar na casa de meu Pai" (Lucas 2:49). Sejam quais forem as nossas circunstâncias, esse Filho eterno, santo e inocente deve estar em contato com Seu Pai.

Sou suficientemente humilde para identificar-me com o meu Senhor desta forma? Ele está agindo maravilhosamente comigo? A vontade de Deus de ver Seu Filho sendo formado em mim está sendo cumprida (Gálatas 4:19), ou já o coloquei cuidadosamente de lado? Ó, que clamor barulhento o destes dias! Por que todos parecem clamar tão alto? As pessoas hoje estão bradando para que o Filho de Deus seja levado à morte. Agora, não há espaço aqui para Jesus Cristo — não há espaço para a unidade e a comunhão silenciosa e santa com o Pai.

O Filho de Deus está orando em mim, honrando o Pai, ou sou eu quem está lhe ditando as ordens? Ele está ministrando em mim como no tempo de Sua humanidade na Terra? O Filho de Deus está produzindo em mim a Sua paixão, sofrendo para que os Seus propósitos possam ser cumpridos? Quanto mais uma pessoa conhece a vida interior dos santos mais maduros de Deus, melhor ela vê realmente qual é o propósito do Senhor: "...preencher o que resta das aflições de Cristo, na minha carne" (Colossenses 1:24). E quando refletimos sobre o que é necessário ser preenchido, sempre existe algo a ser feito.

TUDO PARA ELE   239

9 DE AGOSTO

Oração nos ouvidos do Pai

Quando o Filho de Deus ora, Ele é diligente e volta toda a Sua atenção apenas ao Pai. Deus sempre ouve as orações do Seu Filho, e, se o Filho de Deus está formado em mim (Gálatas 4:19), o Pai sempre ouvirá as minhas orações. Porém, devo me assegurar de que o Filho de Deus se revele em minha carne. O texto de 1 Coríntios 6:19 afirma que "...vosso corpo é santuário do Espírito Santo...", isto é, o seu corpo representa a Belém do Filho de Deus. O Filho de Deus está tendo a Sua oportunidade de agir em mim? Será que a simplicidade de Sua vida age em mim exatamente como agiu na dele quando esteve na Terra? Quando entro em contato com as ocorrências cotidianas da vida como um ser humano comum, será que a oração do Filho eterno de Deus ao Seu Pai é feita em mim? "Naquele dia pedireis em meu nome..." (João 16:26). A que dia Ele se refere? Ao dia em que o Espírito Santo veio a mim e me tornou um com o meu Senhor.

> ...E Jesus, levantando os olhos para o céu, disse: Pai, graças te dou porque me ouviste.
>
> (João 11:41)

A sua vida satisfaz abundantemente o Senhor Jesus Cristo, ou você demonstra orgulho espiritual diante dele? Jamais permita que a sua razão tenha tanta importância a ponto de empurrar o Filho de Deus para um canto. A razão é um dom que Deus concedeu à nossa natureza humana — mas não é o dom de Seu Filho. A percepção do sobrenatural é dom do Filho de Deus, e jamais devemos colocar a nossa razão no trono. O Filho sempre reconhece e se identifica com o Pai, mas a razão nunca o faz e jamais o fará. Nossas habilidades comuns nunca adorarão a Deus a menos que sejam transformadas pelo Filho de Deus que habita em nós. Devemos nos certificar de que o nosso corpo mortal seja mantido em perfeita submissão a Ele, permitindo-lhe agir por meio dele, momento a momento. Estamos vivendo em tal nível de dependência humana a Jesus Cristo a ponto de manifestar Sua vida em nós, em todos os momentos?

10 DE AGOSTO

O digno sofrimento do santo

Escolher sofrer significa que deve haver algo de errado com você, mas escolher a vontade de Deus — mesmo que isso signifique que irá sofrer — é algo muito diferente. Nenhum santo de Deus normal e saudável escolhe sofrer; ele simplesmente opta por fazer a vontade de Deus, assim como Jesus fez, quer isso signifique sofrimento, quer não. E nenhum santo deveria ousar interferir na lição de sofrimento que está sendo ensinada na vida de outro santo.

O santo que satisfaz o coração de Jesus fará com que os outros irmãos cresçam e amadureçam para Deus. Porém, as pessoas usadas para nos fortalecerem jamais são aquelas que se compadecem de nós; na realidade, somos atrapalhados por aqueles que nos oferecem a sua compaixão, porque a comiseração serve apenas para nos enfraquecer. Ninguém entende melhor um santo, do que aquele santo mais íntimo e próximo de Jesus possível. Se aceitarmos a compaixão de outro servo de Deus, nosso sentimento espontâneo é: "Deus está sendo muito duro comigo e dificultando a minha vida." Foi por isso que Jesus disse que a autocomiseração era do diabo (Mateus 16:21-23). Devemos ser cuidadosos com a reputação de Deus. É fácil denegrir o Seu caráter, porque Ele jamais argumenta ou tenta se defender ou justificar-se. Acautele-se de não pensar que Jesus precisou de compaixão durante Sua vida na Terra. Ele recusou a compaixão das pessoas porque, em Sua grande sabedoria, sabia que ninguém entendia o Seu propósito (16:23). Ele aceitou apenas a comiseração do Pai e dos anjos (Lucas 15:10).

…também os que sofrem segundo a vontade de Deus encomendem a sua alma ao fiel Criador, na prática do bem.

(1 Pedro 4:19)

Repare no incrível desperdício que Deus faz de Seus servos, de acordo com o julgamento do mundo. Ele parece colocá-los nos lugares mais inúteis. Então, dizemos: "Deus quer que eu fique aqui porque sou tão útil a Ele." Mas Jesus nunca avaliou Sua vida a partir de como ou onde você seria de maior utilidade. Deus coloca os Seus santos onde estes irão glorificá-lo, e somos completamente incapazes de julgar onde esse lugar possa ser.

11 DE AGOSTO

A experiência deve vir

Não há nada de errado em você depender do seu "Elias" durante o tempo em que Deus deixá-lo em sua companhia. Porém, lembre-se de que chegará o momento em que ele terá de partir e não será mais seu guia e líder, porque Deus não pretende deixar que ele permaneça por perto. Ainda assim, pensar nisso lhe faz dizer: "Não posso prosseguir sem o meu 'Elias'". Mas Deus diz que você deve continuar.

> *...e Elias subiu ao céu num redemoinho. O que vendo Elias, clamou [...] e nunca mais o viu.*
>
> (2 REIS 2:11,12)

Sozinho em seu "Jordão" (2:14). O rio Jordão representa a separação, na qual não há comunhão com mais ninguém e onde não há mais ninguém que possa tirar essa responsabilidade de você. Agora você tem de pôr à prova o que aprendeu quando ainda estava com o seu "Elias". Já esteve no Jordão muitas vezes com "Elias", mas, agora, está ali sozinho. Não adianta dizer que não pode prosseguir — a experiência está aqui, e você deve continuar. Se realmente quiser saber se Deus é ou não o Deus que você crê que seja, então atravesse o seu "Jordão" sozinho.

Sozinho em sua "Jericó" (2:15). Jericó representa o lugar onde você viu o seu "Elias" fazer grandes coisas. Mesmo assim, quando você chega só à sua "Jericó", reluta em tomar a iniciativa e confiar em Deus. Quer que outra pessoa faça isso por você. Mas, se permanecer fiel ao que aprendeu quando esteve com o seu "Elias", receberá o sinal, como Eliseu o recebeu, de que Deus está com você.

Sozinho em sua "Betel" (2:23). Em sua "Betel", descobrirá que não tem mais forças e começará a ter a sabedoria de Deus. Quando se vir sem saber o que fazer, e sentir-se prestes a entrar em pânico — controle-se! Permaneça fiel a Deus, e Ele manifestará a Sua verdade de forma a tornar a sua vida uma expressão de adoração. Coloque em prática o que aprendeu com o seu "Elias" — use o manto dele e ore (2:13,14). Determine-se a confiar em Deus, e não procure mais por Elias.

12 DE AGOSTO

A teologia do descanso em Deus

Quando estamos com medo, o mínimo que podemos fazer é orar a Deus. Mas o nosso Senhor tem o direito de esperar que aqueles que professam o Seu nome tenham confiança nele. Deus espera que Seus filhos confiem tanto nele que, em qualquer crise, mostrem-se como pessoas que são confiáveis. Embora nossa confiança esteja apenas em Deus até certo ponto, voltamo-nos para aquelas orações básicas cheias de pânico, de pessoas que nem sequer conhecem a Deus. Chegamos ao fim de nossas forças, mostrando que não temos a menor confiança nele, nem em Seu controle soberano sobre o mundo. Para nós, Ele parece estar dormindo, e só vemos as ondas gigantes e enfurecidas à nossa frente.

> *...Por que sois tímidos, homens de pequena fé?...*
>
> (MATEUS 8:26)

"[Homens] de pequena fé!" Que dor penetrante deve ter atingido os discípulos quando eles certamente pensaram: "Falhamos outra vez!" E que dor aguda nos atingirá quando, de súbito, percebermos que poderíamos ter dado uma grande e profunda alegria ao coração de Jesus se tivéssemos permanecido totalmente confiantes nele a despeito do que estivéssemos enfrentando.

Há momentos na vida em que não há tempestades ou crises, e fazemos tudo o que é humanamente possível. Porém, quando surge uma crise, instantaneamente revelamos em quem confiamos. Se tivermos aprendido a adorar a Deus e a confiar nele, a crise revelará que podemos ser provados até o limite sem perder a nossa confiança nele.

Temos falado muito em santificação, mas qual será o resultado de tudo isso em nossa vida? Nós a demonstraremos em nossa vida ao descansar tranquilamente em Deus, o que significa ter total unidade com Ele. E esta união nos fará não apenas inocentes aos Seus olhos, mas também, uma fonte de profunda alegria para o Senhor.

TUDO PARA ELE   243

13 DE AGOSTO

Não apague o Espírito

A voz do Espírito de Deus é suave como uma leve brisa de verão — tão suave que, se você não estiver vivendo em completa comunhão e unicidade com Deus, jamais a ouvirá. A consciência alerta para a vida moderada que o Espírito traz chega a nós de maneiras surpreendentemente suaves. E, se não estiver sensível o bastante para detectar a Sua voz, você a apagará, e sua vida espiritual será prejudicada. Esse senso de domínio próprio sempre virá como um "cicio tranquilo e suave" (1 Reis 19:12), tão fraco que ninguém o perceberá, exceto um santo de Deus.

> *Não apagueis o Espírito.*
>
> (1 Tessalonicenses 5:19)

Tome cuidado se ao compartilhar o seu testemunho pessoal precisar olhar continuamente para trás e dizer: "Certa vez, há muitos anos, fui salvo…". Se você "colocou a mão no arado" e está andando na luz, não "olhe mais para trás" — o passado está incorporado à maravilha atual da comunhão e unidade com Deus (Lucas 9:62; 1 João 1:6,7). Se você sair da luz, se tornará um cristão nostálgico e viverá somente de suas memórias, e o seu testemunho terá um som metálico e rígido. Cuidado ao tentar encobrir sua presente recusa de "caminhar na luz", pelas lembranças das suas experiências de quando ainda caminhava na luz (1 João 1:7). Sempre que o Espírito lhe conceder esse consciência alerta, dê um basta e endireite as coisas, ou você continuará apagando e entristecendo o Espírito sem nem sequer se dar conta disso.

Suponha que Deus lhe permita passar por uma crise, e você quase a suporta, mas não completamente. Ele a repetirá, mas, desta vez, ela perderá alguma intensidade. Você terá menos discernimento e sentirá mais humilhação por ter desobedecido. Se continuar a entristecer o Seu Espírito, chegará a hora em que essa crise não poderá ser repetida, pois você terá apagado totalmente o Espírito. Porém, se você superá-la, sua vida se tornará um hino de louvor a Deus. Jamais fique preso a algo que continue ferindo a Deus. Para você ser liberto disso, o Senhor deve ter a permissão de ferir o que quer que seja.

Oswald Chambers

14 DE AGOSTO

A disciplina do Senhor

É muito fácil entristecer o Espírito de Deus; fazemos isso ao menosprezar a correção do Senhor, ou desanimando quando Ele nos repreende. Se a nossa experiência de sermos separados do pecado e nos tornarmos santos pelo processo de santificação ainda for superficial, nossa tendência será confundir a veracidade de Deus por outra coisa. E quando o Espírito de Deus começa a nos dar um sentimento de alerta ou restrição, podemos dizer por engano: "Ah! Isso deve ser do diabo."

"Não apagueis o Espírito" (1 Tessalonicenses 5:19). E não o despreze quando Ele lhe disser: "Não seja mais cego em relação a isto — você não é tão maduro espiritualmente quanto pensa. Até agora, não consegui revelar-lhe esse fato, mas o estou fazendo nesse momento." Quando o Senhor o disciplina assim, deixe que Ele aja da maneira que preferir. Permita que Ele estabeleça um relacionamento correto diante de Deus.

"[Nem] desmaies quando por ele és reprovado". Demonstramos o nosso descontentamento, nos irritamos com Deus, e dizemos: "Ora, não consigo evitar. Orei, e as coisas não ocorreram como esperava. Então, é melhor desistir de tudo...". Pense no que aconteceria se agíssemos assim com relação a qualquer outra área de nossa vida!

...Filho meu, não menosprezes a correção que vem do Senhor, nem desmaies quando por ele és reprovado.

(HEBREUS 12:5)

Estou preparado para permitir que Deus me domine pelo Seu poder e realize em mim uma obra que seja digna dele? A santificação não é a minha ideia do que quero que Deus faça por mim — é ideia de Deus do que Ele quer fazer por mim. Mas Ele tem de me levar a um estado de mente e espírito no qual eu lhe permita santificar-me completamente, custe o que custar (1 Tessalonicenses 5:23,24).

TUDO PARA ELE   245

15 DE AGOSTO

A evidência do novo nascimento

A resposta à pergunta de Nicodemos: "Como pode um homem nascer, sendo velho?…" (3:4) é a seguinte: apenas quando ele estiver disposto a morrer para tudo em sua vida, incluindo seus direitos, suas virtudes e sua religião, e receber em si mesmo a nova vida que ele nunca experimentou. Esta nova vida se revela por meio do nosso arrependimento consciente e da nossa santidade inconsciente.

Mas, a todos quantos o receberam… (João 1:12). O meu conhecimento de Jesus é resultado da minha percepção espiritual interior ou é apenas o que aprendi ouvindo outras pessoas? Há algo em minha vida que me una ao Senhor Jesus como meu Salvador pessoal? Minha história espiritual deve ter como alicerce o conhecimento pessoal de Cristo. Nascer de novo significa que vejo Jesus.

> *…importa-vos nascer de novo.*
> (João 3:7)

Se alguém não nascer de novo, não pode ver o reino de Deus (João 3:3). Estou à procura da evidência do reino de Deus, ou de fato reconheço Seu controle soberano absoluto? O novo nascimento me dá um novo poder de visão pelo qual começo a discernir o governo de Deus. Sua soberania sempre existiu, mas com Deus sendo verdadeiro à Sua natureza, não tinha percebido isso até receber Sua natureza em mim.

Todo aquele que é nascido de Deus não vive na prática do pecado… (1 João 3:9). Estou tentando parar de pecar ou já parei de fato? Nascer de Deus significa que tenho Seu poder sobrenatural para deixar de pecar. A Bíblia nunca pergunta: *"O cristão deve pecar?"* Ela afirma enfaticamente que o cristão não deve pecar. A ação do novo nascimento é eficaz em nós quando não cedemos ao pecado. Não é simplesmente que temos o poder de não pecar, mas de fato paramos de pecar. Sendo assim, 1 João 3:9 não quer dizer que não podemos pecar — simplesmente declara que, se obedecermos à vida de Deus que há em nós, *não teremos mais de pecar.*

16 DE AGOSTO

Ele me conhece...?

Q**uando, lamentavelmente, não o compreendo** (João 20:11-18)? É possível saber tudo sobre doutrina e mesmo assim não conhecer Jesus. A alma de uma pessoa corre grande risco quando o conhecimento da doutrina ultrapassa a comunhão com Jesus, impedindo um contato íntimo com Ele. Por que Maria estava chorando? A doutrina valia tanto para Maria quanto a relva sob seus pés. Na verdade, qualquer fariseu poderia facilmente envergonhar Maria doutrinariamente, mas algo que não poderia ridicularizar jamais era o fato de Jesus ter expulsado sete demônios dela (Lucas 8:2); no entanto, Suas bênçãos nada significavam para ela se comparadas com a bênção de conhecer o próprio Jesus. Maria "...viu Jesus em pé, mas não reconheceu que era Jesus [...]. Disse-lhe Jesus: Maria!..." (João 20:14-16). Assim que Ele a chamou pelo nome, Maria imediatamente soube que ela tinha uma história pessoal com Aquele que a chamara. "...Ela, voltando-se, lhe disse, [...] Raboni! (que quer dizer Mestre)" (20:16).

Quando, obstinadamente, duvido dele (João 20:24-29)? Duvido sobre algo relacionado a Jesus — talvez uma experiência de que outros testificaram, mas que eu ainda não vivi? Os outros discípulos disseram a Tomé: "...Vimos o Senhor..." (João 20:25). Mas Tomé duvidou dizendo: "...Se eu não vir [...] de modo algum acreditarei" (20:25). Tomé precisou do toque pessoal de Jesus. Nunca saberemos quando Seus toques virão, mas, quando isso ocorrer, serão indescritivelmente preciosos. "Respondeu-lhe Tomé: Senhor meu e Deus meu!" (20:28).

...ele chama pelo nome... (João 10:3)

Quando, egoisticamente, o nego (João 21:15-17)? Pedro negou Jesus Cristo com pragas e juramentos (Mateus 26:69-75), mas, mesmo assim, após Sua ressurreição, Jesus apareceu ao discípulo. Em primeiro lugar, Jesus o restaurou em particular; depois, Ele o restaurou em público, diante dos outros. E Pedro lhe disse: "Senhor [...] tu sabes que eu te amo..." (João 21:17).

Será que tenho uma história pessoal com Jesus Cristo? O verdadeiro sinal do discipulado é a íntima unidade com Ele — o conhecimento de Jesus que nada pode abalar.

TUDO PARA ELE

17 DE AGOSTO

Você está desanimado ou dedicado?

Você já escutou o Mestre lhe dizer algo muito difícil? Se ainda não, questiono se já o ouviu dizer qualquer coisa. Jesus fala muito conosco, mas nem sempre o ouvimos. E, quando, o ouvimos, Suas palavras são duras e inflexíveis.

Jesus não mostrou a menor preocupação com o jovem rico. Não se afligiu ao pensar se ele agiria de acordo com Suas palavras nem tentou manter este homem com Ele. Jesus simplesmente lhe disse: "Vende tudo o que tens, [...] depois vem e segue-me". Nosso Senhor nunca lhe implorou que ficasse; jamais tentou atraí-lo — simplesmente falou as palavras mais rigorosas que os ouvidos humanos já tinham ouvido e depois o deixou sozinho.

> *...Jesus, disse-lhe: Uma coisa ainda te falta: vende tudo o que tens [...] depois, vem e segue-me. Mas, ouvindo ele estas palavras, ficou muito triste, porque era riquíssimo.*
>
> (Lucas 18:22,23)

Será que já ouvi Jesus dizer-me algo difícil e inflexível? Ele já me disse algo pessoal que eu deva ouvir cuidadosamente — não algo que eu possa explicar para o bem dos outros, mas algo que eu tenha ouvido diretamente dele? Este homem entendeu o que Jesus disse. Ele ouviu claramente, percebendo o impacto do significado, e isso o entristeceu. Ele não se afastou como uma pessoa arrogante, mas como alguém triste e desanimado. Ele tinha ido até Jesus empolgado, com zelo e determinação, mas as palavras de Jesus simplesmente o congelaram. Em vez de gerar nele uma devoção entusiástica, produziram um desânimo de cortar o coração. E Jesus não foi atrás dele, mas o deixou partir. Nosso Senhor sabe muito bem que Sua palavra, quando verdadeiramente ouvida, cedo ou tarde produzirá frutos. É terrível pensar que alguns de nós impedimos que as Suas palavras produzam frutos em nossa vida. Imagino o que diremos quando, finalmente, tomarmos a resolução de nos dedicarmos a Ele nesse ponto em particular. Uma coisa é certa — Ele nunca lançará os nossos fracassos do passado em nosso rosto.

Oswald Chambers

18 DE AGOSTO

A tristeza já o deixou sem palavras?

O jovem rico afastou-se de Jesus triste e em silêncio, nada tendo a dizer em resposta a Suas palavras. Não tinha dúvida do que Jesus havia dito ou querido dizer, e isso produziu nele uma tristeza inexprimível. Você já se viu nessa situação? A Palavra de Deus já veio a você assinalando uma área de sua vida e exigindo que você se rendesse a Ele? Talvez Ele tenha assinalado certas qualidades pessoais, desejos e interesses, ou possivelmente relacionamentos do seu coração e mente. Nesse caso, você se sente frequentemente sem palavras em função da tristeza. O Senhor não irá atrás de você, nem lhe implorará que fique. Porém, cada vez que Ele encontrá-lo no lugar onde assinalou, simplesmente repetirá Suas palavras: "Se você realmente quer me seguir, estas são as condições."

"Vende tudo o que tens…" (18:22). Em outras palavras, livre-se de tudo o que pode ser considerado um bem até que você seja um mero ser humano consciente na presença de Deus. Então, ofereça isso ao Senhor. É ali que a batalha é realmente travada — na esfera da sua vontade diante de Deus. Você está mais dedicado à sua ideia do que Jesus deseja do que ao próprio Jesus? Se for assim, provavelmente ouvirá uma de Suas declarações duras e inflexíveis, as quais produzirão tristeza em você. O que Jesus diz é difícil — só é fácil quando ouvido por pessoas que tenham a Sua natureza. Tome cuidado para não deixar que algo abrande as palavras duras de Jesus Cristo.

> *Mas, ouvindo ele estas palavras, ficou muito triste, porque era riquíssimo.*
>
> (LUCAS 18:23)

Posso ser tão rico em minha própria pobreza, ou na consciência de que não sou ninguém, a ponto de jamais conseguir ser um discípulo de Jesus. Ou posso ser tão rico na percepção de que sou alguém que jamais serei um discípulo. Estou disposto a ser destituído e pobre até mesmo em minha percepção da minha destituição e pobreza? Se não, esse é o motivo do meu desânimo. O desânimo é o amor-próprio desiludido, e esse amor-próprio pode ser o amor por minha dedicação a Jesus — não amor pelo próprio Jesus.

19 DE AGOSTO

Autopercepção

Deus anseia que tenhamos uma vida plena em Cristo Jesus, mas há momentos em que essa vida sofre ataques externos. Então, nossa tendência é retroceder e fazer um autoexame, um hábito já esquecido. A autopercepção é a primeira coisa que irá prejudicar a plenitude de nossa vida em Deus, pois produz continuamente um sentimento de luta e perturbação em nossa vida. O autoconhecimento não é pecado, e pode ser produzido por emoções ou por mudanças repentinas. No entanto, a vontade de Deus é que sejamos nada menos do que absolutamente completos nele. Qualquer coisa que perturbe o nosso descanso no Senhor deve ser corrigido imediatamente, e isso não acontece quando ignoramos a questão, mas apenas quando buscamos a Jesus Cristo. Se buscarmos a presença do Senhor, pedindo-lhe que produza em nós a percepção dele, Ele sempre nos atenderá até aprendermos, completamente, a permanecer nele.

Enfrente sempre aquilo que divide ou destrói a comunhão da sua vida com Cristo. Não permita que a influência de amigos ou as circunstâncias enfraqueçam a sua vida espiritual. Isto só servirá para drenar a sua energia e diminuir seu ritmo de crescimento espiritual. Tome cuidado com qualquer coisa que possa desfazer sua unidade com Ele, separando-o do Senhor. Nada é tão importante quanto manter-se espiritualmente correto. E a única solução é muito simples: "Vinde a mim…". A profundidade intelectual, moral e espiritual da nossa realidade como indivíduo é testada e medida por estas palavras. No entanto, em cada detalhe da nossa vida em que descobrimos que não somos sinceros, preferimos descobrir o porquê em vez de simplesmente ir a Jesus.

Vinde a mim…

(MATEUS 11:28)

20 DE AGOSTO

Percepção de Cristo

Sempre que algo começar a desintegrar-se em sua vida com Jesus Cristo, volte-se imediatamente para Ele e peça-lhe que restabeleça o seu descanso interior. Jamais permita que aquilo que gera a intranquilidade permaneça em sua vida. Pense em cada um desses detalhes que estejam causando essa desintegração como algo a ser combatido, não tolerado. Peça ao Senhor para colocar a percepção dele em você, e a percepção que você tem de si mesmo desaparecerá. Então, Jesus será seu tudo em tudo. Cuidado para não permitir que essa percepção de si mesmo continue, porque lentamente, mas de forma certa, ela despertará a sua autocomiseração, e isso é satânico. Não se permita dizer: "Eles simplesmente não me compreendem e deveriam pedir desculpas. Tenho certeza de que devo tirar isto a limpo com todos." Aprenda a deixar os outros em paz em relação a este assunto. Simplesmente peça ao Senhor que lhe dê a consciência de Sua presença, e Ele irá firmá-lo até que você se torne absolutamente completo nele.

> *...e eu vos aliviarei.*
> (MATEUS 11:28)

A vida de uma criança é uma vida plena. Quando tenho absoluta consciência da minha percepção de Cristo, algo está errado. É o doente quem sabe o que é saúde. O filho de Deus não tem consciência da vontade de Deus porque ele é a vontade de Deus. Quando nos desviamos, mesmo que seja bem pouco, da vontade de Deus, começamos a perguntar: "Senhor, qual é a Sua vontade?" Um filho de Deus nunca ora para ter consciência de que Deus responde as orações, porque descansa na certeza de que Ele sempre as responde.

Se tentarmos superar nossa autopercepção por meio de qualquer um de nossos métodos racionais, apenas a fortaleceremos tremendamente. Jesus diz: "Vinde a mim [...] e eu vos aliviarei". A percepção de Cristo tomará o lugar da autopercepção. Onde quer que Jesus entre, Ele traz descanso — o descanso consciente de ter completado a Sua missão em nossa vida.

21 DE AGOSTO

O ministério dos despercebidos

O Novo Testamento destaca acontecimentos que não parecem dignos de nota por nossos padrões. "Bem-aventurados os humildes de espírito...". Isto significa literalmente: "Felizes os pobres." Eles são muito comuns! As pregações de hoje tendem a enfatizar a força de vontade ou a beleza de seu caráter — coisas facilmente notadas. A declaração que muitas vezes ouvimos — "Tome uma decisão por Jesus Cristo" — coloca ênfase em algo que o nosso Senhor nunca impôs como obrigação. Ele jamais nos pede para "decidir" por Ele, mas para nos submetermos a Ele — algo muito diferente. Na base do reino de Jesus Cristo está a beleza genuína das pessoas comuns. Sou verdadeiramente abençoado em minha pobreza. Se não tenho força de vontade e possuo uma natureza sem valor ou excelência, Jesus me diz: "Bem-aventurados os humildes de espírito, porque deles é o reino dos céus" (5:3). Não posso entrar no Seu reino pela virtude da minha bondade — só posso entrar como humilde de espírito.

> *Bem-aventurados os humildes de espírito...*
>
> (MATEUS 5:3)

A verdadeira beleza de caráter de quem testifica de Deus sempre passa despercebida pela pessoa que possui essa qualidade. A influência consciente é arrogante e anticristã. Se me questiono se sou útil para Deus, instantaneamente perco a beleza e a firmeza do toque do Senhor. "Quem crer em mim [...] do seu interior fluirão rios de água viva" (João 7:38). E se analiso o fluxo das águas, perco o toque do Senhor.

Quem são as pessoas que mais nos influenciaram? Certamente, não são as que pensam que nos influenciaram, mas aquelas que não têm a menor ideia de que o faziam. Na vida cristã, essa influência divina é inconsciente. Se temos consciência de nossa influência, ela deixa de ter a beleza genuína que caracteriza o toque de Jesus. Reconhecemos sempre quando Jesus está agindo, porque Ele nos inspira em situações do cotidiano.

22 DE AGOSTO

Eu, [...] mas Ele...!

Será que já cheguei a um ponto em minha vida no qual posso dizer: "Eu [...] mas Ele"? Até esse momento chegar, nunca saberei o que significa o batismo com o Espírito Santo. Eu *realmente* cheguei ao fim, e nada mais posso fazer — *mas Ele* começa exatamente nesse ponto — Ele faz aquilo que ninguém é capaz de fazer. Estou preparado para a Sua vinda? Jesus não pode vir e realizar Sua obra em mim enquanto houver algo impedindo a passagem dele, quer seja algo bom ou ruim. Quando Ele vier a mim, estarei preparado para que Ele leve à luz tudo o que já fiz de errado? É justamente este o ponto em que Ele vem. Onde sou impuro, Ele colocará os pés e permanecerá; a área em que acho que sou limpo será a área da qual Ele se retirará.

O arrependimento não induz à percepção do pecado — produz um sentimento de indignidade inexprimível. Quando me arrependo, compreendo que sou completamente impotente e sei que não sou digno de carregar as Suas sandálias. Será que já me arrependi assim, ou persisto em tentar justificar minhas ações? Deus não pode entrar em minha vida porque não alcancei o completo arrependimento.

> *E eu, em verdade, vos batizo com água [...] mas aquele que vem [...] ele vos batizará com o Espírito Santo e com fogo.*
>
> (MATEUS 3:11 ARC)

"...Ele vos batizará com o Espírito Santo e com fogo." João não está falando do batismo do Espírito Santo como uma experiência, mas como uma obra realizada por Jesus Cristo. "*Ele vos batizará...*". A única experiência da qual as pessoas batizadas com o Espírito Santo estão sempre conscientes é o fato de sentir a sua total falta de mérito.

"Eu batizo..." tornou-se passado; "*mas Ele...*" veio e algo miraculoso aconteceu. Compreenda que você chegou ao ao seu limite e nada mais pode fazer, mas este é o ponto em que Ele pode fazer tudo!

TUDO PARA ELE 253

23 DE AGOSTO

Oração — Batalha em "secreto"

Jesus não disse: "Sonha com o teu Pai que está em secreto…", mas sim: "Ora a teu Pai, que está em secreto…". A oração é um ato voluntário. Depois de entrarmos em nosso lugar secreto e fecharmos a porta, a coisa mais difícil a fazer é orar. Parece que não conseguimos pôr a mente em ordem, e a primeira coisa que temos de enfrentar são os pensamentos, a mente que vaga. A grande batalha na oração em particular é vencer os desvios da nossa mente e estes pensamentos que vagam. Temos de aprender a disciplinar nossa mente e nos concentrarmos na oração intencional e voluntária.

> *…quando orares, entra no teu quarto e, fechada a porta, orarás a teu Pai, que está em secreto; e teu Pai, que vê em secreto, te recompensará.*
>
> (MATEUS 6:6)

Precisamos ter um lugar especial para orar, mas, assim que entramos nele, os pensamentos vagueiam, e pensamos: "Preciso fazer isto e aquilo ainda hoje." Jesus nos diz para "fecharmos nossa porta". Silenciar na presença de Deus significa fechar a porta voluntariamente para as nossas emoções e pensar no Senhor. Deus está em secreto e ali Ele nos vê, no "lugar secreto" — Ele não nos vê como os outros nos veem, ou como nós mesmos nos vemos. Quando, verdadeiramente, vivemos no "lugar secreto", é impossível duvidarmos de Deus. Conhecemos Ele melhor do que as outras pessoas ou do que as outras coisas. Entre no "lugar secreto", e descubra que Deus estava bem no meio de todas as circunstâncias do seu dia a dia o tempo todo. Adquira o hábito de conversar com Deus a respeito de tudo. A menos que você aprenda a abrir a porta da sua vida completamente e permitir que Deus entre a partir do primeiro instante de cada novo dia em que você despertar, você trabalhará com uma atitude inadequada durante o resto do dia. Porém, se você escancarar a porta da sua vida e "orar ao teu Pai, que está em secreto", tudo o que for conhecido em sua vida receberá a marca permanente da presença de Deus.

24 DE AGOSTO

A busca espiritual

O exemplo de oração que o nosso Senhor usou aqui é o de um bom filho pedindo algo bom. Falamos sobre oração como se Deus nos ouvisse independentemente do relacionamento que temos com Ele (Mateus 5:45). Jamais diga que não é a vontade de Deus lhe dar aquilo que você pede. Não desfaleça nem desista, mas descubra o motivo por não ter recebido; aumente a intensidade da sua busca e examine as evidências. O seu relacionamento com o seu cônjuge está correto? E o relacionamento com os seus filhos? E com os seus companheiros de estudo? Você tem sido um "bom filho" de Deus nesses relacionamentos? Você precisa dizer ao Senhor: "Ando irritado e mal-humorado, mas ainda quero as bênçãos espirituais?" Você não pode recebê-las e ficará sem elas enquanto não tiver atitudes de um "bom filho".

Confundimos a rebeldia com a consagração e argumentamos com Deus em vez de simplesmente nos submetermos a Ele. Recusamo-nos a olhar as evidências que indicam claramente onde erramos. Peço dinheiro a Deus para algo que desejo enquanto me recuso a quitar minha dívida com alguém a quem devo? Peço a Deus liberdade enquanto a retiro de alguém que depende de mim? Será que me recuso a perdoar alguém e sou grosseiro com essa pessoa? Vivo como filho de Deus entre os meus parentes e amigos (Mateus 7:12)?

> *...qual dentre vós é o homem que, se porventura o filho lhe pedir pão, lhe dará pedra?*
>
> (MATEUS 7:9)

Sou filho de Deus apenas se nascer de novo, sendo Seu filho, sou bom somente ao andar na luz (1 João 1:7). Para a maioria de nós, a oração se torna simplesmente uma expressão religiosa trivial, uma questão de comunhão mística e emocional com Deus. Todos nós somos bons em produzir uma neblina espiritual que cega a nossa visão. Porém, se buscarmos e examinarmos as evidências, veremos claramente o que há de errado — uma amizade, uma dívida não paga ou uma atitude imprópria. A oração não tem utilidade a não ser que vivamos como filhos de Deus. E Jesus afirma algo em relação aos Seus filhos, "...todo o que pede, recebe..." (Mateus 7:8).

TUDO PARA ELE 255

25 DE AGOSTO

Sacrifício e amizade

Jamais conheceremos a alegria do autossacrifício até nos submetermos em cada detalhe de nossa vida. No entanto, a entrega pessoal é a coisa mais difícil de fazermos. Nós a tornamos algo condicional ao dizer: "Renunciarei se…!" Ou abordamos a questão dizendo: "Suponho que deva consagrar minha vida a Deus." Jamais descobriremos a alegria do autossacrifício enveredando por um destes caminhos.

Contudo, assim que nos rendemos completamente, entregando-nos a Jesus, o Espírito Santo nos dá um gostinho de Sua alegria. O propósito mais importante do autossacrifício é oferecer a nossa vida por nosso Amigo (15:13,14). Quando o Espírito Santo entra em nossa vida, nosso maior desejo é entregar a própria vida por Jesus. Entretanto, o pensamento do sacrifício pessoal jamais passa por nossa mente, porque o sacrifício é a expressão máxima de amor maior do Espírito Santo.

> *…tenho-vos chamado amigos…*
>
> (João 15:15)

O nosso Senhor é o nosso exemplo de uma vida de sacrifício pessoal, e Ele exemplifica isso perfeitamente em Salmo 40:8, "…agrada-me fazer a tua vontade, ó Deus meu…". Jesus enfrentou enorme autossacrifício com alegria transbordante. Será que já me rendi em total submissão a Jesus Cristo? Se Ele não é o Único a quem recorro em busca de direção e orientação, não há vantagem no meu sacrifício. Mas, quando o meu sacrifício é feito com os meus olhos centrados nele, devagar, mas seguramente, Sua influência modeladora torna-se evidente em minha vida (Hebreus 12:1,2).

Cuide-se para não deixar que os seus desejos naturais o impeçam de caminhar em amor diante de Deus. Um dos modos mais cruéis de se matar o amor natural é pela rejeição, por ter edificado o amor com base em desejos carnais. Porém, o verdadeiro desejo de um santo é pelo Senhor Jesus. Para Deus, o amor não é algo sentimental ou emocional — para um santo a coisa mais prática que se possa imaginar é amar como Deus ama.

Nossa amizade com Jesus fundamenta-se na nova vida que Ele criou em nós, que não tem semelhança ou atração com a vida antiga, mas somente à vida de Deus. Jesus disse: "…tenho-vos chamado amigos…". É uma vida que é completamente humilde, pura e consagrada a Deus.

26 DE AGOSTO

Você já se sentiu perturbado?

Existem momentos em nossa vida nos quais a nossa paz baseia-se simplesmente em nossa própria ignorância. Porém, quando despertamos para as realidades da vida, a verdadeira paz interior torna-se impossível a menos que ela venha de Jesus. Quando o nosso Senhor fala de paz, Ele cria a paz, porque Suas palavras são sempre "espírito e vida" (João 6:63). Será que já recebi a paz da qual Jesus fala? "[A] minha paz vos dou…" — uma paz que vem de olhar Sua face e entender e receber completamente o Seu contentamento silencioso.

Você se sente muito perturbado neste exato momento? Está confuso e com medo das ondas e da turbulência que a soberania de Deus permite entrar em sua vida? Você não deixou pedra sobre pedra em sua fé, nem encontrou qualquer fonte de paz, alegria ou conforto? Sua vida lhe parece completamente estéril? Então, olhe para cima e receba o contentamento silencioso do Senhor Jesus. Refletir a paz de Cristo é a prova de que você está justificado perante Deus, pois está demonstrando a liberdade de voltar seus pensamentos a Ele. Se não estiver justificado diante de Deus, jamais conseguirá pensar em algo além de si mesmo. Permitir que qualquer coisa esconda a face de Jesus Cristo de você o faz sentir-se perturbado ou lhe dá um falso sentimento de segurança.

Com relação ao problema que o pressiona neste momento, você está "olhando firmemente para Jesus" (Hebreus 12:2) e recebendo a paz que vem dele? Se a resposta for positiva, Ele será uma bênção de paz generosa expressa em você e por meio da sua vida. Mas, se você tenta apenas resolver o problema, destruirá Sua eficácia em seu interior; e você merecerá aquilo que receber. Perturbamo-nos porque não o levamos em consideração. Quando uma pessoa aconselha-se com Jesus Cristo, a confusão desaparece, porque não há confusão nele. Leve tudo à presença do Senhor e, quando se deparar com a dificuldade, privação e a tristeza, ouça-o dizer: "…Não se turbe o vosso coração…" (João 14:27).

> *Deixo-vos a paz, a minha paz vos. dou…* (João 14:27)

TUDO PARA ELE 257

27 DE AGOSTO

Vivendo a sua teologia

Tenha cuidado para não agir com base no que você vê em seus momentos no cume do monte com Deus. Se você não obedecer à luz, ela se transformará em trevas. "...Portanto, caso a luz que em ti há sejam trevas, que grandes trevas serão!" (Mateus 6:23). No instante em que você deixar de lado a questão da santificação ou negligenciar qualquer outra coisa sobre a qual Deus lhe deu Sua luz, a sua vida espiritual começará a se desintegrar dentro de você. Traga constantemente a verdade para a sua vida prática, desenvolvendo-a em todas as áreas; caso contrário, até a luz que você possui se provará uma maldição.

> *...Andai enquanto tendes a luz, para que as trevas não vos apanhem...*
>
> (João 12:35)

A pessoa mais difícil de se lidar é aquela que se contenta arrogantemente com uma experiência passada, mas que não a desenvolve no seu dia a dia. Se você diz que é santificado, mostre-o. A experiência deve ser tão genuína a ponto de ser demonstrada em sua vida. Tome cuidado com qualquer crença que o torne acomodado e satisfeito; ela vem do próprio inferno, por mais bela que possa parecer.

A sua teologia deve ser vivenciada nos relacionamentos mais comuns do dia a dia. O nosso Senhor afirmou: "[Se] a vossa justiça não exceder em muito a dos escribas e fariseus, jamais entrareis no reino dos céus" (Mateus 5:20). Em outras palavras, você deve ser mais ético do que a pessoa mais ética que você conhece. Talvez você conheça tudo sobre a doutrina da santificação, mas já a pratica nas questões do seu dia a dia? Cada detalhe da sua vida, quer físico, moral ou espiritual, deve ser julgado e avaliado a partir do padrão da expiação consumada na Cruz de Cristo.

Oswald Chambers

28 DE AGOSTO

O propósito da oração

A oração não é uma parte normal da vida do ser humano natural. Ouvimos dizer que a vida de uma pessoa sofrerá danos se ela não orar, mas eu questiono isso. O que sofrerá danos é a vida do Filho de Deus nela, a qual não se nutre de alimentos, mas de oração. Quando alguém nasce de novo do alto, a vida do Filho de Deus nasce nele. E essa pessoa pode deixar essa vida desnutrir-se ou alimentá-la. A oração é a maneira pela qual nutrimos a vida de Deus em nós. Nossas ideias comuns relacionadas à oração não se encontram no Novo Testamento. Encaramos a oração simplesmente como um meio de obter coisas para nós, mas o propósito bíblico da oração é que possamos conhecer o próprio Deus.

"Pedi e recebereis..." (João 16:24). Queixamo-nos diante de Deus e, às vezes, somos tímidos ou indiferentes a Ele, mas na verdade lhe pedimos por muito pouco. Uma criança, porém, demonstra audácia admirável ao pedir! Nosso Senhor disse: "[Se] não [...] vos tornardes como crianças..." (Mateus 18:3). Peça e Deus fará. Dê a Jesus Cristo a oportunidade e o espaço para agir. O problema é que nenhum de nós agirá assim a menos que já não saiba mais o que fazer. Quando, porém, alguém já não sabe o que fazer, orar já não parece algo covarde; de fato, é a única maneira de entrar em contato com a verdade e com a veracidade do próprio Deus. Seja você mesmo diante do Senhor e apresente-lhe os seus problemas e as coisas que o fizeram chegar a esse ponto com exatidão. Porém, enquanto você pensar que é autossuficiente, não precisa pedir coisa alguma a Deus.

> *...um de seus discípulos lhe pediu: Senhor, ensina-nos a orar...*
>
> (LUCAS 11:1).

Afirmar que "a oração muda as coisas" não soa tão verdadeiro quanto dizer que "a oração me transforma e em decorrência disso, transformo as circunstâncias. Deus estabeleceu as circunstâncias de forma que a oração, fundamentada na redenção, muda a maneira como a pessoa olha as circunstâncias. Orar não é uma questão de mudar as circunstâncias externamente, mas de fazer milagres na natureza interior de uma pessoa.

29 DE AGOSTO

A intimidade insuperável da fé provada

Toda vez que você se aventurar em sua vida de fé, encontrará algo em suas circunstâncias que, do ponto de vista do bom senso, contrariará plenamente a sua fé. Afinal, bom senso não é fé, e fé não é bom senso. De fato, eles são tão diferentes quanto a vida natural e a vida espiritual. Você é capaz de confiar em Jesus Cristo nas áreas em que o seu bom senso não consegue confiar? Você é capaz de aventurar-se com coragem nas palavras de Jesus Cristo, enquanto os fatos da vida racional continuam gritando: "Isso é tudo mentira"? Quando você está no cume do monte, é fácil dizer: "Ó, sim, creio que Deus possa fazer isso", mas você tem de descer ao vale que está cheio por demônios e encarar a realidade que ridiculariza sua crença no "Monte da Transfiguração" (Lucas 9:28-42).

Respondeu-lhe Jesus: Não te disse eu que, se creres, verás a glória de Deus? (João 11:40)

Toda a vez que a minha teologia se torna clara em minha própria mente, encontro algo que a contradiga. Tão logo eu afirmo: "Creio que Deus suprirá todas as minhas necessidades", minha fé é provada (Filipenses 4:19). Quando a minha força se esgotar, e a minha visão se turvar, será que suportarei esta prova à minha fé e terei vitória ou recuarei derrotado?

A fé deve ser provada, porque ela só pode tornar-se intimamente sua pelo conflito. O que desafia a sua fé neste momento? O teste irá provar se "a sua fé está firme, ou se a provação a matará". Jesus disse: "Bem-aventurado é aquele que não achar em mim motivo de tropeço" (Mateus 11:6). O fator essencial é a confiança em Jesus. "Porque nos temos tornado participantes de Cristo, se, de fato, guardarmos firme, até ao fim, a confiança..." (Hebreus 3:14). Creia firmemente nele, e tudo aquilo que o desafiar fortalecerá a sua fé. Há provas contínuas à vida de fé até chegar à morte física, que é o teste maior. Fé é confiança absoluta em Deus — confiança que jamais imaginaria que Ele nos abandonará (Hebreus 13:5,6).

30 DE AGOSTO

Utilidade ou relacionamento?

Jesus Cristo está dizendo aqui: "Não se regozije por me servir com sucesso, mas por relacionar-se corretamente comigo." A armadilha na qual você pode cair na obra cristã é regozijar-se com o sucesso na obra — regozijar-se com o fato de ter sido usado por Deus. Você nunca conseguirá medir completamente o que Deus fará por seu intermédio, se não tiver um relacionamento justo com Jesus Cristo. Se você mantiver um relacionamento justo com Ele, então, sejam quais forem as circunstâncias ou as pessoas com quem você se deparar em cada dia, Ele continuará a derramar "rios de água viva" do seu interior (João 7:38). E na verdade é por Sua misericórdia que Ele não o deixa ter plena consciência disso. Uma vez que você tiver o relacionamento justo com Deus pela salvação e santificação, lembre-se de que, quaisquer que forem as suas circunstâncias, foi Deus quem o colocou ali. E Ele usa a maneira como você reage às suas circunstâncias para cumprir o Seu propósito conquanto você continue a "caminhar na luz como ele também está na luz" (1 João 1:7).

...alegrai-vos, não porque os espíritos se vos submetem, e sim porque o vosso nome está arrolado nos céus.
(Lucas 10:20)

Hoje, nossa tendência é dar ênfase ao culto. Tome cuidado com aqueles que pedem ajuda às pessoas com base em sua capacidade. Se você fizer a utilidade dessas pessoas ser o ponto de referência, então Jesus Cristo será o maior fracasso que já existiu. Para o santo, a direção e a orientação vêm do próprio Deus, não da capacidade medida desse servo. O que conta realmente é a obra que o Senhor realiza em nós, não o que fazemos para Ele. O que chama a atenção do Senhor na vida de alguém é o relacionamento dessa pessoa com Ele — algo de enorme valor para Seu Pai. Jesus está "...conduzindo muitos filhos à glória..." (Hebreus 2:10).

31 DE AGOSTO

Minha alegria em vocês

Qual foi a alegria que Jesus teve? A alegria não deve ser confundida com felicidade. Na realidade, é um insulto para Jesus Cristo usar a palavra felicidade relacionada a Ele. A alegria de Jesus era Sua total rendição e Seu autossacrifício ao Seu Pai — a alegria de fazer o que o Pai lhe mandara fazer — "...o qual, em troca da alegria que lhe estava proposta, suportou a cruz..." (Hebreus 12:2). "[Agrada-me] fazer a tua vontade..." (Salmo 40:8). Jesus orou para que a nossa alegria pudesse ser completa até que se tornasse a mesma que Ele sentia. Tenho permitido que Jesus Cristo me apresente a Sua alegria?

> *Tenho vos dito estas coisas para que o meu gozo esteja em vós, e o vosso gozo seja completo.*
>
> (João 15:11)

Ter uma vida plena e abundante não advém da saúde física, das circunstâncias, nem de ver a obra de Deus prosperar, mas da perfeita compreensão de Deus, e de ter a mesma comunhão e unidade que o próprio Jesus teve com o Pai. Mas a primeira coisa que impedirá esta alegria é aquela irritação sutil causada por se pensar demais em nossas circunstâncias. Disse Jesus: "...mas os cuidados do mundo, a fascinação [...] sufocam a palavra, ficando ela infrutífera" (Marcos 4:19). E antes mesmo de percebermos o que aconteceu, somos presos pelos cuidados do mundo. Tudo o que Deus tem feito por nós é apenas o princípio — Ele quer nos levar a sermos Suas testemunhas e proclamarmos quem Jesus é.

Tenha um relacionamento justo com Deus, encontrando nele o seu gozo, e "...do seu interior fluirão rios de água viva" (João 7:38). Seja uma fonte pela qual Jesus derrama Sua preciosa "água viva". Deixe de ser hipócrita e orgulhoso, de se preocupar apenas consigo mesmo, e viva a sua vida "...oculta juntamente com Cristo, em Deus" (Colossenses 3:3). A pessoa que tem um relacionamento correto com Deus usufrui uma vida tão natural quanto o respirar aonde quer que vá. As pessoas que mais o abençoaram são aquelas que ignoravam o fato de serem abençoadoras.

1.º DE SETEMBRO

Destinado a ser santo

Devemos lembrar-nos continuamente do propósito da vida. Não fomos concebidos nem para a felicidade nem para a saúde, mas para a santidade. Nos dias de hoje, temos tantos desejos e interesses, e nossa vida é consumida e desperdiçada por eles. Muitas dessas vontades podem ser corretas, nobres e boas. Talvez, até possam ser realizadas um dia, mas, por enquanto, Deus deve permitir que a importância delas diminua para nós. A única coisa que verdadeiramente interessa é se uma pessoa aceitará o Deus que a tornará santa. Custe o que custar, essa pessoa deve ter um relacionamento correto com Deus.

Creio que preciso ser santo? Creio que Deus possa participar da minha vida e me santificar? Se, pela sua pregação, você me convencer de que eu não sou santo, certamente me ofenderei com ela. A pregação do evangelho provoca um intenso ressentimento porque a mensagem é feita para revelar a minha falta de santidade. Por outro lado, também desperta um intenso anseio e desejo dentro de mim. Deus tem um único objetivo planejado para a raça humana — a santidade. Sua única meta é gerar santos. Deus não é nenhum tipo de máquina eterna de bênçãos para o usufruto das pessoas. Ele não veio salvar-nos por pena, mas porque nos criou para sermos santos. A expiação, realizada na Cruz de Cristo, significa que, pela morte de Jesus Cristo, Deus é capaz de restaurar a perfeita unidade que devo ter com Ele. Assim, nada mais se colocará entre nós dois.

> *...porque escrito está: Sede santos, porque eu sou santo.*
>
> (1 PEDRO 1:16)

Jamais tolere, por autocomiseração ou por outras pessoas, qualquer prática que não se harmonize com o Deus santo. Santidade significa andar em total pureza diante de Deus (em palavras e pensamentos) e permitir que Ele sonde cada detalhe da sua vida. Santidade não é simplesmente o que Deus me dá, mas o que Ele me concedeu e posso expressar em minha vida.

2 DE SETEMBRO

Uma vida de sacrifício puro e santo

Jesus não disse: "Quem crer em mim realizará todas as bênçãos da plenitude de Deus", mas em essência: "Aquele que crer em mim, do seu interior fluirá tudo quanto receber". O ensinamento do Senhor é sempre contrário à satisfação pessoal. O objetivo de Deus não é o desenvolvimento de uma pessoa — Seu propósito é o de transformar uma pessoa exatamente semelhante a Ele, e o Filho de Deus é caracterizado pela doação e entrega pessoal. Se cremos em Jesus, o que vale não é o que ganhamos, mas o que Ele pode realizar por nosso intermédio. O propósito de Deus não é simplesmente nos tornar uvas grandes e bonitas, mas uvas cuja doçura Ele possa extrair. Nossa vida espiritual não pode ser medida pelo sucesso, assim como o mundo o faz, mas apenas com base no que Deus derrama por meio de nós — e não podemos medir isso.

> *Quem crer em mim [...] do seu interior fluirão rios de água viva.*
>
> (João 7:38)

Quando Maria de Betânia quebrou "...um vaso de alabastro com preciosíssimo perfume de nardo puro; e, [...] derramou o bálsamo sobre a cabeça de Jesus", ninguém viu o porquê desse ato, já que não havia nenhuma ocasião especial. Na verdade, lhe disseram: "...Para que este desperdício de bálsamo?" (Marcos 14:3,4). Mas Jesus elogiou Maria pelo extravagante ato de devoção. Ele disse: "[Onde] for pregado em todo o mundo o evangelho, será também contado o que ela fez, para memória sua" (Marcos 14:9). Nosso Senhor transborda de alegria sempre que vê algum de nós fazendo o que essa mulher fez — não ser preso por um conjunto específico de regras, render-se totalmente a Ele. Deus derramou a vida de Seu Filho "...para que o mundo fosse salvo por ele" (João 3:17). Será que estamos prontos para derramar nossa vida por Ele?

"Quem crer em mim [...] do seu interior fluirão rios de água viva" — e centenas de outras vidas serão continuamente revigoradas. Este é o momento de quebrarmos o "frasco" da nossa vida, pararmos de buscar nossa própria satisfação e derramarmos a nossa vida diante de Deus. Nosso Senhor está perguntando, quem fará isso por Ele?

3 DE SETEMBRO

Derramando a água da satisfação

O que tem representado para você a "água do poço de Belém" — amor, amizade, bênçãos espirituais (23:16)? Você tem se apegado a qualquer coisa, mesmo correndo o risco de prejudicar a própria alma, simplesmente para se satisfazer? Se estiver agindo assim, então não poderá derramá-la "como libação ao Senhor". Você nunca pode consagrar a Deus aquilo que deseja para si mesmo a fim de obter a satisfação pessoal. Se você tentar se satisfazer com uma bênção do Senhor, ela o corromperá. Você deve sacrificá-la, derramando-a a Deus — algo que a sua razão diz ser um desperdício absurdo.

De que forma posso derramar "como libação ao SENHOR" amor natural ou bênçãos espirituais? Existe um único jeito: devo me determinar a fazê-lo. Existem certas coisas que as pessoas fazem e que jamais seriam aceitas por alguém que não conheça a Deus, porque é humanamente impossível retribuí-las. Assim que reconheço que algo é maravilhoso demais para mim, que não sou digno de recebê-lo, e que não se destina ao ser humano, devo derramá-lo "ao Senhor". Então, essas coisas que vieram a mim serão derramadas como "rios de água viva" ao meu redor (João 7:38). E até derramar todas essas coisas ao Senhor, elas realmente poderão ameaçar as pessoas que amo e até me colocar em perigo, porque se transformarão em cobiça. Sim, podemos cobiçar coisas que não sejam sórdidas ou más. Até o amor deve ser transformado ao ser derramado como "libação ao SENHOR".

> *...ele não a quis beber, porém a derramou como libação ao SENHOR.*
>
> (2 SAMUEL 23:16)

Se você se tornou amargurado e irritável, é porque, quando Deus lhe deu uma bênção, você a ajuntou para si. Contudo, se a tivesse derramado a Ele, teria sido a pessoa mais doce do mundo. Se você está sempre guardando as bênçãos exclusivamente para si mesmo e nunca aprende a derramá-las em "libação ao SENHOR", as outras pessoas jamais terão a visão de Deus ampliada por seu intermédio.

4 DE SETEMBRO

Dele!

O missionário é alguém que o Espírito Santo já o fez entender que: "...não sois de vós mesmos..." (1 Coríntios 6:19). Dizer "eu não pertenço a mim mesmo" é alcançar um alto grau de maturidade espiritual. A verdadeira natureza da vida interior na turbulência do dia a dia é evidenciada pela entrega voluntária de si mesmo à outra Pessoa por meio de uma decisão soberana — e essa Pessoa é Jesus Cristo. O Espírito Santo interpreta e me explica a natureza de Jesus a fim de tornar-me um com o meu Senhor, não para que simplesmente me torne um troféu em Sua vitrine. O Senhor nunca enviou algum de Seus discípulos baseado no que Ele havia feito por eles. Só depois da ressurreição, quando os discípulos perceberam, pelo poder do Espírito Santo, quem Jesus realmente era, Ele lhes disse: "Ide" (Mateus 28:19; Lucas 24:49; Atos 1:8).

> *...Eram teus, tu mos confiaste...*
>
> (João 17:6)

"Se alguém vem a mim e não aborrece a seu pai, e mãe, e mulher, e filhos, e irmãos, e irmãs e ainda a sua própria vida, não pode ser meu discípulo" (Lucas 14:26). Jesus não estava dizendo que esta pessoa não pode ser boa e correta, mas que não pode ser um indivíduo daqueles sobre quem Ele possa escrever a palavra *Meu*. Qualquer um dos relacionamentos que o Senhor menciona neste versículo pode competir com nosso relacionamento com Ele. Posso preferir pertencer à minha mãe, ou à minha esposa, ou a mim mesmo, mas, se esse fosse o caso, Jesus diria: "Você não pode ser meu discípulo". Isto não significa que não serei salvo, mas que não posso ser inteiramente *dele*.

Nosso Senhor faz do Seu discípulo Sua propriedade exclusiva, tornando-se responsável por ele. "[E] sereis minhas testemunhas..." (Atos 1:8). O desejo que vem a um discípulo não é o de *fazer* algo por Jesus, mas de *ser* um prazer perfeito para Ele. O segredo do missionário é verdadeiramente ser capaz de dizer: "Eu sou dele, e Ele está me usando para realizar Sua obra e Seus propósitos."

Seja inteiramente dele!

5 DE SETEMBRO

Vigiando com Jesus

"Vigiai comigo." Jesus, na verdade, estava dizendo: "Vigiem sem nenhuma perspectiva ou interesse particular, mas vigiem exclusiva e completamente comigo." Nos primeiros estágios da nossa vida cristã, não vigiamos *com* Jesus, vigiamos *por* Ele. Não vigiamos com Ele pela verdade revelada da Bíblia, mesmo nas circunstâncias de nossa vida. Nosso Senhor está tentando nos introduzir à identificação com Ele por meio de uma experiência pessoal do "Getsêmani". Porém, nós nos recusamos a ir, dizendo: "Não, Senhor, não consigo entender o sentido disto, e, além de tudo, é muito doloroso!" Como poderemos vigiar com Alguém que seja tão incompreensível? Como compreenderemos Jesus o suficiente para vigiar com Ele em Seu Getsêmani se nem sequer sabemos por que Ele está sofrendo? Não sabemos como vigiar com Ele — estamos acostumados apenas com a ideia de ter Jesus vigiando conosco.

Os discípulos amavam Jesus Cristo até o limite de sua capacidade natural, mas não entendiam completamente Seu propósito. No jardim do Getsêmani, dormiram por causa da tristeza que sentiam e, após três anos do relacionamento mais próximo que tinham tido, "...os discípulos todos, deixando-o, fugiram" (26:56).

> *...ficai aqui e vigiai comigo.*
> (MATEUS 26:38)

"Todos ficaram cheios do Espírito Santo..." (Atos 2:4). Aqui, a palavra "todos" se refere aos mesmos discípulos, mas algo tremendo havia acontecido entre a morte do Senhor, a ressurreição e a ascensão, e os discípulos "ficaram cheios do Espírito Santo". O Senhor tinha dito: "[Mas] recebereis poder, ao descer sobre vós o Espírito Santo...". Isso significou que eles aprenderam a vigiar *com* Ele pelo resto da vida.

TUDO PARA ELE   267

6 DE SETEMBRO

Os extensos rios da vida

Um rio chega a lugares que a sua nascente nem sequer conhece. E Jesus diz que, se recebermos de Sua plenitude, "rios de água viva" fluirão do nosso interior abençoando "...até os confins da terra" (Atos 1:8), mesmo que os efeitos visíveis da nossa vida pareçam pequenos. Nada temos a ver com esse fluir: "...A obra de Deus é esta: que creiais..." (João 6:29). Deus raramente permite que alguém veja a capacidade que tem de abençoar os outros

Um rio é vitoriosamente persistente e vence todas as barreiras. Por algum tempo, segue firme o seu curso, mas então encontra um obstáculo. E por um momento é retido, mas não tarda a abrir uma passagem e contornar o obstáculo. Ou ele pode desaparecer por quilômetros e emergir mais tarde ainda mais largo e poderoso do que nunca. Você vê Deus usando a vida de outras pessoas, mas, então, aparece um obstáculo na sua própria vida e você parece não ser útil a Ele? Volte, então, a sua atenção à Fonte, e Deus o fará contornar esse obstáculo ou o removerá de seu caminho.

> *Quem crer em mim [...] do seu interior fluirão rios de água viva.*
>
> (João 7:38)

O rio do Espírito de Deus supera todos os obstáculos. Nunca fixe os seus olhos nas barreiras ou na dificuldade. Tudo isso será totalmente indiferente a esse rio, que continuará fluindo firme por meio de você se simplesmente se lembrar de permanecer focado na Fonte. Jamais permita que algo se interponha entre você e Jesus Cristo — nenhuma emoção nem experiência — nada pode afastá-lo da soberana Fonte.

Reflita sobre os extensos rios de águas restauradoras que se desenvolvem e crescem em nossa alma! Deus tem revelado verdades maravilhosas à nossa mente, e cada ponto que Ele nos revela é outra indicação do vasto poder do rio que Ele fará fluir por nosso intermédio. Se você crer em Jesus, descobrirá que Deus desenvolveu e o provê de rios de bênçãos poderosos para outras pessoas.

7 DE SETEMBRO

Fontes de bênçãos

A imagem que o Senhor descreve aqui não é a de uma simples corrente de água, mas de uma fonte transbordante. Continue a "encher-se" (Efésios 5:18), e a doçura do seu relacionamento vital com Jesus fluirá do seu interior com a mesma generosidade que lhe foi concedida. Se você perceber que a vida de Cristo não está brotando como deveria, a culpa é sua — algo está obstruindo o fluxo. Foi Jesus quem lhe disse para manter-se focado na Fonte a fim de que você pudesse ser pessoalmente abençoado? Não, você deve permanecer focado na Fonte, e do seu interior "fluirão rios de água viva" — uma vida irrepreensível (João 7:38).

Devemos ser fontes pelas quais Jesus possa fluir livremente como "rios de água viva" em bênçãos para todos. Entretanto, alguns de nós são como o mar Morto, sempre recebendo, mas nunca oferecendo, porque nosso relacionamento não está correto com o Senhor Jesus. Assim como recebemos Suas bênçãos, Ele nos usará para derramar bênçãos. Mas quando as bênçãos não são derramadas na mesma medida em que são recebidas, há uma falha em nosso relacionamento com Ele. Existe algo entre você e Jesus Cristo? Existe algo que o impeça de crer nele? Se não houver, diz Jesus, do seu interior "fluirão rios de água viva". Não se trata de uma bênção que se passe adiante nem de uma experiência que você deva compartilhar com outros, mas de um rio que flui continuamente do seu interior. Mantenha-se junto à Fonte, conserve sua fé em Jesus Cristo e seu relacionamento com Ele, haverá um fluxo permanente a jorrar do seu interior para a vida dos outros sem nenhuma sequidão ou morte.

> *...a água que eu lhe der será nele uma fonte a jorrar para a vida eterna.*
>
> (João 4:14)

É exagerado dizer que rios fluirão daquele que crê? Você olha para o seu interior e diz: "Mas eu não vejo esses rios"? Pela história da obra de Deus, você normalmente descobre que Ele começa com o vago, o desconhecido, o desprezado, mas que são firmemente fiéis a Jesus Cristo.

8 DE SETEMBRO

Faça você mesmo

Demolir, determinadamente, algumas coisas. Libertação do pecado não é sinônimo de libertação da natureza humana. Há coisas na natureza humana, tais como preconceitos, que o santo só pode destruir pelo completo e absoluto abandono. Contudo, há outras, que devem ser destruídas pela violência, ou seja, pela força divina concedida pelo Seu Espírito. Há algumas coisas contra as quais não devemos lutar, apenas aquietar-nos para ver "...o livramento do SENHOR..." (Êxodo 14:13). Mas toda teoria ou pensamento que se levante dentro de nós como uma barreira fortificada "contra o conhecimento de Deus" deve ser resolutamente demolida pelo poder de Deus, não pelo esforço humano, nem pela transigência (2 Coríntios 10:4).

> *...anulando nós sofismas e toda altivez que se levante contra o conhecimento de Deus...*
>
> (2 CORÍNTIOS 10:4,5)

Apenas quando Deus transforma a nossa natureza e entramos na experiência de santificação é que a luta começa. A guerra não é contra o pecado; jamais conseguimos lutar contra o pecado — Jesus Cristo já o venceu em Sua redenção por nós. O conflito é travado quando tentamos tornar nossa vida natural em vida espiritual. Isto nunca é fácil, nem Deus pretende que seja. Conseguimos somente por meio de uma série de escolhas morais. Deus não nos torna santos no sentido de santificar nosso caráter, mas no sentido de nos absolver e nos tornar inocentes diante dele. E, então, temos de transformar essa inocência em caráter santo por meio das escolhas morais que fazemos. Estas escolhas se opõem e hostilizam continuamente às coisas da nossa vida natural que se tornaram tão profundamente arraigadas — às coisas que se levantam como barreiras fortificadas "contra o conhecimento de Deus". Podemos voltar atrás, perdendo o nosso valor para o reino de Deus, ou então determinadamente demolir essas trincheiras, permitindo que Jesus conduza mais um filho à Sua glória (Hebreus 2:10).

9 DE SETEMBRO

Faça você mesmo

Discipline, determinadamente, outras coisas. Este é outro aspecto difícil da natureza resistente da santidade. Paulo disse, conforme a tradução *Moffatt*, deste versículo: "...eu levo todo projeto como prisioneiro a fim de fazê-lo obedecer a Cristo...". Muita obra cristã realizada hoje jamais foi disciplinada, mas simplesmente veio a existir por impulso! Na vida do nosso Senhor, todo projeto foi disciplinado à vontade do Pai. Não houve sequer uma mais leve tendência a seguir o impulso de vontade própria separado da vontade de Seu Pai — "...o Filho nada pode fazer de si mesmo..." (João 5:19). Então, compare isto com o que fazemos: tomamos "todo pensamento" ou projeto que nos ocorra por impulso e, imediatamente, passamos para a ação ao invés de nos aprisionar e disciplinar em obediência a Cristo.

A obra prática, para os cristãos, é exageradamente enfatizada hoje, e os santos que estão "levando cativo todo pensamento [e projeto]" são criticados e advertidos de que não estão sendo determinados, e de que lhes falta zelo por Deus ou pela alma dos outros. Mas a verdadeira determinação e o zelo genuíno encontram-se na obediência a Deus, não na inclinação a servi-lo que nasce apenas da nossa própria natureza humana indisciplinada. É inconcebível, embora seja verdade, que os santos não estejam levando "cativo todo pensamento [e projeto]", mas simplesmente realizando a obra de Deus estimulados pela própria natureza humana, que ainda não se tornou espiritual pela disciplina determinada.

> *...e levando cativo todo pensamento à obediência de Cristo.*
>
> (2 Coríntios 10:5)

Temos a tendência a esquecer que determinada pessoa não está apenas comprometida com Jesus Cristo para a salvação, mas também está comprometida, responsável, perante o ponto de vista que Jesus Cristo tem de Deus, do mundo, do pecado e do diabo. Significa que cada um deve reconhecer a responsabilidade de ser transformado "...pela renovação da nossa [sua] mente..." (Romanos 12:2).

TUDO PARA ELE   271

10 DE SETEMBRO

Armas missionárias

Adorando em todas as ocasiões. Presumimos que estaríamos preparados para a batalha se fôssemos confrontados por uma grande crise, mas não é a crise que edifica algo dentro de nós — ela simplesmente revela aquilo de que somos feitos. Será que você diz: "Se Deus me chamar para a batalha, me mostrarei à altura da situação?" Porém, na realidade, você não estará à altura da situação a menos que o tenha praticado no campo de treinamento de Deus. Se você não estiver fazendo o serviço que está bem ao seu alcance hoje, o qual Deus projetou para a sua vida, quando a crise chegar, em vez de se revelar apto para a batalha, você se revelará incapaz. As crises sempre revelam o verdadeiro caráter das pessoas.

> *...eu te vi, quando estavas debaixo da figueira".*
>
> (João 1:48)

O relacionamento íntimo de adoração a Deus é o maior elemento essencial da aptidão espiritual. Chegará a hora, como a que Natanael experimentou nesta passagem, em que a vida "debaixo da figueira" particular não será mais possível.

Tudo virá à luz, e você descobrirá que não tem valor se estiver adorando no dia a dia em seu lar. Se a sua adoração estiver correta no seu relacionamento íntimo com Deus, então quando Ele o libertar, você estará pronto. É no âmbito da vida invisível, que somente o Senhor vê quando você se torna perfeitamente apto. E, quando a pressão da crise surgir, você poderá se mostrar confiável a Deus.

Você está dizendo: "Mas não se pode esperar que eu tenha uma vida santificada nas circunstâncias que estou enfrentando; não tenho tempo de orar, nem estudar a Bíblia agora; além disso, minha oportunidade de entrar na batalha ainda não chegou, mas quando chegar, certamente estarei pronto." Não, você não estará. Se não estiver adorando Deus nas ocasiões cotidianas, quando se envolver na obra do Senhor, você não apenas será inútil, mas também se tornará um estorvo àqueles que estiverem ao seu redor.

O campo de treinamento de Deus, onde se encontram as armas missionárias, é a própria vida pessoal e oculta de adoração do santo.

11 DE SETEMBRO

Armas missionárias

Ministrando nas oportunidades do dia a dia. Ministrar nas oportunidades diárias que nos cercam não significa escolher nossas próprias circunstâncias — significa ser a escolha especial de Deus, disponível para uso, em qualquer situação aparentemente aleatória que Ele planejou para nós. O mesmo caráter que manifestamos nas situações atuais é um indicativo de como seremos em outras situações.

As coisas que Jesus fazia eram as tarefas cotidianas mais servis, e isto indica que preciso de todo o poder de Deus para realizar as coisas mais comuns à Sua maneira. Posso usar uma toalha como Ele o fez? Toalhas, bacias, sandálias e todas as outras coisas básicas e comuns da vida cotidiana revelam do que somos formados mais rapidamente do que qualquer outra coisa. É preciso o Deus Altíssimo Encarnado em nós para realizarmos as tarefas mais humildes da maneira como devem ser feitas.

Jesus disse: "[Eu] vos dei o exemplo, para que, como eu vos fiz, façais vós também" (João 13:15). Observe bem o tipo de gente que Deus coloca ao seu redor, e você se sentirá humilhado ao perceber que este é o método que Ele utiliza para lhe revelar o tipo de pessoa que você tem sido para Ele. Agora, Deus diz que devemos manifestar a todos à nossa volta exatamente o que Ele nos tem manifestado.

Você está dizendo a si mesmo: "Ah! Eu farei tudo isso quando partir para o campo missionário?" Pensar assim é o mesmo que tentar produzir armas de guerra nas trincheiras do campo de batalha — você será morto tentando produzi-las.

Temos de andar "a segunda milha" com Deus (Mateus 5:41). Alguns de nós nos esgotamos logo nos primeiros dez passos. Depois, dizemos: "Vou esperar que chegue mais perto de outra grande crise em minha vida." Mas se não ministrarmos com firmeza nas oportunidades do dia a dia, nada faremos diante das crises.

> *...se eu, sendo o Senhor e o Mestre, vos lavei os pés, também vós deveis lavar os pés uns dos outros.*
>
> (João 13:14)

TUDO PARA ELE 273

12 DE SETEMBRO

Experimentando confusão espiritual

Existem momentos de confusão em sua vida espiritual, e a maneira de resolver isso não é simplesmente dizer que você não deveria estar confuso. Não se trata de certo ou errado, mas de Deus o conduzindo por um caminho que você temporariamente não compreende. E é só experimentando essa confusão espiritual que virá a compreender o que Deus quer de você.

A amizade ocultada de Deus (Lucas 11:5-8). Jesus deu o exemplo de um homem que parecia não se importar com o seu amigo. Ele estava dizendo, na verdade, que, às vezes, o Pai celestial se mostrará dessa forma a você. Você pensará que Ele é um amigo insensível, mas lembre-se: Ele não o é. Chegará o momento em que tudo será esclarecido. Há épocas em que parece que uma nuvem encobre a amizade no coração, e, frequentemente, o próprio amor tem de esperar, com sofrimento e lágrimas, a bênção da maior comunhão e unidade. Quando parecer que Deus está completamente oculto, você se agarrará com confiança nele?

> *Mas Jesus respondeu: Não sabeis o que pedis...*
>
> (MATEUS 20:22)

A sombra sobre Sua paternidade (Lucas 11:11-13). Jesus disse que há momentos em que o Pai nos parecerá um pai desnaturado — como se Ele fosse insensível e indiferente — mas lembre-se: Ele não é. "Pois todo o que pede recebe..." (Lucas 11:10). Se tudo o que você enxerga é uma sombra encobrindo a face do Pai neste momento, apegue-se ao fato de que, por fim, Ele lhe dará o claro entendimento e se justificará completamente de tudo o que permitiu em sua vida.

A singularidade da Sua fidelidade (Lucas 18:1-8). "[Quando] vier o Filho do Homem, achará, porventura, fé na terra?" (Lucas 18:8). Encontrará o tipo de fé que confia nele mesmo diante da confusão? Firme-se na fé, acreditando que tudo o que Jesus disse é verdade, mesmo que, nesse meio tempo, você não compreenda o que Deus está fazendo. Ele tem questões maiores em jogo do que os pedidos pessoais que você está fazendo neste momento.

Oswald Chambers

13 DE SETEMBRO

Depois da entrega — vem o quê?

A verdadeira entrega não significa simplesmente a entrega da vida exterior, mas de toda a nossa vontade — e, uma vez que fazemos isso, a rendição está completa. A maior crise que enfrentamos é a submissão de nossa vontade. Deus nunca obriga ninguém a entregar sua vontade, e também nunca implora que o faça. Ele, pacientemente, espera até que essa pessoa voluntariamente se renda a Ele. E uma vez que essa batalha é travada, jamais terá de ser travada novamente.

Entrega para libertação. "Vinde a mim […] e eu vos aliviarei" (Mateus 11:28). Só depois que realmente começamos a experimentar o que significa a salvação é que entregamos a nossa vontade a Jesus para obter esse alívio. Qualquer coisa que nos cause um sentimento de incerteza é, na verdade, um chamado à nossa vontade — "Vinde a mim". E esse é um vir voluntário.

Entrega para consagração. "…Se alguém quer vir após mim, a si mesmo se negue…" (Mateus 16:24). A entrega mencionada aqui é do nosso eu a Jesus, para obter o descanso nele de todo o nosso ser. Ele afirmou: "Se você quiser ser meu discípulo, deve abrir mão do seu direito sobre si mesmo e entregá-lo a mim." Feito isto, o restante da sua vida revelará apenas a evidência desta rendição, e você jamais precisará se preocupar de novo com o que o futuro lhe reserva. Sejam quais forem as suas circunstâncias, Jesus é totalmente suficiente (2 Coríntios 12:9; Filipenses 4:19).

Entrega para morte. "[E] outro te cingirá e te levará…" (João 21:18,19). Você já aprendeu o que significa ser cingido para a morte?

> *Eu te glorifiquei na terra, consumando a obra que me confiaste para fazer.*
>
> (João 17:4)

Cuidado com a entrega a Deus feita num momento de empolgação, porque corre o risco de voltar atrás depois. A verdadeira rendição implica em estarmos "…unidos com ele [Jesus] na semelhança da sua morte…" (Romanos 6:5), até que nada mais que não agrade a Jesus exerça atração sobre você.

E depois da entrega — vem o quê? Toda a sua vida deveria ser caracterizada por um desejo inesgotável de manter inquebrável a comunhão e a unidade com Deus.

TUDO PARA ELE   275

14 DE SETEMBRO

Argumentos ou obediência?

Simplicidade é o segredo para enxergar todas as coisas com clareza. O servo de Deus não raciocina com clareza até que se passe um longo tempo, mas o santo deveria *enxergar* nitidamente, sem qualquer dificuldade. Não dá para refletir sobre a confusão espiritual para esclarecer as circunstâncias; para tornar as coisas claras você deve obedecer.

...simplicidade e pureza devidas a Cristo.
(2 Coríntios 11:3)

Em questões intelectuais, pode analisar os assuntos, mas, na esfera espiritual, pensar demais só produzirá pensamentos vagos e mais confusão. Se há algo em sua vida sobre o qual Deus tem exercido Sua pressão, então lhe obedeça nesse ponto. Leve todos os seus argumentos e todo pensamento cativo "à obediência de Cristo" com relação ao assunto (2 Coríntios 10:5), e tudo se tornará claro como o luz do sol. A capacidade de ponderar e argumentar virá depois, mas não enxergamos pela razão. Vemos como crianças e, quando tentamos ser sábios, nada enxergamos (Mateus 11:25).

Mesmo o menor detalhe que permitimos entrar em nossa vida sem estar sob o controle do Espírito Santo é completamente suficiente para criar confusão espiritual, e investir todo o nosso tempo refletindo sobre a questão jamais a esclarecerá. A confusão espiritual só pode ser vencida pela obediência. Assim que obedecemos, obtemos discernimento. Isto é humilhante, porque, quando estamos confusos, compreendemos que a razão de tudo repousa em nosso estado mental. Mas quando a nossa capacidade de visão natural é consagrada e submetida em obediência ao Espírito Santo, ela se transforma no poder pelo qual percebemos a vontade de Deus, e toda a nossa vida é mantida em simplicidade.

15 DE SETEMBRO

O que renunciar?

Você já renunciou "as coisas que, por vergonhosas, se ocultam" em sua vida — as coisas que a sua noção de honra ou orgulho não permite que venham à luz? Você pode facilmente ocultá-las. Existe em seu coração algum pensamento em relação a alguém que não gostaria que viesse à luz? Então, rejeite-o assim que ele surgir em sua mente — rejeite tudo o que seja ruim até que não haja nenhuma desonestidade ou malícia oculta em você. Inveja, ciúme e discórdia não necessariamente surgem da velha natureza do pecado, mas da carne, que esteve envolvida com estas coisas no passado (Romanos 6:19; 1 Pedro 4:1-3). Mantenha vigilância constante para que nada ocorra em sua vida que possa causar-lhe vergonha.

"[Não] andando com astúcia…" (2 Coríntios 4:2). Isto significa não recorrer a algo simplesmente para impor a sua opinião. Esta é uma armadilha terrível. Você sabe que Deus só lhe permite agir num único caminho — o caminho da verdade. Sendo assim, tenha cuidado para não enredar as pessoas pelo outro caminho — o do engano. Se você agir fraudulentamente, a praga e a ruína de Deus sobrevirão a você. Talvez, o que seja astúcia para você não o seja para outras pessoas — Deus o chamou para viver num padrão mais elevado. Nunca embote a noção de dar o seu melhor para obter o melhor de Deus — o seu melhor por Sua glória. Para você, fazer certas coisas significaria recorrer à astúcia para alcançar um propósito que não

> *…rejeitamos as coisas que, por vergonhosas, se ocultam…*
> (2 Coríntios 4:2)

seja o melhor de Deus, e isto embotaria a motivação que Ele lhe concedeu. Muitas pessoas têm recuado porque sentem medo de olhar para as coisas a partir do ponto de vista de Deus. A maior crise espiritual ocorre quando alguém tem de ir um pouco além dos limites da fé e das crenças que ele já abraçou.

TUDO PARA ELE

16 DE SETEMBRO

Orando a Deus em secreto

O pensamento básico na área religiosa é: mantenha os olhos fitos em Deus, não nas pessoas. Sua motivação não deveria ser o desejo de ser conhecido como uma pessoa de oração. Arranje um lugar onde você possa orar sem que ninguém saiba que está orando, feche a porta e converse com Deus em segredo. Que sua única motivação seja conhecer seu Pai celestial. É impossível continuar com a vida de discípulo sem ter momentos definidos de oração secreta.

> *Tu, porém, quando orares, entra no teu quarto e, fechada a porta, orarás a teu Pai, que está em secreto...*
>
> (MATEUS 6:6)

"E, orando, não useis de vãs repetições..." (Mateus 6:7). Não é por causa de nosso fervor que Deus nos ouve — Ele nos ouve somente com base na redenção. Deus nunca se impressiona com o nosso fervor. Orar não é simplesmente obter coisas de Deus — este é apenas o tipo mais básico de oração. Orar é entrar em perfeita comunhão e unidade com Deus. Se o Filho de Deus estiver formado em nós pela regeneração (Gálatas 4:19), Ele continuará a empurrar além da razão e modificará nossa atitude em relação às coisas pelas quais oramos.

"Pois todo o que *pede* recebe..." (Mateus 7:8). Oramos tolices religiosas sem nem sequer envolver a nossa vontade e, então, dizemos que Deus não nos respondeu — mas, na verdade, jamais *pedimos* coisa alguma. Jesus disse: "...pedireis o que *quiserdes*..." (João 15:7). Pedir significa que a nossa vontade deve estar envolvida. Sempre que Jesus falava sobre oração, fazia-o com a simplicidade de uma criança. Nós, todavia, respondemos com um espírito crítico, dizendo: "É, mas até Jesus disse que devemos pedir." Mas lembre-se de que temos de *pedir* a Deus coisas que estejam de acordo com o Deus revelado por Jesus Cristo.

278   *Oswald Chambers*

17 DE SETEMBRO

Existe benefício na tentação?

A palavra tentação ganhou, em nossos dias, o significado de algo ruim; contudo, tendemos a usar essa palavra de maneira errada. A tentação, em si, não é pecado; é algo que, sem dúvida, temos de enfrentar pelo simples fato de sermos humanos. Não ser tentado significaria que já estaríamos tão cobertos de vergonha que seríamos menos que desprezíveis. Muitos de nós, porém, sofrem tentações pelas quais jamais deveríamos passar, simplesmente porque nos recusamos a permitir que Deus nos eleve a um patamar mais elevado no qual possamos enfrentar tentações de outro tipo.

A natureza interior de uma pessoa, ou seja, aquilo que ela possui dentro de si, a parte espiritual de seu ser, determina o que a tentará do lado exterior. A tentação se ajusta à verdadeira natureza da pessoa a ser tentada e revela as possibilidades de sua natureza. Cada pessoa na verdade determina ou estabelece o nível da própria tentação, porque a tentação virá de acordo com o nível de sua natureza interior dominante.

A tentação vem a mim sugerindo um possível atalho para a realização do meu objetivo maior — não me guia em direção ao que entendo ser mau, mas em direção ao que considero bom. Ela me confunde por algum tempo, e não sei discernir se algo é certo ou errado.

Ao ceder, torno a lascívia num deus, e a própria tentação passa a ser a prova de que foi apenas o medo que me impediu de pecar antes.

A tentação é algo de que não podemos escapar. Na verdade, ela é essencial para a vida plena de alguém. Tome cuidado ao pensar que você é tentado de maneira diferente de todas as demais pessoas — aquilo pelo qual você passa é a herança natural da raça humana, não algo que ninguém tenha suportado antes. Deus não nos livra das tentações — Ele nos sustenta em meio a elas (Hebreus 2:18; 4:15,16).

> *Não vos sobreveio tentação que não fosse humana...*
>
> (1 Coríntios 10:13)

18 DE SETEMBRO

A tentação do Senhor e a nossa

Enquanto não nascermos de novo, o único tipo de tentação que compreendemos é aquele que Tiago menciona: "...cada um é tentado pela sua própria cobiça, quando esta o atrai e seduz" (Tiago 1:14). Mas, pela regeneração, somos elevados a um plano diferente onde existem outras tentações, a saber, o tipo de tentações que o nosso Senhor enfrentou. As tentações de Jesus não atraíram aos incrédulos, porque não encontraram ressonância em nossa natureza humana. As tentações do nosso Senhor e as nossas estão em esferas diferentes até nascermos de novo e nos tornarmos Seus irmãos. As tentações de Jesus não são as mesmas de um simples mortal, mas são tentações de Deus como Homem. Pela regeneração, o Filho de Deus é formado em nós (Gálatas 4:19), e, em nossa vida física, Ele encontra o mesmo ambiente que encontrou na Terra. Satanás não nos tenta apenas para nos fazer cometer erros — ele nos tenta a fim de que percamos aquilo que Deus colocou em nós pela regeneração — isto é, a possibilidade de termos valor para Ele. O inimigo não usa a estratégia de nos tentar para pecarmos, mas para alterar nosso ponto de vista, e apenas o Espírito de Deus é capaz de detectar que isto se trata de uma tentação do diabo.

> *Porque não temos um sumo sacerdote que não possa compadecer-se das nossas fraquezas; antes, foi ele tentado em todas as coisas, à nossa semelhança, mas sem pecado.*
>
> (HEBREUS 4:15)

A tentação significa um teste aos tesouros guardados em nosso interior, na parte espiritual do nosso ser, por um poder externo e estranho a nós. Isto torna a tentação do Senhor explicável. Depois do batismo de Jesus, assim que Ele aceitou a missão de tirar "...o pecado do mundo" (João 1:29), Ele foi imediatamente "...levado pelo Espírito ao deserto..." (Mateus 4:1) e submetido a mecanismos de testes do diabo. Contudo, não desanimou, nem se cansou. Ele passou pela tentação "sem pecado", conservando completamente intactos todos os bens da Sua natureza espiritual.

Oswald Chambers

19 DE SETEMBRO

Você permanece com Jesus?

É verdade que Jesus Cristo está sempre conosco em nossas tentações, mas será que prosseguimos com Ele durante Suas tentações? Muitos de nós paramos de seguir a Jesus a partir do momento em que experimentamos o que Ele pode fazer. Observe se, quando Deus muda as suas circunstâncias, você permanece com Jesus Cristo, ou passa para o lado do mundo, da carne e do diabo. Nós ostentamos Seu nome, mas será que permanecemos com Ele? "À vista disso, muitos dos seus discípulos o abandonaram e já não andavam com ele" (João 6:66).

Jesus foi submetido a tentações durante toda a Sua vida terrena, e elas continuarão presentes na vida do Filho de Deus em nós. Prosseguimos com Jesus na vida que temos neste exato momento?

Vós sois os que tendes permanecido comigo nas minhas tentações.

(LUCAS 22:28)

Achamos que devemos proteger-nos de algumas das situações em que Deus nos envolve. Que isso nunca aconteça! Deus determina todas as circunstâncias, e sejam elas quais forem, devemos enfrentá-las permanecendo firme com Jesus em Suas tentações. Essas tentações são *dele*; não são tentações destinadas a nós, mas à vida do Filho de Deus em nós. A honra de Jesus Cristo está em jogo em nossa vida carnal. Permanecemos fiéis ao Filho de Deus em tudo que ataca a Sua vida em nós?

Você continua ao lado de Jesus? O caminho passa pelo Getsêmani, pelo portão da cidade, até sair do "arraial" (Hebreus 13:13). O trajeto é solitário e vai até não restar mais um vestígio de pegada a seguir — apenas a voz dizendo: *"Segue-me!"* (Mateus 4:19).

TUDO PARA ELE   281

20 DE SETEMBRO

O divino mandamento da vida

A exortação do Senhor nos versículos 38-48 é que sejamos generosos em nosso comportamento com todas as pessoas. Tome cuidado ao viver de acordo com as suas afinidades naturais na vida espiritual. Todos têm afinidades naturais — gostamos de certas pessoas e de outras, não. Contudo, nunca devemos permitir que nossas preferências pessoais orientem nossa vida cristã. "Se, porém, andarmos na luz, como ele está na luz, mantemos comunhão uns com os outros..." (1 João 1:7); mesmo com aquelas pessoas com quem não temos qualquer afinidade pessoal.

O exemplo que o Senhor nos deu não é apenas o de uma pessoa boa, nem mesmo de um bom cristão, mas do próprio Deus. "Portanto, sede vós perfeitos como perfeito é o vosso Pai celeste." Em outras palavras, simplesmente demonstre aos outros o amor que Deus tem revelado a você. E Deus lhe dará amplas oportunidades nesta vida para provar se você é "perfeito como é vosso Pai celeste" ou não. Ser discípulo significa identificar-se voluntariamente com os interesses que Deus tem pelas outras pessoas. Jesus diz: "Novo mandamento vos dou: que vos ameis uns aos outros; assim como eu vos amei, que também vós vos ameis uns aos outros. Nisto conhecerão todos que sois meus discípulos: se tiverdes amor uns pelos outros" (João 13:34,35).

...sede vós perfeitos como perfeito é o vosso Pai celeste.

(MATEUS 5:48)

A verdadeira expressão do caráter cristão não é fazer o bem, mas fazê-lo à maneira de Deus. Se o Espírito de Deus o transformou interiormente, sua vida demonstrará as características divinas, não simplesmente boas características humanas. A vida de Deus em nós se demonstra como vida *divina*, não como uma vida humana que se esforça para ser divina. O segredo da vida do cristão é que o sobrenatural torna-se natural nele como resultado da graça de Deus, e esta experiência passa a ser evidente nos detalhes cotidianos e práticos da vida, não nos momentos de íntima comunhão com Deus. E, quando entramos em contato com coisas que geram confusão e alvoroço, descobrimos, para a nossa surpresa, que temos o poder de manter-nos maravilhosamente equilibrados, ainda em meio disso tudo.

21 DE SETEMBRO

O propósito predestinado do missionário

A primeira coisa que acontece depois que reconhecemos que fomos eleitos por Deus em Cristo Jesus é a destruição das nossas ideias preconcebidas, do nosso modo de pensar limitado e todas as nossas demais atitudes — somos transformados tão somente em servos do propósito de Deus. Toda a raça humana foi criada para glorificar a Deus e deleitar-se nele para sempre. O pecado desviou toda a humanidade dando-lhe rumo diverso, mas não alterou nem em mínimo grau o propósito do Senhor. Assim, quando nascemos de novo, Deus nos faz compreender Seu grande propósito para a humanidade, ou seja, que fomos criados para Ele. A maior alegria da terra é entender que fomos eleitos por Deus, e devemos aprender a confiar no extraordinário propósito criativo dele. A primeira coisa que o Senhor fará é afastar os interesses do mundo inteiro do nosso coração. O amor de Deus e até mesmo Sua própria natureza é colocada em nós. E vemos a natureza do Deus Altíssimo genuinamente nas palavras: "Porque Deus amou ao mundo de tal maneira..." (João 3:16).

Mas agora diz o SENHOR, que me formou desde o ventre para ser seu servo...

(ISAÍAS 49:5)

Devemos continuamente manter nossa alma aberta para o propósito criativo de Deus, sem jamais confundir ou obscurecê-lo com as nossas intenções. Se o fizermos, Deus terá de esmagar nossas intenções por mais que isso nos doa.

Um missionário é criado com o propósito de ser um servo de Deus, alguém em quem o Senhor seja glorificado. Ao compreendermos que é mediante a salvação de Jesus Cristo que somos aperfeiçoados para o propósito de Deus, entenderemos porque Jesus Cristo é tão rigoroso e inflexível em Suas exigências. Ele exige absoluta integridade de Seus servos, porque colocou neles a própria natureza de Deus.

Tenha cuidado para não esquecer o propósito do Senhor para a sua vida.

TUDO PARA ELE   283

22 DE SETEMBRO

O mestre e professor do missionário

Ter um senhor e mestre não é o mesmo que ser orientado e ensinado. Ter um senhor e mestre significa que existe alguém que me conhece melhor do que eu mesmo, alguém que me é mais chegado que um amigo, alguém que compreende o mais profundo do meu coração e é capaz de satisfazê-lo completamente. Significa ter alguém que me dá a segurança de que ele responde e soluciona todas as minhas dúvidas, as minhas incertezas e os problemas em minha mente. Ter um senhor e mestre é isto e nada menos — "...um só é o vosso Mestre [...] o Cristo" (Mateus 23:8,10).

Nosso Senhor nunca toma providências no sentido de me forçar a fazer o que Ele quer. Às vezes, gostaria que Deus me dominasse e que me controlasse a fim de que eu fizesse a Sua vontade, mas Ele não agirá assim. Em outros momentos, gostaria que Ele me deixasse sozinho, mas Ele também não o faz.

"Vós me chamais o Mestre e o Senhor..." — mas será que é assim que o consideramos? As palavras *Mestre e Senhor* são pouco usadas em nosso vocabulário. Preferimos termos como *Salvador*, Santificador e Médico. A única palavra que verdadeiramente descreve a ideia de senhorio é *amor*, mas sabemos tão pouco a respeito do amor como Deus o revela em Sua Palavra. A prova disto é a maneira pela qual usamos a palavra obedecer. Na Bíblia, a obediência se baseia no relacionamento entre iguais; por exemplo, o relacionamento entre pai e filho. Nosso Senhor não era simplesmente servo de Deus — Ele era Seu Filho. "[Embora] *sendo Filho,* aprendeu a obediência..." (Hebreus 5:8). Se estamos conscientes de que estamos sendo dominados, essa ideia é a prova de que não temos um senhor. Se essa é a nossa atitude em relação a Jesus, estamos muito longe de ter o relacionamento que Ele deseja ter conosco. Afinal, Jesus quer estabelecer um relacionamento no qual Ele seja tão facilmente nosso Senhor e Mestre que nem tenhamos consciência disso — um relacionamento em que tudo o que saibamos é que somos dele para lhe obedecer.

> *Vós me chamais o Mestre e o Senhor e dizeis bem; porque eu o sou [...] vos digo que o servo não é maior do que seu senhor...*
>
> (JOÃO 13:13,16)

23 DE SETEMBRO

O alvo do missionário

Na vida natural, nossas ambições se modificam à medida que crescemos; na vida cristã, contudo, o alvo nos é proposto logo no início; e o princípio e o fim são exatamente o mesmo, isto é, o próprio Senhor. Começamos com Cristo e terminamos com Ele: "...até que todos cheguemos [...] à medida da estatura da plenitude de Cristo" (Efésios 4:13), não simplesmente à noção que temos do que deveria ser a vida cristã. O alvo do missionário é fazer a vontade de Deus, não ser útil, ou ganhar os perdidos. O missionário é útil e ganha os perdidos, mas este não é seu alvo. O alvo dele é fazer a vontade do seu Senhor.

...disse-lhes Jesus: Eis que subimos para Jerusalém...

(Lucas 18:31)

Na vida do nosso Senhor, Jerusalém foi o lugar onde Ele atingiu o auge da vontade do Pai sobre a cruz e, a menos que o acompanhemos até lá, não teremos amizade ou comunhão com Ele. Nada jamais desviou nosso Senhor em sua caminhada a Jerusalém. Ele nunca atravessava às pressas certas aldeias onde era perseguido, nem se demorava nas outras onde era glorificado. Nem a gratidão nem a ingratidão dos homens fazia com que o Senhor se desviasse um milímetro de Seu propósito de "subir para Jerusalém".

"O discípulo não está acima do seu mestre, nem o servo, acima do seu senhor" (Mateus 10:24). Em outras palavras, as mesmas coisas que aconteceram com o nosso Senhor acontecerão para nós em nosso caminho para a nossa "Jerusalém". Haverá obras de Deus que se manifestarão por nosso intermédio, pessoas serão abençoadas, e uma ou duas mostrarão gratidão enquanto o restante exibirá total ingratidão. Mas nada deve desviar-nos de "subir para [nossa] Jerusalém".

"[Ali] o crucificaram..." (Lucas 23:33). Isso aconteceu quando o Senhor alcançou Jerusalém e esse acontecimento é a porta de entrada à nossa salvação. Os santos, porém, não terminam na crucificação; pela graça do Senhor, terminarão em glória. Entretanto, nesse meio tempo, nosso lema deve ser resumido nos dizeres: "Eu também estou subindo para Jerusalém."

TUDO PARA ELE   285

O "vai" da preparação

É fácil imaginarmos que, de repente, chegaremos a um ponto em nossa vida no qual estaremos totalmente preparados, mas a preparação não é algo que se executa repentinamente. De fato, é um processo que deve ser mantido firmemente. É perigoso que nos acomodemos com a nossa experiência atual. A vida cristã requer preparação e mais preparação.

O sentido de sacrifício na vida cristã é imediatamente atraente para um novo convertido. Humanamente falando, o que nos atrai a Jesus Cristo é o nosso desejo de heroísmo, e uma análise minuciosa das palavras do Senhor trazem inesperadamente esta maré de entusiasmo à prova. "...*vai* primeiro reconciliar-te com teu irmão...". O "vai" da preparação consiste em permitir que a Palavra de Deus o examine minuciosamente. Sua percepção de sacrifício heroico não é boa o suficiente. O Espírito Santo detecta em você aquela natureza que não pode atuar em Sua obra. Ninguém, a não ser Deus, pode detectar essa natureza humana. Você tem algo a esconder de Deus? Se a resposta for positiva, permita que o Senhor o sonde com Sua luz. Se houver pecado em sua vida, não apenas o *admita* — *confesse-o*. Você está disposto a obedecer ao seu Senhor e Mestre, seja qual for a humilhação imposta ao seu direito sobre si mesmo?

> *Se, pois, ao trazeres ao altar a tua oferta, ali te lembrares de que teu irmão tem alguma coisa contra ti, deixa perante o altar a tua oferta, vai primeiro reconciliar-te com teu irmão; e, então, voltando, faze a tua oferta.*
>
> (MATEUS 5:23,24)

Jamais seja indiferente a uma convicção que o Espírito Santo colocar em você. Se ela é suficientemente importante para que o Espírito de Deus a coloque em sua lembrança, é porque se trata de algo que Ele está detectando em seu interior. Você estava procurando algo grande do qual possa abrir mão enquanto Deus está lhe mostrando algo muito pequeno.

Mas, por detrás de algo tão pequeno, encontra-se a fortaleza da obstinação, e você diz: "Não desistirei do direito que tenho sobre mim mesmo!" — mas é justamente isso o que Deus pretende que você faça se estiver disposto a ser um discípulo de Jesus Cristo.

25 DE SETEMBRO

O "vai" do relacionamento

O ensinamento do nosso Senhor pode ser resumido assim: o relacionamento que Ele exige de nós é impossível a menos que Ele mesmo efetue em nós uma obra sobrenatural. Jesus Cristo exige que Seu discípulo não permita o menor traço de ressentimento no coração quando se depara com a tirania e a injustiça. Nenhuma intensidade de entusiasmo jamais resistirá ao peso que Jesus Cristo colocará sobre Seu servo. Apenas uma coisa suportará esse peso: o relacionamento pessoal com o próprio Jesus Cristo — um relacionamento que tenha sido sondado, provado e purificado até que apenas um único propósito permaneça, e eu possa verdadeiramente dizer: "Estou aqui para que Deus me envie aonde Ele quiser." Tudo o mais pode tornar-se ofuscado, mas jamais este relacionamento com Jesus Cristo.

> *Se alguém te obrigar a andar uma milha, vai com ele duas.*
>
> (MATEUS 5:41)

O Sermão do Monte não é uma meta inatingível; é uma declaração do que acontecerá em mim quando Jesus Cristo tiver alterado a minha natureza ao colocar Sua própria natureza em mim. Jesus Cristo é o único que pode cumprir o Sermão do Monte.

Se quisermos ser discípulos de Jesus, devemos ser concebidos sobrenaturalmente. Enquanto tivermos apenas o propósito consciente de sermos discípulos, poderemos estar certos de que ainda não o somos. Jesus diz: "Não fostes vós que me escolhestes a mim [...] *eu vos escolhi a vós...*" (João 15:16). É assim que a graça de Deus começa. É um chamado do qual não podemos fugir; podemos desobedecê-lo, mas nunca podemos iniciar ou produzi-lo por conta própria. Somos atraídos a Deus pela obra de Sua graça sobrenatural, e nunca conseguimos retroceder para descobrir onde a obra começou. A formação de um discípulo, pelo Senhor, é sobrenatural. Ele não o edifica sobre nenhuma capacidade natural. Deus não nos pede para fazermos aquelas coisas que nos possam ser naturalmente fáceis — Ele pede apenas para fazer aquilo que somos perfeitamente aptos para realizar por intermédio da Sua graça, e é nesse ponto que entra sempre a cruz que devemos carregar.

O "vai" da reconciliação

Este versículo diz: "Se você trouxer qualquer dom ou oferta diante do altar e então lembrar que seu irmão tem alguma mágoa contra você…". Não está dizendo: "Se você se examinar e lembrar-se de algo por causa da sua sensibilidade desajustada…", mas: "se lembrares". Em outras palavras, se algo foi trazido à sua mente pelo Espírito de Deus — "…vai primeiro reconciliar-te com teu irmão; e, então, voltando, faze a tua oferta" (5:24). Nunca se oponha à sensibilidade intensa do Espírito de Deus em você quando Ele o estiver instruindo até nos mínimos detalhes.

"Reconcilia-te primeiro com teu irmão…". A instrução do Senhor é simples: "Reconcilia-te primeiro…". Na verdade, Ele nos diz: "Volte pelo caminho por onde veio — o caminho que lhe foi indicado pela convicção que recebeu no altar; adote uma atitude em sua mente e alma em relação àquele que tem algo contra você, que faça a reconciliação ser algo tão natural quanto o respirar". Jesus não menciona a outra pessoa — Ele diz para você ir. Não é uma questão dos seus direitos. A verdadeira marca do santo é a capacidade de abrir mão dos próprios direitos e obedecer ao Senhor Jesus.

> Se […] lembrares que teu irmão tem alguma coisa contra ti…
>
> (MATEUS 5:23)

"[E], então, voltando, faze a tua oferta". O processo de reconciliação é claramente marcado. Primeiro, temos o espírito heroico do autossacrifício, em seguida, o súbito controle causado pela sensibilidade do Espírito Santo. Depois, somos detidos no ponto de nossa convicção. Isto é seguido pela obediência à Palavra de Deus, a qual edifica uma atitude ou estado de espírito que não culpa a pessoa com a qual houve qualquer desentendimento. E, finalmente, há a oferta simples, alegre e desimpedida do seu dom a Deus.

27 DE SETEMBRO

O *"vai" da renúncia*

A atitude do Senhor em relação a este homem foi de extremo desencorajamento, "...porque ele mesmo sabia o que era a natureza humana" (João 2:25). Nós teríamos dito: "Não consigo imaginar por que Ele perdeu a oportunidade de ganhar aquele homem! Imagine ser tão frio com ele e despedi-lo com tamanho desânimo!". Nunca se desculpe pelo seu Senhor. As palavras do Mestre ferem e ofendem até que não haja nada mais para ser ferido ou ofendido. Jesus Cristo não demonstrava a menor ternura em relação a qualquer coisa que, no final das contas, poderia vir a destruir uma pessoa em seu serviço a Deus. As respostas do Senhor não se baseavam em caprichos ou em pensamentos impulsivos, mas no conhecimento pessoal do "que era a natureza humana". Se o Espírito de Deus traz à sua mente uma palavra do Senhor que o magoe, você pode estar certo de que há algo em você que Ele precisa ferir de morte!

> *...alguém lhe disse: Seguir-te-ei para onde quer que fores.*
> (LUCAS 9:57)

Lucas 9:58. Estas palavras destroem o argumento de que servir a Jesus Cristo é algo prazeroso. E o rigor da rejeição que Ele exige de mim permite que nada permaneça em minha vida além do meu Senhor, de mim mesmo e da sensação de desesperança. Ele afirma que devo deixar que as pessoas venham e vão, e que devo ser guiado apenas pelo meu relacionamento com Ele. E Jesus completa: "...mas o Filho do Homem não tem onde reclinar a cabeça".

Lucas 9:59. Este homem não queria decepcionar Jesus, nem desejava demonstrar falta de respeito por seu pai. Colocamos a noção de lealdade aos nossos parentes à frente da nossa fidelidade a Jesus Cristo, obrigando que Ele fique em último lugar. Quando se sentir em conflito sobre o alvo de sua lealdade, sempre obedeça Jesus Cristo custe o que custar.

Lucas 9:61. A pessoa que diz: Sim, "...Seguir-te-ei, Senhor; mas..." é a que está intensamente pronta para ir, mas nunca vai. Este homem tinha reservas sobre ir. O chamado exigente de Jesus não tem espaço para despedidas; as despedidas, conforme frequentemente as usamos, são pagãs, não cristãs, porque nos desviam do chamado. Assim que você ouvir o chamado de Deus, comece a caminhar e jamais pare.

TUDO PARA ELE

28 DE SETEMBRO

O "vai" da identificação incondicional

O jovem rico e nobre tinha a incontrolável paixão por ser perfeito. Ao ver Jesus Cristo, quis logo ser igual a Ele. Nosso Senhor nunca coloca a santidade pessoal acima de tudo quando Ele chama um discípulo. O fato que Jesus coloca em primeiro plano é a total aniquilação do meu próprio direito e a minha identificação com Ele, o que significa ter um relacionamento com Ele no qual não caibam outros relacionamentos. O texto de Lucas 14:26 nada tem a ver com salvação ou santificação, mas lida apenas com a identificação incondicional com Jesus Cristo. Poucos de nós verdadeiramente sabemos o significado absoluto do "vai" da identificação incondicional com o Senhor, bem como a total entrega e submissão a Jesus.

"E Jesus, fitando-o, o amou…" (Marcos 10:21). Este olhar de Jesus exigirá que o seu coração se desprenda para sempre da lealdade a qualquer outra pessoa ou coisa. Jesus já olhou para você assim também? Este olhar de Jesus transforma, penetra e cativa. O ponto em que você é mais sensível e maleável a Deus é aquele no qual o Senhor já o fitou. Se você é duro e vingativo, insistente em que se faça a sua própria vontade, sempre certo de que o mais provável é que o outro esteja errado e não você, então existem áreas inteiras de sua natureza que nunca foram transformadas pelo olhar fixo e penetrante do Senhor.

> *E Jesus […] disse: Só uma coisa de falta: Vai, vende tudo o que tens, dá-o aos pobres […] vem e segue-me.*
>
> (MARCOS 10:21)

"[Uma] coisa te falta…". Do ponto de vista de Jesus Cristo, a unidade com Ele, sem nada entre nós, é a única coisa boa.

"[Vende] tudo o que tens…". Devo me humilhar até não ser mais do que um mero ser vivente. Devo fundamentalmente renunciar a todos os bens de todos os tipos, não para me salvar (pois há apenas uma coisa que salva a pessoa, — a absoluta confiança na fé em Jesus Cristo), mas para seguir a Jesus! "[Vem] e segue-me". E o caminho que temos de seguir é o caminho que Ele seguiu.

290   *Oswald Chambers*

29 DE SETEMBRO

A percepção do chamado

Temos a tendência a esquecer o toque profundamente espiritual e sobrenatural de Deus. Se você é capaz de dizer exatamente onde estava quando recebeu o chamado de Deus e explicá-lo em detalhes, questiono se você realmente foi chamado. O chamado de Deus não costuma chegar assim; é sempre algo muito mais sobrenatural. A consciência desse chamado na vida de uma pessoa pode ser súbita como um estrondo de um trovão, ou pode acontecer gradualmente.

Porém, venha como vier, rápida ou lentamente, ela sempre vem acompanhada de uma força sobrenatural — algo inexplicável que produz um "brilho". A qualquer momento, a repentina percepção deste chamado incalculável, sobrenatural e surpreendente que toma conta da sua vida pode surgir — "...eu vos escolhi a vós..." (João 15:16). O chamado de Deus nada tem a ver com salvação e santificação. Você não é chamado para pregar o evangelho por ser santificado; o chamado para pregar o evangelho é infinitamente distinto. Paulo o descreve como uma obrigação que pesava sobre ele.

> *...pois sobre mim pesa essa obrigação; porque ai de mim se não pregar o evangelho!*
>
> (1 Coríntios 9:16)

Se você tem ignorado ou deixado de lado o grande chamado sobrenatural de Deus em sua vida, avalie as circunstâncias que o envolvem. Observe bem em quais aspectos da sua vida você tem colocado suas próprias ideias de servir a Deus ou suas habilidades pessoais na frente do chamado do Senhor. Paulo disse: "...ai de mim se não pregar o evangelho!" Ele tinha consciência absoluta do chamado de Deus, e sua compulsão de "pregar o evangelho" era tão forte que nada mais poderia competir por suas energias.

Se um homem ou uma mulher é chamado por Deus, não importa o quão difíceis sejam as circunstâncias. O Senhor articula cada força envolvida para cumprir o Seu propósito ao final. Se você concordar com o propósito de Deus, Ele trará perfeita harmonia não somente à sua consciência, mas também aos aspectos mais profundos da sua vida, os quais você mesmo não pode alcançar.

TUDO PARA ELE   291

30 DE SETEMBRO

As atribuições do chamado

Consideramos nossa própria consagração espiritual e tentamos torná-la um chamado de Deus, mas, quando nos acertamos com Ele, o Senhor varre tudo isso para o lado. Em seguida, Ele nos dá uma dor tremenda e impressionante a fim de ligar a nossa atenção a algo com que nunca sonhamos que poderia ser o Seu chamado para nós. E assim, num momento radiante, percebemos o Seu propósito, e exclamamos: "...eis-me aqui, envia-me a mim" (Isaías 6:8).

Este chamado nada tem a ver com a santificação pessoal, mas com o objetivo de ser "pão partido" e "vinho derramado". No entanto, Deus nunca poderá tornar-nos vinho se resistirmos ao Seu toque quando Ele nos vier esmagar. Dizemos: "Ah, se Deus usasse os próprios dedos e me transformasse em 'pão partido' e 'vinho derramado' de um modo especial, então eu não contestaria!" Mas quando Ele usa alguém de quem não gostamos, ou um conjunto de circunstâncias em relação às quais afirmamos que jamais nos submeteríamos, e movimenta tudo isso para nos esmagar,

> *Agora, me regozijo nos meus sofrimentos por vós; e preencho o que resta das aflições de Cristo, na minha carne, a favor do seu corpo, que é a igreja.*
>
> (Colossenses 1:24)

então nos opomos. Contudo, jamais devemos escolher o lugar do nosso próprio martírio. Se formos transformados em vinho, teremos de ser esmagados — você não pode beber uvas. As uvas só se transformam em vinho quando espremidas.

Pergunto-me: quais os dedos que Deus tem usado para espremer sua vida? E será que você tem sido tão duro quanto uma bolinha de gude e lhe escapado? Se você ainda não está maduro, e se Deus o *tivesse* espremido de alguma forma, o vinho obtido seria consideravelmente amargo. Ser uma pessoa santa significa que os elementos da nossa vida natural experimentam a presença de Deus ao serem providencialmente partidos em Seu serviço. Temos de estar bem ajustados a Deus e ter plena concordância com Ele, antes que possamos ser o "pão partido" em Suas mãos. Permaneça em Deus e permita que Ele faça o que lhe apraz, e você descobrirá que Ele está produzindo um tipo de pão e vinho que beneficiará Seus outros filhos.

1.º DE OUTUBRO

O lugar de exaltação

Todos nós já experimentamos tempos de exaltação no monte, quando vimos as coisas a partir da perspectiva de Deus e quisemos permanecer ali. Deus, porém, jamais nos permitirá isso. A verdadeira prova de nossa vida espiritual está em demonstrar poder para descer do monte. Se tão somente tivermos poder para subir, algo está errado. É maravilhoso estar no monte com Deus, mas uma pessoa somente chega até o cume do monte para, mais tarde, poder descer e libertar os endemoninhados no vale (Marcos 9:14-18). Não fomos feitos para as montanhas, os nasceres do Sol, nem para as outras belas atrações

> *...Jesus [...] levou-os sós, à parte, a um alto monte...*
>
> (Marcos 9:2)

desta vida — esses momentos são destinados, simplesmente, a servirem de inspiração. Fomos feitos para o vale e para a vida cotidiana, e esses são os lugares onde temos de provar nossa perseverança e força. Todavia, nosso egoísmo espiritual sempre deseja mais e mais momentos no monte. Sentimos que poderíamos falar e viver como anjos perfeitos, se tão somente pudéssemos permanecer no topo do monte. Esses momentos de exaltação são extraordinários e têm a sua importância em nossa vida com Deus, mas devemos nos conscientizar de evitar que o nosso egoísmo espiritual queira tornar esses momentos como únicos.

Somos propensos a pensar que tudo o que acontece deve se tornar um ensinamento útil. Na verdade, deve se tornar algo ainda melhor que ensinamento, mais precisamente, caráter. O topo do monte não é para nos ensinar algo, é para nos *transformar*. Há uma terrível armadilha ao se perguntar repetidamente: "Para que serve esta experiência?". Não podemos mensurar os assuntos espirituais dessa maneira. Os momentos no topo do monte são raros, e devem significar algo no propósito de Deus.

2 DE OUTUBRO

O lugar de humilhação

Depois de cada momento de exaltação, somos trazidos à realidade enfrentando as situações como elas realmente são, sem beleza, poesia ou emoção. A altura do monte é medida pelo trabalho árduo e sombrio do vale, mas é no vale que temos de viver para a glória de Deus. Vemos Sua glória no monte, mas nunca *vivemos* para Sua glória ali. É no lugar de humilhação que encontramos nosso verdadeiro valor para Deus — é ali que nossa fidelidade é revelada. A maioria de nós pode realizar grandes coisas se nos sentirmos capazes de heroísmo intenso, simplesmente por conta do egoísmo natural de nosso coração. Deus, contudo, quer que enfrentemos a monotonia do dia, onde vivemos, no vale, de acordo com o nosso relacionamento pessoal com Ele. Pedro pensou que seria maravilhoso se pudessem permanecer no monte, mas Jesus Cristo desceu de lá com os discípulos, e os levou para dentro do vale, onde o verdadeiro significado da visão foi explicado (Marcos 9:5,6,14-23).

> *...se tu podes alguma coisa, tem compaixão de nós e ajuda-nos.*
> (Marcos 9:22)

É preciso o vale de humilhação para remover o ceticismo de nós — "...se tu podes alguma coisa...". Observe suas próprias experiências do passado e perceberá que, até descobrir quem Jesus realmente é, você era um cético astuto a respeito do Seu poder. Quando estava no topo do monte, você acreditaria em qualquer coisa, mas o que aconteceu quando foi confrontado com os acontecimentos do vale? Talvez possa testemunhar a respeito de sua santificação, mas e sobre aquilo que para você agora é humilhação? A última vez em que esteve no monte com Deus, viu que todo o poder no céu e na terra pertencia a Jesus — você será um cético, agora, simplesmente por estar no vale de humilhação?

3 DE OUTUBRO

O lugar de ministério

Em Marcos 9:28 está escrito: "...os seus discípulos lhe perguntaram em particular: Por que não pudemos nós expulsá-lo?". A resposta encontra-se no relacionamento pessoal com Jesus Cristo. "Esta casta não pode sair senão..." concentrando, e depois duplicando e reduplicando essa concentração nele. Podemos permanecer impotentes para sempre, como os discípulos estavam nesta situação, ao tentar fazer a obra de Deus sem nos fortalecermos em Seu poder, e ao seguir, em vez disso, as ideias tiradas de nossa própria natureza. Na verdade, difamamos e desonramos a Deus em nossa ânsia de servi-lo sem nem conhecê-lo.

Respondeu-lhes: Esta casta [de espírito imundo] não pode sair senão por meio de oração [e jejum].

(Marcos 9:29)

Quando você está diante de uma situação difícil e nada acontece externamente, ainda pode saber que a liberdade e o livramento chegarão por meio da sua contínua busca da presença de Jesus Cristo. O seu dever na obra e no ministério é não permitir que algo impeça a aproximação entre Jesus e você. Há algo que esteja entre Jesus e você neste momento? Se houver, terá de encarar isso, não o ignorando como se fosse uma irritação, ou passando por cima, mas enfrentando e livrando-se disso na presença de Jesus Cristo. Assim, esse mesmo problema, e todos aqueles pelos quais tem passado e que estão ligados a este, glorificarão a Jesus Cristo de uma forma que você só saberá quando o vir face a face.

Devemos ser capazes de subir "...com asas como águias..." (Isaías 40:31), mas também devemos saber como descer. O poder do santo encontra-se na descida e na vivência no vale. Paulo disse: "...tudo posso naquele que me fortalece" (Filipenses 4:13) e, neste caso, ele se referia principalmente a coisas humilhantes. Está em nosso poder nos recusarmos a ser humilhados e dizer: "Não, obrigado, prefiro estar no topo do monte com Deus." Consigo encarar as circunstâncias como elas realmente são à luz da veracidade de Jesus Cristo? Ou da forma como se apresentam, são capazes de destruir a minha fé nele e me deixar em pânico?

Tudo para Ele   295

4 DE OUTUBRO

A visão e a realidade

Agradeça a Deus por ser capaz de ver tudo que você ainda não chegou a ser. Você teve a visão, mas ainda não a alcançou de forma alguma. No momento em que estamos no vale, onde provamos se seremos os escolhidos, é que a maioria de nós volta atrás. Não estamos nem um pouco preparados para os impactos e contusões que devem vir se vamos nos moldar à forma da visão. Vimos o que não somos e o que Deus deseja que sejamos, mas estamos dispostos a sermos moídos até que tenhamos o formato da visão para sermos usados por Deus? Os açoites sempre virão das maneiras mais rotineiras e comuns e de pessoas e situações que fazem parte do cotidiano.

...chamados para ser santos...

(1 Coríntios 1:2)

Há épocas em que sabemos qual é o propósito de Deus; se vamos permitir que a visão se torne parte do verdadeiro caráter depende de nós, não de Deus. Se preferirmos relaxar no topo do monte e viver na memória da visão, não serviremos para as coisas simples que fazem parte da vida humana. Temos de aprender a viver na dependência daquilo que vimos na visão, não simplesmente vivermos em prazeroso êxtase e reflexão consciente acerca de Deus. Isto significa viver as realidades da nossa vida à luz da visão, até que a realidade da visão seja verdadeiramente percebida em nós. Cada parte de nosso treinamento é nessa direção — aprender a agradecer a Deus por tornar Suas exigências conhecidas.

O nosso pequeno "eu sou" sempre fica amuado e faz beiço quando Deus diz *faça*. Permita que o seu pequeno "eu sou" seja encolhido pela indignação e ira de Deus — "...Eu Sou o Que Sou [...] me enviou a vós outros" (Êxodo 3:14). Ele deve dominar. Não é doloroso perceber que Deus conhece onde vivemos, e também sabe em que sarjeta rastejamos? Ele nos alcançará tão rápido como o clarão de um relâmpago. Nenhum ser humano conhece os seres humanos como Deus os conhece.

5 DE OUTUBRO

A natureza da degeneração

A Bíblia não diz que Deus puniu a raça humana pelo pecado de um homem, mas que a natureza do pecado, a saber, minha reivindicação do meu direito sobre mim, entrou na raça humana por um só homem. Mas também diz que outro Homem levou sobre si o pecado da raça humana e aniquilou-o — uma revelação infinitamente mais profunda (Hebreus 9:26). A natureza do pecado não é imoralidade e transgressão, mas a natureza da autorrealização que nos leva a dizer: "Eu sou meu próprio deus." Essa natureza pode exibir-se em moralidade adequada ou em imoralidade inadequada, mas sempre tem uma base comum — minha reivindicação do meu direito sobre mim. Quando nosso Senhor enfrentou as pessoas com toda as forças do mal dentro delas, ou pessoas que estavam com a vida limpa, moral e justa, Ele não prestou atenção à degradação moral de um, nem atentou para a capacidade moral do outro. Ele olhou para algo que não vemos, a saber, a natureza do homem (João 2:25).

O pecado é algo com o qual nasci e não posso tocar — somente Deus toca no pecado mediante a redenção. É pela Cruz de Cristo que Deus redimiu toda a raça humana da possibilidade de condenação pela hereditariedade do pecado. Deus em nenhum lugar responsabiliza uma pessoa por ter a hereditariedade do pecado, e jamais condena alguém por causa disso. A condenação acontece quando percebo que Jesus Cristo veio para me libertar desta hereditariedade do pecado e ainda assim me recuso a permitir que Ele me liberte. A partir desse momento, começo a obter o selo da minha condenação. "O julgamento [e o momento crítico] é este: que a luz veio ao mundo, e os homens amaram mais as trevas do que a luz…" (João 3:19).

> *Portanto, assim como por um só homem entrou o pecado no mundo, e pelo pecado, a morte, assim também a morte passou a todos os homens, porque todos pecaram.*
>
> (ROMANOS 5:12)

6 DE OUTUBRO

A natureza da regeneração

Se Jesus Cristo me regenerar, qual o problema que Ele enfrenta? É simplesmente este — tenho uma hereditariedade na qual não tenho palavra ou decisão; não sou santo, nem é provável que venha a ser; e se tudo que Jesus Cristo pode fazer é me dizer que devo ser santo, Seu ensino somente me leva ao desespero. Mas se Jesus Cristo é verdadeiramente um regenerador, alguém que pode colocar Sua própria hereditariedade de santidade em mim, então, posso começar a ver o que Ele quer dizer quando diz que devo ser santo. A redenção significa que Jesus Cristo pode colocar em qualquer pessoa a natureza da hereditariedade que estava nele mesmo, e todos os padrões que Ele nos dá estão fundamentados nessa natureza — significa que *Seu ensinamento é para ser aplicado na vida que Ele coloca dentro de nós.* A atitude adequada de minha parte é simplesmente concordar com o veredito de Deus sobre o pecado conforme julgado na Cruz de Cristo.

> *Quando [...] aprouve revelar Seu Filho em mim...*
>
> (GÁLATAS 1:15,16)

O ensino do Novo Testamento quanto à regeneração afirma que quando uma pessoa é atingida por sua própria percepção da necessidade, Deus coloca o Espírito Santo em seu espírito, e o seu espírito é vivificado pelo Espírito do Filho de Deus — "...até ser Cristo formado em vós" (Gálatas 4:19). O milagre moral da redenção é o fato de que Deus pode colocar uma nova natureza em mim por meio da qual posso viver uma vida totalmente nova. Quando finalmente alcanço o limite da minha necessidade e reconheço minhas próprias limitações, então Jesus diz: "Bem-aventurados sois..." (Mateus 5:11). Mas devo chegar a esse ponto. Deus não pode colocar em mim a pessoa moralmente responsável que sou, aquela natureza que estava em Jesus Cristo, a menos que eu esteja ciente da necessidade que tenho dela.

Assim como a natureza do pecado entrou na raça humana por meio de um homem, o Espírito Santo entrou na raça humana por meio de outro Homem (Romanos 5:12-19). E a redenção significa que posso ser liberto da hereditariedade do pecado, e que por meio de Jesus Cristo posso receber uma hereditariedade pura e imaculada, a saber, o Espírito Santo.

7 DE OUTUBRO

A natureza da reconciliação

O pecado se baseia em relacionamento — não significa o fazer errado, mas o ser errado — é a independência determinada e voluntária de Deus. A fé cristã baseia tudo sobre a natureza do pecado, que é extrema e autoconfiante. Outras crenças lidam com pecados — somente a Bíblia lida com o *pecado*. A primeira coisa que Jesus Cristo confrontou nas pessoas foi a hereditariedade do pecado, e é por ignorarmos este fato em nossa apresentação do evangelho que a mensagem das boas-novas perdeu o seu aguilhão estimulante e o seu poder explosivo.

A verdade revelada da Bíblia não significa apenas que Jesus Cristo tomou sobre si o nosso pecado carnal, mas que Ele levou sobre si a hereditariedade do pecado, que nenhum homem pode sequer tocar. Deus fez Seu próprio Filho "ser pecado" para que Ele pudesse fazer do pecador um santo. A Bíblia, em sua totalidade, revela que o nosso Senhor levou sobre si o pecado do mundo por meio de Sua *identificação conosco*, não por meio de Sua *compaixão por nós*. Ele, voluntariamente, tomou sobre os Seus próprios ombros e sofreu em Seu próprio corpo o completo e cumulativo pecado da raça humana. "Aquele que não conheceu pecado, ele o fez pecado por nós…" e ao fazer isso, Ele trouxe a salvação firmada exclusivamente na redenção para toda a raça humana. Jesus Cristo reconciliou a raça humana, colocando-a de volta no lugar que Deus havia designado para ela estar. E agora qualquer pessoa pode experimentar essa reconciliação, essa comunhão e unidade com Deus, com base no que o nosso Senhor Jesus completou na cruz.

> *Aquele que não conheceu pecado, ele o fez pecado por nós; para que nele, fôssemos feitos justiça de Deus.*
>
> (2 CORÍNTIOS 5:21)

O homem não pode redimir-se a si mesmo — a redenção é obra de Deus, e está absolutamente consumada e completa. Como essa redenção chega a cada indivíduo é uma questão de como esse indivíduo age ou reage pessoalmente em relação a essa redenção. Deve sempre ser feita a distinção entre a revelação da redenção e a experiência consciente da verdadeira salvação na vida de alguém.

Vindo para Jesus

Não é humilhante nos dizerem que devemos vir a Jesus? Pense a respeito dos motivos pelos quais não vamos a Jesus Cristo. Se quer saber o quanto você é verdadeiro, teste-se com essas palavras — "Vinde a mim…". Em tudo aquilo em que você não é sincero, discutirá ou se esquivará do assunto completamente ao invés de vir; você passará por tristeza ao invés de vir; e fará qualquer coisa ao invés de chegar até a última volta da corrida da tolice indescritível, e dizer: "Venho como estou." Enquanto houver em você o menor traço de desrespeito, ele sempre se revelará no fato de que estará esperando que Deus lhe diga para fazer algo muito grande. No entanto, tudo o que Ele está lhe dizendo para fazer é "Vir…".

"Vinde a Mim…". Quando ouvir essas palavras, você saberá que algo deve lhe acontecer antes que possa vir. O Espírito Santo lhe mostrará o que você deve fazer, e isso será algo que vai desarraigar tudo o que o impede de vir a Jesus. E você jamais irá mais longe até desejar fazer exatamente isso. O Espírito Santo procurará essa fortaleza imóvel em seu interior, porém Ele não pode mudá-la a menos que você esteja disposto a permitir que Ele aja.

Quantas vezes você veio a Deus com seus pedidos e foi embora pensando: "Desta vez, recebi realmente o que queria!". Todavia você parte sem nada, mesmo que todo o tempo as mãos de Deus estiveram estendidas não somente para ampará-lo, mas também para que você as aceitasse. Pense apenas na incansável, insuperável, invencível paciência de Jesus, que amavelmente diz: *"Vinde a mim…"*.

Vinde a mim…

(MATEUS 11:28)

9 DE OUTUBRO

Construindo sobre a expiação

Não posso salvar e santificar a mim mesmo; não posso fazer expiação pelo pecado; não posso redimir o mundo; não posso acertar o que está errado, purificar o que é impuro, ou santificar o que é pecaminoso. Tudo isso é obra soberana de Deus. Tenho fé no que Jesus Cristo fez? Ele realizou a perfeita expiação pelo pecado. Tenho o hábito de perceber isso constantemente? A maior necessidade que temos não é de *fazer* coisas, mas de *acreditar* nas coisas. A redenção de Cristo não é uma experiência, é o grande ato de Deus que Ele executou por meio de Cristo, e preciso edificar minha fé sobre isso. Se edificar minha fé em minha própria experiência, estarei produzindo o tipo mais antibíblico de vida — uma vida isolada, com meus olhos focados somente em minha própria santidade. Tome cuidado com a santidade humana que não é fundamentada na expiação do Senhor. Não tem valor para nada mais, exceto para uma vida de isolamento — é inútil para Deus e incômoda para o homem. Meça cada tipo de experiência que você tem pelo próprio Senhor. Não podemos fazer nada que agrade a Deus, a menos que voluntariamente edifiquemos sobre a fundação da expiação pela Cruz de Cristo.

...ofereçais [...] vossos membros, a Deus, como instrumentos de justiça.

(ROMANOS 6:13)

Devo demonstrar em minha vida a expiação e a presença de Jesus de forma despretensiosa, prática. Toda vez que obedeço, a deidade absoluta de Deus está ao meu lado, e dessa maneira a Sua graça e a minha obediência se harmonizam. Obedecer significa que coloquei a minha confiança na expiação por completo, e essa minha obediência é imediatamente recompensada pela alegria da graça sobrenatural de Deus.

Tome cuidado com a santidade humana que nega a existência da vida natural — é uma fraude. Questione continuamente: — "De que maneira a expiação está refletida nisto ou naquilo?"

10 DE OUTUBRO

Como saberei?

Não desenvolvemos um relacionamento espiritual passo a passo — ou temos um relacionamento ou não. Deus não continua a nos limpar cada vez mais do pecado — "Se, porém, andarmos na luz..." *somos* limpos "...de todo pecado" (1 João 1:7). É uma questão de obediência, e uma vez que obedecemos, o relacionamento é instantaneamente aperfeiçoado. Mas se nos desviamos da obediência por um segundo sequer, a escuridão e a morte entram novamente em ação, imediatamente.

Todas as verdades reveladas de Deus estão seladas até que se descortinem para nós por meio da obediência. Jamais as desvendaremos pela filosofia ou pensamento. Porém, uma vez que obedecemos, surge imediatamente um feixe de luz. Permita que a verdade de Deus aja em seu interior imergindo nela, não se preocupando com ela. A única maneira de você conseguir chegar ao conhecimento da verdade de Deus é parar de tentar descobrir e nascer de novo. Se você obedece a Deus em primeiro lugar, Ele instantaneamente lhe mostra a verdade seguinte. Você poderia ler muito sobre a ação do Espírito Santo, quando cinco minutos de obediência total e inflexível tornariam as coisas claras como a luz do sol. Não diga: "Suponho que entenderei estas coisas algum dia!" Você pode entendê-las neste momento. E não é o estudo que lhe trará a compreensão, mas a obediência. Até mesmo a menor partícula de obediência lhe abre o céu, e as verdades de Deus mais profundas, imediatamente se tornam suas. Todavia, Deus jamais lhe revelará mais verdade sobre Ele mesmo, até que o tenha obedecido naquilo que já conhece. Tome cuidado ao se tornar um "sábio e prudente". "Se alguém quiser fazer a vontade dele, conhecerá..." (João 7:17).

> *...exclamou Jesus: Graças te dou, ó Pai [...], porque ocultaste estas coisas aos sábios e instruídos e as revelaste aos pequeninos.*
>
> (MATEUS 11:25)

302   *Oswald Chambers*

11 DE OUTUBRO

O silêncio de Deus — e agora?

Deus confiou o Seu silêncio a você — um silêncio repleto de significado? Os silêncios de Deus, na verdade, são Suas respostas. Pense apenas naqueles dias de silêncio absoluto na casa em Betânia! Há algo comparável àqueles dias em sua vida? Deus pode confiar em você dessa maneira, ou você ainda está lhe pedindo por uma resposta visível? Deus lhe dará as bênçãos que pedir se você se recusar ir adiante sem elas, mas o Seu silêncio é o sinal de que Ele o está levando para um entendimento ainda mais maravilhoso sobre a Sua pessoa. Você está chorando diante de Deus porque não teve uma resposta audível? Quando não puder ouvi-lo, descobrirá que Ele confiou em você do modo mais íntimo possível — com silêncio absoluto, não o silêncio de desespero, mas o da satisfação, porque Ele viu que você poderia resistir a uma revelação ainda maior. Se Deus lhe deu um silêncio, louve-o — Ele está conduzindo-o ao objetivo principal dos Seus propósitos. A evidência da verdadeira resposta em tempo é simplesmente uma questão de soberania de Deus. O tempo nada significa para o Senhor. Por um tempo, talvez você tenha dito: "Pedi que Deus me desse pão, mas, em vez disso, Ele me deu uma pedra" (Mateus 7:9). Ele não lhe deu uma pedra, e hoje você descobre que Ele lhe deu o "pão da vida" (João 6:35).

> *Quando, pois, soube que Lázaro estava doente, ainda se demorou dois dias no lugar onde estava.* (João 11:6)

Algo maravilhoso sobre o silêncio divino é o fato de Sua tranquilidade ser contagiosa — ela se infiltra em você, tornando-o perfeitamente confiante, para que possa dizer honestamente: "Sei que Deus me ouviu." O Seu silêncio testifica que Ele o ouve. Enquanto você mantiver a ideia de que Deus, em resposta à oração, sempre o abençoará, Ele o fará, mas nunca lhe dará a graça do Seu silêncio. Se Jesus Cristo está lhe trazendo ao entendimento de que a oração é para a glorificação do Seu Pai, então Ele lhe dará o primeiro sinal de Sua intimidade — o silêncio.

12 DE OUTUBRO

Dando passos largos com Deus

A verdadeira prova do caráter e da vida espiritual de alguém não é o que ele faz em momentos extraordinários da vida, mas o que faz durante os momentos do cotidiano em que não há nada de tremendo ou empolgante acontecendo. O valor de uma pessoa é revelado em sua atitude em relação às coisas comuns da vida quando ela não está sob os holofotes (João 1:35-37; 3:30). É doloroso andar com Deus e manter o ritmo com Ele — significa que terá de tomar novo fôlego espiritualmente. Ao aprender a andar com o Senhor, há sempre a dificuldade de acompanhar Seus passos, mas uma vez que o tenhamos feito, a única característica perceptível é a vida do próprio Deus. A pessoa se funde numa singularidade pessoal com o Senhor, e percebe-se somente os Seus passos e o Seu poder.

É difícil acompanhar os passos de Deus, porque assim que começamos a andar com Ele, descobrimos que o ritmo do Senhor já nos ultrapassou antes mesmo de termos dado três passos. Ele tem formas diferentes de fazer as coisas, e temos de ser treinados e disciplinados em Seus caminhos. Foi dito sobre Jesus — "Não desanimará, nem se quebrará..."

> *Andou Enoque com Deus...*
>
> (GÊNESIS 5:24)

(Isaías 42:4), porque Ele nunca agiu a partir de Seu ponto de vista individual, mas sempre a partir do ponto de vista de Seu Pai. E devemos aprender a fazer o mesmo. A verdade espiritual é aprendida pela atmosfera que nos cerca, não por meio da racionalização intelectual. O Espírito de Deus muda a atmosfera do nosso modo de olhar as coisas, e então as coisas, que antes eram impossíveis, começam a ser possíveis. Entrar no ritmo de Deus significa nada menos do que andar em unidade com Ele. Leva muito tempo para chegar a esse ponto, mas siga em frente. Não desista porque a dor é intensa neste momento — vá em frente, e, em pouco tempo, você descobrirá que tem uma nova visão e um novo propósito.

13 DE OUTUBRO

Desânimo individual e crescimento pessoal

Moisés viu a opressão de seu povo e teve certeza de que era ele quem os libertaria, e com justa indignação em seu próprio espírito, começou a corrigir os erros deles. Depois que começou seu primeiro golpe em favor de Deus e do que era justo, o Senhor permitiu que Moisés desanimasse, enviando-o ao deserto para alimentar as ovelhas por quarenta anos. Ao final desse tempo, Deus apareceu a Moisés e lhe disse: "...[tira] o meu povo [...] do Egito. Então, disse Moisés a Deus: Quem sou eu para ir...?" (Êxodo 3:10,11). No começo, Moisés tinha percebido que seria ele que libertaria o povo, mas teria que primeiro ser treinado e ensinado por Deus.

> *...sendo Moisés já homem, saiu a seus irmãos e viu os seus labores penosos...*
>
> (ÊXODO 2:11)

Ele estava certo sob sua perspectiva individual, porém, Moisés não era a pessoa certa para aquele trabalho até que tivesse aprendido sobre a verdadeira comunhão e unidade com Deus.

Podemos ter a visão do Senhor e uma compreensão bastante clara daquilo que Ele quer, e ainda assim, quando começamos a pô-la em prática começamos a experimentar algo equivalente aos quarenta anos de Moisés no deserto. É como se Deus ignorasse tudo e, quando estamos completamente desencorajados, Ele volta e reaviva o Seu chamado a nós. É aí que começamos a tremer e dizer: "Quem sou eu para ir...?". Devemos aprender que o grande passo de Deus é resumido nestas palavras: "EU SOU O QUE SOU [...] me enviou a vós outros" (Êxodo 3:14). Devemos também aprender que o nosso esforço individual por Deus nada demonstra a não ser o desrespeito por Ele — devemos submeter alegremente a nossa individualidade no relacionamento pessoal com Deus, para que Ele possa se comprazer em nós (Mateus 3:17). Estamos focados em nossa perspectiva individual correta de certas questões; temos a visão e podemos dizer: "Sei que Deus quer que eu aja assim." Mas ainda não aprendemos a acompanhar o ritmo dos passos do Senhor. Se você estiver passando por um período desencorajador, há um período de intenso crescimento pessoal à sua frente.

TUDO PARA ELE

14 DE OUTUBRO

O alicerce da obra missionária

A autoridade de Jesus Cristo é o alicerce da obra missionária, não as necessidades dos perdidos. Temos a tendência de olhar para o nosso Senhor como aquele que nos auxilia em nossos esforços por Deus. No entanto, o nosso Senhor se coloca como soberano absoluto e Senhor supremo sobre os Seus discípulos. Ele não diz que os perdidos nunca serão salvos se não formos até eles. Ele simplesmente diz: "…Ide, portanto, fazei discípulos de todas as nações…". Jesus nos ensina a ir firmados no conhecimento da Sua soberania, ensinando e pregando sobre as experiências que vivenciamos ao Seu lado.

> *Jesus, aproximando-se, falou-lhes, dizendo: Toda a autoridade me foi dada no céu e na terra. Ide, portanto, fazei discípulos de todas as nações…*
>
> (Mateus 28.18,19)

"Seguiram os onze discípulos […] para o monte que Jesus lhes designara" (28:16). Se quero conhecer a soberania universal de Cristo, eu mesmo devo conhecê-lo. Devo investir tempo para adorar aquele cujo nome carrego. Jesus diz: "Vinde a mim…" — esse é o lugar para encontrar Jesus — "…todos os que estais cansados e sobrecarregados…" (Mateus 11:28) — e quantos missionários estão nessa condição! Rejeitamos completamente estas maravilhosas palavras do Soberano universal do mundo, mas são as palavras de Jesus para os Seus discípulos, para este momento e local.

"Ide, portanto…". "Ir" simplesmente significa viver. Em Atos 1:8 está a descrição de *como* ir. Nesse versículo, Jesus não disse: "*Vão* para Jerusalém, Judeia e Samaria", mas "… sereis minhas *testemunhas* em [todos esses lugares]". Ele considera como Sua a ação de nos enviar.

"Se permanecerdes em mim, e as minhas palavras permanecerem em vós…" (João 15:7) — essa é a maneira de permanecermos *indo*. Onde estamos colocados é indiferente para nós, porque o próprio Deus, soberanamente, planeja os nossos *movimentos de ir e vir*.

"Porém em nada considero a vida preciosa para mim mesmo, contanto que complete a minha carreira e o ministério que recebi do Senhor Jesus…" (Atos 20:24). É assim que permanecemos indo até que tenhamos partido desta vida.

15 DE OUTUBRO

O alicerce da mensagem missionária

O alicerce da mensagem missionária é a propiciação de Cristo Jesus — Seu sacrifício por nós o qual satisfez completamente a ira de Deus. Olhe para qualquer outro aspecto da obra de Cristo, quer seja cura, salvação ou santificação, e você verá que nada há de ilimitado nisso. Mas — "...o Cordeiro de Deus, que tira o pecado do mundo!" — é ilimitado (João 1:29). A mensagem missionária deve ser sobre a importância ilimitada de Jesus Cristo como a propiciação por nossos pecados. O missionário é alguém imerso na veracidade dessa revelação.

A verdadeira base para a mensagem missionária é o aspecto "remissório" da vida de Cristo, não a Sua bondade, mansidão nem mesmo a Sua revelação sobre a paternidade de Deus para nós — "...se pregasse arrependimento para *remissão* de pecados a todas as nações..." (Lucas 24:47). A maior mensagem missionária e de importância sem limites é a seguinte: "O próprio Cristo é a propiciação por nossos pecados...". Essa mensagem não é nacionalista, favorecendo nações ou indivíduos; é "para todo o mundo". Quando o Espírito Santo vem até mim, Ele não considera as minhas inclinações ou preferências; Ele simplesmente me conduz em unidade e comunhão com o Senhor Jesus.

O missionário é aquele que se compromete, unindo-se a determinada missão e propósito de seu Senhor e Mestre. Ele não irá proclamar os seus pontos de vista, mas anunciará somente "o Cordeiro de Deus". É mais fácil pertencer a uma facção do que simplesmente declarar o que Jesus Cristo fez por mim. É mais fácil tornar-se um entusiasta da cura divina, de um tipo especial de santificação ou do batismo pelo Espírito Santo. Paulo, contudo, não disse: Ai de mim se não pregar o que Cristo fez por mim, mas o apóstolo declarou firmemente: "...ai de mim se não pregar o evangelho!" (1 Coríntios 9:16). E o evangelho é esse — "o Cordeiro de Deus tira o pecado do mundo!"

> *...e ele é a propiciação pelos nossos pecados e não somente pelos nossos próprios, mas ainda pelos do mundo inteiro.*
>
> (1 João 2:2)

TUDO PARA ELE 307

16 DE OUTUBRO

O segredo para as ordens do Mestre

O segredo para a difícil tarefa missionária está na mão de Deus, e é a oração, não o trabalho — isto é, não o trabalho como a palavra é comumente usada hoje, que com frequência resulta em mudança de nosso foco para distanciar-nos de Deus. A base para a difícil tarefa missionária não está no senso comum nem na medicina, civilização, educação, nem mesmo na evangelização. O segredo é seguir as ordens do Mestre — a chave é a oração. "Rogai, pois, ao Senhor da seara…". No reino natural, orar não é prático, mas absurdo. Temos de perceber que a oração é tolice do ponto de vista da razão.

> *Rogai, pois, ao Senhor da seara que mande trabalhadores para a sua seara.*
>
> (MATEUS 9:38)

Da perspectiva de Jesus Cristo, não há nações, somente o *mundo*. Quantos de nós oramos sem nos preocupar com as pessoas, mas preocupando-nos com somente uma Pessoa — Jesus Cristo? Ele é o proprietário da seara que é produzida pela aflição e pela convicção do pecado. É por esta seara que temos de orar! Que sejam enviados os trabalhadores para ceifar! Mantemo-nos ocupados no trabalho, enquanto as pessoas ao nosso redor estão maduras e prontas para serem colhidas. Não colhemos sequer uma delas, mas simplesmente desperdiçamos o tempo de nosso Senhor com atividades que exigem muita energia e programações. Suponha que uma crise esteja prestes a sobrevir à vida de seu pai ou irmão — você está lá como trabalhador para ceifar a seara por Jesus Cristo? Sua resposta é: "Ó, mas tenho um trabalho especial para fazer!" Nenhum cristão tem um trabalho especial para fazer. O cristão é chamado para ser propriedade de Jesus Cristo: "…o servo [que] não é maior que seu senhor…" (João 13:16). O servo não decreta a Jesus Cristo o que ele pretende fazer. Nosso Senhor não nos chama para um trabalho especial — Ele nos chama para si mesmo. "Rogai, pois, ao Senhor da seara…", e Ele planejará as circunstâncias ao seu redor para enviá-lo como Seu trabalhador e segador.

17 DE OUTUBRO

A base para obras maiores

A oração não nos equipa para obras maiores — a oração é a obra maior. Ainda assim pensamos nela como um exercício da razão e de nossas melhores capacidades, e que ela simplesmente nos prepara para a obra de Deus. Nos ensinamentos de Jesus Cristo, a oração é a obra do milagre da redenção em mim, que produz o milagre da redenção em outros, pelo poder de Deus. O modo de o fruto permanecer firme é por meio da oração, mas lembre-se de que é a oração alicerçada na agonia de Cristo na redenção, não em minha própria agonia. Devemos nos dirigir a Deus como Seus filhos, porque somente um filho tem suas orações respondidas; um "sábio" não as têm (Mateus 11:25).

A oração é a batalha, e não faz diferença onde você está. Muito embora Deus possa moldar as circunstâncias ao seu redor, a sua obrigação é orar. Nunca se permita este pensamento: "Não sou útil onde estou," pois você certamente não pode ser usado onde ainda nem foi colocado. Onde quer que Deus o tenha colocado e sejam quais forem as suas circunstâncias, você deve buscá-lo, oferecendo continuamente orações a Ele. E Jesus promete: "E tudo quanto pedirdes em meu nome, isso farei" (João 14:13). Ainda assim, recusamo-nos a orar a menos que isso nos estremeça e nos empolgue, e essa é a forma mais intensa de egoísmo espiritual. Devemos aprender a trabalhar de acordo com a direção de Deus, e Ele nos diz para *orarmos*. "Rogai, pois, ao Senhor da seara que mande trabalhadores para a sua seara" (Mateus 9:38).

> *...vos digo que aquele que crê em mim [...] outras [obras] maiores fará, porque eu vou para junto do Pai.*
>
> (João 14:12)

Não há nada de emocionante na obra de uma pessoa diligente, mas é a pessoa diligente que torna as ideias dos gênios possíveis. E é o trabalho do santo que torna possível as ideias de seu Senhor. Quando você labuta em oração, da perspectiva de Deus sempre há resultados. Que perplexidade será ver, quando o véu for finalmente retirado, todas as almas que foram colhidas por você, simplesmente porque você habituou-se a seguir as ordens de Jesus.

TUDO PARA ELE

18 DE OUTUBRO

A chave para a devoção missionária

O nosso Senhor nos ensinou de que maneira o nosso amor por Ele deve testificar de si mesmo quando Ele questionou: "...tu me amas?" (João 21:17). E, em seguida, Ele disse: "...Apascenta as minhas ovelhas". Na verdade, estava dizendo: "Identifique-*se* com os *Meus* interesses por outras pessoas", não "Identifique-me com seus interesses por outras pessoas". O livro de 1 Coríntios 13:4-8 nos mostra as características deste amor — é verdadeiramente o amor *de Deus* se autoexpressando. O verdadeiro teste do meu amor por Jesus é muito prático, e todo o resto significa apenas sentimentos.

A fidelidade a Jesus Cristo é a obra sobrenatural da redenção que foi cumprida em mim pelo Espírito Santo — "...o amor de Deus é derramado em nosso coração pelo Espírito Santo..." (Romanos 5:5). E é esse amor em meu interior que efetivamente age por meu intermédio e toca cada pessoa que encontro. Permaneço fiel ao Seu nome, muito embora a visão racional da minha vida possa aparentemente negar isso, e parecer declarar que Ele não tem mais poder do que a neblina da manhã.

> *...por causa do Nome foi que saíram...*
>
> (3 João 7)

O segredo para a consagração missionária é não ligar-se a nada e a ninguém mais, exceto ao nosso próprio Senhor. Não significa simplesmente nos desapegarmos das coisas externas que nos cercam. O nosso Senhor tinha um contato extraordinário com as coisas do dia a dia da vida, mas tinha o desapego interior em relação a isso, exceto em relação a Deus. Nosso aparente desapego, muitas vezes indica que, na realidade, temos um apego interior, secreto e crescente àquelas coisas de que nos afastamos exteriormente.

O dever de um missionário fiel é concentrar-se em manter sua alma completa e continuamente aberta para a natureza do Senhor Jesus Cristo. Os homens e mulheres que o nosso Senhor envia em Sua missão são pessoas comuns, mas são pessoas dominadas por sua dedicação a Ele e que chegaram a este ponto como resultado da ação do Espírito Santo.

Oswald Chambers

19 DE OUTUBRO

O segredo negligenciado

O grande inimigo do Senhor Jesus Cristo hoje é o trabalho prático que não tem fundamento no Novo Testamento, mas vem dos sistemas seculares. Este tipo de trabalho exige energia e atividades sem fim, mas não exige vida pessoal em comunhão com Deus. A ênfase é colocada na coisa errada. Jesus disse: "Não vem o reino de Deus com visível aparência [...] Porque o reino de Deus está dentro de vós" (Lucas 17:20,21). É algo sem notoriedade, escondido. Um cristão ativo, atuante, frequentemente vive para ser visto por outros, no entanto, é o seu interior, sua vida particular que revela a força da vida de uma pessoa.

Devemos nos livrar da praga do espírito desta era religiosa na qual vivemos. Na vida de nosso Senhor não havia essa pressão e correria das grandes atividades que tanto valorizamos hoje, e um discípulo deve ser como Seu Mestre. O ponto central do reino de Jesus Cristo é o relacionamento pessoal com Ele, e não sermos de utilidade para os outros.

A força desse Instituto Bíblico não é a atividade prática — o ponto forte aqui repousa no fato de que você imerge nas verdades de Deus para impregnar-se delas diante dele. Você não tem ideia do local ou de como o Senhor agirá em suas circunstâncias futuras, e nenhum conhecimento do estresse e esforço que estarão em seus ombros, quer esteja em seu país, quer no exterior. E, se você desperdiçar o seu tempo com excesso de atividades, em vez de estar imerso nas grandes verdades fundamentais da redenção de Deus, cederá quando o estresse e o esforço realmente vierem. Mas, se este tempo de imersão diante de Deus for investido em se enraizar e em alicerçar-se nele, o que pode parecer nada prático, você permanecerá fiel a Ele não importa o que vier a acontecer.

> *Respondeu Jesus: O meu reino não é deste mundo...*
>
> (João 18:36)

20 DE OUTUBRO

A vontade de Deus é a minha?

A santificação não é questão de saber se a vontade de Deus é me santi-ficar — mas de saber se essa é *minha* vontade? Disponho-me a permitir que Deus faça em mim tudo que é possível por meio da expiação da Cruz de Cristo? Estou disposto a permitir que Jesus se torne santificação para mim, e a permitir que Sua vida seja demonstrada em minha carne humana (1 Coríntios 1:30)? Tome cuidado ao dizer: "Anseio pela santifi-cação." Não, você não a deseja. Reconheça sua necessidade, mas pare de desejar e aja. Receba Jesus Cristo para que Ele se torne santificação por você pela fé inquestionável, absoluta, e o grande milagre da expiação de Jesus se tornará real em você.

> *Pois esta é a vontade de Deus: a vossa santificação...*
>
> (1 Tessalonicenses 4:3)

Tudo o que Jesus tornou possível passa a me pertencer por meio do dom amoroso e gratuito de Deus com base no que Cristo conquistou na cruz. E minha atitude como alma santificada e salva é de humilde e profunda santidade (santidade orgulhosa não existe). É uma santidade com base na contrição agonizante, uma sensação de vergo-nha e degradação inexprimível, e também da maravilhosa percepção do amor que Deus me demonstrou, enquanto eu não me preocupava com Ele (Romanos 5:8). Ele completou tudo para minha salvação e santificação. Não é de espantar que Paulo tenha dito que nada "...poderá separar-nos do amor de Deus, que está em Cristo Jesus, nosso Senhor" (Romanos 8:39).

A santificação me faz um com Jesus Cristo e, nele, um com Deus; e isso é consumado somente por meio da esplêndida expiação de Cristo. Nunca confunda o efeito com a causa. O efeito em mim é obediência, serviço e oração, — resultantes de gratidão e adoração inexprimíveis pela santificação miraculosa efetuada em mim por causa da expiação pela Cruz de Cristo.

21 DE OUTUBRO

Impulsividade ou discipulado?

Não havia nada de imprudência nem impulsividade em nosso Senhor, somente uma serena força que nunca entrou em pânico. A maioria de nós desenvolve o nosso cristianismo de acordo com nossa própria natureza, não de acordo com a natureza de Deus. Impulsividade é um traço da vida natural, e nosso Senhor sempre a ignora, porque ela impede o desenvolvimento da vida do discípulo. Observe como o Espírito de Deus refreia a impulsividade, repentinamente trazendo-nos um sentimento de vergonha autoconsciente, que nos faz instantaneamente querer nos defender. A impulsividade é aceitável numa criança, mas é desastrosa num homem ou numa mulher — um adulto impulsivo é sempre uma pessoa mimada. A impulsividade precisa ser transformada em intuição pela disciplina.

O discipulado é edificado inteiramente na graça sobrenatural de Deus. Andar sobre as águas é fácil para alguém audacioso e impulsivo, mas andar sobre terra seca como um discípulo de Jesus Cristo é algo completamente diferente. Pedro andou sobre as águas para ir a Jesus, mas ele "seguira-o de longe" na terra firme (Marcos 14:54). Não precisamos da graça de Deus para resistir às crises — a natureza humana e o orgulho são suficientes para enfrentarmos o estresse e a pressão, maravilhosamente. Mas o discipulado exige a graça sobrenatural de Deus para viver 24 horas por dia como santo, passando pelas dificuldades, numa existência comum, despercebida e ignorada como discípulo de Jesus. É inato pensarmos que temos de fazer coisas excepcionais por Deus — mas não temos. Temos de ser excepcionais nas coisas comuns da vida; e santos nas ruas, no meio de pessoas comuns — isso não se aprende em cinco minutos.

> *Vós, porém, amados, edificando-vos na vossa fé santíssima...*
>
> (JUDAS 20)

22 DE OUTUBRO

O testemunho do Espírito

Estamos correndo o risco de entrar num espírito de barganha com Deus quando vamos a Ele — queremos o testificar do Espírito antes de termos feito o que o Senhor nos diz para fazer.

Por que Deus não se revela a você? Ele não pode. Não é que Ele não queira, mas não pode, porque você está no caminho dele, enquanto não abandonar-se a si mesmo a Ele em total rendição. Entretanto, uma vez que você o faz, imediatamente Deus dá testemunho de si mesmo — Ele não pode testificar sobre você, mas Ele instantaneamente testifica a Sua própria natureza em você. Se você recebeu o testemunho do Espírito antes da ação e verdade que vem da obediência, seria simplesmente emoção. Mas, quando você age firmado na redenção e abandona o desrespeito de debater com Deus, Ele imediatamente testifica de si mesmo. Tão logo você pare de racionalizar e argumentar, Deus testificará do que Ele tem feito, e você ficará surpreso por seu total desrespeito em tê-lo deixado esperando. Se está argumentando se Deus pode ou não libertar do pecado, então deve permitir que Ele o faça ou dizer-lhe que Ele não tem poder para isso. Não cite as palavras desta ou daquela pessoa. Simplesmente obedeça. Em Mateus 11:28 está escrito: "Vinde a mim, todos os que estais cansados e sobrecarregados...". *Vá até Ele*, se você estiver cansado, e peça, se reconhece que sua natureza é má (Lucas 11:9-13).

> *O próprio Espírito testifica com o nosso espírito...*
> (ROMANOS 8:16)

O Espírito de Deus testifica da redenção de nosso Senhor, e nada mais. Ele não pode testificar para a nossa razão. Somos propensos a confundir a simplicidade que vem de nossas decisões de senso comum natural pelo testificar do Espírito, mas o Espírito testifica somente da Sua própria natureza e da obra da redenção, nunca da nossa razão. Se estivermos tentando fazê-lo testificar para nossa razão, não é de admirar que estejamos na escuridão e incerteza. Jogue tudo para o alto, confie nele, e Ele lhe dará o testemunho do Espírito.

23 DE OUTUBRO

Nada da velha vida!

O nosso Senhor jamais tolera os nossos preconceitos — Ele se opõe, diretamente, a eles e os faz morrer. Nossa tendência é pensar que Deus tem algum interesse especial em nossos preconceitos particulares, e temos a certeza de que Ele nunca lidará conosco como Ele tem de lidar com os outros. Dizemo-nos: "Deus tem de lidar com outras pessoas de modo muito rigoroso, mas é claro que Ele sabe que os meus preconceitos não causam problema." Porém devemos aprender que Deus não aceita nada da velha vida! Em vez de apoiar os nossos preconceitos, Ele está deliberadamente removendo-os de nós. É parte de nossa educação moral ver nossos preconceitos serem mortos por Sua providência e observar como Ele o faz. Deus não deve respeito a nada que lhe trazemos. Há somente uma coisa que Ele quer de nós, — nossa rendição incondicional.

Quando nascemos de novo, o Espírito Santo começa a Sua nova criação em nós, e virá o tempo em que nada restará da velha vida. Nossa aparência sombria desaparece, assim como nossa velha atitude em relação às coisas, e "tudo provém de Deus" (5:18).

Como teremos uma vida sem luxúria, sem egoísmo e nenhuma sensibilidade às críticas alheias? Como alcançaremos o tipo de amor que "é benigno [...] não se exaspera [e] não se ressente do mal"? (1 Coríntios 13:4,5). Não permitindo que algo da velha vida permaneça, e tendo a confiança perfeita e simples, em Deus — confiança tal que não mais queiramos as bênçãos de Deus, mas tão somente Ele próprio. Chegamos ao ponto em que Deus pode retirar Suas bênçãos de nós sem que nossa confiança nele seja afetada? Quando verdadeiramente virmos Deus em ação, nunca mais nos preocuparemos sobre as coisas que acontecem, pois estaremos confiando em nosso Pai no céu, que o mundo não pode ver.

> *...se alguém está em Cristo, é nova criatura; as coisas antigas já passaram; eis que se fizeram novas.*
>
> (2 Coríntios 5:17)

TUDO PARA ELE 315

24 DE OUTUBRO

O ponto de vista adequado

O ponto de vista de um servo de Deus não deve estar simplesmente o mais perto possível do melhor, mas deve ser *o* mais elevado. Empenhe-se para manter a perspectiva de Deus e lembre-se de que isso deve ser feito diariamente, pouco a pouco. Não pense num nível finito. Nenhum poder externo pode influenciar uma perspectiva correta.

O ponto de vista correto é ter em mente que estamos aqui apenas por um único propósito — somos cativos marchando no desfile das vitórias de Cristo. Não estamos à mostra na vitrine divina — estamos aqui apenas para levar cativa a nossa vida "...à obediência de Cristo" (2 Coríntios 10:5). Como todas as outras perspectivas são pequenas! Por exemplo, aqueles que dizem: "Estou resistindo totalmente sozinho, batalhando por Jesus", ou "Tenho de manter a causa de Cristo e manter esta fortaleza sob controle para Ele". Mas Paulo, em essência, disse: "Faço parte da procissão dos vencedores, e não importa quais sejam as dificuldades, pois sempre sou conduzido em triunfo." Esta ideia está sendo desenvolvida em nós, na prática? A alegria secreta de Paulo era que Deus o tomara como um rebelde ostensivo contra Jesus Cristo, e fizera dele um cativo — e isso tornara-se o seu propósito. A alegria de Paulo era ser cativo do Senhor, e ele não tinha qualquer outro interesse no céu ou na terra. É vergonhoso para o cristão falar sobre conseguir a vitória. Deveríamos pertencer tão completamente ao Vitorioso que a vitória é sempre Sua, e "...somos mais que vencedores, por meio [dele]..." (Romanos 8:37).

O apóstolo Paulo, em 2 Coríntios 2:15, afirma: "...nós somos para com Deus o bom perfume de Cristo...". Estamos rodeados do doce aroma de Jesus, e onde quer que formos, somos um refrigério maravilhoso para Deus.

> *Graças, porém, a Deus, que, em Cristo, sempre nos conduz em triunfo...*
>
> (2 Coríntios 2:14)

316 *Oswald Chambers*

25 DE OUTUBRO

Submetendo-se ao propósito de Deus

Um servo cristão tem de aprender como ser um homem ou uma mulher de Deus de grande valor e excelência no meio de uma multidão de coisas inúteis e escassas. Jamais proteste dizendo: "Se tão somente estivesse em algum outro lugar!". Todo o povo de Deus é formado de pessoas comuns que se tornaram extraordinárias por causa do propósito que Ele lhes concedeu. A não ser que tenhamos o propósito correto em nossa mente e o amemos em nosso coração, rapidamente deixaremos de sermos úteis para Deus. Não servimos a Deus por mera escolha. Muitas pessoas voluntariamente escolhem ser servos, mas elas não têm nenhum propósito da graça toda-poderosa de Deus ou Sua poderosa Palavra neles. Todo o coração, a mente, e a alma de Paulo foram consumidos com o grande propósito do que Jesus Cristo veio fazer, e ele nunca perdeu esse ponto de vista. Devemos continuamente nos confrontar com esta realidade central — "...Jesus Cristo e este crucificado" (1 Coríntios 2:2).

No evangelho de João, Jesus declara: "...eu vos escolhi..." (15:16). Guarde estas palavras como um maravilhoso lembrete em sua teologia. Não foi você quem buscou a Deus, mas Ele quem o buscou. O Senhor o está arqueando, quebrando, moldando e fazendo exatamente como Ele decide. E por que Ele está fazendo isso? Por um propósito apenas — que Ele possa ser capaz de dizer: "Este é o meu servo, e esta é minha serva". Temos de estar na mão de Deus para que Ele possa colocar outros na Rocha, Jesus Cristo, assim como Ele nos colocou.

> *...Fiz-me tudo para com todos, com o fim de, por todos os modos, salvar alguns.*
>
> (1 Coríntios 9:22)

Jamais escolha ser um trabalhador, mas se Deus colocou o Seu chamado em você, ai de você se desviar-se "...para a direita [ou] para a esquerda..." (Deuteronômio 28:14). Ele fará com você o que nunca fez antes de o Seu chamado o tocar, e fará com você o que não está fazendo com outras pessoas. Permita-lhe que aja como preferir.

O que é um missionário?

Um missionário é alguém enviado por Jesus Cristo assim como Jesus foi enviado por Deus. O que motiva o missionário não é a necessidade das pessoas, mas a ordem de Jesus. A fonte de nossa inspiração em servirmos a Deus está por detrás de nós, não à nossa frente. A tendência hoje é colocar a inspiração à frente — reunir tudo à nossa frente e fazer conformar-se à nossa definição de sucesso. Mas no Novo Testamento a inspiração é o Senhor Jesus, e Ele está na nossa retaguarda. O objetivo é ser fiel a Ele — realizar os *Seus* planos.

> *Disse-lhes, pois, Jesus outra vez: [...] Assim como o Pai me enviou, eu também vos envio.*
>
> (João 20:21)

Não devemos negligenciar a dedicação pessoal ao Senhor Jesus e a Sua perspectiva é a única que não deve ser desprezada. Na obra missionária, é um grande perigo substituir o chamado de Deus pelas necessidades das pessoas, ao ponto de a compaixão humana por essas necessidades subjugar completamente o significado de ser enviado por Jesus. As necessidades são tão enormes e as condições tão difíceis que a nossa força mental titubeia e falha. Nossa tendência é esquecer que um dos grandes motivos de toda obra missionária não é primeiramente elevar as condições das pessoas nem a educação nem as necessidades delas, mas em primeiro e último lugar obedecer a ordem de Jesus Cristo — "Ide, portanto, fazei discípulos de todas as nações..." (Mateus 28:19).

Ao olhar retrospectivamente para a vida de homens e mulheres de Deus, nossa tendência é declarar: "Que inteligência e sabedoria eles possuíram, e como entenderam perfeitamente tudo o que Deus queria!". Mas a mente inteligente e perspicaz por detrás deles era a mente de Deus, não a sabedoria humana, em absoluto. Damos crédito à sabedoria humana quando deveríamos dar crédito à orientação divina sendo revelada por meio de pessoas que são como crianças, que foram "tolas" o suficiente para confiar na sabedoria de Deus e na Sua capacitação sobrenatural.

318   *Oswald Chambers*

27 DE OUTUBRO

O método de missões

Jesus Cristo não disse: "Ide e salvai almas" (a salvação de almas é a obra sobrenatural de Deus), mas Ele disse: "Ide [...], fazei discípulos de todas as nações...". No entanto, você não pode fazer discípulos a não ser que você mesmo seja. Quando os discípulos retornaram de sua primeira missão, foram tomados de alegria porque até mesmo os demônios estavam sujeitos a eles (Lucas 10:17-20). Mas Jesus na verdade, disse para não se regozijarem com o sucesso de seu trabalho — o maior segredo da alegria é ter um relacionamento com Ele. O grande basilar do missionário é permanecer fiel ao chamado de Deus, e perceber que seu primeiro e único propósito é discipular homens e mulheres para Jesus. Lembre-se de que há uma paixão pelas almas que não vem de Deus, mas de nosso desejo de fazer convertidos ao nosso ponto de vista.

O desafio do missionário não está no fato de ser difícil levar salvação às pessoas, que apóstatas são difíceis de regenerar, ou que há uma dura barreira de indiferença. Não, o desafio vem do próprio relacionamento pessoal do missionário com Jesus Cristo — "...Credes que eu posso fazer isso?..." (Mateus 9:28). O nosso Senhor insistentemente nos questiona, e nos confronta em cada situação individual em que nos encontramos. O maior desafio para nós é — conheço meu Senhor ressurreto? Conheço o poder do Seu Espírito que em mim habita? Sou sábio o suficiente aos olhos de Deus, mas tolo o suficiente de acordo com a sabedoria do mundo, para confiar naquilo que Jesus Cristo disse? Estou deixando de lado minha ilimitada confiança no sobrenatural em Cristo Jesus, a qual é realmente o único requisito de Deus para um missionário? Se sigo qualquer outro método, desvio-me completamente dos métodos prescritos por nosso Senhor — "...Toda a autoridade me foi dada [...]. *Ide, portanto...*" (Mateus 28:18,19).

> *Ide, portanto, fazei discípulos de todas as nações...*
>
> (MATEUS 28:19)

28 DE OUTUBRO

Justificação pela fé

Não sou salvo por crer — simplesmente percebo que sou salvo porque creio. E não é o arrependimento que me salva — o arrependimento é o único sinal de que percebo o que Deus fez por meio de Cristo Jesus. O perigo aqui é colocar a ênfase no efeito, em vez de na causa. É a minha obediência, consagração e dedicação que me tornam corretos com Deus? Jamais! Torno-me justificado diante de Deus porque, antes disso, Cristo morreu. Quando me volto para Deus e pela fé aceito o que Ele revela, a expiação miraculosa pela Cruz de Cristo instantaneamente me coloca num relacionamento justificado com Deus. E como resultado do milagre sobrenatural da graça do Pai, permaneço justificado, não porque sinto muito por meus pecados, ou porque me arrependi, mas por causa do que Jesus fez. O Espírito de Deus traz justificação com uma luz radiante, perturbadora, e sei que estou salvo, muito embora não saiba como isso foi consumado.

> *...se nós, quando inimigos, fomos reconciliados com Deus mediante a morte do seu Filho, muito mais, estando já reconciliados, seremos salvos pela sua vida.*
>
> (Romanos 5:10)

A salvação que vem de Deus não está fundamentada na lógica humana, mas na morte sacrificial de Jesus. Podemos nascer de novo somente por causa da expiação de nosso Senhor. Homens e mulheres pecadores podem se tornar novas criaturas, não por seus arrependimentos ou crenças, mas por meio da maravilhosa obra de Deus em Cristo Jesus, que precedeu toda a nossa experiência (2 Coríntios 5:17-19). A segurança invencível da justificação e da santificação é o próprio Deus. Nós não temos de realizar essas coisas por nós mesmos — elas foram realizadas por meio da expiação da Cruz de Cristo. O sobrenatural se torna natural para nós por meio do milagre de Deus, e há a percepção do que Jesus Cristo já tinha feito — "*...Está consumado!*" (João 19:30).

29 DE OUTUBRO

Substituição

A visão moderna sobre a morte de Jesus é de que Ele morreu por nossos pecados por ter compaixão por nós. Porém, a visão do Novo Testamento é que Ele tomou nosso pecado sobre si não por compaixão, mas por causa de Sua identificação conosco. Ele o "...*fez pecado*...". Nossos pecados foram removidos por causa da morte de Jesus, e a única explicação para Sua morte é a obediência de Jesus ao Seu Pai, não por Sua compaixão por nós. Somos aceitáveis para Deus não porque temos obedecido, nem por termos prometido abrir mão das coisas, mas por causa da morte de Cristo e por nenhuma outra razão. Dizemos que Jesus Cristo veio revelar a paternidade e a benignidade de Deus, mas o Novo Testamento diz que Ele veio para tirar "...o pecado do mundo!" (João 1:29). E a revelação da paternidade de Deus é somente para aqueles aos quais Jesus foi apresentado como Salvador. Ao falar ao mundo, Jesus Cristo nunca se referiu a si mesmo como aquele que revelou o Pai, mas Ele falou, em vez disso em ser uma pedra de tropeço (João 15:22-24). Em João 14:9, Jesus disse aos Seus discípulos: "...Quem me vê a mim vê o Pai...".

Que Cristo morreu por mim e, portanto, estou completamente livre de punição nunca é ensinado no Novo Testamento. O Novo Testamento ensina que "...ele morreu por todos..." (2 Coríntios 5:15) — não que "Ele morreu a minha morte" — e que por meio da identificação com a morte dele, eu posso ser liberto do pecado, e ter Sua verdadeira justificação concedida como dádiva pessoal. A substituição ensinada no Novo Testamento é dupla: "Aquele que não conheceu pecado, ele o fez pecado por nós; *para que, nele, fôssemos feitos justiça de Deus*". O ensinamento não é Cristo *por* mim a menos que eu esteja determinado a ter Cristo formado em mim (Gálatas 4:19).

> *Aquele que não conheceu pecado, ele o fez pecado por nós; para que, nele, fôssemos feitos justiça de Deus.*
> (2 Coríntios 5:21)

30 DE OUTUBRO

Fé

A fé em ativa oposição à razão é entusiasmo equivocado e falta de entendimento. A razão em oposição à fé demonstra uma dependência equivocada do senso comum como fundamento para a verdade. A vida de fé traz esses dois a um relacionamento apropriado. A razão e a fé são tão diferentes um do outro como a vida natural é da espiritual, e como a impulsividade é da inspiração. Nada do que Jesus tenha dito é senso comum, é revelação, e é completo, enquanto o senso comum fica aquém disso. Ainda assim, a fé deve ser testada e provada antes de tornar-se verdadeira em sua vida. "Sabemos que todas as coisas cooperam para o bem…" (Romanos 8:28), então, aconteça o que acontecer, o poder transformador da providência de Deus transforma a fé perfeita em realidade. A fé sempre funciona de modo pessoal, porque o propósito de Deus é ver a fé perfeita se tornar realidade em Seus filhos.

> *…sem fé é impossível agradar a Deus…*
> (Hebreus 11:6)

Para cada detalhe do senso comum na vida, há uma verdade que Deus revelou por meio da qual podemos experimentar aquilo que cremos que Deus seja em nossa experiência prática. A fé é um princípio tremendamente ativo que sempre coloca Jesus Cristo em primeiro lugar. A vida de fé diz: Senhor, *Tu disseste isso, parece ser irracional, mas vou audaciosamente acelerar o passo, confiante em Tua Palavra* (veja esta atitude em Mateus 6:33). Transformar a fé intelectual em nossa fé pessoal é *sempre* uma luta, não apenas algumas vezes. Deus nos faz vivenciar certas circunstâncias particulares para educar nossa fé, porque a natureza da fé é fazer o seu objeto muito real para nós. Até conhecermos Jesus, Deus é simplesmente um conceito, e não podemos ter fé nele. Mas, uma vez que ouvimos Jesus dizer: "…Quem me vê a mim vê o Pai…" (João 14:9), imediatamente temos algo que é verdadeiro, e nossa fé é ilimitada. Fé é a pessoa integral usufruindo de um correto relacionamento com Deus por meio do poder do Espírito de Jesus Cristo.

31 DE OUTUBRO

A prova de fé

Pensamos que Deus nos recompensa por nossa fé, e pode até ser assim nos estágios iniciais. Mas nada ganhamos por meio da fé — ela nos conduz ao correto relacionamento com Deus e dá a Ele a oportunidade de agir. Ainda assim, Deus frequentemente precisa retirar o suporte que é a sua experiência como Seu santo, para que você tenha contato direto com Ele. Deus quer que você entenda que essa é uma vida de *fé*, não uma vida de alegria e conforto emocional por Suas bênçãos. O começo de sua vida de fé foi muito limitado e intenso, centrado numa pequena quantidade de experiências com emoção e fé propriamente, e era cheia de luz e doçura. Em seguida, Deus reteve conscientemente Suas bênçãos para ensiná-lo a "andar por fé" (2 Coríntios 5:7). Agora, você vale muito mais para Ele do que quando conscientemente se contentava com o seu emocionante testemunho.

> *...se tiverdes fé como um grão de mostarda [...]. Nada vos será impossível.*
>
> (MATEUS 17:20)

A fé por sua própria natureza deve ser testada e provada. E o verdadeiro teste da fé não é o fato de acharmos difícil confiar em Deus, mas de o caráter de Deus ser provado como fidedigno em nossa própria mente. A fé transformando-se em realidade deve experimentar momentos de solitude. Jamais confunda as provas de fé com fatos comuns da vida, pois uma grande parte do que chamamos de prova de fé é o inevitável resultado de estar vivo. Fé, como a Bíblia a ensina, é confiar em Deus indo contra tudo que o contradiz — essa fé afirma: "Permanecerei fiel ao caráter de Deus independentemente do que Ele possa fazer." Em toda a Bíblia, esta é a maior e mais sublime expressão de fé: — "Ainda que ele me mate, nele esperarei..." (Jó 13:15 ARC).

TUDO PARA ELE   323

1.º DE NOVEMBRO

Você não se pertence

Para um homem ou mulher que está intimamente consciente e compartilha dos sofrimentos de Jesus Cristo, não existe essa coisa de vida pessoal, ou um lugar para se esconder neste mundo. Deus separa a vida pessoal dos Seus santos, criando uma via de mão dupla que de um lado conduz ao mundo e do outro, a Ele mesmo. Nenhuma pessoa é capaz de aguentar isso a não ser que esteja identificada com Jesus Cristo. Não somos santificados por nós mesmos. Somos chamados para termos intimidade com o evangelho, e ocorrem coisas que parece não relacionarem-se conosco. Mas Deus está nos atraindo para uma comunhão com Ele. Que seja feita a Sua vontade! Se você recusá-la, não terá valor algum para Deus em Seu trabalho de redenção no mundo, mas será um obstáculo e uma pedra de tropeço.

> *Acaso não sabeis que [...] não sois de vós mesmos?*
>
> (1 Coríntios 6:19)

A primeira coisa que Deus faz é nos alicerçar na firme realidade e na verdade. Ele o faz até que nossos cuidados individuais sejam submetidos à Sua vontade para o propósito da Sua redenção. Por que não deveríamos experimentar o desgosto? Por meio dessas portas, Deus está tornando acessível as vias de comunhão com Seu Filho. A maioria de nós desmorona ao primeiro sinal de sofrimento. Sentamo-nos à porta dos propósitos de Deus e entramos lentamente em um processo de morte por meio da autocomiseração. E toda conhecida compaixão de outros cristãos contribui para apressar nosso leito de morte. Entretanto Deus não. Ele vem a nós com a mão transpassada de Seu Filho, como se dissesse: "Entre em comunhão comigo; levante e brilhe." Se Deus consegue realizar Seus propósitos neste mundo por meio de um coração quebrantado, então por que não agradecê-lo por quebrantar o seu?

2 DE NOVEMBRO

Obediência ou independência?

Deus jamais insiste que o obedeçamos. Ele definitivamente enfatiza muito que *devemos* obedecer, mas nunca nos *força* a fazer isto. Devemos obedecê-lo a partir da unidade de espírito com Ele. Por isso, toda vez que nosso Senhor falava sobre discipulado, Ele antecedia com um "Se", significando: "Você não precisa fazer isto, a não ser que você deseje fazer." "...Se alguém quer vir após mim, a si mesmo se negue..." (Lucas 9:23). Em outras palavras, "Para ser Meu discípulo, entregue a mim o seu direito de si mesmo." Nosso Senhor não está falando sobre nossa situação eterna, mas a respeito do nosso valor para Ele nesta vida — aqui e agora. Por isso Ele parece tão severo (Lucas 14:26). Jamais intente compreender o sentido destas palavras separando-as daquele que as pronunciou.

O Senhor não me fornece regras, mas estabelece Seu padrão claramente. Se meu relacionamento com Ele é de amor, farei o que Ele disser sem hesitação. Se eu hesitar é porque amo alguém que coloquei em concorrência com Ele — a saber, eu mesmo. Jesus Cristo não vai me forçar a obedecê-lo, mas eu devo fazê-lo. E logo que o obedeço, cumpro meu destino espiritual. Minha vida pessoal pode estar repleta de acontecimentos pequenos e insignificantes, completamente insignificantes. Porém, se eu obedecer a Jesus Cristo nas circunstâncias aparentemente aleatórias da vida, elas se tornam pequenas aberturas por meio das quais

> *Se me amais, guardareis os meus mandamentos*
>
> (JOÃO 14:15)

posso enxergar a face de Deus. Então, quando estiver face a face com o Senhor, saberei que por meio da minha obediência milhares foram abençoados. Quando a redenção de Deus traz a alma humana ao ponto da obediência, sempre há resultados. Se eu obedecer Jesus Cristo, a redenção de Deus fluirá por meu intermédio para a vida de outros, porque por trás das atitudes de obediência está a verdade do Deus Todo-Poderoso.

3 DE NOVEMBRO

Um escravo de Jesus

Estas palavras significam a quebra e falência da minha independência provocadas por minhas próprias mãos, e a rendição da minha vida a supremacia do Senhor Jesus. Ninguém pode fazer isto por mim, eu mesmo devo fazê-lo. Deus pode me trazer a este momento trezentas e sessenta cinco vezes no ano, mas Ele não pode me forçar a fazê-lo. Isto significa quebrar a dura camada exterior de minha independência individual de Deus, e liberar a mim mesmo e minha natureza para viver em unidade com Ele; não seguindo minhas próprias ideias, mas optando pela total fidelidade a Jesus. Uma vez que atinjo isso, não existe possibilidade de equívocos. Poucos de nós conhecemos alguma coisa a respeito da lealdade a Cristo ou compreendemos o que Ele pretendia quando disse: "...*por minha causa...*" (Mateus 5:11). Isso torna um santo consistente.

> *...Estou crucificado com Cristo; logo, já não sou eu quem vive, mas Cristo vive em mim...*
> (GÁLATAS 2:19,20)

A ruptura da minha independência ocorreu? Todo o resto é fraude religiosa. O único ponto a decidir é — me entregarei? Vou render-me a Jesus Cristo, sem colocar qualquer restrição sobre o modo de como virá o quebrantamento? Devo ser quebrantado a partir da minha própria compreensão de mim mesmo. Quando alcanço este patamar, imediatamente a verdade da identificação sobrenatural com Jesus Cristo ocorre. E o testemunho do Espírito de Deus é óbvio — "...Estou crucificado com Cristo...".

O forte entusiasmo do cristianismo é o resultado de deliberadamente entregar os próprios direitos e se tornar um escravo de Jesus Cristo. Até que faça isso, não começarei ser um santo.

Um aluno por ano, que escutasse o chamado de Deus, já seria suficiente para que Deus permitisse a existência desse Instituto Bíblico. Esta instituição não tem valor algum como organização, nem sequer academicamente. A única razão para sua existência é o Senhor sentir-se à vontade para usar vidas. Permitiremos a Ele servir-se de nossa vida, ou estamos mais preocupados com nossas próprias ideias do que seremos?

4 DE NOVEMBRO

A autoridade da verdade

É fundamental que você dê às pessoas a oportunidade para agirem com base na verdade de Deus. A responsabilidade deve ser deixada com o indivíduo — você não pode agir por ele. Deve ser uma ação deliberada dele, mas a mensagem do evangelho deveria sempre guiá-lo à ação. A recusa para agir deixa uma pessoa paralisada, exatamente onde estava anteriormente. Mas uma vez que age, jamais será a mesma. Isto é a aparente loucura da verdade que se levanta no caminho de centenas de vidas que foram convencidas pelo Espírito de Deus. Uma vez que me ponho a agir, imediatamente começo a viver. Qualquer coisa inferior, é apenas existir. Os momentos que verdadeiramente vivo são aqueles quando ajo com minha completa vontade.

Quando uma verdade de Deus vem à sua alma, jamais permita que ela passe sem agir internamente na sua vontade, não necessariamente em sua vida física. Registre-a com tinta e com sangue — trabalhe-a em sua vida. O santo mais fraco que se submete a Jesus Cristo é liberto no instante em que age, e o poder onipotente de Deus fica disponível a seu favor. Crescemos para a verdade do Senhor, confessamos que estamos errados, mas voltamos para trás novamente. Em seguida, nos aproximamos dessa verdade e retrocedemos de novo, até que finalmente aprendemos que não há vantagem em voltar atrás. Quando somos confrontados com tal palavra da verdade do nosso Senhor Redentor, devemos nos deslocar e tratar diretamente com Ele. "Vinde a mim..." (Mateus 11:28). Sua palavra "vir" significa "agir". Entretanto a última coisa que

Chegai-vos a Deus, e ele se chegará a vós outros...

(TIAGO 4:8)

queremos fazer é vir. Mas cada um que vem sabe que, naquele exato momento, o poder sobrenatural da vida de Deus o invade. O poder dominante do mundo, a carne e o diabo, estão agora paralisados; não pelo seu agir, mas porque sua ação se juntou com a de Deus e o conectou ao Seu poder redentor.

5 DE NOVEMBRO

Coparticipantes dos Seus sofrimentos

Se você for usado por Deus, Ele permitirá que você passe por inúmeras experiências não necessariamente destinadas a sua pessoa. Essas experiências são designadas para lhe tornar útil em Suas mãos, e capacitá-lo a compreender o que ocorre na vida dos outros. Por causa deste processo, você jamais ficará surpreso pelo que vem ao seu encontro. Talvez dirá: "Não consigo lidar com aquela pessoa." Por que você não consegue? Deus lhe deu oportunidades suficientes para aprender com Ele sobre esse problema; mas você virou as costas, não prestando atenção à lição, porque parecia tolice investir seu tempo dessa maneira.

> *...pelo contrário, alegrai-vos na medida em que sois coparticipantes dos sofrimentos de Cristo...*
>
> (1 Pedro 4:13)

Os sofrimentos de Cristo não foram os mesmos de pessoas comuns. Ele sofreu "...segundo a vontade de Deus..." (1 Pedro 4:19), tendo um ponto de vista diferente do nosso a respeito do sofrimento. Isto é, somente por intermédio do nosso relacionamento com Jesus Cristo que podemos compreender o que Deus procura na forma como trata conosco. Quando trata-se de sofrimento, é parte da nossa cultura cristã querer saber o propósito de Deus de antemão. Na história da igreja cristã, a tendência tem sido evitar a identificação com os sofrimentos de Jesus Cristo. As pessoas esforçam-se por cumprir as ordenanças de Deus por meio dos próprios atalhos. O caminho de Deus é sempre o caminho do sofrimento — o caminho da "longa estrada para casa".

Somos coparticipantes dos sofrimentos de Cristo? Estamos preparados para Deus exterminar nossas ambições pessoais? Estamos preparados para que Ele destrua nossas decisões individuais enquanto as transforma sobrenaturalmente? Isto significará não saber a razão pela qual Deus está nos levando por esse caminho, pois esse conhecimento nos tornaria orgulhosos espiritualmente. Jamais percebemos, no momento, porque Deus permite que passemos por certas experiências — passamos por elas mais ou menos sem entender. Nesse momento, repentinamente, chegamos ao lugar de esclarecimento, e compreendemos — "Deus me fortaleceu e eu nem sabia disto!".

328   *Oswald Chambers*

6 DE NOVEMBRO

Teologia íntima

Marta acreditava no poder disponível em Jesus Cristo, acreditava que se Ele tivesse estado lá, seu irmão poderia ter sido curado; também acreditava que Jesus tinha uma intimidade especial com Deus, e tudo que pedisse ao Pai, Ele faria. Mas ela precisava de uma intimidade maior e pessoal com Jesus. A teologia de Marta se cumpriria no futuro. Porém, Jesus continuou a atrair e chamá-la até que sua convicção se tornasse uma verdade íntima. Em seguida, lentamente em seu interior emergiu uma herança pessoal — "Sim, Senhor, respondeu ela, eu tenho crido que tu és o Cristo..." (João 11:27).

O Senhor está o tratando da mesma forma? Jesus está lhe ensinando a ter um relacionamento pessoal com Ele? Permita que Ele lhe faça a Sua familiar pergunta — "Crês *isto*?". Você está enfrentando dúvidas em sua vida? Chegou, como Marta, a uma encruzilhada de circunstâncias avassaladoras na qual sua teologia está prestes a se tornar uma crença muito pessoal? Isto ocorre somente quando um problema pessoal nos torna conscientes de nossa necessidade individual.

Acreditar é comprometer-se. Na área da aprendizagem intelectual, me comprometo mentalmente, e rejeito tudo que não está de acordo com essa convicção. Na esfera da convicção pessoal, comprometo-me moralmente às minhas convicções. Mas em uma convic-

> *...Crês isto?*
>
> (João 11:26)

ção íntima e pessoal, comprometo-me espiritualmente com Jesus Cristo e decido ser dominado somente por Ele.

Sendo assim, quando estiver face a face com Jesus Cristo e Ele me perguntar: "Crês isto?", descobrirei que a fé é tão natural quanto respirar. E surpreendo-me ao pensar como fui insensato em não confiar nele antes.

7 DE NOVEMBRO

O sagrado imperceptível das circunstâncias

As circunstâncias da vida de um santo são estabelecidas por Deus. Na vida de um servo não existe acaso. O Senhor, por sua providência, o conduz em circunstâncias que você absolutamente não entende, mas o Espírito de Deus sim. Ele o conduz a lugares, pessoas, e em certas condições para realizar um propósito definido por meio da intercessão do Espírito em você. Jamais se coloque à frente das suas circunstâncias e diga: "Serei minha própria provisão aqui; observarei isto atentamente, ou me protegerei daquilo." Todas as suas circunstâncias estão na mão de Deus, e por isto, você não precisa pensar que são situações anormais ou únicas. Sua parte na oração intercessória não é agonizar sobre a forma de como interceder, mas usar as ocasiões diárias e as pessoas que Deus coloca ao seu redor, por Sua provisão, para trazê-las diante do Seu trono, e permitir ao Espírito que habita em você a oportunidade de interceder por elas. Deste modo Deus tocará o mundo inteiro com os Seus santos.

Sabemos que todas as coisas cooperam para o bem daqueles que amam a Deus...

(Romanos 8:28)

Estou fazendo o trabalho do Espírito Santo mais difícil por ser indeciso e inseguro, ou por tentar fazer Seu trabalho? Devo realizar a parte humana da intercessão — utilizar as circunstâncias na qual me encontro e as pessoas que me rodeiam. Devo manter minha vida consciente como um lugar sagrado para o Espírito Santo. Em seguida, conforme elevo pessoas diferentes diante de Deus, por meio da oração, o Espírito Santo intercede por elas.

As intercessões que você faz nunca podem ser minhas, e as minhas jamais podem ser suas, "...mas o mesmo Espírito intercede..." em cada um de nós (Romanos 8:26). E sem essa intercessão, a vida de outros seria deixada na pobreza e ruína.

Oswald Chambers

8 DE NOVEMBRO

O incomparável poder da oração

Sabemos que somos estimulados à oração pelo Espírito Santo; e sabemos o que é orar em conformidade com o Espírito; mas geralmente não percebemos que o próprio Espírito Santo ora em nós com palavras inexprimíveis. Quando nascemos de novo de Deus e somos morada do Espírito de Deus, Ele expressa por nós o indizível.

Ele, o Espírito Santo em você, "...segundo a vontade de Deus é que ele intercede pelos santos" (8:27). E Deus sonda o seu coração, não para saber o quão conscientes são as suas orações, mas para descobrir qual é a súplica do Espírito Santo.

O Espírito de Deus usa o corpo de um cristão como um templo em que oferece as Suas orações de intercessão: "... o vosso corpo é santuário do Espírito Santo..." (1 Coríntios 6:19). Quando Jesus Cristo purificou o templo, "Não permitia que alguém conduzisse qualquer utensílio pelo templo" (Marcos 11:16). O Espírito de Deus não permitirá que você use o seu corpo para sua própria conveniência. Jesus, implacavelmente expulsou todos que compravam e vendiam no templo, e disse: "...a minha casa será chamada casa de oração [...]. Vós, porém, a tendes transformado em covil de salteadores" (Marcos 11:17).

> *Também o Espírito, semelhantemente, nos assiste em nossa fraqueza; porque não sabemos orar como convém, mas o mesmo Espírito intercede por nós sobremaneira, com gemidos inexprimíveis.*
>
> (ROMANOS 8:26)

Compreendemos que nosso "corpo é templo do Espírito Santo"? Se sim, devemos ter o cuidado de mantê-lo puro para Ele. Precisamos lembrar que apesar da nossa consciência ser apenas uma pequena parcela do nosso ser integral, deve ser considerada por nós como "templo do Espírito Santo". Ele será responsável pela parte do inconsciente que não conhecemos, mas devemos prestar bastante atenção em guardar a parte consciente pela qual somos responsáveis.

TUDO PARA ELE

9 DE NOVEMBRO

Serviço santo

O trabalhador cristão precisa ser um santo "intermediário". Ele deve estar tão proximamente identificado com o seu Senhor e com a veracidade da Sua redenção que Cristo pode continuamente trazer Sua vida criativa por intermédio dele. Não estou me referindo à força da personalidade individual de alguém ser colocada sobre outro, mas a verdadeira presença de Cristo revelada por meio de cada aspecto da vida do obreiro cristão. Quando proclamamos os fatos históricos relatados no Novo Testamento sobre a vida e a morte do nosso Senhor, nossas palavras tornam-se santificadas. Deus usa estas palavras com base na Sua redenção, para gerar algo naqueles que as escutam, pois de outra forma jamais seriam geradas. Se simplesmente pregarmos sobre os efeitos da redenção na vida humana em vez da verdade divina revelada, que diz respeito ao próprio Jesus, o resultado não será o novo nascimento naqueles que escutam. O resultado será um estilo de vida religioso refinado, e o Espírito de Deus não poderá testemunhar sobre isso, pois tal pregação está num domínio diferente do dele. Devemos nos certificar de que estamos vivendo em tal harmonia com Deus que quando proclamarmos Sua verdade Ele possa gerar nos outros aquilo que somente Ele pode fazer.

> *Agora, me regozijo nos meus sofrimentos por vós; e preencho o que resta das aflições de Cristo, na minha carne...*
>
> (COLOSSENSES 1:24)

Quando dizemos: "Que personalidade maravilhosa, que pessoa fascinante, que compreensão maravilhosa!", que oportunidade o evangelho de Deus tem no meio disso tudo? Nenhuma, porque a atração é o mensageiro e não a mensagem. Se a pessoa se encanta pela sua personalidade, isso se torna seu atrativo. Se, no entanto, o mensageiro está identificado com o próprio Senhor, então o atrativo será o que Jesus Cristo pode fazer. O perigo reside em se gloriar no homem, porém Jesus diz que somos atraídos somente por Ele (João 12:32).

Oswald Chambers

10 DE NOVEMBRO

Comunhão no evangelho

Após a santificação é difícil dizer qual é o seu propósito de vida, porque Deus o moveu para o Seu propósito por meio do Espírito Santo. Ele está usando você agora para os Seus propósitos em todo o mundo assim com Ele usou Seu Filho com o propósito de nos salvar. Se você deseja coisas grandiosas para si mesmo, imaginando "Deus me chamou para isto e para aquilo outro," você impede o Senhor de usá-lo. Enquanto você mantiver seus planos e ambições pessoais, não estará completamente alinhado ou identificado com os interesses de Deus. Isto só poderá ocorrer ao desistir de todos seus planos pessoais de uma vez por todas, e permitir que Deus o leve diretamente até o Seu propósito para este mundo. Seu entendimento de seus caminhos também deve ser submetido a Ele, porque agora eles são os caminhos do Senhor.

Devo aprender que o propósito da minha vida pertence a Deus e não a mim. O Senhor está me usando a partir de Sua formidável perspectiva pessoal, e tudo que Ele me pede é para confiar nele. Jamais deveria dizer: "Senhor, isto me causa tanto sofrimento." Falar desse modo faz de mim uma pedra de tropeço. Quando paro de falar para Deus sobre o que eu quero, Ele pode realizar livremente Sua vontade em mim sem qualquer obstáculo. Ele pode me moer, exaltar, ou fazer qualquer coisa que queira. Ele apenas pede que eu tenha absoluta

> *...ministro de Deus no evangelho de Cristo.*
>
> (1 Tessalonicenses 3:2)

fé nele e em Sua bondade. Autocomiseração é do diabo, e se me afundar nisto não poderei ser usado por Deus para cumprir os Seus propósitos no mundo. Fazendo isto, crio para mim um confortável "mundo dentro do mundo," e Deus não terá espaço para me tirar dele por causa do meu medo de ser "ferido".

Tudo para Ele

11 DE NOVEMBRO

A escalada suprema

A ordem de Deus é, "tome *agora*," não mais tarde. É incrível como relutamos! Sabemos que algo é correto, mas tentamos achar desculpas para não fazê-lo de imediato. Se iremos escalar à altura que Deus revela, isto jamais poderá ser deixado para mais tarde — deve ser feito agora. E o sacrifício deve ser trabalhado por meio da nossa vontade antes de realmente realizá-lo.

"Levantou-se, pois, Abraão de madrugada e […] foi para o lugar que Deus lhe havia indicado" (Gênesis 22:3). Que simplicidade maravilhosa de Abraão! Quando Deus falou, ele não consultou "...carne e sangue" (Gálatas 1:16). Tenha cuidado quando você quiser consultar "carne e sangue" ou até seus próprios pensamentos, percepções, ou compreensões — que não estejam fundamentados em seu relacionamento íntimo com Deus. Todas estas coisas competem com Deus e impedem a obediência a Ele.

> *Acrescentou Deus:*
> *Toma teu filho...*
> (GÊNESIS 22:2)

Abraão não escolheu qual seria o sacrifício. Cuide-se sempre para não prestar ao Senhor o serviço que você mesmo escolhe. O autossacrifício talvez seja uma doença que prejudique seu serviço. Se Deus fez Seu copo doce, beba-o com graça; ou mesmo que Ele o tenha feito amargo, beba em comunhão com Ele. Se a providencial vontade de Deus significa para você um período difícil e árduo, passe por isto. Porém, nunca escolha o lugar do seu próprio martírio, como se dissesse: "Irei até certo ponto, mas não mais distante". Deus escolheu o teste para Abraão, e ele não demorou nem protestou, mas firmemente obedeceu. Se você não está vivendo em comunhão com Deus, é fácil culpar ou passar a julgá-lo. Você deve passar a provação antes de ter o direito para pronunciar qualquer veredito, pois é por passar pela tribulação que você aprende a conhecer Deus melhor. Ele está trabalhando em nós para alcançar Seus objetivos mais elevados, até que Seu propósito e o nosso se tornem um.

12 DE NOVEMBRO

A vida transformada

Qual o seu entendimento a respeito da salvação de sua alma? A ação da salvação significa que em sua vida real coisas estão radicalmente transformadas. Você não olha as coisas mais com a mesma perspectiva. Seus desejos são novos e as coisas velhas perderam o seu poder de atraí-lo. Um dos testes para determinar se a salvação em sua vida é genuína, é — Deus mudou as coisas que realmente lhe interessam? Se você ainda anseia por coisas antigas, é um absurdo falar sobre ser nascido do alto — você está enganando a si mesmo. Se você é nascido de novo, o Espírito de Deus torna essa mudança extremamente evidente em sua vida e em seus pensamentos. E quando há uma crise, você é a pessoa mais impressionada na face da terra pela maravilhosa diferença que há em sua vida. Não há como imaginar a possibilidade de você mesmo ter feito isto. E é esta completa e maravilhosa mudança a autêntica evidência de que você é salvo.

> *E, assim, se alguém está em Cristo, é nova criatura; as coisas antigas já passaram; eis que se fizeram novas.*
>
> (2 CORÍNTIOS 5:17)

Que diferença tem feito a minha salvação e santificação? Por exemplo, consigo permanecer à luz de 1 Coríntios 13, ou me contorço e fujo da questão? A verdadeira salvação atuando em mim pelo Espírito Santo, me liberta completamente. E enquanto andar "...na luz, como ele está na luz..." (1 João 1:7), Deus não encontrará nada para repreender, porque Sua vida está agindo em cada parte detalhada do meu ser, não na esfera da consciência, mas ainda mais profundo que a minha percepção.

TUDO PARA ELE   335

13 DE NOVEMBRO

Fé ou experiência?

Devemos batalhar integralmente contra nosso humor, sentimentos e emoções e levá-los em completa devoção ao Senhor Jesus. Devemos sair do nosso pequeno mundo de experiência e nos abandonar em devoção a Ele. Lembre-se de quem o Novo Testamento diz que Jesus Cristo é, e em seguida, pense a respeito da desprezível mesquinhez da fé miserável que apresentamos ao dizer: "Não tive esta ou aquela experiência!". Reflita sobre o que a fé em Jesus Cristo reivindica e proporciona — Ele pode apresentar-nos irrepreensíveis diante do trono de Deus, inexprimivelmente puros, absolutamente justos, e profundamente justificados. Permaneça em absoluto compromisso de adoração "...em Cristo Jesus, o qual se nos tornou, da parte de Deus, sabedoria, e justiça, e santificação, e redenção" (1 Coríntios 1:30). Como podemos ousar falar em realizar um sacrifício ao Filho de Deus! Somos salvos do inferno e da total destruição, e em seguida falamos sobre fazer sacrifícios!

> *...no Filho de Deus, que me amou e a si mesmo se entregou por mim.*
>
> (GÁLATAS 2:20)

Devemos continuamente centrar o nosso interesse e alicerçar nossa fé em Jesus Cristo — não no Jesus Cristo de uma "reunião de oração" ou de um "livro" sobre o Senhor, mas no Jesus Cristo do Novo Testamento, que é o Deus Encarnado, e que deveria nos deixar prostrados a Seus pés. Nossa fé deve ser naquele de quem origina-se a nossa salvação. Jesus Cristo quer nossa devoção absoluta e livre para Ele mesmo. Jamais podemos *experimentar* Jesus Cristo, ou de forma egoísta, amarrá-lo no fundo do nosso próprio coração. Nossa fé deve ser edificada em forte e determinada confiança nele.

Por nossa confiança na experiência, vemos a constante impaciência do Espírito Santo contra a incredulidade. Todos os nossos temores são pecaminosos, e criamos nossos próprios temores por nos recusarmos a nos nutrir em nossa fé. Como pode alguém que está identificado com Cristo Jesus sofrer de dúvida ou medo! Nossa vida deveria ser um perfeito hino de louvor resultante da perfeita, irrepreensível, fé triunfante.

Oswald Chambers

14 DE NOVEMBRO

Descobrindo o propósito divino

Devemos ser tão unidos a Deus a ponto de não precisarmos pedir continuamente por orientação. Santificação significa que somos feitos filhos de Deus. A vida de uma criança é geralmente obediência, até que ela escolha a desobediência. Mas logo que decide desobedecer, um conflito interno inerente é produzido. Na área espiritual, o conflito interno é o aviso do Espírito de Deus. Quando Ele nos adverte desta forma, devemos parar imediatamente e ter a mente renovada para discernir a vontade de Deus (Romanos 12:2). Se nascemos de novo pelo Espírito de Deus, nossa devoção a Ele será prejudicada, ou até mesmo interrompida, se continuamente lhe pedirmos para nos guiar aqui e acolá. "[O] Senhor me guiou…" e olhando para trás vemos a presença do propósito divino. Se nascemos de Deus, veremos Sua mão orientadora e lhe daremos a honra.

Todos nós podemos enxergar Deus em coisas excepcionais, mas vê-lo em cada detalhe requer um crescimento da disciplina espiritual. Nunca acredite que os ditos acontecimentos aleatórios da vida são algo menor que um desígnio de Deus. Esteja preparado para descobrir Seus propósitos divinos em qualquer e em todos os lugares.

Cuidado em ficar obcecado com a consistência de suas próprias convicções em vez de ser dedicado a Deus. Se você é um santo e diz: "Jamais farei isto ou aquilo," com certeza será exatamente isto que Deus vai requerer de você. Jamais houve na face da terra um ser tão inconsistente como nosso Senhor, mas Ele

> *…quanto a mim, estando no caminho, o SENHOR me guiou…*
>
> (GÊNESIS 24:27)

nunca foi incompatível com Seu Pai. A consistência importante num santo não se refere a um princípio, mas à vida divina. É a vida divina que continuamente faz mais e mais descobertas sobre a mente divina. É mais fácil ser um fanático ao extremo do que ser constantemente fiel, porque Deus provoca uma humildade incrível em relação a nossa presunção religiosa quando lhe somos fiéis.

15 DE NOVEMBRO

Que te importa?

Uma das lições mais difíceis de se aprender vem da nossa teimosia de não interferir na vida de outras pessoas. Demora um tempo para perceber o perigo de ser uma providência amadora, isto é, interferir nos planos de Deus para outros. Você vê alguém sofrendo e diz: "Ele não vai sofrer, isto eu garanto". E, assim, coloca a sua mão direita bem na frente da vontade permissiva de Deus impedindo-a, e então Deus diz: "Que te importa?". Há estagnação na sua vida espiritual? Não permita que isto continue, mas entre na presença de Deus e descubra a razão para isto. Você possivelmente descobrirá que é por causa de ter interferido na vida de outra pessoa — propondo coisas que você não tinha direito de propor, ou aconselhando quando não tinha direito de aconselhar. Quando você tiver que aconselhar alguém, será um canal pelo qual Deus aconselhará com o entendimento dado diretamente pelo Seu Espírito.

> ...Pedro perguntou a Jesus: E quanto a este? Respondeu-lhe Jesus [...] que te importa? Quanto a ti, segue-me.
>
> (João 21:21,22)

Sua parte é manter um relacionamento correto com Deus para que Seu discernimento flua continuamente por intermédio de sua vida para o propósito de abençoar outra pessoa.

A maioria de nós vive somente dentro do plano da consciência — conscientemente servindo e conscientemente dedicado a Deus. Isto revela imaturidade e que ainda não vivemos a verdadeira vida cristã. A maturidade é produzida na vida de um filho de Deus no plano inconsciente, até nos tornarmos totalmente submissos ao Senhor, que nem nos conscientizamos de sermos usados por Ele. Quando estamos conscientes de que somos usados como "pão partido" e "vinho derramado", ainda temos outro patamar a atingir — onde toda consciência de nós mesmos e do que Deus está fazendo por nosso intermédio é completamente eliminada. Um santo nunca é conscientemente santo — ele é conscientemente dependente de Deus.

16 DE NOVEMBRO

Ainda humano!

Nas Escrituras, o grande milagre da encarnação se revela gradualmente na vida cotidiana de uma criança; o grande milagre da transfiguração desvanece no vale diante de um rapaz endemoninhado; a glória da ressurreição desce até um café da manhã na praia. Não é um anticlímax, mas uma grande revelação de Deus.

Temos a tendência de procurar por maravilhas em nossas experiências, e confundimos atos heroicos com verdadeiros heróis. Uma coisa é passar pela crise de forma esplendorosa, contudo outra completamente diferente é passar glorificando Deus a cada dia quando não há testemunhas, holofotes, e ninguém prestando a mínima atenção a nós. Se não estamos procurando prestígio, queremos ao menos algo que faça as pessoas dizerem: "Que tremendo homem de oração!" ou, "Que mulher consagrada!". Se você é consagrado ao Senhor Jesus, atingiu a sublime altura onde ninguém jamais perceberá você pessoalmente. Tudo que verão será o poder de Deus vindo por seu intermédio o tempo todo.

Queremos ser capazes de dizer: "Tenho um maravilhoso chamado de Deus!". Mas para fazer até as tarefas mais humildes para a glória de Deus, é necessário que o Todo-Poderoso encarnado aja em nós. Para ser totalmente imperceptível, precisamos que o Espírito de Deus em nós nos torne absolutamente Seus. O verdadeiro teste na vida de um santo não é o sucesso, mas a fidelidade no aspecto humano da vida. Nossa tendência é estabelecer o sucesso como objetivo no trabalho cristão, mas nosso propósito deveria ser demonstrar a glória de Deus na vida humana, para viver uma vida "...escondida com Cristo em Deus", cotidianamente (Colossenses 3:3). Nossos relacionamentos humanos são justamente as condições pelas quais a vida ideal de Deus deveria ser demonstrada.

> *...ou façais outra coisa qualquer, fazei tudo para a glória de Deus.*
>
> (1 Coríntios 10:31)

17 DE NOVEMBRO

O alvo eterno

Abraão neste momento alcança o lugar onde ele está em contato com a própria natureza divina. Agora ele entende a realidade de Deus.

Meu alvo é o próprio Deus...
A qualquer custo, amado Deus, por qualquer caminho.

"A qualquer custo [...] por qualquer caminho" significa submeter-se à maneira de Deus para nos levar ao alvo.

Não há espaço para questionar o Senhor quando Ele fala, se Ele fala à Sua própria natureza em mim. Obediência imediata é o único resultado. Quando Jesus diz: "Venha", eu simplesmente vou; quando Ele diz: "deixe", eu deixo; quando Ele diz: "Confie em mim nesta questão", confio. Este exercício de obediência é a evidência que a natureza de Deus está em mim.

A forma como Deus revela de si mesmo a mim é influenciada pelo meu caráter, não pelo caráter de Deus.

E porque sou um reles ser,
Às vezes, Teus caminhos me parecem comuns.

É por meio da disciplina da obediência que chego ao lugar onde Abraão estava e vejo quem Deus é. O Senhor nunca será real para mim até que eu fique face a face com Ele em Cristo Jesus. Nessa ocasião, saberei e poderei ousadamente proclamar: "No mundo inteiro, meu Deus, não há outro igual ao Senhor, não há ninguém como Deus."

> *...e disse: Jurei, por mim mesmo, diz o* Senhor, *porquanto fizeste isso [...] te abençoarei...*
>
> (Gênesis 22:16,17)

As promessas do Senhor não têm valor algum para nós até que, por meio da obediência, cheguemos a compreender a natureza de Deus. Podemos, diariamente, ler algumas coisas na Bíblia por um ano e elas nada significarem para nós. E, então, por termos sido obedientes a Deus em alguns pequenos detalhes, vemos repentinamente o que Ele queria dizer e Sua natureza nos é revelada instantaneamente. "Porque quantas são as promessas de Deus, tantas têm nele o sim; porquanto também por ele é o amém..." (2 Coríntios 1:20). Nosso "sim" é consequência da obediência; quando por obediência ratificamos uma promessa de Deus dizendo: "Amém" ou, "Assim seja", essa promessa se torna nossa.

18 DE NOVEMBRO

Conquistando a liberdade

Se há qualquer indício de autossatisfação residindo em nós, este sempre dirá: "Não consigo renunciar" ou "Não consigo ser livre". Mas o lado espiritual do nosso ser nunca diz: "Não consigo"; simplesmente absorve tudo que está ao seu redor. Nosso espírito anseia por mais e mais. Esta é a forma como somos feitos. Fomos criados com uma grande capacidade para Deus, mas o pecado, nossa particularidade, e pensamentos errôneos nos impedem de aproximar-nos dele. Deus nos livra do pecado — precisamos livrar-nos de nossa individualidade. Isto significa oferecer nossa vida natural a Deus e sacrificá-la a Ele, para que Ele a transforme em vida espiritual por meio da nossa obediência.

Deus não presta atenção à nossa individualidade natural no desenvolvimento de nossa vida espiritual. Seu plano ocorre justamente na nossa vida natural. Devemos ter o cuidado de estar apoiando e auxiliando Deus, e não ficando contra Ele dizendo:

> *Se, pois, o Filho vos libertar, verdadeiramente sereis livres.*
>
> (João 8:36)

"Não consigo fazer aquilo." Deus não vai nos disciplinar; devemos nos autodisciplinar. O Senhor não levará "...toda altivez [...] todo pensamento à obediência de Cristo" (2 Coríntios 10:5) — nós temos que fazê-lo. Não diga: "Ó, Deus, tenho problema com pensamentos dispersos." Não sofra de pensamentos dispersos. Pare de dar ouvidos à tirania de sua vida natural individualista e conquiste a liberdade para a vida espiritual.

"Se, pois, o Filho vos libertar...". Não substitua a palavra "Salvador" por "Filho" nesta passagem. O Salvador nos libertou do pecado, mas esta é a liberdade que vem de ser livre de mim mesmo pelo Filho. Isto é o que Paulo exprimiu em Gálatas 2:19 quando disse: "...Estou crucificado com Cristo". Sua individualidade foi quebrada e seu espírito unido com seu Senhor; não somente fundido nele, mas feito um com Ele. "[Verdadeiramente] sereis livres" — livres até o âmago de seu ser; livre de dentro para fora. Tendemos a depender da nossa própria força, em vez de sermos estimulados pelo poder que vem da nossa identificação com Jesus.

19 DE NOVEMBRO

Quando Ele vier

Poucos de nós conhecemos algo a respeito de convencimento de pecado. Conhecemos a experiência de ficar incomodado quando fazemos coisas erradas. Mas a convicção de pecado gerada pelo Espírito Santo desfaz todos os outros relacionamentos na face da terra e nos faz cientes de apenas um — "Pequei contra ti, contra ti somente…" (Salmo 51:4). Quando uma pessoa é convencida do pecado desta forma, ela sabe com cada parte de sua consciência que Deus não ousaria perdoá-la. Se Deus a perdoasse, então esta pessoa teria um senso de justiça maior do que o de Deus. O Senhor perdoa, mas o preço foi o partir do Seu coração enlutado pela morte de Cristo — isso é o que lhe possibilita realizar o perdão. O grande milagre da graça de Deus é que Ele perdoa pecados exclusivamente pela morte de Jesus Cristo, o que possibilita à natureza divina perdoar sem se corromper ao fazê-lo. É frívolo afirmar que Deus nos perdoa porque Ele é amor. Uma vez convencidos do pecado, nunca diremos isto novamente. O amor de Deus significa Calvário — nada menos! O amor de Deus é visto claramente na cruz e em nenhum outro lugar. O único fundamento pelo qual Deus pode me perdoar é a Cruz de Cristo. É lá que Sua consciência é satisfeita.

> *Quando ele vier,*
> *convencerá o*
> *mundo do pecado…*
> (JOÃO 16:8)

Perdão não significa apenas que sou salvo do inferno e preparado para o céu (ninguém aceitaria perdão desta forma). Perdão significa que sou perdoado para um recém-criado relacionamento que me identifica com Deus em Cristo. O milagre da redenção é que o Senhor me transforma de pecador, para o Seu padrão, um santo. Ele realiza isto colocando em mim uma nova natureza, a natureza de Jesus Cristo.

Oswald Chambers

20 DE NOVEMBRO

O perdão de Deus

Tenha cuidado com a visão romântica da paternidade de Deus: O Pai é tão bondoso e amoroso que certamente nos perdoará. Esse pensamento, baseado unicamente na emoção, não pode ser encontrado em nenhuma parte do Novo Testamento. A única base sobre a qual Deus pode nos perdoar é por meio da tremenda tragédia da Cruz de Cristo. Alicerçar o nosso perdão em qualquer outro fundamento é uma blasfêmia inconsciente. O único fundamento pelo qual Deus pode perdoar o nosso pecado e nos restabelecer em Sua graça é por meio da Cruz de Cristo. Não há outra maneira! O perdão, que para nós é tão fácil aceitar, custa a agonia no Calvário. Jamais devemos transformar o perdão do pecado, a dádiva do Espírito Santo, e nossa santificação numa fé simples, e então esquecer o enorme preço pago por Deus que fez tudo isto tornar-se nosso.

O perdão é o milagre divino da graça. O preço para Deus foi a Cruz de Cristo. Para perdoar pecado, ao mesmo tempo que permanece um Deus santo, este preço precisava ser pago. Jamais aceite a visão da paternidade de Deus se esta obscurece a expiação. A verdade revelada de Deus é que sem a expiação Ele não pode nos perdoar, pois iria contradizer Sua natureza se assim o fizesse. A única maneira de sermos perdoados é sermos trazidos de volta a Deus por meio da expiação da cruz. O perdão de Deus é possível somente no âmbito do sobrenatural.

Comparado ao milagre do perdão do pecado, a experiência da santificação é pequena. A santificação é simplesmente a maravilhosa expressão ou evidência do perdão de pecados na vida humana. Mas o que desperta a fonte mais profunda da gratidão no ser humano é que Deus perdoou o seu pecado. Paulo nunca fugiu disto. Uma vez que você percebe tudo o que custou a Deus para lhe perdoar, você será mantido totalmente preso a Ele, constrangido por causa do amor de Deus.

…no qual temos […] a remissão dos pecados…

(EFÉSIOS 1:7)

TUDO PARA ELE 343

21 DE NOVEMBRO

Está consumado!

A morte de Jesus Cristo é o cumprimento histórico da própria mente e intenção de Deus. Não há cabimento em ver Jesus como um mártir. Sua morte não é algo que aconteceu a Ele — algo que poderia ter sido evitado. Sua morte foi a razão de Ele vir.

Jamais fundamente a questão do seu perdão sobre a ideia de que Deus é nosso Pai e nos perdoará porque nos ama. Isso contradiz a verdade revelada de Deus em Cristo Jesus, torna a cruz desnecessária, e a redenção "muito barulho por nada". Deus perdoa o pecado, mas somente por causa da morte de Cristo. Deus não perdoaria as pessoas de qualquer outra forma, a não ser pela morte do Seu Filho, e Jesus é exaltado como Salvador por causa de Sua morte. Vemos que Jesus "...*por causa do sofrimento da morte*, foi coroado de glória e de honra..." (Hebreus 2:9). O maior brado de triunfo jamais ouvido num universo maravilhado foi o som que ecoou na Cruz de Cristo — "Está consumado!" (João 19:30). Essa é a palavra final na redenção da humanidade.

> *Eu te glorifiquei na terra, consumando a obra que me confiaste para fazer.*
>
> (João 17:4)

Qualquer coisa que diminua ou remova completamente a santidade de Deus, por meio da falsa visão do Seu amor, contradiz a verdade de Deus revelada por Jesus Cristo. Jamais se deixe enganar acreditando que Jesus Cristo está do nosso lado, e contra Deus, por piedade e compaixão, ou que Ele se tornou maldição em nosso lugar por solidariedade. Jesus Cristo se tornou maldição em nosso lugar por decreto divino. Nossa parte, em compreender o extraordinário significado de Sua maldição é a convicção do pecado. A convicção nos é dada como dádiva de vergonha e arrependimento; isto é a grandiosa misericórdia de Deus. Jesus Cristo odeia o pecado nas pessoas, e o Calvário é a medida da Sua aversão.

22 DE NOVEMBRO

Superficial e profundo

Tenha cuidado ao permitir-se pensar que os aspectos superficiais da vida não são ordenados por Deus; são igualmente estabelecidos por Ele como os profundos. Algumas vezes nos recusamos a ser superficiais, não por nossa profunda devoção a Deus, mas porque desejamos impressionar outras pessoas com o fato de não sermos superficiais. Isto é uma evidência clara de orgulho espiritual. Devemos ser cuidadosos, pois é desta forma que o desprezo por outros é gerado em nossa vida. E isto nos faz ser repreensores de outras pessoas considerando-as mais superficiais do que nós. Evite ostentar a aparência de alguém que se considera notável — Deus se tornou um bebê.

Ser superficial não é um sinal de ser pecaminoso, nem a superficialidade uma indicação de que não há profundidade em sua vida — o oceano tem uma margem. As coisas mais banais da vida como comer e beber, andar e conversar, são estabelecidas por Deus. Todas estas coisas o nosso Senhor fez. Ele as praticou como Filho de Deus e Ele disse: "O discípulo não está acima do seu mestre…" (Mateus 10:24).

Somos protegidos pelas coisas superficiais da vida. Precisamos viver na superfície, fazer as coisas comuns da vida com bom senso. E quando Deus nos der coisas mais profundas, elas estarão obviamente separadas das preocupações superficiais. Nunca revele a profundidade da sua vida a alguém a não ser Deus. Somos tão repugnantemente críticos, desesperadamente interessados em nosso próprio caráter e reputação, que recusamos a nos comportar como cristãos nas inquietações superficiais da vida.

> *Portanto, quer comais, quer bebais ou façais outra coisa qualquer, fazei tudo para a glória de Deus.*
>
> (1 Coríntios 10:31)

Decida-se a levar somente Deus a sério, e ninguém mais. Você descobrirá que a primeira pessoa com quem você deve ser mais crítico, como a maior fraude que já conheceu, é você mesmo.

TUDO PARA ELE   345

23 DE NOVEMBRO

A distração do desprezo

Devemos nos acautelar não com o prejudicar a nossa fé em Deus, mas com o prejuízo de nossa disposição cristã ou estado mental. "[Portanto], cuidai de vós mesmos e não sejais infiéis" (Malaquias 2:16). Nossa disposição mental é poderosa em seus efeitos. Pode ser o inimigo que penetra diretamente em nossa alma e afasta a nossa mente de Deus. Há certas atitudes que nunca deveríamos nos atrever a ceder. Se assim fizermos, descobriremos que terão nos afastado da fé em Deus. Até que tenhamos voltado à quietude de humor diante dele, nossa fé será de nenhum valor, e a nossa confiança na carne e na ingenuidade humana governará nossa vida.

> *Tem misericórdia de nós, SENHOR, tem misericórdia; pois estamos sobremodo fartos de desprezo.*
> (SALMO 123:3)

Cautela com "...os cuidados do mundo" (Marcos 4:19). São estas coisas que produzem atitudes errôneas em nossa alma. É incrível o enorme poder que há em coisas banais, as quais desviam nossa atenção para longe de Deus. Recuse-se a ser preenchido pelos "cuidados do mundo".

Outra coisa que nos distrai é a nossa paixão pela autojustificação. Santo Agostinho orou: "Ó Senhor, me livra do desejo de sempre me justificar." Tal necessidade por constante autodefesa destrói a fé da nossa alma em Deus. Não diga: "Devo me justificar", ou, "Devo fazer as pessoas compreenderem." Nosso Senhor nunca explicou nada — Ele deixou os mal-entendidos e equívocos de outros se corrigirem.

Quando compreendemos que outras pessoas não estão crescendo espiritualmente e permitimos que tal discernimento transforme-se em crítica, bloqueamos nossa comunhão com Deus. Ele nunca nos dá discernimento para que possamos criticar, mas para intercedermos.

346 *Oswald Chambers*

24 DE NOVEMBRO

Olhos fitos no Senhor

Este versículo descreve a total confiança em Deus. Assim como os olhos do servo estão fitos em seu senhor, nossos olhos devem estar direcionados e centrados em Deus. É desta forma que o conhecimento da Sua face é adquirido e de como Deus se revela a nós (Isaías 53:1). Nossa força espiritual começa a enfraquecer quando paramos de levantar nossos olhos para Deus. Nossa energia é esgotada, não tanto por causa de problemas externos ao nosso redor, mas pelos problemas em nosso pensamento. Erroneamente pensamos: "Suponho que tenho me esforçado um pouco demais, sido orgulhoso e tentando parecer ser como Deus, ao invés de ser uma pessoa humilde e comum." Precisamos compreender que nenhum esforço será o bastante.

> *Como os olhos dos servos estão fitos nas mãos dos seus senhores [...] assim os nossos olhos estão fitos no SENHOR, nosso Deus...*
>
> (SALMO 123:2)

Por exemplo, você entrou numa crise em sua vida, assumiu uma posição com Deus, e até teve o testemunho do Espírito como confirmação de que aquilo que fez estava certo. Mas agora, talvez semanas ou anos tenham se passado, e você está vagarosamente concluindo — "Bem, talvez o que fiz mostrou muita altivez ou era superficial. Estava assumindo algo muito grande para mim?". Seus amigos "racionais" vêm e dizem: "Não seja tolo. Sabíamos que quando você falou pela primeira vez sobre este despertamento espiritual era um impulso passageiro, que você não aguentaria sob tensão. E, além disto, Deus não espera que você suporte." Você responde dizendo: "Bem, talvez estivesse esperando demais". Isso soa como algo humilde a ser dito, mas significa que sua confiança em Deus acabou, e você está dependendo de opinião terrena. O perigo ocorre quando, não mais dependendo de Deus, você deixa de fitar seus olhos no Senhor. Somente quando Deus o trouxer para uma parada súbita, você perceberá que tem sido um perdedor. Toda vez que houver enfraquecimento espiritual em sua vida, corrija-o imediatamente. Perceba que há algo errado entre você e Deus, e mude ou remova-o de uma vez.

TUDO PARA ELE   347

25 DE NOVEMBRO

O segredo da consistência espiritual

Quando uma pessoa acaba de nascer de novo, parece ser inconstante por causa de suas emoções desconexas e da condição das coisas externas ou circunstâncias de sua vida. O apóstolo Paulo tinha uma forte e firme constância intrínseca em sua vida. Consequentemente, ele poderia deixar sua vida externa mudar sem aflição interna porque estava arraigado e alicerçado em Deus. A maioria de nós é inconsistente espiritualmente porque estamos mais preocupados em ser consistente exteriormente. No aspecto externo das coisas, Paulo vivia no porão enquanto seus críticos viviam no andar superior. E estes dois níveis não se comunicavam entre si. Mas a consistência de Paulo estava em princípios mais profundos. A grande base da sua consistência foi a agonia de Deus na redenção do mundo, a saber, a Cruz de Cristo.

> *Mas longe esteja de mim gloriar-me, senão na cruz de nosso Senhor Jesus Cristo.*
>
> (GÁLATAS 6:14)

Declare suas convicções a si mesmo novamente. Volte ao fundamento da Cruz de Cristo, acabando com qualquer crença não baseada nela. Na história secular, a cruz era algo extremamente insignificante, mas da perspectiva bíblica é de maior importância do que todos os impérios do mundo. Se nossa pregação ficar longe do trágico habitar de Deus sobre a cruz, nossa pregação nada produzirá. Não transmitirá o poder de Deus ao homem; pode ser até interessante, mas não terá poder. No entanto, quando pregamos a cruz, o poder de Deus é liberado. "[Aprouve] a Deus salvar os que creem pela loucura da pregação [...] mas nós pregamos a Cristo crucificado..." (1 Coríntios 1:21,23).

348   *Oswald Chambers*

26 DE NOVEMBRO

O ponto central do poder espiritual

Se quer conhecer o poder de Deus (isto é, a vida ressurreta de Jesus) em sua forma humana, você deve debruçar-se sobre a tragédia de Deus. Liberte-se de sua preocupação pessoal a respeito de sua condição espiritual, e com o espírito completamente aberto considere a tragédia de Deus. Instantaneamente o poder do Senhor estará em você. "Olhai para mim..." (Isaías 45:22). Preste atenção à Fonte externa e o poder interno estará lá. Perdemos poder por não centralizarmos nossa atenção no que é certo. O efeito da cruz é a salvação, santificação, cura etc., mas não é para pregarmos sobre qualquer um destes. Devemos pregar "...a Jesus Cristo e este crucificado" (1 Coríntios 2:2). A proclamação de Jesus fará sua própria obra. Em sua pregação, concentre-se em Deus, e mesmo se seus ouvintes parecerem não prestar atenção, eles nunca mais serão os mesmos. Se compartilho minhas próprias palavras, elas não são importantes tais como suas palavras não o são para mim. Mas se compartilhamos a verdade de Deus uns com os outros, vamos encontrar a verdade repetidamente. Precisamos nos concentrar no principal ponto do poder espiritual — a cruz. Se permanecemos em contato com esse centro de poder, sua força é liberada em nossa vida. Nos movimentos de santidade e encontros de experiências espirituais, a tendência é concentrar-se não na Cruz de Cristo, mas nos seus efeitos.

> *...senão na cruz de nosso Senhor Jesus Cristo...*
>
> (GÁLATAS 6:14)

A fraqueza da igreja está sendo criticada hoje, e a crítica é justificada. Uma razão para essa fraqueza é que o centro de poder espiritual não tem sido o verdadeiro objetivo. Não temos nos debruçado o suficiente sobre a tragédia do calvário ou sobre o significado da redenção.

TUDO PARA ELE 349

27 DE NOVEMBRO

A consagração do poder espiritual

Se eu viver sob a Cruz de Cristo, não me torno simplesmente um devoto no íntimo e unicamente interessado na minha santidade — torno-me firmemente centrado nos interesses de Jesus Cristo. Nosso Senhor não era um solitário nem um homem santo fanático praticando abnegação. Ele não se retirou fisicamente da sociedade, mas em Seu interior estava desconectado o tempo todo. Ele não foi indiferente, mas viveu em outro mundo. De fato, Ele era tão comum no cotidiano do mundo que as pessoas religiosas do Seu tempo o acusavam de ser um glutão e um bêbado. No entanto, nosso Senhor nunca permitiu que algo interferisse em Sua consagração de poder espiritual.

> *...pela qual o mundo está crucificado para mim, e eu, para o mundo.*
>
> (GÁLATAS 6:14)

Não é consagração genuína pensar que podemos nos recusar a sermos usados por Deus agora, a fim de armazenar nosso poder espiritual para usá-lo mais tarde. Isto é um erro incorrigível. O Espírito de Deus libertou muitas pessoas dos seus pecados, ainda que não estejam experimentando nenhuma plenitude em sua vida — nenhum sentido de liberdade. O tipo de vida religiosa que vemos no mundo hoje é inteiramente diferente da vigorosa santidade da vida de Jesus Cristo. "Não peço que os tires do mundo, e sim que os guardes do mal" (João 17:15). Devemos estar no mundo, mas não pertencer a ele — sermos separados internamente e não exteriormente (João 17:16).

Jamais devemos permitir que algo interfira na consagração do nosso poder espiritual. A nossa consagração (ser dedicado ao serviço de Deus) é nossa parte; santificação (ser separado do pecado e considerado santo) é a parte de Deus. Devemos determinar voluntariamente que estamos interessados somente naquilo em que Deus está. A maneira de fazer essa decisão, quando se enfrenta um problema desconcertante, é perguntar: "Jesus está interessado nisso, ou é o espírito diretamente contrário a Ele que se interessa?".

350   *Oswald Chambers*

28 DE NOVEMBRO

A riqueza dos destituídos

O evangelho da graça de Deus desperta um desejo ardente na alma humana e igualmente um intenso ressentimento, pois a verdade revelada nele não é saborosa ou fácil de digerir. Há certo orgulho nas pessoas que as leva a dar e dar, mas vir e aceitar um presente é outra história. Darei a minha vida ao martírio; dedicarei a minha vida ao serviço — farei qualquer coisa. Mas não me humilhe como um pecador digno do inferno e diga-me que tudo que preciso fazer é aceitar a dádiva da salvação por meio de Jesus Cristo.

Precisamos compreender que não conseguimos ganhar ou conquistar qualquer coisa de Deus por meio de nossos próprios esforços. Devemos ou recebê-la como um presente ou rejeitá-la. A maior benção espiritual que recebemos é quando chegamos ao conhecimento de que somos destituídos. Até chegarmos lá, nosso Senhor está impotente. Ele não pode fazer nada por nós enquanto pensarmos que somos suficientes por nós mesmos. Devemos entrar em Seu reino através da porta da destituição. Enquanto formos particularmente "ricos", na área do orgulho ou independência, Deus nada pode fazer por nós. Somente quando estamos espiritualmente famintos é que recebemos o Espírito Santo. A dádiva da natureza essencial de Deus é estabelecida e efetivada em nós pelo Espírito Santo. Ele nos dá a vida vivificante de Jesus, nos fazendo verdadeiramente vivos.

...sendo justificados gratuitamente, por sua graça...

(ROMANOS 3:24)

Ele toma aquilo que estava fora do nosso "alcance" e coloca "dentro" de nós. E imediatamente, uma vez que o "fora de alcance" veio para "dentro", isto vai para o "acima", e somos elevados ao reino onde Jesus vive e reina (João 3:5).

29 DE NOVEMBRO

A supremacia de Jesus Cristo

Os movimentos de santidade dos dias atuais, em nada relacionam-se à difícil realidade do Novo Testamento. Não há nada neles que precise da morte de Jesus Cristo. Tudo que é exigido é um ambiente de piedade, oração e devoção. Este tipo de experiência não é sobrenatural nem miraculosa. Não custou os sofrimentos de Deus, nem está manchada com o "...sangue do Cordeiro..." (Apocalipse 12:11). Não é marcada ou selada pelo Espírito Santo como genuína, e não tem evidência alguma aparente que motiva as pessoas a exclamarem com reverência e admiração: "Isso é obra do Deus Todo-Poderoso!". No entanto, o Novo Testamento é sobre a obra de Deus e nada mais.

Ele me glorificará...
(João 16:14)

O exemplo da experiência cristã do Novo Testamento é da devoção pessoal e apaixonada à Pessoa de Jesus Cristo. Todo outro tipo de experiência chamada de cristã está separada da Pessoa de Jesus. Não há regeneração — nenhum novo nascimento — no reino no qual, de forma suprema, Cristo vive e reina. Existe somente a ideia de que Ele é o nosso padrão. No Novo Testamento Jesus Cristo é o Salvador muito antes de ser o modelo. Atualmente, Ele é retratado como o representante de uma religião — um mero exemplo. Ele é isso, contudo é infinitamente mais. Ele é a própria salvação; Ele é o evangelho de Deus!

Jesus disse: "...quando vier, porém, o Espírito da verdade [...] Ele me glorificará..." (João 16:13,14). Quando me comprometo com a verdade revelada do Novo testamento, recebo de Deus a dádiva do Espírito Santo que, em seguida, começa a interpretar para mim o que Jesus fez. O Espírito de Deus faz internamente em mim tudo o que Jesus fez exteriormente por mim.

30 DE NOVEMBRO

Pela graça de Deus sou o que sou

É um insulto ao nosso Criador o modo como continuamente falamos sobre nossas próprias incapacidades. Reclamar demais sobre a nossa incompetência é acusar Deus falsamente de ter nos negligenciado. Habitue-se a examinar aquelas coisas que parecem tão humildes aos homens, a partir da perspectiva de Deus. Você se surpreenderá em como inacreditavelmente inadequada e irreverente elas são para Deus. Dizemos algo como: "Não deveria afirmar que sou santificado; não sou santo." Mas dizer isto diante de Deus significa, "Não, Senhor, é impossível para o Senhor me salvar e santificar; há oportunidades que não tive e tantas imperfeições na minha mente e corpo; não, Senhor, isto não é possível." Isso pode soar tremendamente humilde diante dos outros, mas diante de Deus é uma atitude provocativa.

De forma recíproca, as coisas que soam humildes diante de Deus podem parecer exatamente o oposto às pessoas. Dizer: "Obrigada Deus, eu sei que sou salvo e santificado", aos olhos do Senhor é a mais pura expressão de humildade. Significa que você precisa entregar-se completamente a Deus, pois você sabe que Ele é real. Nunca se preocupe se o que você diz diante dos outros parece humilde ou não. Porém, sempre seja humilde diante de Deus, e permita que Ele seja seu tudo em tudo.

> *Mas, pela graça de Deus, sou o que sou; e a sua graça, que me foi concedida, não se tornou vã...*
>
> (1 CORÍNTIOS 15:10)

Há um único relacionamento que realmente importa, e esse é o seu relacionamento com seu Redentor pessoal e Senhor. Se você mantiver isso a todo custo, deixando que tudo mais se vá, Deus irá cumprir Seus desígnios por meio da sua vida. Uma única vida pode ser de inestimável valor aos propósitos de Deus, e essa vida pode ser a sua.

1.º DE DEZEMBRO

A lei e o evangelho

A lei moral não considera nossas fraquezas como seres humanos; na verdade, nem leva em conta nossa hereditariedade ou debilidades. Simplesmente exige que sejamos totalmente morais. A lei moral nunca muda, seja para o mais elevado na sociedade ou para o mais fraco no mundo. É permanente e eternamente a mesma. A lei moral, determinada por Deus, não se enfraquece pela justificativa de nossas falhas.

> *Pois qualquer que guarda toda a lei, mas tropeça em um só ponto, se torna culpado de todos.*
>
> (TIAGO 2:10)

Permanece absoluta por todo o tempo e toda a eternidade. Se não tivermos consciência disso é porque estamos menos que vivos. Quando percebemos esta realidade, nossa vida torna-se imediatamente uma tragédia fatal. "Outrora, sem a lei, eu vivia; mas, sobrevindo o preceito, reviveu o pecado, e eu morri" (Romanos 7:9). No momento em que percebemos isto, o Espírito de Deus nos convence do pecado. Até que uma pessoa chegue neste ponto e veja que não há esperança, a Cruz de Cristo permanece, para ela, absurda. A convicção do pecado sempre traz uma percepção temerosa e limitada da lei. Transforma-nos em pessoas sem esperança — "…vendido à escravidão do pecado" (Romanos 7:14). Eu, um pecador culpado, não posso nunca trabalhar para acertar as coisas com Deus — é impossível. Há apenas uma maneira, pela qual posso acertar as coisas com Deus e é por meio da morte de Jesus Cristo. Preciso me livrar da ideia subjacente de que só posso estar reto diante de Deus por causa de minha obediência. Quem de nós poderia obedecer ao Senhor de maneira absolutamente perfeita?

Só começamos a perceber o poder da lei moral quando vemos que ela vem com uma condição e uma promessa. Mas Deus nunca nos coage. Algumas vezes desejamos que Ele nos fizesse obedientes e em outros momentos desejamos que Ele nos deixasse em paz. Quando a vontade de Deus está sob controle, Ele remove toda a pressão. E quando nós deliberadamente escolhermos obedecê-lo, Ele alcançará a estrela mais remota até os confins da terra para nos auxiliar com Seu majestoso poder.

2 DE DEZEMBRO

Perfeição cristã

É uma armadilha presumir que o Senhor quer nos tornar espécimes perfeitos daquilo que Ele pode fazer — o propósito de Deus é fazer de nós um com Ele. A ênfase dos movimentos de santidade tende a ser a ideia de que Deus está produzindo espécimes de santidade para colocar em Seu museu. Se você aceitar este conceito de santidade pessoal, o propósito determinado de sua vida não será para Deus, mas para aquilo que você chama de evidência de Deus em sua vida. Como podemos dizer: "Nunca poderia ser a vontade do Senhor que eu estivesse doente?" Se Deus feriu o Seu próprio Filho (Isaías 53:10), por que Ele não deveria ferir você? O que resplandece e revela Deus em sua vida não é sua consistência relativa a uma ideia do que um santo deveria ser, mas seu relacionamento genuíno e vivo com Jesus Cristo e sua incontida devoção a Ele, esteja você bem ou enfermo.

A perfeição cristã não é, e nunca poderá ser, perfeição humana. A perfeição cristã é a perfeição de um relacionamento com Deus que se mostra ser verdadeiro mesmo em aspectos aparentemente insignificantes da vida humana. Quando você obedece ao chamado de Jesus Cristo, a primeira coisa que o atinge é a inutilidade das coisas que você tem que fazer. O próximo pensamento que chama sua atenção é o fato de outras pessoas parecerem estar vivendo vidas perfeitamente consistentes. Isso pode dar-lhe a ideia de que Deus é desnecessário — de que por meio de seu esforço humano e devoção você pode atingir o padrão do Senhor para sua vida. Em um mundo caído isso nunca pode ser feito. Sou chamado para viver em um relacionamento perfeito com Deus de modo que minha vida produza uma aspiração por Deus na vida de outros; e não admiração por mim. Pensamentos sobre mim mesmo obstruem minha utilidade para o Senhor. O propósito de Deus não é me aperfeiçoar para me tornar um troféu em Sua vitrine; Ele está me levando ao lugar em que Ele pode me usar. Permita que Ele faça o que quiser.

> *Não que eu o tenha já recebido ou tenha já obtido a perfeição...*
>
> (FILIPENSES 3:12)

TUDO PARA ELE   355

3 DE DEZEMBRO

Não por força, nem poder

Se, ao pregar o evangelho, você sobrepuser seu conhecimento do caminho da salvação à confiança no poder do evangelho, você impedirá que as pessoas cheguem à realidade. Tenha cuidado enquanto proclama o que conhece sobre o caminho da salvação e certifique-se de que você mesmo esteja enraizado e fundamentado pela fé em Deus. Nunca se apoie na clareza de sua apresentação, mas conforme faz sua explanação tenha certeza de que está confiando no Espírito Santo. Confie na certeza do poder redentor de Deus e Ele criará Sua própria vida nas pessoas.

A minha palavra e a minha pregação não consistiram em linguagem persuasiva de sabedoria, mas em demonstração do Espírito e de poder.

(1 Coríntios 2:4)

Uma vez que você esteja enraizado na verdade, nada poderá abalá-lo. Se sua fé alicerça-se em experiências, qualquer acontecimento pode abalá-la. Mas nada pode jamais mudar Deus ou a realidade da redenção. Fundamente a sua fé nisso e você estará tão eternamente seguro quanto Deus está. Uma vez que tenha um relacionamento pessoal com Jesus Cristo, você jamais voltará atrás. Este é o significado da santificação. Deus desaprova os nossos esforços humanos que se apegam ao conceito de que a santificação é simplesmente uma experiência, enquanto esquecem-se de que mesmo nossa santificação também deve ser santificada (João 17:19). Preciso deliberadamente dar minha vida santificada a Deus para o Seu serviço, de modo que Ele possa me usar como Suas mãos e Seus pés.

4 DE DEZEMBRO

A lei da oposição

No reino natural ou sobrenatural, é impossível a vida sem a guerra. É fato que há uma luta contínua nas áreas física, mental, moral e espiritual da vida.

A saúde é o equilíbrio entre as partes físicas de meu corpo e todas as coisas e forças ao meu redor. Para manter boa saúde preciso ter força interior suficiente para lutar contra o que é externo. Tudo que é externo à minha vida física é projetado para causar minha morte. Os próprios elementos que me sustentam enquanto estou vivo trabalham para deteriorar e desintegrar meu corpo assim que estiver morto. Caso tenha força interior suficiente para lutar, ajudo a produzir o equilíbrio necessário para que haja saúde. O mesmo é verdade para nossa vida mental. Se quero manter uma vida mental forte e ativa, preciso lutar. Esta luta produz o equilíbrio mental chamado pensamento.

> *...Ao vencedor...*
> (APOCALIPSE 2:7)

Moralmente é o mesmo. Qualquer coisa que não me fortaleça moralmente é inimigo da virtude em mim. Se venço, produzindo virtude, depende do nível de excelência moral em minha vida. Mas precisamos lutar para sermos morais. A moralidade não acontece por acaso; a virtude moral é adquirida.

E o mesmo ocorre espiritualmente. Jesus disse: "...No mundo, passais por aflições..." (João 16:33). Isto significa que qualquer coisa que não seja espiritual leva-me à ruína. Jesus continuou dizendo: "...mas tende bom ânimo; eu venci o mundo". Preciso aprender a lutar contra aquilo que vem contra mim e dessa forma produzir o equilíbrio da santidade. E então, a oposição torna-se um deleite.

A santidade é o equilíbrio entre minha natureza e a lei de Deus como expresso em Jesus Cristo.

5 DE DEZEMBRO

O templo do Espírito Santo

Sou responsável diante de Deus pela maneira como controlo meu corpo sob Sua autoridade. Paulo disse: "Não anulo a graça de Deus..." — tornando-a ineficaz (Gálatas 2:21). A graça de Deus é absoluta e ilimitada e a obra da salvação por meio de Jesus é completa e consumada para sempre. Não estou sendo salvo — sou salvo. A salvação é eterna assim como o trono de Deus, mas eu preciso trabalhar ou utilizar o que o Senhor colocou dentro de mim. Desenvolver minha salvação (Filipenses 2:12) significa que sou responsável por utilizar o que Ele me deu. Significa também que preciso apresentar, em meu próprio corpo, a vida do Senhor Jesus, não de maneira misteriosa ou secreta, mas aberta e ousadamente. "Mas esmurro o meu corpo e o reduzo à escravidão..." (1 Coríntios 9:27). Todo cristão pode colocar seu corpo sob controle absoluto para Deus. Ele nos deu a responsabilidade de governar sobre todo "...santuário do Espírito Santo..." incluindo nossos pensamentos e desejos (1 Coríntios 6:19). Somos responsáveis por estes e não devemos nunca ceder àqueles que são impróprios. Mas a maioria de nós é muito mais severa ao julgar outros do que ao nos julgarmos a nós mesmos. Criamos desculpas para aspectos em nós mesmos, enquanto condenamos aspectos na vida de outros simplesmente porque não temos a mesma inclinação que eles.

> ...somente no trono
> eu serei maior
> do que tu.
>
> (GÊNESIS 41:40)

Paulo disse: "Rogo-vos, pois, [...] que apresenteis o vosso corpo por sacrifício vivo..." (Romanos 12:1). O que preciso decidir é se concordarei ou não com meu Senhor e Mestre que meu corpo será de fato Seu templo. Uma vez que eu concorde, todas as regras, regulamentos e requerimentos da lei concernentes ao corpo se resumirão para mim nesta verdade revelada — meu corpo é "o templo do Espírito Santo".

6 DE DEZEMBRO

Meu arco-íris na nuvem

É da vontade de Deus que os seres humanos tenham um relacionamento íntegro com Ele, e Suas alianças são feitas para este propósito. Por que Deus não me salva? Ele completou e tornou possível a minha salvação, mas ainda não tenho um relaciona-mento pessoal com Ele. Por que Deus não faz tudo o que pedimos? Ele já o fez. A questão é a seguinte: entrarei ou não nesse relaciona-mento de aliança? Todas as grandes bênçãos de Deus estão consumadas e completas, mas não são minhas até que eu me entregue a um relacionamento pessoal com Ele, fundamen-tado em Sua aliança.

...porei nas nuvens o meu arco; será por sinal da aliança entre mim e a terra.

(Gênesis 9:13)

Esperar Deus agir é descrença carnal. Significa que não tenho fé nele, pois espero que Ele faça algo em mim para que eu possa confiar nisso. Mas o Senhor não o fará, porque essa não é a base do relacionamento entre Deus e o homem. O homem precisa ir além do corpo físico e dos sentimentos em sua aliança com Deus, assim como o Senhor vai além de si mesmo alcançando o homem com Sua aliança. É uma questão de fé em Deus — algo muito raro. Nós temos fé apenas em nossos sentimentos. Não acredito em Deus até Ele colocar algo tangível em minhas mãos, para que eu saiba que possuo o que me foi dado. E então digo, "Agora creio." Não há fé nisso. Deus diz: "*Olhai* para mim e sede salvos..." (Isaías 45:22).

Quando realmente conduzo questões com Deus baseado em Sua aliança, abrindo mão de todo o resto, não há de modo nenhum, senso de realização pessoal — nem ingrediente humano incluso. Em vez disso, há a completa e transbordante compreensão de estar em união com o Senhor, e minha vida é transformada e irradia paz e alegria.

TUDO PARA ELE   359

7 DE DEZEMBRO

Arrependimento

A convicção do pecado é melhor descrita com as seguintes palavras:
Meus pecados, meus pecados, meu Salvador.
Quão terrivelmente sobre ti caem.

A convicção do pecado é uma das coisas mais incomuns que acontece a alguém. É o início de uma compreensão de Deus. Jesus Cristo disse que quando o Espírito Santo viesse Ele convenceria o povo do pecado (João 16:8). E quando o Espírito Santo incita a consciência de uma pessoa e a leva à presença de Deus, não é o relacionamento dessa pessoa com outros que a incomoda, mas seu relacionamento com Deus — "Pequei contra ti, contra ti somente, e fiz o que é mau perante os teus olhos..." (Salmo 51:4). As maravilhas da convicção do pecado, perdão e santidade estão tão entrelaçadas que apenas a pessoa perdoada é realmente santa. Ela prova ser perdoada sendo, pela graça de Deus, o oposto do que era anteriormente. O arrependimento sempre leva uma pessoa a declarar: "Pequei." O sinal mais certo de que Deus está agindo em sua vida é quando ela declara isso com seriedade. Qualquer coisa diferente é simples contrição por ter cometido erros tolos — uma reação reflexiva causada por autoaversão.

> *Porque a tristeza segundo Deus produz arrependimento para a salvação...*
>
> (2 Coríntios 7:10)

A entrada no reino de Deus acontece por meio de dores agudas e repentinas do arrependimento colidindo com a respeitável "bondade" do homem. E então, o Espírito Santo, que produz estas lutas, inicia a constituição do Filho de Deus na vida da pessoa (Gálatas 4:19). Esta nova vida se revelará em arrependimento consciente seguido de santidade inconsciente, nunca o contrário. O alicerce do cristianismo é o arrependimento. Falando rigorosamente, uma pessoa não pode arrepender-se quando escolhe — arrependimento é um dom de Deus. Os antigos puritanos costumavam orar pedindo o "dom de lágrimas". Caso deixe de entender o valor do arrependimento, você estará se permitindo permanecer no pecado. Examine-se para saber se esqueceu como é estar verdadeiramente arrependido.

360   *Oswald Chambers*

8 DE DEZEMBRO

O poder imparcial de Deus

Esmagamos o sangue do Filho de Deus com os pés se pensamos que somos perdoados porque lamentamos nossos pecados. A morte de Jesus Cristo é a única razão para o perdão de nossos pecados, concedido a nós por Deus, assim como a infinita profundidade de Sua promessa de esquecê-los. Nosso arrependimento é simplesmente o resultado de nossa compreensão da propiciação pela Cruz de Cristo, que Ele proveu para nós. "...Cristo Jesus [...] se nos tornou, da parte de Deus, sabedoria, e justiça, e santificação, e redenção" (1 Coríntios 1:30). Uma vez que percebemos que Cristo se tornou tudo isto para nós, a alegria ilimitada de Deus surge em nosso interior. E onde quer que a alegria do Senhor não esteja presente, a sentença de morte permanece.

> *Porque, com uma única oferta, aperfeiçoou para sempre quantos estão sendo santificados.*
>
> (Hebreus 10:14)

Não importa quem ou o que somos, Deus nos restaura à integridade com Ele unicamente por meio da morte de Jesus Cristo. O Pai o faz não porque Jesus roga para que Ele o faça, mas porque Cristo morreu. Não é algo que pode ser merecido, apenas aceito. Toda súplica por salvação que ignora deliberadamente a Cruz de Cristo é inútil. É como bater à uma porta diferente daquela que Jesus já abriu. Nós protestamos dizendo: "Mas eu não quero ir por este caminho. É humilhante demais ser recebido como pecador." A resposta de Deus, por meio de Pedro, é "...não existe nenhum outro nome [...] pelo qual importa que sejamos salvos" (Atos 4:12). O que em primeira mão aparenta ser crueldade da parte de Deus é de fato a verdadeira expressão de Seu coração. Há entrada ilimitada em Seu caminho, "...no qual temos a redenção, pelo seu sangue..." (Efésios 1:7). Identificar-nos com a morte de Jesus Cristo significa que precisamos morrer para tudo que nunca foi parte dele.

Deus é justo em salvar pessoas ruins se as transformar em boas. Nosso Senhor não finge que estamos todos corretos quando estamos todos errados. A propiciação pela Cruz de Cristo é a propiciação que Deus usa para tornar pessoas profanas em pessoas santas.

TUDO PARA ELE

9 DE DEZEMBRO

A oposição do natural

A vida natural em si não é pecaminosa. Mas devemos abandonar o pecado, não ter qualquer tipo de ligação com ele. O pecado pertence ao inferno e ao diabo. Como filho de Deus, pertenço ao céu e a Deus. Não é uma questão de desistir do pecado, mas de abrir mão do meu direito de mim mesmo, de minha independência natural e de minha vontade própria. É aqui que a batalha precisa acontecer. As coisas que são corretas, nobres e boas do ponto de vista natural são exatamente as coisas que nos impedem de ser o melhor de Deus. Uma vez que passamos a entender que a excelência moral natural se opõe ou age contra a entrega a Deus, levamos nossa alma ao centro de sua maior batalha. Poucos de nós debateriam sobre o que é imundo, mal e errado; mas debatemos sobre o que é bom. É o bom que se opõe ao melhor. Quanto mais alto uma pessoa sobe na escala de excelência moral, é mais intensa a oposição a Jesus Cristo. "E os que são de Cristo Jesus crucificaram a carne…". O custo é sacrificar tudo de nossa vida natural, não apenas algumas coisas. Jesus disse: "…Se alguém quer vir após mim, a si mesmo se negue, tome a sua cruz e siga-me" (Mateus 16:24). Ou seja, é preciso negar seu direito a si mesmo e antes de fazê-lo é preciso perceber quem Jesus Cristo é. Tenha cuidado para não recusar-se a ir ao funeral de sua própria independência.

> *E os que são de Cristo Jesus crucificaram a carne, com as suas paixões e concupiscências.*
>
> (GÁLATAS 5:24)

A vida natural não é espiritual e só pode sê-lo por meio de sacrifício. Se não sacrificamos propositadamente o natural, o sobrenatural nunca pode tornar-se natural para nós. Não há caminho fácil. Cada um de nós tem à mão os meios para cumprir essa tarefa por completo. Não é uma questão de orar, mas de sacrificar, e por meio disso cumprir Sua vontade.

10 DE DEZEMBRO

A oferta do natural

Paulo não estava tratando do pecado neste capítulo de Gálatas, mas da relação do natural com o espiritual. O natural pode ser transformado em espiritual apenas por meio do sacrifício. Sem isto uma pessoa levará uma vida dividida. Por que Deus exigiu que o natural fosse sacrificado? Deus não exigiu. Não é Sua vontade perfeita, mas Sua vontade permissiva. A vontade perfeita de Deus é que o natural seja transformado em espiritual por meio da obediência. O pecado é que criou a necessidade de que o natural seja sacrificado.

Abraão precisou oferecer Ismael antes de oferecer Isaque (Gênesis 21:8-14). Alguns de nós estamos tentando oferecer sacrifícios espirituais a Deus antes de termos sacrificado o natural. A única maneira de oferecermos um sacrifício espiritual a Deus é apresentar os nossos corpos "...por sacrifício vivo..." (Romanos 12:1). Santificação significa mais do que ser liberto do pecado. Significa o meu comprometimento intencional com o Deus da minha salvação e estar disposto a pagar qualquer preço, qualquer que seja.

Pois está escrito que Abraão teve dois filhos, um da mulher escrava e outro da livre.

(GÁLATAS 4:22)

Se não sacrificamos o natural ao espiritual, a vida natural resistirá e derrotará a vida do Filho de Deus em nós e produzirá distúrbio contínuo. Este é sempre o resultado de uma natureza espiritual indisciplinada. Erramos porque obstinadamente nos recusamos a nos disciplinarmos física, moral ou mentalmente. Justificamo-nos dizendo: "Bom, não fui ensinado a ser disciplinado quando era criança." Então discipline-se agora! Se não o fizer, arruinará toda a sua vida pessoal relacionada a Deus.

Deus não se envolverá ativamente com nossa vida natural enquanto continuarmos a mimar e a satisfazê-la. Mas assim que nos dispomos a abandoná-la no deserto e nos determinamos a mantê-la sob controle, Ele se envolverá ativamente; e então proverá poços e oásis e cumprirá todas as Suas promessas para o natural (Gênesis 21:15-19).

TUDO PARA ELE   363

11 DE DEZEMBRO

Individualidade

A individualidade é a dura camada exterior que envolve a vida espiritual interior. A individualidade empurra outros para longe, separando e isolando pessoas. Conseguimos vê-la como característica primária de uma criança, e o fazemos corretamente. Quando confundimos individualidade com a vida espiritual, permanecemos isolados. Esta concha de individualidade é a cobertura natural criada por Deus projetada para proteger a vida espiritual. Mas nossa individualidade precisa estar rendida a Deus para que nossa vida espiritual seja levada adiante à comunhão com Ele. A individualidade imita a espiritualidade, assim como a luxúria imita o amor. Deus projetou a natureza humana para si, mas a individualidade corrompe essa natureza humana para seus próprios interesses.

> *Então, disse Jesus a seus discípulos: Se alguém quer vir após mim, a si mesmo se negue...*
>
> (MATEUS 16:24)

As características da individualidade são a independência e a obstinação. Asseverá-la continuamente é o modo mais efetivo de impedirmos nosso crescimento espiritual. Se você diz: "Não acredito," é porque sua individualidade está bloqueando o caminho; e ela jamais consegue crer, ao contrário do nosso espírito, que crê sempre. Fique atento a si mesmo quando o Espírito de Deus estiver agindo em você. Ele o leva ao limite de sua individualidade onde a escolha deve ser feita. A escolha é entre dizer: "Não me entregarei," ou entregar-se, quebrando a rígida concha da individualidade, permitindo que a vida espiritual emerja. O Espírito Santo, todas às vezes, restringe a questão a uma coisa (Mateus 5:23,24). É a sua individualidade que se recusa a "...reconciliar-se com teu irmão..." (5:24). Deus quer trazer-lhe à união com Ele, mas a não ser que você esteja disposto a desistir do direito que tem sobre si mesmo, Ele não poderá fazê-lo. "[A] si mesmo se negue..." — negar o direito independente que tem sobre si mesmo. Só então a vida real — a vida espiritual — ganha uma oportunidade de crescer.

12 DE DEZEMBRO

Personalidade

A personalidade é a parte singular e infinita de nossa vida que nos distingue de todos os outros. É vasta demais para tentarmos compreender. Uma ilha no mar pode ser o topo de uma grande montanha, e a nossa personalidade é como essa ilha. Não conhecemos as profundezas de nosso ser, portanto não podemos nos avaliar. Começamos pensando que podemos, mas logo percebemos que há realmente apenas um Ser que nos entende plenamente: o nosso Criador.

A personalidade é a marca característica do homem interior, espiritual, assim como a individualidade é a característica do homem exterior, natural.

O nosso Senhor nunca pode ser descrito em termos de individualidade e independência, mas somente em termos de Sua Pessoa integral — "Eu e o Pai somos um" (João 10:30). A personalidade se funde, e você só obtém sua verdadeira identidade quando se funde com outra pessoa. Quando o amor ou o Espírito de Deus vem sobre uma pessoa, ela é transformada. Essa pessoa não mais insistirá em manter sua individualidade. Nosso Senhor nunca fez alusão à individualidade de uma pessoa ou à sua posição isolada, mas falou em termos da pessoa integral — "...para que sejam um como nós o somos". Assim que seus direitos forem entregues a Deus por você mesmo, sua verdadeira natureza pessoal começará a responder a Deus imediatamente. Jesus Cristo traz liberdade à sua pessoa integral e mesmo sua individualidade é transformada. A transformação ocorre pelo amor — devoção pessoal a Jesus. O amor é o resultado transbordante de uma pessoa em comunhão verdadeira com outra.

> *...para que sejam um, como nós o somos.*
>
> (João 17:22)

Oração intercessória

Você não pode interceder verdadeiramente por meio da oração se não acredita na realidade da redenção. Em vez disso, você estará simplesmente transformando a intercessão em simpatia inútil pelos outros, que servirá apenas para aumentar o contentamento que têm em continuarem sem contato com Deus. A intercessão verdadeira implica em levar a pessoa ou a circunstância que parece estar caindo sobre você à presença de Deus, até que você seja transformado pela Sua atitude com relação àquela pessoa ou circunstância. A intercessão significa "...preencho o que resta das aflições de Cristo..." (Colossenses 1:24), é exatamente por isso que há tão poucos intercessores. As pessoas descrevem a intercessão dizendo: "É colocar-se no lugar de outra pessoa." Isso não é verdade! Intercessão é colocar-se no lugar de Deus; é ter a Sua mente e a Sua perspectiva.

> *...orar sempre e nunca esmorecer.*
>
> (Lucas 18:1)

Como intercessor, tenha cuidado para não buscar informações demais de Deus com relação à situação pela qual está orando, porque você pode ficar devastado. Se souber demais, mais do que Deus ordenou que soubesse, não conseguirá orar; as circunstâncias das pessoas se tornarão tão dominadoras que você não será mais capaz de chegar à verdade subjacente.

Nosso trabalho é estar em contato íntimo com Deus de modo que tenhamos a Sua mente com relação a tudo, mas fugimos dessa responsabilidade quando substituímos a intercessão pela ação. E, no entanto, a intercessão é a única coisa que não tem empecilhos, porque mantém nosso relacionamento completamente aberto com Deus.

O que precisamos evitar na intercessão é orar por alguém para que seja simplesmente "remendado". Precisamos orar por essa pessoa durante todo o processo até que entre em contato com a própria vida de Deus. Pense no número de pessoas que Deus colocou em seu caminho, e, no final, você as abandonou! Quando oramos fundamentados na redenção, Deus cria algo que Ele não poderia criar de qualquer outra forma que não seja pela oração intercessória.

14 DE DEZEMBRO

A grande vida

Sempre que passamos por algo difícil em nossa vida pessoal, somos propensos a culpar Deus. Mas somos nós que estamos errados, não Deus. Culpar o Senhor é prova de que estamos nos recusando a abrir mão de alguma desobediência em algum área de nossa vida. Mas assim que abrimos mão, tudo se torna tão claro como a luz do dia. Enquanto tentarmos servir a dois senhores, nós mesmos e Deus, haverá dificuldades combinadas com dúvida e confusão. Nossa atitude precisa ser de completa confiança no Senhor. Quando chegamos a esse ponto, não há nada mais fácil do que viver a vida de um santo. Encontramos dificuldades quando tentamos usurpar a autoridade do Espírito Santo para nossos próprios propósitos.

A marca de aprovação de Deus, sempre que você o obedece, é a paz. Ele envia uma paz imensurável, profunda; não uma paz natural, "como o mundo a dá," mas a paz de Jesus. Quando a paz não vier, espere até que venha, ou procure descobrir porque não veio. Se você estiver agindo de acordo com seu impulso, ou a partir de um senso de heroísmo, para ser visto por outros, a paz de Jesus não se apresentará.

Isto não demonstra unidade com Deus ou confiança nele. O espírito de simplicidade, clareza e unidade nasce por meio do Espírito Santo, não por meio de suas decisões. Deus contrapõe nossas decisões obstinadas com um apelo por simplicidade e unidade.

Minhas indagações surgem sempre que paro de obedecer. Quando realmente obedeço ao Senhor, os problemas surgem, não entre mim e Deus, mas como meio para manter minha mente examinando com estupefação a verdade divina revelada. Mas qualquer problema que surja entre mim e Deus é resultado de desobediência. Qualquer problema que surja enquanto obedeço ao Senhor (e haverá muitos), aumenta meu deleite repleto de satisfação, porque sei que meu Pai sabe e se preocupa. Com isso, posso assistir e antever o modo como Ele irá desemaranhar meus problemas.

> *Deixo-vos a paz, a minha paz vos dou; não vo-la dou como a dá o mundo. Não se turbe o vosso coração...*
>
> (João 14:27)

TUDO PARA ELE   367

15 DE DEZEMBRO

Aprovado para Deus

Caso você não consiga se expressar bem em cada uma de suas crenças, esforce-se e estude o máximo que conseguir. Se você não o fizer, outras pessoas podem perder bênçãos que vêm do conhecimento da verdade. Esforce-se para declarar uma verdade de Deus a si mesmo, de forma clara e compreensível, e Deus usará essa mesma explicação quando você a compartilhar com alguém. Mas você precisa estar disposto a passar pelo lagar de Deus onde as uvas são prensadas. Precisa lutar, experimentar e ensaiar suas palavras para expressar a verdade de Deus claramente. Chegará então o momento em que esta exata expressão se tornará o vinho de força do Senhor para outra pessoa. Mas se você não for diligente e disser: "Não vou estudar e lutar para expressar esta verdade em minhas próprias palavras; vou simplesmente emprestar palavras de outra pessoa", estas palavras não terão nenhum valor para você ou para outros. Esforce-se por afirmar a si mesmo aquilo que você crê ser a verdade absoluta de Deus e você estará consentindo ao Senhor a oportunidade de passar isso adiante, a outra pessoa, por meio de você.

> *Procura apresentar-te a Deus aprovado, como obreiro que não tem de que se envergonhar, que maneja bem a palavra da verdade.*
>
> (2 Timóteo 2:15)

Faça disso sempre uma prática para incitar sua própria mente por completo: pensar e meditar naquilo em que você tão facilmente creu. Seu posicionamento não será realmente seu até que se aproprie dele por meio de sofrimento e estudo. O autor ou orador com quem mais aprende não é aquele que lhe ensina algo que você não sabia, mas aquele que o ajuda a tomar uma verdade com a qual você tem lutado em silêncio, concede a esta verdade expressão e a articula clara e ousadamente.

16 DE DEZEMBRO

Lutar diante de Deus

Você deve aprender a lutar *contra* o que obstrui sua comunicação com Deus, e lutar em oração por outras pessoas; mas lutar com Deus em oração não é bíblico. Se você em algum momento lutar *com* Deus, ficará incapacitado para o resto de sua vida. Se agarrar-se a Deus e lutar com Ele, como Jacó fez, simplesmente porque Ele age de uma forma que você não aprova, você o forçará a deslocar a junta de sua coxa (Gênesis 32:24,25). Não se torne um aleijado por lutar contra os caminhos de Deus, mas seja alguém que luta diante de Deus contra as coisas deste mundo, porque "...somos mais que vencedores, por meio daquele que nos amou" (Romanos 8:37). Lutar diante de Deus causa um impacto em Seu reino. Se você me pedir para orar por você, e eu não sou completo em Cristo, minha oração não executa nada. Mas se sou completo em Cristo, minha oração traz vitória em todo o tempo. A oração só é eficaz quando há integralidade — "...tomai toda armadura de Deus...".

> *...tomai toda a armadura de Deus [...] orando em todo tempo...*
>
> (EFÉSIOS 6:13-18)

Faça sempre distinção entre a perfeita vontade de Deus e Sua vontade permissiva; usada por Ele para cumprir Seu propósito divino para a nossa vida. A vontade perfeita de Deus é imutável. É com Sua vontade permissiva, ou com as várias coisas que Ele permite em nossa vida, que devemos lutar diante dele. É a nossa reação a estas coisas permitidas por Sua vontade permissiva que nos capacitam a chegar ao ponto de ver Sua vontade perfeita para nós. "Sabemos que todas as coisas cooperam para o bem daqueles que amam a Deus..." (Romanos 8:28) — àqueles que permanecem fiéis à perfeita vontade de Deus — Seu chamado em Cristo Jesus. A vontade permissiva de Deus é o teste que Ele usa para revelar Seus verdadeiros filhos e filhas. Não deveríamos ser moralmente fracos e automaticamente dizer: "Sim, é a vontade do Senhor." Não temos que lutar *com Deus*, mas precisamos lutar diante de Deus *com circunstâncias*. Tenha cuidado não desista preguiçosamente. Em vez disso, lute gloriosamente e você será fortalecido com o Seu poder.

TUDO PARA ELE

17 DE DEZEMBRO

Redenção — Criando a necessidade e satisfazendo-a

O evangelho de Deus cria o sentido de necessidade pelo evangelho. E este evangelho está escondido daqueles que já são servos? Não, Paulo disse: "Mas, se o nosso evangelho ainda está encoberto, é para os que se perdem que está encoberto, nos quais o deus deste século cegou o entendimento dos incrédulos…" (2 Coríntios 4:3,4). A maioria das pessoas acredita ser completamente moral e não tem percepção da necessidade do evangelho. É Deus quem cria este sentimento de necessidade no ser humano, mas essa pessoa permanece completamente inconsciente dessa necessidade até que Deus se manifeste. Jesus disse: "Pedi, e dar-se-vos-á…" (Mateus 7:7). Mas o Senhor não pode dar até que o homem peça. Não se trata de Ele desejar reter algo de nós, mas este é o plano que estabeleceu para o caminho da redenção. Por meio de nossa solicitação, Deus coloca Seu processo em movimento, criando em nós aquilo que não existia até o momento em que fizemos o pedido. A realidade interior da redenção é de contínua criação. E como a redenção cria a vida de Deus em nós, cria também as coisas que pertencem a essa vida.

> …o homem natural não aceita as coisas do Espírito de Deus, porque lhe são loucura…
>
> (1 Coríntios 2:14)

A única coisa que pode talvez satisfazer a necessidade é aquilo que criou a necessidade. Este é o significado de redenção — ela cria e satisfaz.

Jesus disse: "E eu, quando for levantado da terra, atrairei todos a mim mesmo" (João 12:32). Quando pregamos nossas próprias experiências, as pessoas podem interessar-se, mas isso não desperta um verdadeiro sentido de necessidade. Mas, uma vez que Jesus Cristo é "levantado", o Espírito de Deus cria uma consciência de necessidade por Ele. O poder criativo da redenção de Deus age nas almas dos homens apenas por meio da pregação do evangelho. Não é o compartilhar de nossas experiências que salva as pessoas, mas sim a verdade da redenção. "[As] palavras que eu vos tenho dito são espírito e são vida" (João 6:63).

18 DE DEZEMBRO

Teste de fidelidade

Somente a pessoa fiel crê, verdadeiramente, que Deus controla as suas circunstâncias com soberania. Nós subestimamos nossas circunstâncias, dizendo que Deus está no controle, mas não acreditamos realmente. Agimos como se as coisas que acontecem fossem completamente controladas por pessoas. Ser fiel em todas as circunstâncias significa que temos uma única lealdade, ou um único objeto de nossa fé — o Senhor Jesus Cristo. Deus pode fazer nossas circunstâncias desmoronarem repentinamente, o que pode nos trazer consciência de nossa infidelidade a Ele por não reconhecer que Ele determinou a situação. Acabamos não vendo o que o Senhor estava tentando realizar e aquele momento específico nunca se repetirá em nossa vida. É aqui que vem o teste de nossa fidelidade. Se aprendermos a adorar a Deus até mesmo durante as circunstâncias difíceis, Ele as transformará para o melhor, rapidamente, se assim decidir.

> *Sabemos que todas as coisas cooperam para o bem daqueles que amam a Deus...*
>
> (Romanos 8:28)

Ser fiel a Jesus Cristo é a coisa mais difícil que podemos tentar fazer hoje. Seremos fiéis ao nosso trabalho, em servir aos outros, ou a qualquer outra coisa; só não nos peça para sermos fiéis a Jesus Cristo. Muitos cristãos ficam muito impacientes quando falamos sobre fidelidade a Jesus. Nosso Senhor é destronado mais deliberadamente por obreiros cristãos do que pelo mundo. Tratamos Deus como se Ele fosse uma máquina projetada apenas para nos abençoar, e vemos Jesus apenas como mais um dos Seus obreiros.

O objetivo da fidelidade não é fazermos o trabalho para Deus, mas que Ele estará livre para agir por meio de nós. Deus nos chama para o Seu serviço e para lugares que são responsabilidades enormes para nós. Ele espera que façamos nossa parte e não reclamemos, e em contrapartida não oferece qualquer explicação de Sua parte. Deus quer nos usar como Ele usou o Seu próprio Filho.

19 DE DEZEMBRO

O foco de nossa mensagem

Nunca seja indulgente com uma pessoa cuja situação faça você concluir que Deus está lidando de maneira severa com ela. Deus pode ser mais sensível do que poderíamos conceber, e em certas ocasiões nos dá a oportunidade de lidar firmemente com alguém para que Ele possa ser visto como aquele que é sensível. Se uma pessoa não consegue ir até Deus é porque possui algo secreto de que não intenta abrir mão — ela pode admitir seu pecado, mas não desistiria dessa prática, da mesma forma que não desistiria de poder voar, se pudesse. É impossível lidar com complacência com pessoas assim. Precisamos ir fundo em suas vidas para alcançar a raiz do problema, que causará hostilidade e resentimento com relação à mensagem. As pessoas querem a bênção de Deus, mas não aguentam algo que penetra atingindo o âmago da questão.

> *...não vim trazer paz, mas espada.*
>
> (MATEUS 10:34)

Se você é sensível ao caminho de Deus, sua mensagem como Seu servo será inexorável e insistente, atingindo a raiz do problema. Caso contrário, não haverá cura. Precisamos conduzir a mensagem tão vigorosamente de modo que uma pessoa não consiga esconder-se, mas precise aplicar a verdade desta mensagem. Lide com as pessoas no ponto em que se encontram, até que comecem a perceber sua verdadeira necessidade. E então mostre-lhes o padrão de Jesus para suas vidas. A resposta deles poderá ser: "Nunca poderemos ser assim." Enfatize seu argumento: "Jesus Cristo disse que você tem que ser." "Mas como podemos ser assim?" "Vocês não conseguirão, a menos que tenham o Espírito de Deus" (veja Lucas 11:13).

É preciso que haja o reconhecimento da necessidade antes que a sua mensagem sirva para algo. Milhares de pessoas neste mundo professam ser felizes sem Deus. Mas se pudéssemos ser verdadeiramente felizes e morais sem Jesus, por que então Ele teria vindo? Jesus Cristo veio porque este tipo de paz e felicidade é superficial. Jesus veio "trazer uma espada" para desafiar a paz não fundamentada no relacionamento pessoal com Ele.

20 DE DEZEMBRO

O tipo certo de ajuda

Poucos de nós temos algum entendimento sobre a razão pela qual Jesus Cristo morreu. Se empatia é tudo o que os seres humanos precisam, então a Cruz de Cristo é tão absurda que não há necessidade alguma dela. O que o mundo precisa não é "um pouco de amor", mas uma cirurgia de grande porte.

Quando você se encontra face a face com uma pessoa que é espiritualmente perdida, lembre-se de Jesus Cristo na cruz. Se essa pessoa puder chegar até Deus de qualquer outra forma, então a Cruz de Cristo é desnecessária. Se pensa que está ajudando as pessoas perdidas com a sua empatia e compreensão, você é um traidor de Jesus Cristo. Você precisa ter um relacionamento reto com Ele e entregar a sua vida ajudando outros do modo que Ele quiser — não de maneira humana, que ignora Deus. O tema da religião mundial hoje em dia é servir de maneira satisfatória e sem confrontação.

Mas a nossa única prioridade deve ser apresentar Jesus Cristo crucificado — exaltá-lo em todo o tempo (1 Coríntios 2:2). Toda crença que não está firmemente enraizada na Cruz de Cristo desviará as pessoas. Se o servo crê em Jesus Cristo e confia na realidade da redenção, suas palavras serão atrativas para outros. O que é extremamente importante para o simples relacionamento do servo com Jesus Cristo é que seja forte e crescente.

A utilidade do obreiro para Deus depende disso, e de nada mais.

O chamado de um servo no Novo Testamento é expor o pecado e revelar Jesus Cristo como Salvador. Consequentemente, ele não pode sempre ser agradável e amigável, mas deve estar disposto a ser firme para realizar a cirurgia de grande porte.

> *"E eu, quando for levantado da terra, atrairei todos a mim mesmo.*
> (João 12:32)

Somos enviados por Deus para exaltar Jesus Cristo, e não para dar discursos maravilhosamente belos. Devemos nos dispor a examinar os outros tão profundamente quanto Deus nos examinou. Devemos também ser prontamente aplicados em compreender as passagens das Escrituras que trarão a verdade, à tona, e em seguida não ter medo de aplicá-las.

TUDO PARA ELE

21 DE DEZEMBRO

Experiência ou a verdade de Deus revelada?

Não é minha experiência que torna a redenção verdadeira — a redenção é realidade. A redenção não tem significado real para mim até que tenha efeito em minha vida consciente. Quando sou nascido de novo, o Espírito de Deus me leva além de mim mesmo e de minhas experiências e me identifica com Jesus Cristo. Se fico apenas com as minhas experiências pessoais, fico com algo que não foi produzido pela redenção. Mas as experiências resultantes da redenção se provam verdadeiras quando me levam além de mim mesmo, ao ponto de não mais prestar atenção às experiências como fundamento da realidade. Em vez disso, vejo que apenas a realidade em si produziu as experiências. Minhas experiências não valem nada a não ser que me mantenham na Fonte da verdade — Jesus Cristo.

Se você tentar conter o Espírito Santo dentro de você, com o desejo de produzir mais experiências espirituais em seu interior, descobrirá que Ele quebrará a fortaleza e o levará novamente ao Cristo histórico. Nunca sustente uma experiência que não tenha Deus como sua Fonte e cujo resultado não seja a fé no Senhor. Se o fizer, sua experiência será anticristã, independentemente das visões ou discernimentos que você tenha tido. Jesus Cristo é o Senhor de suas experiências ou você as coloca acima dele? Alguma delas lhe é mais estimada do que o seu Senhor? Você deve permitir que Ele seja Senhor sobre sua vida e não prestar atenção a nenhuma experiência em que Ele não seja Senhor. Chegará então um momento em que Deus o deixará impaciente com sua própria experiência, e você poderá de fato dizer: "Não me importo com o que experiencio — Não duvido dele!"

> *...nós não temos recebido o espírito do mundo, e sim o Espírito que vem de Deus, para que conheçamos o que por Deus nos foi dado gratuitamente.*
> (1 CORÍNTIOS 2:12)

Seja inflexível e duro consigo mesmo se tiver o hábito de falar sobre as experiências que teve. A fé fundamentada em experiência não é fé. A fé fundamentada na verdade de Deus revelada é a única fé que existe.

374   *Oswald Chambers*

22 DE DEZEMBRO

O atrair do Pai

Quando Deus começa a me atrair para Ele, o problema com a minha vontade surge imediatamente. Reagirei positivamente à verdade que Deus revelou? Irei até Ele? Discutir ou deliberar sobre questões espirituais quando o Senhor chama é inapropriado e desrespeitoso para com Ele. Quando Deus fala, nunca discuta o que foi dito com alguém para decidir qual será a sua resposta (Gálatas 1:15,16). A fé não é resultado de um ato intelectual, mas sim de um ato de minha vontade pela qual deliberadamente me comprometo. Vou me comprometer colocando-me completa e totalmente sob a dependência de Deus, disposto a agir exclusivamente a partir do que Ele disser? Se for assim, descobrirei que estou firmado na realidade tanto quanto no trono de Deus.

> *Ninguém pode vir a mim se o Pai, que me enviou, não o trouxer...*
> (João 6:44)

Ao pregar o evangelho, foque-se sempre na questão da vontade. A fé deve vir da vontade de crer. Deve haver uma entrega da *vontade*, não uma entrega a um argumento persuasivo ou poderoso. Preciso deliberadamente dar um passo, colocando minha fé em Deus e em Sua verdade. E não devo confiar em minhas próprias obras, mas apenas em Deus. Confiar em meu entendimento mental torna-se um impedimento para uma confiança completa em Deus. Devo me dispor a ignorar meus sentimentos e deixá-los para trás. Preciso *ter vontade* de crer. Mas isto nunca pode ser alcançado sem meu esforço determinado e impetuoso para separar-me de meus antigos modos de ver as coisas. Devo entregar-me completamente a Deus.

Todos foram criados com a habilidade de ir além de sua própria compreensão. Mas é o Senhor que me atrai, e meu relacionamento com Ele é em primeiro lugar interno e pessoal, não intelectual. Envolvo-me no relacionamento por meio do milagre de Deus e de minha vontade de crer. Passo então a ter entendimento e estima pela maravilhosa transformação em minha vida.

23 DE DEZEMBRO

Compartilhando a expiação

O evangelho de Jesus Cristo sempre força uma decisão de nossa vontade. Aceitei o veredito de Deus sobre o pecado como julgado na Cruz de Cristo? Tenho um mínimo interesse na morte de Jesus? Quero ser identificado com Sua morte — estar completamente morto para todo interesse no pecado, no mundanismo e em mim mesmo? Anseio por ser tão proximamente identificado com Jesus que já não tenho valor para mais nada a não ser para Ele e Seus propósitos? O grande privilégio do discipulado é que posso me comprometer sob o estandarte de Sua Cruz e isso significa estar morto para o pecado. Você precisa de tempo sozinho com Jesus para dizer-lhe que ou não quer que o pecado morra em você, ou que a qualquer custo quer ser identificado com Sua morte. Quando você age em fé confiante no que nosso Senhor fez na cruz, ocorre imediatamente uma identificação sobrenatural com Sua morte. E você passará a saber, por meio de um conhecimento mais elevado, que sua antiga vida foi "...crucificada com Ele..." (Romanos 6:6). A prova de que sua antiga vida está morta, tendo sido "crucificada com Cristo" (Gálatas 2:20), é o incrível sossego com que a vida de Deus em você agora o capacita a obedecer a voz de Jesus Cristo.

Mas longe esteja de mim gloriar-me, senão na cruz de nosso Senhor Jesus Cristo...

(GÁLATAS 6:14)

De vez em quando o nosso Senhor nos dá vislumbres do que seríamos se não fosse por Ele. Isto é uma confirmação do que Ele disse — "...sem mim nada podeis fazer" (João 15:5). É por isso que o fundamento basilar do cristianismo é devoção pessoal, intensa, ao Senhor Jesus. Confundimos a alegria de nosso primeiro contato com o reino de Deus, com Seu propósito em nos levar até lá. No entanto, o propósito em nos levar até Seu reino é que possamos perceber tudo o que essa identificação com Jesus Cristo significa.

24 DE DEZEMBRO

A vida oculta

O Espírito de Deus testifica e confirma a simples, mas poderosa segurança da vida que "...está oculta juntamente com Cristo, em Deus". Paulo continuamente traz esta questão em suas cartas do Novo Testamento. Falamos como se viver uma vida santificada fosse a coisa mais incerta e insegura que poderíamos fazer. No entanto, é a coisa mais segura possível, porque o Deus Todo-Poderoso está nisso e por trás disso. A coisa mais perigosa e insegura é tentar viver sem Deus. Para aquele que é nascido de novo, é mais fácil viver em um relacionamento reto com Deus do que agir errado; desde que ouçamos Suas advertências e andemos "na luz" (1 João 1:7).

Quando pensamos em ser libertos do peca-
do, sendo "cheios do Espírito" (Efésios 5:18) *...a vossa vida está*
e "andando na luz," nós imaginamos o cume *oculta juntamente*
de uma grande montanha. Vemos como algo *com Cristo,*
muito alto e maravilhoso, mas dizemos: "Ah! *em Deus.*
Eu nunca poderia viver lá em cima!" Porém, (Colossenses 3:3)
quando chegamos lá por meio da graça de
Deus, descobrimos que de modo algum é o
cume de uma montanha, mas um planalto com muito espaço para viver e crescer. "Alargaste sob meus passos o caminho, e os meus pés não vacilaram" (Salmo 18:36).

Desafio você a duvidar de Jesus, se realmente o vir. Se o vir quando Ele disser: "Não se turbe o vosso coração..." (João 14:27), eu o desafio a se preocupar. É virtualmente impossível duvidar quando Ele está presente. Todas as vezes em que estiver em contato pessoal com Jesus, Suas palavras serão verdadeiras para você. "[A] minha paz vos dou..." (João 14:27) — paz que traz a confiança natural que o cobre por completo, do topo de sua cabeça às solas dos seus pés. A sua "vida está oculta juntamente com Cristo, em Deus", e a paz de Jesus Cristo que não pode ser abalada lhe foi concedida.

TUDO PARA ELE 377

25 DE DEZEMBRO

Seu nascimento e nosso novo nascimento

Seu nascimento na história. "[O] ente santo que há de nascer será chamado Filho de Deus (Lucas 1:35). Jesus Cristo nasceu *neste* mundo, não *deste* mundo. Ele não emergiu da história; Ele veio à história de fora dela. Jesus Cristo não é o melhor ser humano do qual a raça humana pode se orgulhar — Ele é um Ser por quem a raça humana não poder levar crédito algum. Ele não é homem tornando-se Deus, mas Deus Encarnado — Deus tornando-se carne humana de fora dela. Sua vida é a entrada mais elevada e santa pelas portas mais humildes. O nascimento de nosso Senhor foi um advento — a aparição de Deus em forma humana.

Seu nascimento em mim. "[Meus] filhos, por quem, de novo, sofro as dores de parto, até ser Cristo formado em vós" (Gálatas 4:19). Assim como nosso Senhor veio à história humana de fora dela, Ele precisa também vir até meu interior a partir do exterior. Será que permiti que minha vida humana pessoal se torne uma "Belém" para o Filho de Deus? Não posso entrar no domínio do reino de Deus a não ser que seja nascido de novo do alto por um nascimento completamente distinto do nascimento físico. "[Importa-vos] nascer de novo" (João 3:7). Este não é um mandamento, mas um fator fundamentado na autoridade de Deus. A evidência do novo nascimento é eu me render tão completamente ao Senhor a ponto de "Cristo ser formado" em mim. E uma vez que "Cristo é formado" em mim, Sua natureza começa imediatamente a agir por meu intermédio.

> *Eis que a virgem conceberá e dará à luz um filho, e ele será chamado pelo nome de Emanuel (que quer dizer: Deus conosco).*
>
> (MATEUS 1:23)

Deus manifesto na carne. Isto é, consumado de modo profundamente possível para você e para mim por meio da redenção do homem por Jesus Cristo.

26 DE DEZEMBRO

Andar na luz

É um grande erro confundir liberdade do pecado somente no nível consciente de nossa vida, com a completa libertação do pecado efetuada pela propiciação por meio da Cruz de Cristo.

Ninguém sabe por completo o que o pecado é até que seja nascido de novo. O pecado é o que Jesus Cristo enfrentou no Calvário. A prova de que fui liberto do pecado é conhecer sua verdadeira natureza em mim. Para uma pessoa realmente saber o que o pecado é, precisa conhecer a obra completa e o toque profundo da propiciação de Jesus Cristo, ou seja, a concessão de Sua perfeição absoluta.

> *Se, porém, andarmos na luz, como ele está na luz [...] o sangue de Jesus, seu Filho, nos purifica de todo pecado.*
> (1 João 1:7)

O Espírito Santo aplica ou administra a obra da propiciação a nós no profundo domínio do inconsciente, assim como no domínio do consciente. E até que percebamos verdadeiramente o poder incomparável do Espírito em nós não entenderemos o significado de 1 João 1:7, que diz: "...o sangue de Jesus, seu Filho, nos purifica de todo pecado." Este versículo não se refere apenas ao pecado consciente, mas também ao tremendo e profundo entendimento do pecado que apenas o Espírito Santo pode executar em mim.

Eu preciso "...andar na luz, como ele está na luz..." — não na luz de minha própria consciência, mas na luz de Deus. Se eu decidir andar nesta luz, sem nada que me detenha ou nada a esconder, esta incrível verdade é então revelada a mim: "...o sangue de Jesus, seu Filho, *me* purifica de todo pecado", de modo que o Deus Todo-Poderoso não encontra nada em mim que mereça repreensão. É produzido então, no consciente, um conhecimento aguçado e pesaroso do que o pecado realmente é. O amor de Deus agindo em mim me faz rejeitar, em conformidade com a aversão do Espírito Santo pelo pecado, qualquer coisa que não esteja associada à santidade de Deus. "Andar na luz" significa que tudo que vem da escuridão, na verdade, me leva para mais perto do centro da luz.

TUDO PARA ELE   379

27 DE DEZEMBRO

Onde a batalha é vencida ou perdida

Nossas batalhas são vencidas ou perdidas nos lugares secretos de nossa vontade na presença de Deus, nunca à vista do mundo. O Espírito de Deus apodera-se de mim e sou compelido a um tempo sozinho com o Senhor para lutar a batalha diante dele. Até fazer isto, perderei todas as vezes. A batalha pode durar um minuto ou um ano, mas isso dependerá de mim, não de Deus. Independentemente de quanto dure, preciso lutar com isso diante de Deus, e preciso decidir passar pelo inferno da renúncia ou rejeição diante dele. Não há nada que tenha poder sobre aquele que lutou sua batalha diante do Senhor e ali venceu.

Eu nunca deveria dizer: "Esperarei até passar por circunstâncias difíceis e então testarei Deus." Tentar fazer isso não funcionará. Preciso primeiro resolver a questão entre mim e Deus nos lugares secretos de minha alma, onde ninguém mais pode interferir. Posso então ir adiante, sabendo com segurança que a batalha está vencida. Caso você perca a batalha ali, na presença de Deus, a calamidade, o desastre e a derrota diante do mundo serão tão certas quanto as leis do Senhor. A razão porque a batalha é perdida está em lutar primeiro no mundo exterior. Tenha momentos a sós com Deus, batalhe diante dele e resolva a questão de uma vez por todas.

Se voltares, ó Israel, diz o Senhor...

(Jeremias 4:1)

Ao lidar com outras pessoas, a nossa postura deveria ser sempre a de dirigi-las a uma tomada de decisão por sua vontade. É assim que a entrega a Deus começa. Não muito frequentemente, mas de vez em quando, o Senhor traz até nós uma grande virada — um grande cruzamento em nossa vida. A partir desse ponto, ou vamos em direção a uma vida cristã cada vez mais lenta, mesquinha e inútil, ou nos inflamamos mais e mais, dando tudo para Ele — o nosso melhor para *Sua* glória.

28 DE DEZEMBRO

Conversão contínua

Estas palavras de nosso Senhor referem-se à nossa conversão inicial, mas deveríamos continuar a nos voltar a Deus como filhos, sendo continuamente convertidos todos os dias de nossa vida. Quando confiamos em nossas habilidades, em vez de confiar nas habilidades de Deus, geramos consequências pelas quais o Senhor nos responsabilizará. Quando Deus, por meio de Sua soberania, nos leva a novas situações, deveríamos imediatamente garantir que nossa vida natural se submeta à vida espiritual, obedecendo às ordens do Espírito de Deus. Simplesmente porque reagimos apropriadamente no passado não há garantia de que faremos o mesmo novamente. A reação do natural ao espiritual deve ser conversão contínua, mas é aqui que muito frequentemente nos recusamos a ser obedientes. Não importa qual seja nossa situação, o Espírito de Deus permanece imutável e Sua salvação inalterável. Mas devemos nos "revestir do novo homem" (Efésios 4:24). Deus nos responsabiliza todas as vezes que nos recusamos a nos converter e Ele vê nossa recusa como desobediência intencional. Nossa vida natural não deve nos governar — só Deus deve fazê-lo.

> *...se não vos converterdes e não vos tornardes como crianças, de modo algum entrareis no reino dos céus.*
>
> (MATEUS 18:3)

Recusar a converter-se continuamente, coloca uma pedra de tropeço no crescimento de nossa vida espiritual. Há áreas da vontade própria em nossa vida em que o orgulho lança o desdém sobre o trono de Deus e diz: "Não me submeterei." Divinizamos nossa independência e vontade própria e lhes damos o nome errado. O que Deus vê como fraqueza obstinada, nós chamamos de força. Há áreas em nossa vida que ainda não foram levadas à submissão, e isto só pode ser feito por meio desta conversão contínua. Lentamente, mas com segurança, podemos reivindicar todo o território para o Espírito de Deus.

29 DE DEZEMBRO

Desertor ou discípulo?

Quando Deus, por Seu Espírito mediante Sua Palavra, lhe dá uma clara visão de Sua vontade, você deve "andar na luz" dessa visão (1 João 1:7). Ainda que sua mente e sua alma vibrem com a visão, se você não andar nessa luz, afundará a um patamar de escravidão nunca previsto por nosso Senhor. Desobedecer mentalmente a "visão celestial" (Atos 26:19) fará de você um escravo das ideias e visões que são completamente estranhas a Jesus Cristo. Não olhe para alguém e diga: "Bem, se ele tem esses pontos de vista e prospera, por que isso não acontece comigo?" Você tem que "andar na luz" da visão que lhe foi dada. Não se compare a outros ou julgue-os — isso é entre Deus e eles. Quando você descobrir que um dos seus pontos de vista favoritos entra em conflito com a "visão celestial", não comece a discutir. Caso o faça, um senso de propriedade e direito pessoal emergirá em você — coisas às quais Jesus não dá valor algum. Ele era contrário a todas essas coisas, descrevendo-as como raiz de tudo que lhe era oposto"...porque a vida de um homem não consiste na abundância dos bens que ele possui" (Lucas 12:15). Se não vemos e entendemos isto, é porque ignoramos os princípios fundamentais do ensino de nosso Senhor.

> *À vista disso, muitos dos seus discípulos o abandonaram e já não andavam com ele.*
>
> (João 6:66)

Nossa tendência é repousar e gozarmos da memória da maravilhosa experiência que tivemos quando Deus revelou Sua vontade a nós. Mas se um padrão do Novo Testamento nos é revelado pela luz de Deus, e não tentamos estar à altura deste padrão ou nem mesmo nos sentimos inclinados a fazê-lo, começamos então a desertar. Significa que sua consciência não reage à verdade. Você nunca será o mesmo depois da revelação de uma verdade. Esse momento o marca como discípulo de Jesus Cristo, com ainda maior devoção ou como alguém que retrocede, — um desertor.

30 DE DEZEMBRO

E toda virtude que possuímos

Nosso Senhor nunca "remenda" nossas virtudes naturais, ou seja, nossos traços naturais, qualidades, ou características. Ele refaz uma pessoa por completo em seu interior — "...vos revistais do novo homem..." (Efésios 4:24). Em outras palavras, entenda que sua vida humana natural está se revestindo de tudo que é associado à nova vida. A vida que Deus coloca dentro de nós desenvolve suas próprias novas virtudes, não as virtudes da semente de Adão, mas as de Jesus Cristo. Uma vez que Deus tenha iniciado o processo de santifica-ção em sua vida, observe e veja como Deus faz

...Todas as minhas fontes são em ti.

(SALMO 87:7)

definhar sua confiança em suas virtudes e poder naturais. Ele continuará até que você aprenda a extrair sua vida do reservatório da vida ressurreta de Jesus. Agradeça a Deus se estiver passando por essa experiência de dessecamento!

O fato do Senhor estar destruindo nossa confiança em nossas virtu-des naturais é um sinal de que Ele está agindo em nós, pois elas não são promessas do que viremos a nos tornar, mas apenas um lembrete débil do propósito para o qual Deus criou o homem. Queremos nos agarrar às nossas virtudes naturais, enquanto que em todo o tempo Deus está ten-tando nos colocar em contato com a vida de Jesus Cristo — uma vida que jamais pode ser descrita em termos de virtudes naturais. Uma das coisas mais tristes é ver pessoas que estão tentando servir a Deus dependendo daquilo que a graça de Deus nunca lhes deu. Elas dependem unicamente do que têm pela virtude da hereditariedade. Deus não toma nossas virtu-des naturais e as transforma, porque nossas virtudes naturais não pode-riam nem aproximar-se do que Jesus Cristo quer. Não há amor natural, paciência natural, pureza natural que corresponda às Suas exigências. Mas conforme colocamos cada parte de nossa vida natural em harmonia com a nova vida que Deus colocou em nós, Ele exibirá em nós as virtudes características do Senhor Jesus. E todas as virtudes que possuímos são exclusivamente dele.

31 DE DEZEMBRO

Ontem

A segurança de ontem. "…Deus fará renovar-se o que se passou" (Eclesiastes 3:15). No fim do ano, nos voltamos com avidez a tudo que Deus tem para o futuro e, ainda assim, a ansiedade tende a surgir quando nos lembramos de nossos dias de outrora. Nosso deleite atual na graça de Deus tende a ser diminuído pela memória dos pecados e graves erros do passado. Mas Deus é o Deus do nosso ontem e Ele permite que essas memórias transformem o passado em um ministério de crescimento espiritual para o nosso futuro. O Senhor nos lembra do passado para nos proteger da segurança muito superficial no presente.

A segurança para o amanhã. "[O] Senhor irá adiante de vós…". Esta é uma revelação de graça misericordiosa — Deus enviará as Suas forças em situações em que tivermos falhado. Ele manterá vigilância para que não sejamos enganados novamente pelas mesmas falhas, como certamente aconteceria se Ele não fosse nossa "sentinela de retaguarda." E a mão de Deus vai até o passado, liquidando todas as reivindicações contra nossa consciência.

> *Porquanto não saireis apressadamente, […] porque o* SENHOR *irá adiante de vós, e o Deus de Israel será a vossa retaguarda.*
>
> (ISAÍAS 52:12)

A segurança para hoje. "Porquanto não saireis apressadamente…". Ao caminharmos adiante, para a entrada do próximo ano, não o façamos com a precipitação do deleite impetuoso e descuidado nem com a rapidez da negligência impulsiva. Mas sigamos com o poder paciente de saber que o Deus de Israel irá adiante de nós. Nosso ontem contém coisas falidas e irreversíveis para nós. É verdade que perdemos oportunidades que nunca retornarão, mas Deus pode transformar esta ansiedade destrutiva em zelo construtivo para o futuro. Deixe o passado descansar, mas deixe-o descansar no doce abraço de Cristo.

Deixe o passado falido e irreversível em Suas mãos e rume em direção ao invencível futuro com Ele.